葱洞遗址

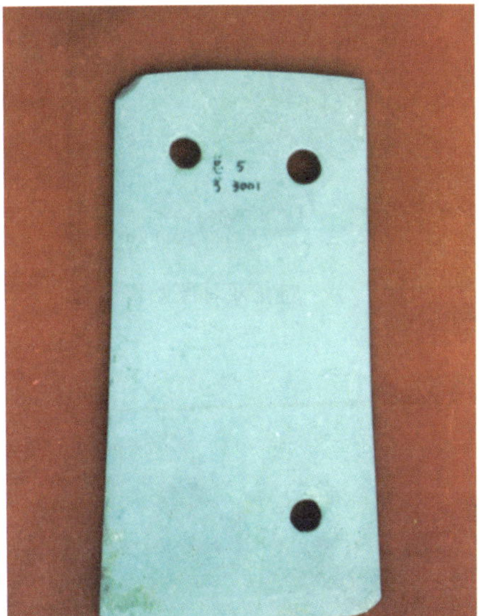

开化三孔石斧

商 斜向云雷纹陶盉

春秋 变体云雷纹筒青瓷罐

战国 青铜矛

汉 规矩纹镜

汉 划花双耳原始青瓷壶

汉 铜套印(印面)

汉 铜套印

汉 青铜三足盆

三国 青瓷狗圈

三国 青瓷谷仓罐

西晋 青瓷虎子

王質

三才圖會 人物十一卷

王質晉衢州人入山伐木至石室山見石室中有數老人圍棋質置斧觀之老人以物如棗核與質令含咽其汁便不覺饑渴且告云汝來已久可還質取斧柯已盡爛矣質亟歸家已數百年親舊無復存者復入山得道人往往見之

《三才图会》王质遇仙传说

南朝 点彩青瓷芸罐

南朝 梁天监衢州天皇塔木雕像

隋 青瓷鸡首壶

唐 三彩马

唐 婺州窑青瓷碗

唐 青铜钵

唐 真子飞霜镜

韩愈《衢州徐偃王庙碑记》拓片（局部）

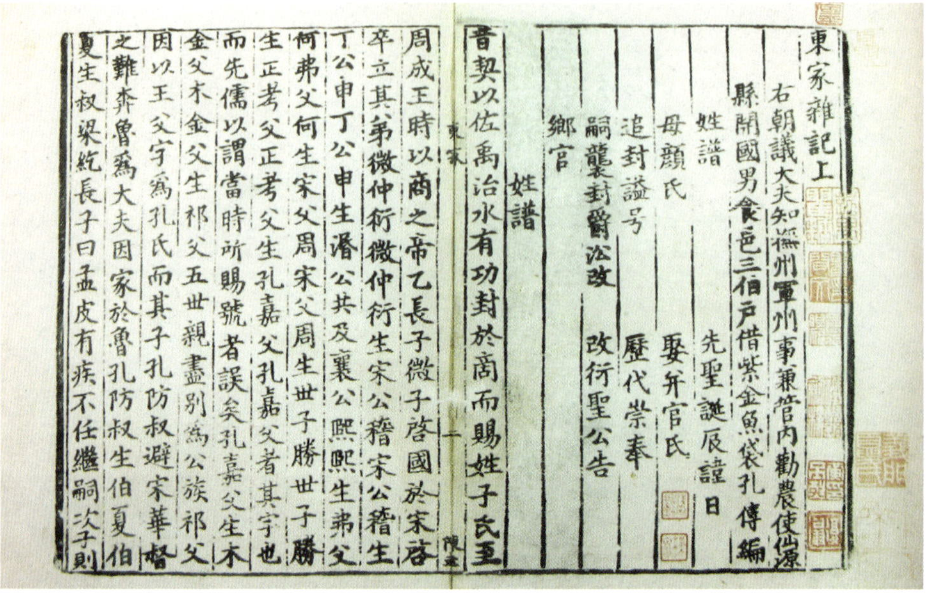
東家雜記上
右朝議大夫知撫州軍州事兼管內勸農使仙源
縣開國男食邑三伯戸借紫金魚袋孔傳編
姓譜　先聖誕辰諱日
母顔氏　娶幷官氏
追封諡号　歷代崇奉
嗣襲封爵沿改　改衍聖公告
鄉官
姓譜
昔契以佐禹治水有功封於商而賜姓子氏至
周成王時以商之帝乙長子微子啓國於宋啓
卒立其弟微仲衍微仲衍生宋公稽宋公稽生
丁公申丁公申生湣公共及襄公熙熙生弗父
何弗父何生宋父周宋父周生世子勝世子勝
生正考父正考父生孔嘉父孔嘉父者其字也
而先儒以謂當時所賜號者誤矣孔嘉父生木
金父木金父生祁父五世親盡別爲公族祁父
因以王父字爲孔氏而其子孔防叔避宋華督
之難奔魯爲大夫因家於魯孔防叔生伯夏伯
夏生叔梁紇長子曰孟皮有疾不任繼嗣次子則

宋刻《东家杂记》书影

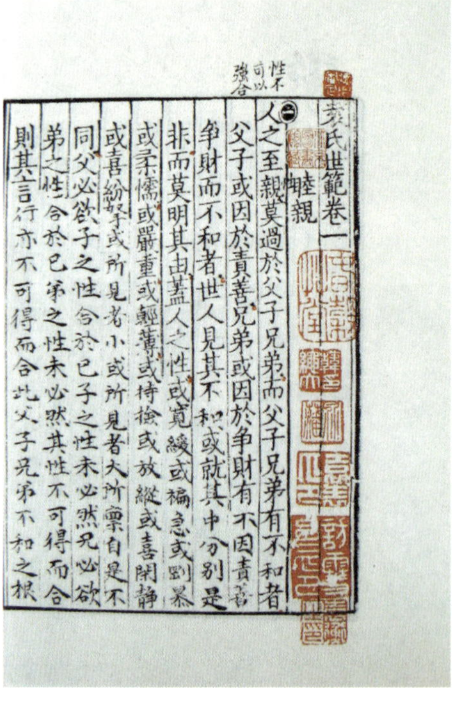
袁氏世範卷一
睦親
性不可以強合
人之至親莫過於父子兄弟而父子兄弟有不和者
父子或因於責善兄弟或因於爭財有不因責善
爭財而不和者世人見其不和或就其中分別是
非而莫明其由蓋人之性或寬緩或褊急或剛暴
或柔懦或嚴重或輕薄或持檢或放縱或喜閑靜
或喜紛拏或所見者小或所見者大所禀自是不
同父必欲子之性合於己子之性未必然兄必欲
弟之性合於己弟之性未必然其性不可得而合
則其言行亦不可得而合此父子兄弟不和之根

袁采《袁氏世范》书影

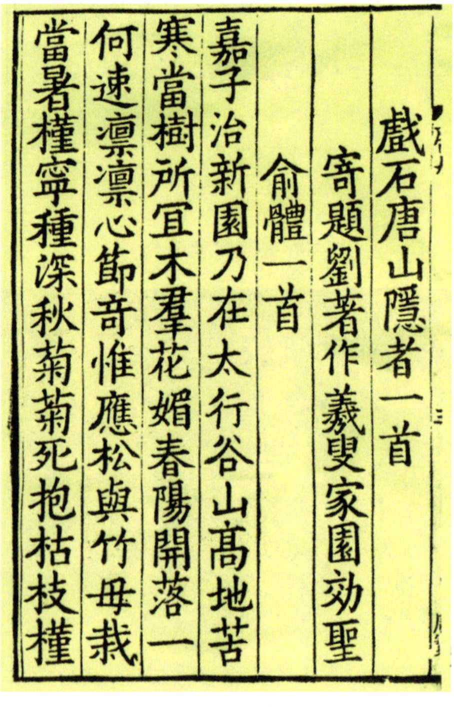
戲石唐山隱者一首
寄題劉著作羲叟家園效聖
俞體一首
嘉子治新園乃在太行谷山高地苦
寒當樹所宜木羣花媚春陽開落一
何速凜凜心節奇惟應松與竹毋栽
當暑槿寧種深秋菊菊死抱枯枝槿

宋刻欧阳修《居士集》书影

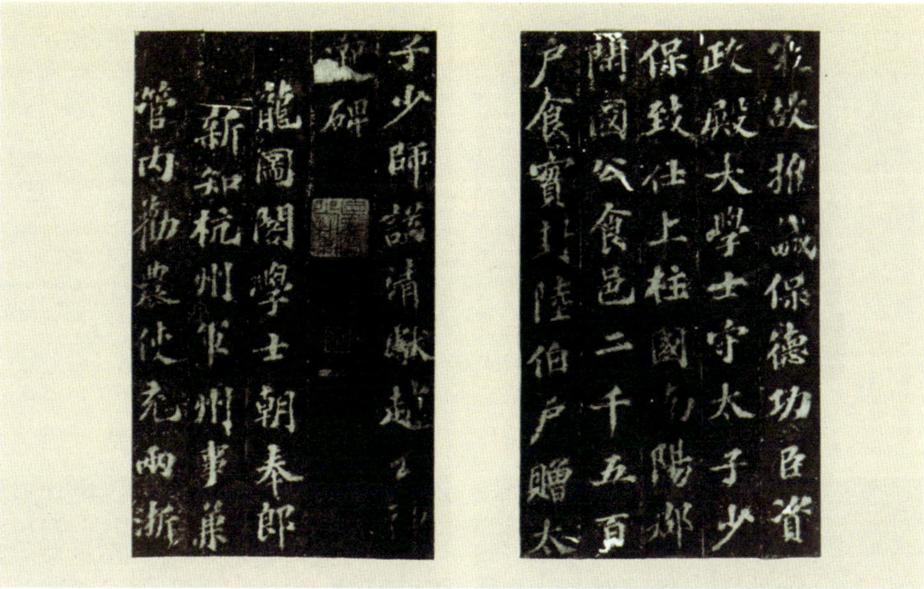

《赵清献公神道碑》拓片（局部）

南宋 叶茂实墨

孔子及亓官夫人楷木像

宋 陈送款堆塑青瓷龙瓶

宋 衢州徐卸五叔青铜照子铜镜

宋 太平通宝金币

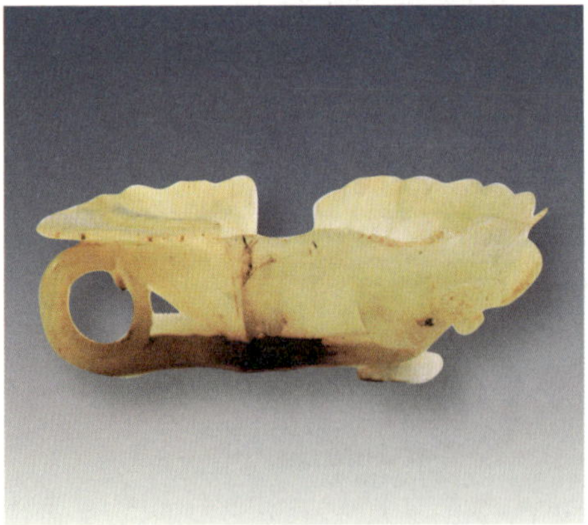
南宋 白玉荷叶杯

南宋 金娃娃

宋 先圣遗像碑拓片

徐徽言像

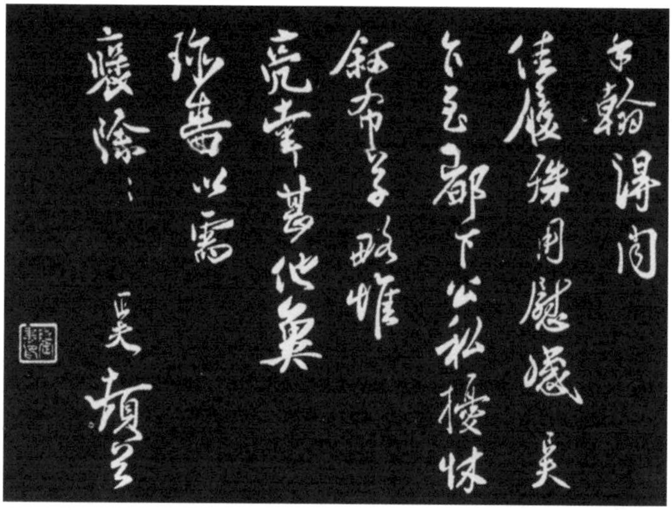

刘正夫《佳履帖》

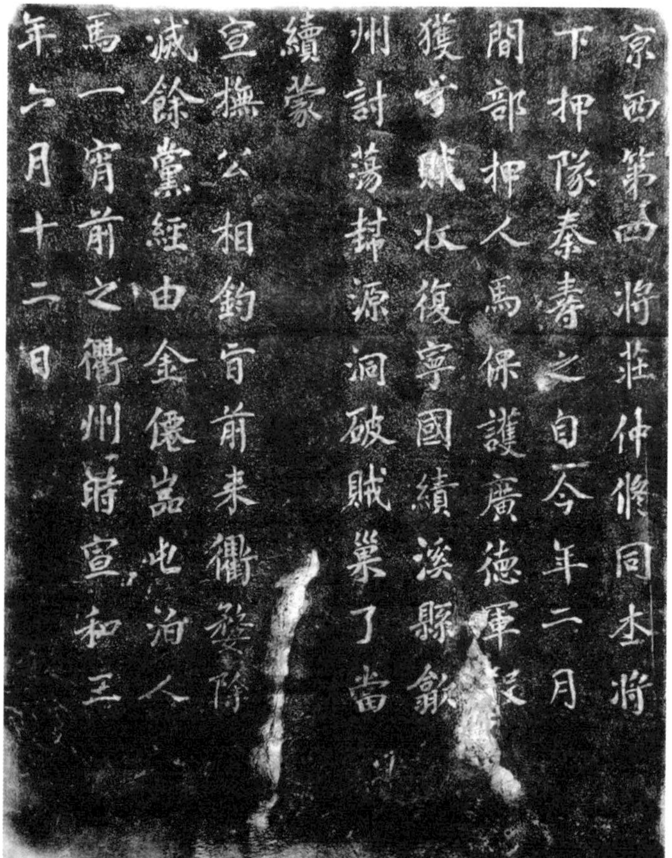

宋《金仙岩摩崖题记》

方腊事迹

宋 舍利塔

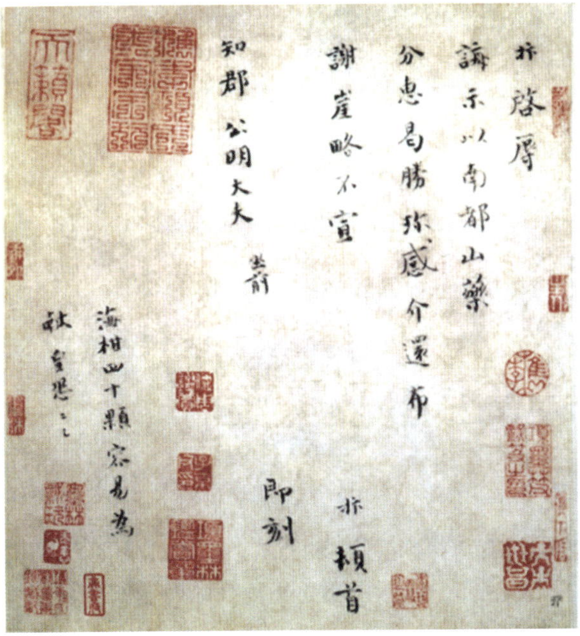

赵抃《山药帖》

刘光大像

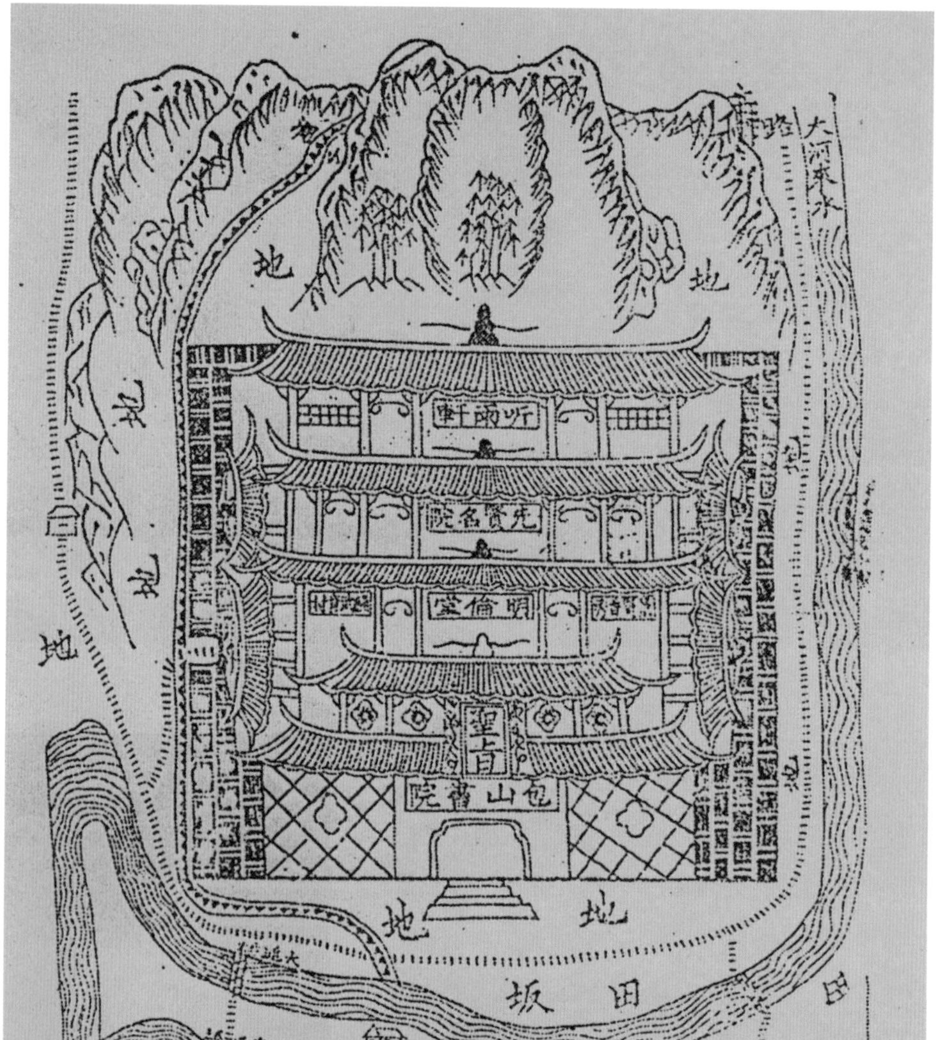

南宋 包山书院图

元 荥阳侯夫人方氏墓

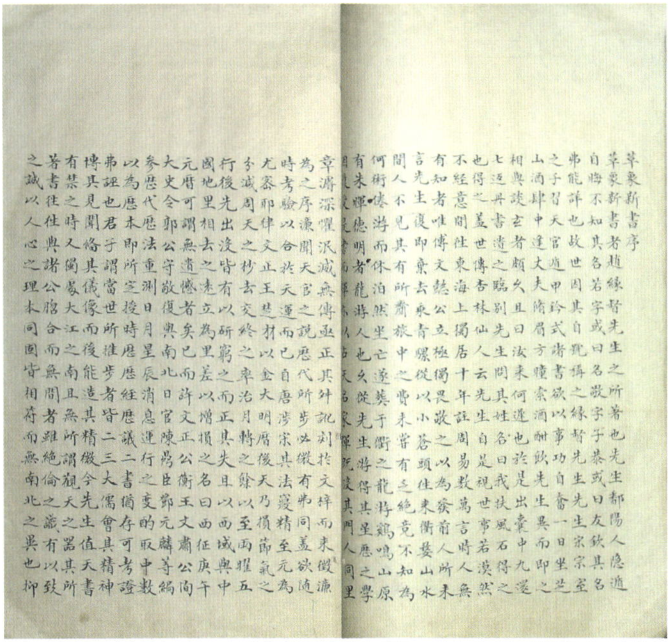

革象新書序
革象新書者趙緣督先生之所著也先生鄱陽人隱遁自晦不知其名若字或曰名敬字子恭或曰友欽其名弗能詳也故世因其自號稱之緣督先生先生宋宗室之子習天官遁甲鈐式諸書欲以事功自奮一日坐竺山酒肆中逢大夫脩眉方瞳索酒酣飲先生異而即之相與談玄者頗久且曰汝來何遲也於是出囊中九還七返丹書遺之臨別先生問其姓名曰我扶風石得之也得之蓋世傳杏林仙人云先生自是視世事若漠然不經意聞往東海上獨居十年註周易數萬言時人無有知者唯傳文懿公立極獨畏敬之以為發前人所未言先生復即棄去東青螺從以小蒼頭往來衢婺山水間人不見其有所齋旅中之費未嘗有乏絕竟不知為何術倦游而休泊然坐亡遂葬于衢之龍游鷄鳴山原有朱暉德明者龍游人也久從先生游得其星歷之學[illegible]其門人同里章濟深懼汎濫無傳亟正其舛訛刻於文梓而來徵濂為之序濂聞天官之說歷代所步必徵有弗同蓋欲隨時考驗以合於天運而已自唐涉宋其法寖精至元為尤密耶律文正王楚材以金大明曆後天乃損節氣之分減周天之杪去交終之率治月轉之餘以至西雅五行後先出沒皆有以斫窮之而正其失且以西域與中國地里相去之遠立為里差以增損之名曰西征庚午元曆可謂無遺憾者矣已而許文正公衡王文肅公恂太史令郭公守敬復與南北日官陳鼎臣鄧元麟等編參歷代歷法重測日月星辰消息運行之變酌取中數以為歷本即所定授時歷經歷議二書猶存可考證弗誣也君子謂當世所推步者皆二三大儒會其精神博其見聞備其儀像而後能造其精微今先生值天書有禁之時又獨處大江之南且無所謂觀天之器其所著書往往與諸公脗合而無間者雖絕倫之識有以致之誠以人心之理本同固皆相符而無南北之異也抑

赵友钦《革象新书》手抄本

吾丘衍“布衣道士”印

元 彩绘瓷扁壶

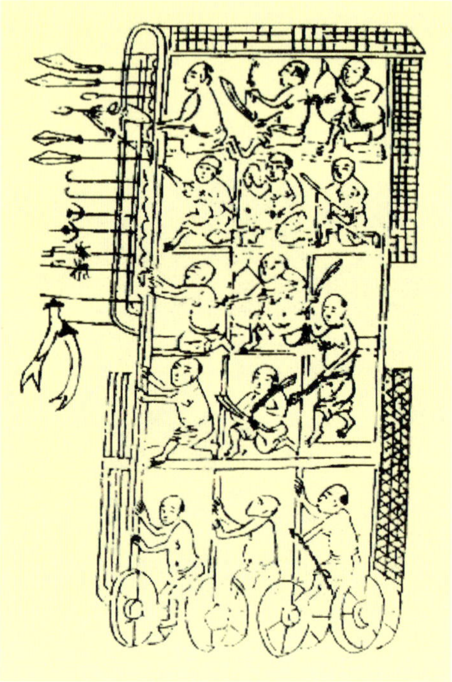

临冲吕公车

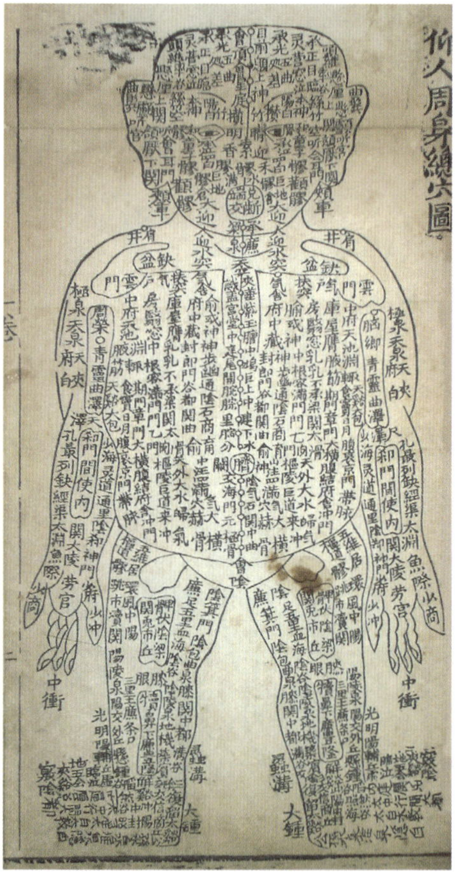

杨继洲《针灸大成·周身总穴图》

李遂铜像

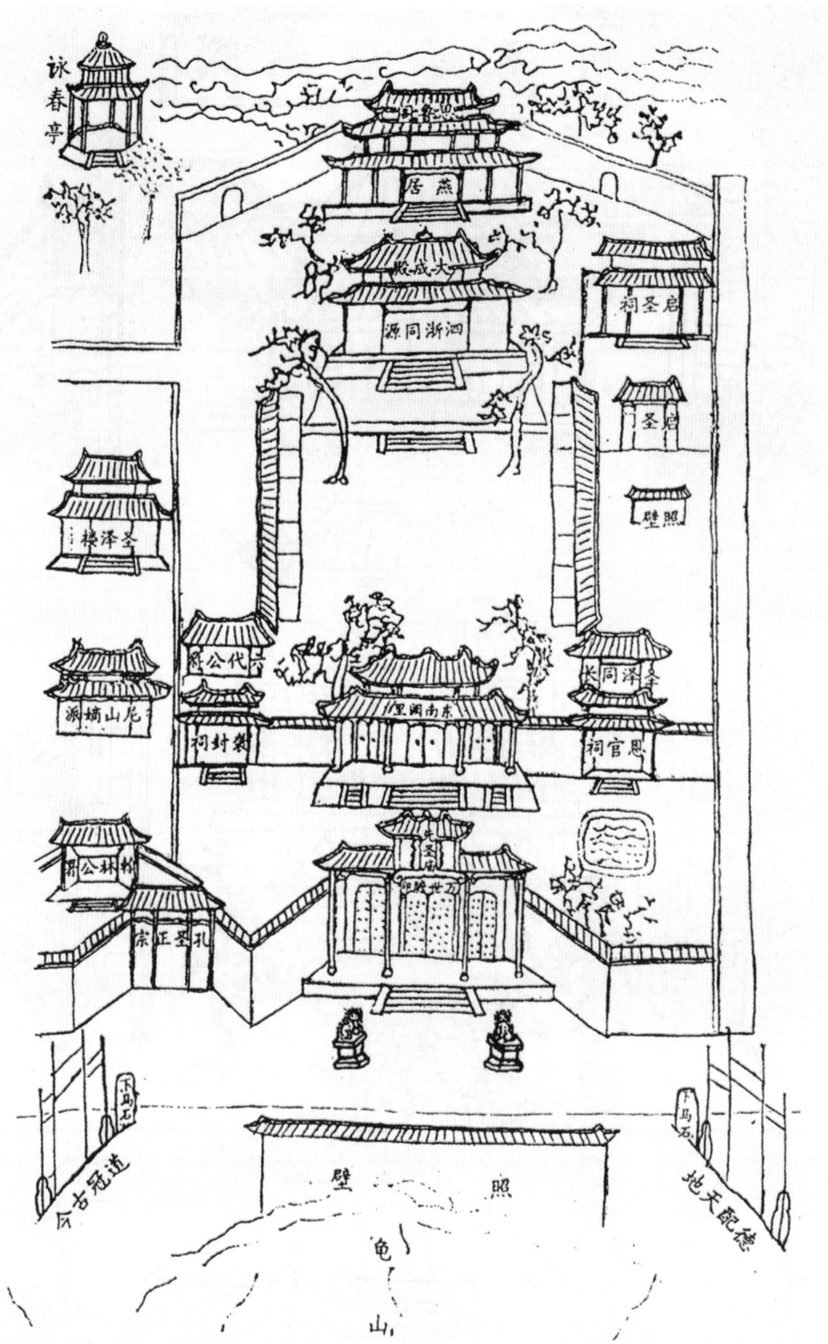
咏春亭
燕居
大成殿
泗浙同源
启圣祠
启圣
照壁
圣泽楼
代公府
尼山嫡派
袭封祠
东南阙里
圣泽同长
恩官祠
孔圣正宗
下马石
下马石
道冠古今
德配天地
照壁
龟山

明 孔氏家庙图

明 钟楼基座

明 孔氏南宗家庙天井遗址

明 毛汝麒进士坊（龙游模环）

明代龙游商帮建筑：高冈起凤

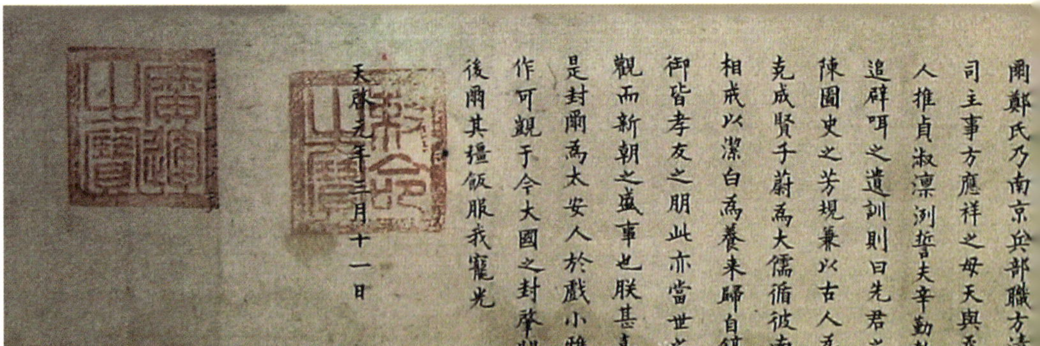

爾鄭氏乃南京兵部職方清吏司主事方應祥之母天與柔嘉人推貞淑凛洌誓夫辛勤教子追辟呵之遺訓則曰先君之思陳圖史之芳規兼以古人為法克成賢子蔚為大儒循彼南陔相戒以潔白為養來歸自鎬飲御皆孝友之朋此亦當世之榮觀而新朝之盛事也朕甚嘉焉是封爾為太安人於戲小雅之作可覘于今大國之封肇開于後爾其擅飯服我寵光

天啟元年三月十一日

明 天启元年方应祥父母封诰

明 崇祯金杯

明 天启金杯

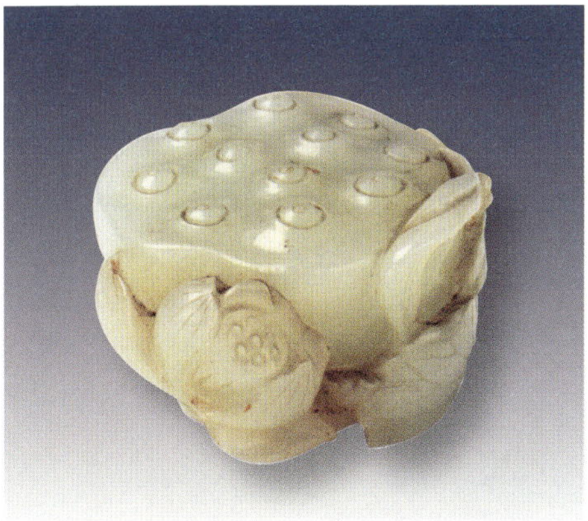

清 乾隆白玉莲蓬（江山武状元黄瑞墓出土）

清 雍正壬子年制家庙青铜编钟

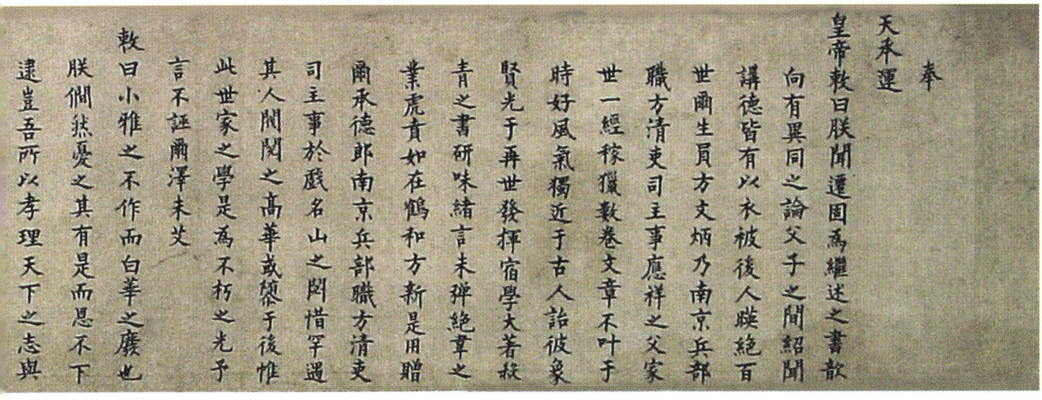

奉
天承運
皇帝敕曰朕聞運固爲繼述之書款
向有異同之論父子之間紹聞
講德皆有以永被後人睠絶百
世爾生員方丈炳乃南京兵部
職方清吏司主事應祥之父家
世一經稼獵數卷文章不叶于
時好風氣獨近于古人詁彼象
賢光于再世發揮宿學大著敉
青之書研味緒言未殚絶韋之
業虎賁如在鶴和方新是用贈
爾承德郎南京兵部職方清吏
司主事於戲名山之閟惜罕遇
其人闕閱之高華蔵蔡于後惟
此世家之學是爲不朽之光予
言不誣爾澤未艾
敕曰小雅之不作而白華之廢也
朕惻然憂之其有是而思不下
逮豈吾所以孝理天下之志與

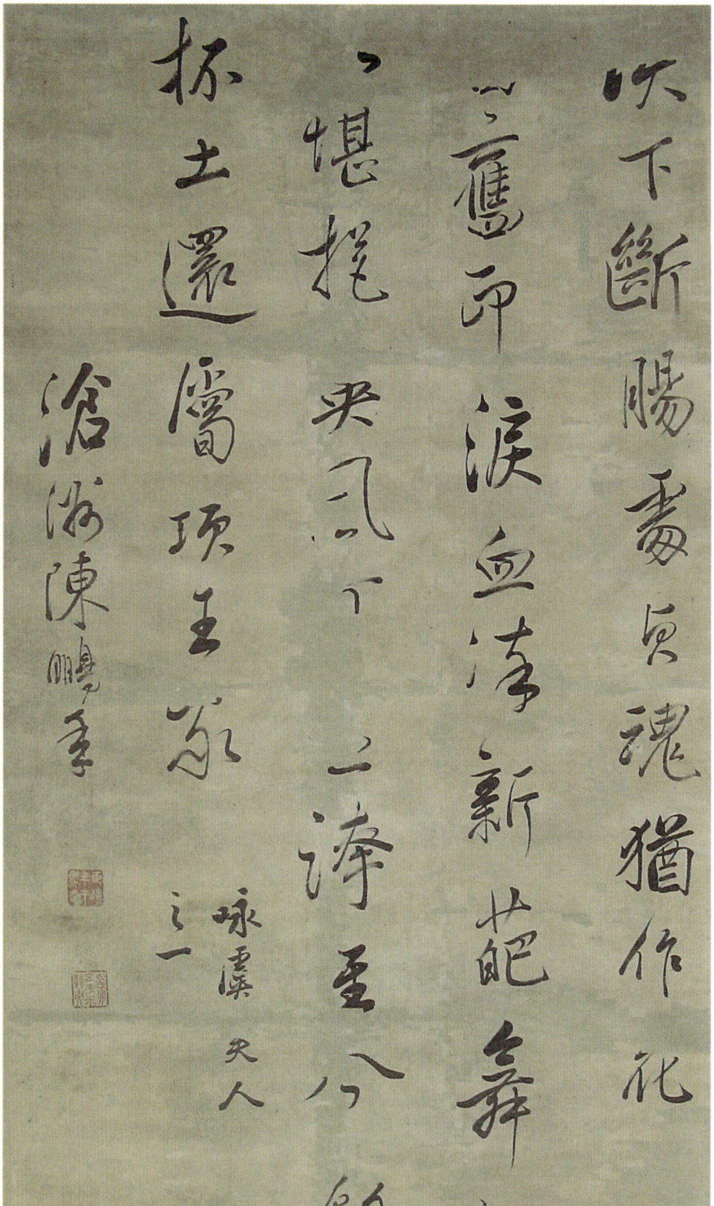

清　陈鹏年草书中堂

大南门瓮城

福建会馆——天妃宫

宁绍会馆照壁

清 浙江总督李之芳《阁老行乐图》局部

衢州书院

水亭门城楼

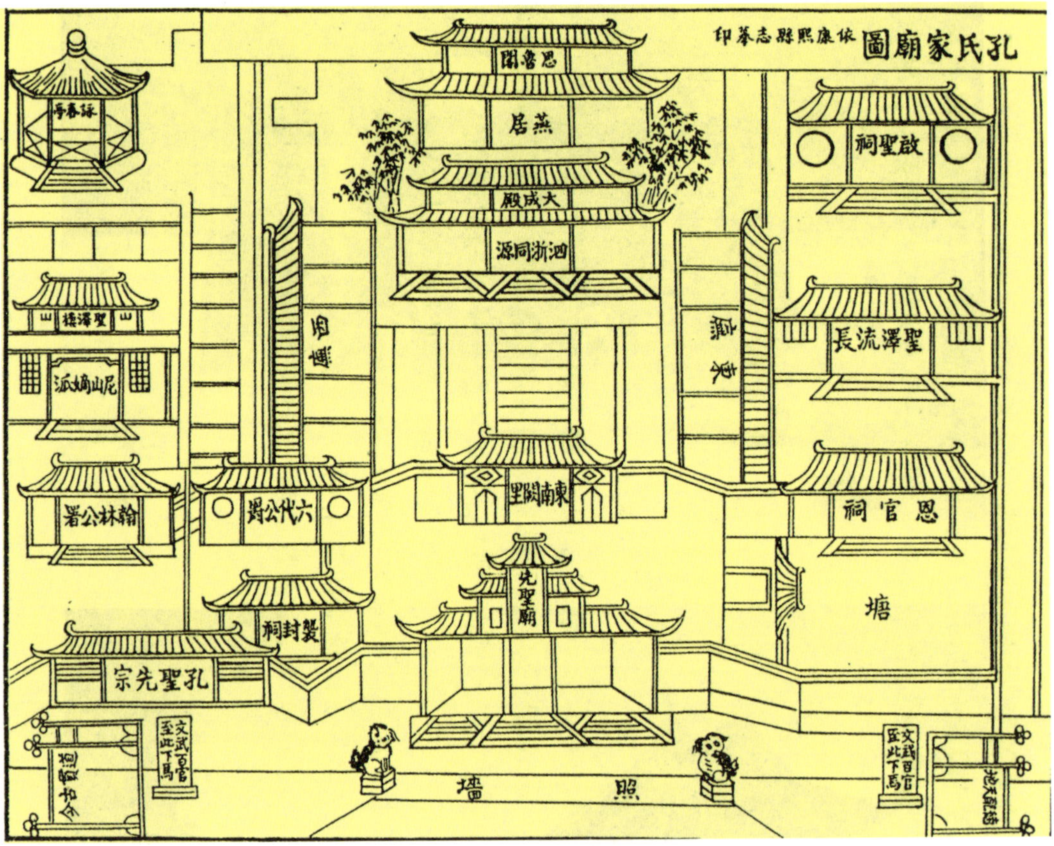
孔氏家廟圖
依康熙縣志摹印
思魯閣
燕居
大成殿
泗淛同源
啟聖祠
聖澤長流
恩官祠
東南闕里
先聖廟
塘
照牆
詠春亭
聖澤樓
尼山嫡派
翰林公署
六代公爵
襲封祠
孔聖先宗
文武百官至此下馬
文武百官至此下馬

康熙 孔氏南宗家庙图

衢州文库 区域文化集成

千古風華

衢州古代史

占剑 著

商務印書館
创于1897 The Commercial Press

图书在版编目(CIP)数据

千古风华：衢州古代史 / 占剑著. —北京：商务印书馆，2016
(衢州文库)
ISBN 978-7-100-12746-2

Ⅰ.①千… Ⅱ.①占… Ⅲ.①衢州-古代史 Ⅳ.①K295.53

中国版本图书馆CIP数据核字(2016)第284640号

千 古 风 华
——衢州古代史
占 剑 著

商 务 印 书 馆 出 版
(北京王府井大街36号 邮政编码100710)
商 务 印 书 馆 发 行
山东鸿君杰文化发展有限公司印刷
ISBN 978-7-100-12746-2

2016年11月第1版　开本 710×1000 1/16
2016年11月第1次印刷　印张 28.5
定价：90.00元

《衢州文库》编纂指导委员会

名誉主任：

陈　新（中共衢州市委书记）

杜世源（中共衢州市委副书记、衢州市人民政府市长）

主　　任：

诸葛慧艳（中共衢州市委常委、宣传部长）

副 主 任：

童建中（衢州市人大常委会副主任）

陈锦标（衢州市人民政府副市长）

王建华（政协衢州市委员会副主席）

《衢州区域文化集成》编纂委员会

主　　编：

诸葛慧艳　王建华（衢州市文化广电新闻出版局）

副 主 编：

杨苏萍　黄　韬

编　　委（按姓氏笔画排名）：

占　剑　刘国庆　陈　才　周宏波　赵世飞

崔铭先　潘玉光

《衢州文库》总序

陈　新

衢州地处钱塘江源头，浙闽赣皖四省交界之处，是一座生态环境一流、文化底蕴深厚的国家历史文化名城。生态和文化是衢州的两张“金名片”，让250多万衢州人为之自豪，给众多外来游客留下了美好的印象。

文化是一个地方的独特标识，是一座城市的根和魂。衢州素有“东南阙里、南孔圣地”之美誉，来到孔氏南宗家庙，浩荡儒风迎面而来，向我们讲述着孔子第48代裔孙南迁至衢衍圣弘道的历史。衢州是中国围棋文化发源地，烂柯山上的天生石梁状若虹桥，向人们诉说着王质遇仙“山中方一日、世上已千年”的传说。衢州也是伟人毛泽东的祖居地，翻开清漾村那泛黄的族谱，一部源远流长的毛氏家族史渐渐清晰……这些在长期传承积淀中逐渐形成的文化因子，承载着衢州的历史，体现了衢州的品格，成为衢州人心中独有的那份乡愁。

丰富的历史文化遗产是衢州国家历史文化名城的根本，是以生态文明建设力促城市转型的基础。失去了这个根基，历史文化名城就会明珠蒙尘、魅力不再，城市转型也就无从谈起。我们要像爱惜自己的生命一样保护历史文化遗产，并把这些重要文脉融入城市建设管理之中，融入经济社会发展之中，赋予新的内涵，增添新的光彩。

尊重和延续历史文化脉络，就是对历史负责，对人民负责，对子孙后代负责。对此，我们义不容辞、责无旁贷。近年来，我们坚持在保护中发展、在发展中保护，对水亭门、北门街等历史文化街区进行保护利用，复建了天王塔、文昌阁，创建了国家级儒学文化产业试验园区，儒学文化、古城文化呈现出勃勃生机。我们还注重加强历史文化村落保护，建设了一批农村文化礼堂，挖掘整理了一批非物质文化遗产，留住了老百姓记忆中的乡愁。尤为可喜的是，在优秀传统文化的涤荡和影响下，衢州凡人善举层出不穷，助人为乐蔚然成风，"最美衢州、仁爱之城"已成品牌、渐渐打响。

《衢州文库》对衢州悠久的历史文化进行了收集和汇编，旨在让大家更加全面地了解衢州的历史，更好地认识衢州文化的独特魅力。翻开《衢州文库》，你可以查看到载有衢州经济、政治、文化、社会等沿革的珍贵史料文献，追溯衢州文化的本源。你可以了解到各具特色的区域文化，感悟衢州文化的开放、包容、多元、和谐。你可以与圣哲先贤、仁人志士进行跨越时空的对话，领略他们的崇高品质和人格魅力。它既为人们了解和传承衢州文化打开了一扇窗户，又能激发起衢州人民热爱家乡、建设家乡的无限热情。

传承历史文化，为的是以史鉴今、面向未来。我们要始终坚持继承和创新、传统与现代、文化与经济的有机融合，从优秀传统文化中汲取更多营养，更好地了解衢州的昨天，把握衢州的今天，创造衢州更加美好的明天。

文化传承的历史担当（代序）

由衢州市文化广电新闻出版局组织编撰的《衢州区域文化集成》与《衢州名人集成》出版发行了，这两套集成内容广泛，门类齐全，特色鲜明，涉及衢州的历史文化、民情风俗、文学艺术、乡贤名人等方方面面，是一项浩大的文化工程，是一桩当今的文化盛事，也是近年来一项重要的文化成果。古人说：盛世修志，盛世修书。这两套集成的应运而出，再次见证了今天衢州文化的繁荣和兴旺。

衢州是国家历史文化名城，地处浙、闽、赣、皖四省交界，是多元文化交汇融合的独特地域，承载着九千多年的文明，可谓历史悠久，人文璀璨，有着丰富多样又特色鲜明的地方文化。一方水土养一方人，一方人又创造一方文化，因此，就衢州的文化而言，无论是以儒家文化为核心的主流文化，还是质朴自然的民俗文化，都打上了鲜明的地域印记，有着别具一格的风采和神韵，这就是我们昨天的一道永不凋谢的风景！是衢州人的精神因子与文化内核，是衢州人文精神的源头。

一个地方的文化传统、文化内涵、文化底蕴、文化品位如何，靠的不是笔墨和口水，而是靠我们拥有的那份文化遗存，靠固有的文化资源和独特的人脉传承，靠历史留下的那份无需争辩的文化财富。这两套集成就是要对衢州优秀的文化传统与当代文化进行全面的整理，并进行深入研究，分类撰写，汇编成册，把那些丰富的文化内涵充分地展示出来，让那些久远的同时又是优秀的历史文化走出尘封，让那些就在身边的优秀当代文化更清晰，让它们变得可以亲近，可以阅读，可以欣赏，可以触摸，可以感受，让优秀的地方文化焕发光彩！

优秀的地方文化是我们与前人共同创造的宝贵精神财富，是我们共同的精神家园，是我们共同的文化之根，是我们世代传承的精神血脉。传承优秀文化，是我们今天应有的历史担当，也是当下经济发展社会进步的客观需要。习近平总书记在纪念孔子诞辰2565周年国际学术研讨会暨国际儒学联合会第五届会员大会开幕式上的讲话中指出："科学对待文化传统。不忘历史才能开辟未来，善于继承才能善于创新。优秀传统文化是一个国家、一个民族传承和发展的根本，如果丢掉了，就割断了精神命脉。我们要善于把弘扬优秀传统文化和发展现实文化有机统一起来，紧密结合起来，在继承中发展，在发展中继承。"我们出这两套集成的最根本目的就是要继承优秀的传统文化，又在继承中发展当下的文化，推进我们的文化强市建设，丰富城市的文化内涵，提升城市的知名度和美誉度，助推衢州经济社会的发展繁荣。

在今天新的历史时期，全市人民正团结一心，意气风发，开拓创新，为实现美丽的中国梦、美丽的衢州梦而奋发努力。在这种时代背景下，更需要有优秀的人文精神来凝聚人心，焕发激情，启迪心智，加油鼓劲！《衢州区域文化集成》与《衢州名人集成》的出版，就是顺应这一需要，通过接地气，通文脉，鉴古今，让昨天的文化经典成为我们今天追梦路上新的历史借鉴和新的精神动力！

衢州区域文化集成
衢州名人集成 编委会

2015年12月

目 录

导　言

打开世界地图册，我们不难发现北纬30°线两侧，集中了世界上不少独特的自然地理景观和未解的文明之谜。这里既有“世界屋脊”青藏高原上的珠穆朗玛峰，海底最深处的马里亚纳海沟，又有古代埃及金字塔群、狮身人面像，古巴比伦的“空中花园”，还有神秘莫测的“百慕大三角区”以及玛雅文明遗址，等等。古老的衢州就在这条纬度线的南侧，北纬29°30′至28°14′。这里有神秘的常山“天坑”、数量庞大的衢江“节理石柱”、秀美的江郎山丹霞地貌，还有谜团重重的龙游石窟。我们现在所用的“北京时间”，就是东八区的区时、东经120°线的地平时，而衢州就在这条经度的西侧，为东经118°01′至119°20′。

溯钱塘江而上，在浙江西部金衢盆地的西段，包括更西的丘陵、山区，蜿蜒着一条名叫“衢江”的河流。它是三衢大地的母亲河，古称“瀔水”。衢江两岸及其山间盆地不仅孕育了绵延不绝的钱塘江水，也孕育了三衢大地悠久而灿烂的历史文明。这块以衢江流域为主体的区域，古称“姑蔑”“大末”“信安”，唐宋设衢州，元代设衢州路，明清设衢州府，到如今包括柯城区、衢江区、龙游县、常山县、江山市、开化县在内的二区三县一市，共8 800多平方公里的地域，构成了今日的浙江省衢州市。

（一）原始文明与姑蔑文化

对于先秦时期的衢州，目前我们了解的并不多。距今一万年前，龙游荷花山一带生活着衢州地区最早的原始人群，他们刀耕火种，种植水稻，用着简单的手工稻谷脱壳技术。而在六千多年前，在衢江区上方镇的一片溶洞中，生活着一批原始的穴居人。从龙游荷花山、青碓以及葱洞、观音洞遗址来看，当时的一部分衢州先民相对于浙江平原地区民众来说发展得缓慢一些，也有部分人跨入了文明的门槛。中国最早的稻作文明产生于龙游荷花山一带。在此后的3 000多年里，以江山为中心，在着黑陶和印纹陶器的基础上，以江山肩头弄文化为代表，逐渐催生了浙江最早的原始瓷器。尽管受良渚文化影响很大，但衢州仍然发展出具有鲜明地域文化特色的陶瓷文明，并深深影响福建、安徽等周边地区。由于江山特殊的地理位置，江西、福建、浙江、安徽等省的新石器文化在此不断地交流、传递，江山也由此成为多种新石器文化传播的一个中介。

到了春秋战国时期，从山东地区南迁的姑蔑族占据了衢州地区。公元前482年（鲁哀公十三年），姑蔑作为一支重要军事力量参与了吴越争霸之战。这也是衢州确切历史纪年的开始。姑蔑族在今龙游县西、灵山江边建立了姑蔑城，并以龙游为中心构建姑蔑国，它的管辖范围包括如今整个衢州地区及遂昌、汤溪、江西玉山等地。姑蔑文化也随之在衢州生根发芽。后来，徐偃王的部分后裔辗转迁到衢州，他们与姑蔑族一起构成了衢州最早两支族源确切可考的部族。从文化区的划分来看，当时的衢州属于越文化区，或者说是百越文化区，但是从出土文物分析，衢州的姑蔑文化仍然带有强烈的地域特征。然而，由于资料的缺乏，以我们现在对姑蔑文化的了解，还远远不足以对它有一个比较明确的勾画。

（二）衢州区域社会的基本形成及初步发展

公元前222年，秦在姑蔑旧地设大末县，故城在今龙游县城西，正式开始了衢州建县的历史。西汉时期，沿袭秦制，仍设大末县。东汉时，又称大末县为太末县，它的管辖范围也扩张到今天的浦江、金华等地。在公元192年以前，整个金衢盆地仅有两个县，两个中心，一个是大末（太末）县，另一个是乌伤（今义乌）县。这一时期，正是衢州区域社会基本形成的时期，也是区域经济文化初步发展的时期。但是，由于史料记载极为稀少，我们只能通过龙游县东华山汉墓群的出土物，从侧面分析当时的经济与文化状况：当时的人们聚族而居，在农耕的基础上已有一定规模的家畜饲养业，制瓷技术已相当成熟，可能还掌握了一定的铜镜铸造和铁器冶炼技术，有实力的豪强地主还掌握了一定的武力。除了鲁姓之外，见于史载的还有齐、徐、龙丘、赵、舒等姓。

东汉末年，192—218年，先后从太末县分出新安县（今衢江区）、丰安县（今浦江县）、遂昌县，继而又从新安县分出了定阳县（今常山县）。在汉代，一地能否设县，是以当地的人口为基本参考的。新安县、丰安县、遂昌县、定阳县的先后设立，表明当时金衢盆地及周边地区经济文化发展到了一个新的水平，已聚集起相当数量的人口。也就在这一时期，几乎与越窑同时，金衢地区土生土长的婺州窑生产出成熟的瓷器。

（三）从县域经济社会向郡域经济社会的发展

东汉末年到三国时期，伴随着屯田政策的推行，大量汉民从平原地区向衢州这样的山地丘陵地区迁徙。同时，汉民族与山越人的征战也使大量山越百姓下山，成为国家编户齐民。两晋南北朝时期，长期的战乱又使众多北方移民迁居南方，衢州也吸引了大批移民。人口的急剧增加以及北方先进的生产技术的传入，刺激了衢州经济文化的发展。特别值得一提的是当时衢州制瓷业的发展。婺州窑创造性地应用了化妆土，不仅使器物的表面更为光滑，也使釉的呈色更为美观、亮丽；同时，大量使用当地常见的红砂岩为原料，使婺州窑的产量和质量都得到了很大的提高。

到了陈永定三年（559年），朝廷在衢州地区设置信安郡。尽管这有一定的政治原因，但是也标志衢州的经济文化和人口集聚发展到了一个新的高度。从考古情况看，浙西地区六朝时期的聚落发展也是相当明显的。白沙溪流域，马达江、厚大溪、莘畈溪流域，罗家溪流域，灵山江流域，芝溪流域，罗樟源流域以及乌溪江流域，都发现了六朝墓葬或六朝遗物，就是明证。

这一时期，衢州地区的文化也有了很大的发展。佛教的传入和发展，掀起了衢州地区第一个建寺高峰，并且从日常生活到丧葬礼俗等多方面对衢州影响深远。东晋穆帝永和年间(345—356年),“烂柯传说”正式进入史册,并以衢州为中心逐渐向全国扩展。如今,“烂柯”一词已成为围棋的代名词,烂柯传说所体现的“忘忧”精神已成为中国围棋精神的重要组成部分。也是从这个时期开始,围棋文化逐渐浸渍到衢州文化的血脉之中,成为衢州“两子文化”(棋子、孔子)的核心之一。到南朝时期,徐伯珍、郑灼等儒学大师的出现,也反映了衢州儒家文化传播的新发展。

(四)州府级区划的定型与经济文化的进一步发展

武德四年(621年),唐朝在信安县设州级行政区划,因境内三衢山而称“衢州”,亦有八方通衢之意,此名一直沿用至今。同年,又分信安县设须江县(今江山市)。两年后,又于太末县设立瀫州,领太末、白石二县。当时,整个衢州地区有衢州、瀫州两州,但由于唐初战乱的破坏,两州先后废止。尽管“设州”之路有所反复,但到了武则天垂拱二年(686年),衢州再次设立,它管辖范围的主体与今天的衢州市大体相当,一度还包括江西的玉山县。

大唐盛世,政权稳固,社会安定,人民安居乐业,衢州的经济文化也得到了进一步的发展。到天宝元年(742年),衢州更名为“信安郡”,属“上州”,辖信安、须江、常山、龙丘、盈川、玉山六县,有“户68 472,口440 411”。除盈川县因后被撤销,未见分等记录以外,其余均为“上县”。安史之乱以后,尽管玉山县改隶信州(今上饶),但大量北方移民的迁入,使衢州的户数不仅没有减少,反而增多了万余户。元和年间(806—820年),白居易的名句“衢州人食人”让人们难以忘记,衢州天灾加上人祸的凄惨见证了唐朝由盛而衰的过程。唐末,黄巢义军两度至衢,留下了一处处遗迹。特别是七百里仙霞古道的开辟,不仅是衢州交通史上的一件大事,对以后衢州政治经济文化的发展也产生了深远的影响。

从唐初开始,经衢州到福州、广州国家干道的开辟,极大地推动了衢州经济文化的发展。这一时期,衢州的手工业,从银矿开采、冶炼到丝织、麻织、造纸、竹编、制瓷等,都获得了引人注目的成就。当时的衢州银矿,不仅设有专门的官员进行管理，还制定了严格的标准，冶炼出五十两的定额税银。绵、纸、竹扇是当时衢州每年向朝廷进献的贡品。衢州出产的竹箱，还深受大文学家刘禹锡的好评。特别是婺州窑，被茶圣陆羽评定为全国民窑“第三”，并创造性地开始了乳浊釉瓷的生产。

由于历任刺史的努力，衢州官学机构州学也得以完备。当时的衢州州学建于州衙署所在地的峥嵘岭西麓，是浙江境内最早创办的五所州学之一。除了官办教育外，据记载唐代衢州还有私塾教育。对教育的重视也带来了科举上的成果，以文苑奇才徐安贞为首，衢州出了几位进士，还出了一位状元徐徵。唐代衢州，客籍文人的阵容则更为强大。“初唐四杰”之一的杨炯、大诗人白居易、宗室郡王李祎等人先后来到衢州，大文豪韩愈为衢州留下了大名鼎鼎的《衢州徐偃王庙碑记》。唐代是佛教在全国广泛传播的时代，衢州也不例外。早在盛唐时期，就有衢州灵耀寺法载禅师追随大和尚鉴真东渡日本，为传播佛学作出贡献。中唐以后，从衢籍的大义禅师、大彻禅师、桂琛禅师到客籍的永明延寿禅师，他们的佛学思想在整个佛家史上占有一席之地。

唐末五代，两次平定衢州的割据势力之后，钱镠的吴越国确立了对衢州的统治。在这个动乱的年代，钱镠及其后代对浙江的“保境安民”政策，推动了浙江经济文化的发展，也为衢州下一阶段的发展打下了良好的基础。

（五）衢州古代文明史上的最高峰

978年，吴越国纳土归宋，浙江大地重归大一统的中央王朝。三年后，宋王朝升开化场为开化县。至此，构成衢州地区的五大基本行政区域（衢、龙、江、常、开五县）最终确立。两宋时期，伴随着全国经济重心的南移，衢州的政治、经济、文化获得空前繁荣，达到了历史的最高峰。

1012年，宋真宗在江淮两浙地区推广占城稻，推动了衢州农业经济的快速发展。到了南宋时期，就连偏远的江山县也实行稻麦两熟制。蚕桑、柑橘等经济作物的种植也在衢州得以全面铺开。农业经济的发展，刺激了手工业的发展。从青白瓷器的烧制到黑釉瓷的出口，从矿产的开采冶炼到铜镜的生产，从雕版印刷业的发达到制墨业的兴旺，从名酒品牌的确立到严格的酒务管理，无不显示衢州作为一个重要生产基地的地位。手工业发达，又进一步推动了商品经济的发展。

据《宋会要·食货》记载，北宋熙宁十年（1077年），衢州州城商税税收列今浙江各州第二位，达39 383.872贯；虽低于第一名杭州州城商税额，与第三名湖州相接近，但远高于越州（绍兴）、婺州（金华）、温州、台州，是处州（丽水）的四倍多，是睦州（建德地区）的五倍多。到了南宋时期，江山峡口这样的小小集市中居然出现了一家经营典当的“质库”，不仅说明当时商品经济已深入衢州农村集镇，也从侧面反映了衢州经济高度发展的状况。经济发展了，城市建设自然被提上议事日程，修筑衢州城、修筑石室堰、开发峥嵘山等大工程的上马也就很自然了。宋室南迁以后，江南经济的迅速发展，也把这种城市化进程推向乡村，作为农村经济中心和城乡市场结合体的乡村草市和集镇的广泛兴起就是明证。衢州当时拥有四大市镇和十八个草市。如果说仙霞古道石阶路的铺筑，只是更多地证明了衢州官方的经济实力雄厚，那么金衢之间的砖路和龙游白革湖镇（今湖镇）上的经典公共建筑——舍利塔的建设，则是衢州民间经济实力发达的集中体现。

衢州经济的高度发展，也推动了文化的高度进步。特别表现在科举方面，在这一时期达到了顶峰。北宋167年间，衢州仅文科进士就达252人，在当时浙江各州中名列第一，远高于杭州、绍兴、宁波等地。由于私人讲学的发展，南宋时期衢州涌现出不少书院，特别是当时全国知名的柯山书院、包山书院，更是人文荟萃，其影响一直波及元代。尽管受人口增长的限制，南宋时期衢州进士的增长速度并不快，只有381人，但如果计算进士的人口平均数（进士数/全州人口数），衢州依然在当时浙江各州是名列前茅的。整个两宋时期，从985年开始，衢州先后出了4位文科状元，常山王介家族祖孙三代还“一门七进士”。这些进士中，像铁面御史赵抃、南渡名宰余端礼这样官至副宰相以上的有7人，而慎知礼、毛注、王汉之这样的能臣干吏就更多了，还涌现出像边镇元帅毛渐、忠壮公徐徽言、抗蒙名将余玠这样的忠勇之士。

诗词曲创作的高峰，也是这一时期衢州文化发展的一大表现。衢州不仅涌现出像赵湘、张道洽、柴望这样的诗人，还有被誉为潇洒派宗主的著名词人毛滂。江山人祝允哲还对岳飞的名篇《满江红·述怀》的创作起到过积极的影响。在客籍方面，大诗人苏辙、陆游等人都曾留下亮丽的篇章，而在描写衢州景色的诗句中，最脍炙人口、流传最广的莫过于曾幾的《三衢道中》了，短短28个字，道尽了衢州山间的美景。除了诗词曲的创作之外，大量经典著作的涌现，体现了衢州文化发展的另一方面。程俱的典章巨著《麟台故事》、江少虞的杂史宏编《事实类苑》、毛晃、毛居正的字韵典范《增修互注礼部韵略》、袁采的家训名篇《袁氏世范》、夏僎的经学范本《尚书详解》等，都是当时乃至今天仍具有重大影响的煌煌名著。此外，刘牧的易学，徐存、徐霖的理学，毛逊、徐宇的浙派琴学，刘光大家族和郑礼之、武子安等的医学，还有围棋高手祝不疑、孝子周雄及其孝庙，这些都充分体现了宋元时期衢州文化的多样性成就。就连在理学发展史上具有重要地位的朱熹三会吕祖谦，其中一会就发生在衢州的开化。

1128—1130年，孔氏大宗辗转千里来到衢州。随着孔裔南迁，衢州成为南方新的儒学圣地，史称“东南阙里”。孔氏大宗的南迁不仅是衢州历史上的一件大事，也是中国文化史上的一件大事。孔氏大宗的南迁为中国儒学的南渐以及南宋理学的传播奠定了基础，为传统儒学的发展作出了贡献。此后，孔子文化作为衢州“两子文化”中的另一支柱，正式登上历史舞台。

（六）短暂的元朝统治

1276年，伴随着南宋左宰相、状元留梦炎的投降，衢州进入元朝的统治时期。在马可·波罗的印象中，衢州是杭州南下福建旅途中的重镇。特别是，这个地方的“猪”比较多，给这位旅行家留下了深刻印象。衢州古代制瓷业最后的辉煌，冶铁业的蓬勃发展，奠定了衢州经济的基础。包括著名农学家鲁明善在内，一大批有知识、有文化的官员出任衢州地方长官，推动了衢州经济文化社会的发展。

尽管元朝最初对科举不重视，但南宋留下的柯山书院、清献书院依然在传承文化，发挥重要作用。除了曹德和吾丘衍等数人，衢州本土文化成就不显，但客籍的力量十分强大，散曲名家薛昂夫、张可久、柳贯，都给衢州留下了宝贵的精神财富。吾丘衍的印学名典《学古篇》以及科学巨星赵友钦的《革象新书》等，直至今天仍是具有重大影响的巨著。开化人郑介夫上《太平策》，体现了古代商品经济条件下中国人对货币认识的最高水平。

元朝统一中华大地，衢州的孔子嫡长孙、衍圣公孔洙主动让爵。元世祖忽必烈大赞："宁违荣而不违道，真圣人后也。"大宗自此失封。南宗族人纷纷出任各地学官，积极主动地推动了儒学走向民间的进程。

（七）军事商业二重结构的基本确立

衢州自古为闽浙赣皖四省交通之门户，军事地位十分重要。自春秋战国以来的2 400多年间，这里曾发生过数以百计的战争。"东南有事，此其必争之地"，在元末风云中，朱元璋以战略性的眼光把衢州视为四省边际的一个战略中心。1359年，名将常遇春攻破衢州城。朱元璋在衢州设金斗翼元帅府，驻重兵防守。此后，作为府级行政区域的衢州，军事重镇的地位日益凸显。

在宋元的基础上，明代衢州的农业进一步发展，许多作物新品种得以广泛种植。衢州作为综合农区，依然是自给自足的。"天下之柑，衢漳为最。"这一时期衢州的柑橘生产获得了很大发展，衢橘成了朝廷的贡品。靠山吃山，衢州众多的丘陵山地为发展林业奠定了扎实的基础。为保护山林，百姓们还纷纷自发制定乡规民约进行保护。但相应的，政府对金属矿的开采则多次禁绝，由此还发了周边丽水、玉山等地矿工的暴动。明代衢州最好，也是最大宗的手工业，莫过于造纸业。当时衢州的造纸，依据古法，佳品倍出，产量和销量都非常大。

四省边际的有利地位，加上便捷的交通和丰富的物产，也为衢州商业的发展提供了有利条件。龙游商帮正是从这里走出盆地，走向全国。龙游商帮是指衢州府以及浙西一带从商人员而形成的一个商人资本集团，它萌发于南宋，兴盛于明代中叶，在全国珠宝与纸、书等行业中占据重要的，甚至垄断性的地位。

明万历年间（1573—1620年），龙游帮商人视“万里若比邻”，与徽商、晋商以及江右商人在商场中角逐，称雄一时，故有“遍地龙游”的谚语。它以一府一县之地为基础，聚集了大量资金，而成为中国十大商帮之一，到清代才逐渐被宁绍商帮所替代。

明代科举南北榜制度的实施，深深影响了衢州人。尽管明代科举稍逊于两宋，但衢州也涌现出铁面巡按吾绅、为政清简的樊莹、直言能谏的徐文溥、革除滥刑的毛恺等能臣干吏。在文化上，从大文人徐渭、戏剧家汤显祖到旅行家徐霞客，都给衢州留下了浓墨重彩的一笔。此外，继宋代之后，明代衢州的名人名著依然不少。文章大家方应祥、小说家徐应秋、军事家徐日久、针灸大师杨继洲、“中兴天台”的释传灯都是其中的佼佼者，他们的《青来阁集》《玉芝堂谈荟》《五边典则》《针灸大成》《天台山方外志》都是影响很大的名著。特别是博学多才的叶秉敬，一生著述颇丰，内容涉及从政、财政、税赋、教育、诗词、天文、地理、数学、城建、水利、工程等多个方面，堪称全才。他的著作中有六种近六十卷被收入《四库全书》。到了清代，又有周召的家训著作《双桥随笔》被收入《四库全书》。

1506年，孔氏南宗嫡长重获袭封。这是朝廷对孔氏南宗地位的再次承认。尽管只是世袭翰林院五经博士，但是明代中央政府却屡次给予南宗多种优惠待遇。1520年，孔氏南宗家庙最后一次迁移，并最终确定下来。其后虽历经多次修复，但位置始终未变。

（八）军事商业二重结构的异化发展

清代以来，由于反清斗争的激战，郑成功部的反抗，衢州军事地位得到进一步加强。清初衢州浙闽枫岭营的设立，浙江总督的两次驻守，以及衢州众多军事设施的建设都充分说明了这一点。1735年，衢州镇总兵的设立更是达到了顶峰。“守两浙而不守衢州，是以浙与敌也；争两浙而不争衢州，是以命与敌也。”这两句话是明末以来对衢州军事地位的最好总结，“三藩之乱”中闽藩耿精忠的失败则以事实证明了这一点。衢州军民以自己的牺牲维护了国家的统一。

“三藩之乱”后，江西、福建、安徽的移民大量涌入龙游、常山、开化等县，其数量在一些地区甚至超过了当地的原住居民。这些移民广泛种植靛、麻、玉米等作物，推动了衢州农业经济的发展；有的还经营纸、瓷、铁等，推动了衢州手工业的发展。这一时期，造纸业继续着强劲的发展势头，龙游溪口因纸而繁荣。衢州的制瓷业已经相对衰落，唯有江山三卿口古瓷村仍保存着传统的制瓷工艺，对今天来说尤为珍贵。清代以后，衢州本土商人迅速衰落，大量徽商、闽商、浙商兴起，唯有江山船帮成为钱塘江水运的龙头。当时，入闽客商改道江山，衢州繁盛依然不改。大批徽商、闽商、宁（波）绍（兴）商人、兰溪商人云集衢州，衢城众多会馆建筑及其遗迹，就是这段历史的明证。

清代衢州同样重视教育，办书院，兴教育。可惜由于经济实力的衰退，其规模和影响稍逊于宋代，甚至不及明代。受“南北卷”制度的影响，加上清朝封建压制的加剧，衢州的科举远逊于明代。“拗南乐”方元启、“驴车尚书”戴敦元、大学士费淳体现了清代衢州籍官员的勤政廉洁。相应的，以江山为代表的衢州武举大兴，还出了两位武状元。武状元黄瑞、抗缅英雄毛大经、守台有功的柴大纪等人，堪称这一时期衢州军人的典范。文化上，本土周召的家训著作《双桥随笔》被收入《四库全书》。以冤案故事改编的《北孝烈》，展示了清代衢州杂剧的成就。客籍小说家蒲松龄为衢州留下了“衢州三怪”的传说，影响深远。特别是有“东方莎士比亚”之称的戏曲大师李渔，他创作的戏剧《比目鱼》，其中大量素材来源于衢州。

到了清代，孔氏南宗日益受到清朝的恩荣。朝觐特权、“无孔不开榜”等，都促进了南宗贵族化的发展。南宗成为孔子儒家文化的一个重要符号，成为清朝正统统治的一个重要象征。南宗家庙也屡获朝廷拨款维修，今天我们所能看到的格局就是经1821—1823年大修，最终确立下来的。

第一章　考古、传说与文献的记忆

——远古至先秦时期的衢州（距今10 000年前—公元前222年）

从海洋、浅海、滨海再到陆地，经历了漫长岁月的演化之后，衢州最终形成了由河谷平原—低丘岗地—高丘—低山—中山过渡的地形特征。从江山到绍兴有一条深断裂带，我们如果站得足够高，就可以清楚地看到沿着这条断裂带通向福建、江西的狭长走道，而衢州就扼守在这条走道的咽喉位置。滔滔衢江及其支流贯穿了整条走道，也支撑了这条走道。亚热带季风性气候带来了丰沛的降水和充足的光照，不断地滋养着三衢大地。历代衢州人就是在这样的环境之下，凭借着勤劳和智慧，不断地繁衍生息。

从距今10 000年前开始，直到秦统一中国的前一年（公元前222年），衢州的历史主要通过考古发掘来揭示。从各种相对粗糙的打制石器到各种精美的磨制石器，从夹砂陶、着黑陶到印纹陶、原始青瓷，从青铜剑、青铜斧到青铜铲、青铜编钟等，向我们展示着那段遥远的文明。而备受关注的这一时期衢州人的族属问题，从姑蔑、徐偃王到商王成汤的后裔等，还停留在传说和文献的零星记载上。那神秘莫测的龙游石窟，其庞大的结构、复杂的体系、精湛的技艺和未解的来源，留给人们无尽的遐想和惊叹。从山洞穴居生活到走向河谷平原，从刀耕火种到初步的精耕细作，从蒙昧时代走向青铜时代，从原始部族到以龙游为中心建立邦国，衢州先民披荆斩棘，创造了非凡的业绩。

一、衢州的自然环境与远古人类

衢州地理位置特殊，地处今闽浙赣皖四省交界之处，古代就有“控鄱阳之肘腋，扼瓯闽之咽喉，连宣歙之声势”的评价。这里的北面控制着江西南下之路，连接着安徽黄山、歙县等地，西面、南面掐住了福建赴浙江的咽喉。浙江的地形地貌是背山面海，“七山一水二分田”，而地处内陆的衢州则完全以丘陵、山地为主，衢江及其支流两岸的平原面积不足土地总面积的五分之一。多山的环境，虽然阻挡了台风的侵扰，但也引发了春夏之交的集中降雨。亚热带季风性气候对于衢州来说，既有有利于农业的一面，也给衢州带来了不少洪涝灾害以及旱灾、地质灾害等。唐代以后大量的文献记载证明，衢州不仅气候宜人、物产丰富，也是一个自然灾害多发地。

（一）以丘陵山地为主的地形地貌

衢州位于浙江的西部，金衢盆地的西端，东经118°01′—119°20′，北纬28°14′—29°30′，总面积为8 800多平方千米。境内地质条件复杂，从地形图上看，一条从江山至绍兴的深断裂带贯穿中部，将衢州分成西北、东南两块。在地质构造的划分上，这两大块分别属于“扬子准地台”和“华南褶皱系”两个一级大地构造单元。在此基础上，衢州的地形以衢江为轴心向南北对称展开，海拔逐级提升。衢江两侧为河谷平原，外延为丘陵低山，再扩展上升为低山与中山。东南缘是仙霞岭山脉，有境内最高峰大龙岗，海拔1 500.3米。西北及北部边缘是白际山脉南段与千里岗山脉的一部分。东部以河谷平原为主，地势平缓。境内最低处在龙游县下童村，海拔33米。整个衢州地区的地貌以丘陵、山地为主，其面积达7 560平方千米，占土地总面积的85.44%。

衢州的地质历史相当长，通过对目前露出地表的地层剖面分析，我们发现从6亿多年前的前寒武纪到1万多年前的全新世，除极个别缺失外，其余各个时代的地层均有存在。复杂的地质环境、形态多样的地质构造、发育良好的地层及岩浆岩，衢州堪称浙江省内最具地质特色的地区。常山县的“天坑”、衢江区的大面积“节理石柱”以及江山市江郎山的丹霞地貌，享誉浙江，乃至全国。

（二）古代衢州的"大动脉"

衢江，古称瀫水、信安溪，从开化县莲花尖发源至兰溪汇流处止，主河道流程达200多千米，全流域面积11 000多平方千米，比衢州市域面积还大。衢江支流众多，主要有乌溪江、灵山港、铜山源等，而常山港和江山港则是其中最重要的两大支流。常山港是衢江的主流，源出浙皖赣边境莲花尖，海拔1 145米。莲花尖下海拔900余米处有莲花塘，通过储水分流至莲花沟与船仓头，后汇聚成莲花溪，再经由马金溪注入常山港。南源为江山港，发源于仙霞岭北麓的苏州岭和龙门岗。两大支流在今衢州市区双港口汇流后为衢江，并最终汇入钱塘江。衢江是钱塘江最大的支流，而常山港是衢江的主流，因此，钱塘江的源头就在开化县境内的莲花尖。为了保护钱塘江上游的水资源，国家在这里设立了总面积达45平方千米的钱江源国家森林公园。

衢江及其两大支流流经了衢州的三大盆地：金衢盆地（西段）、常山盆地、江山盆地。经过漫长的演变，河谷两侧形成了大片冲积平原。亚热带季风性气候带来了丰沛的降水和充足的光照，使这些肥沃的土地不仅集中了衢州最主要的耕地，也是衢州人口最集中的地方。在交通不便的古代，衢江水运的地位和作用是不可替代的，它是衢州对外交流的最主要途径。可以说，衢江是衢州人的母亲河，更是古代衢州的"大动脉"。

（三）古生物化石的"记忆"

从目前的考古调查来看，衢州地区的生命史是从6亿多年前开始的，而衢州地质年代的历史还可以追溯到更早时期。与现在以丘陵、山地为主的地形不同，6亿多年前的衢州地区还是一片汪洋，蓝藻等众多的原始生命在此不断地繁衍生息。2007年，浙江省自然博物馆的专家们在考察江山新塘坞前寒武纪地层时，在白云岩中采集到一批叠层石，距今6亿多年。这是浙江省迄今为止发现的最古老的化石。[1]就成因而言，叠层石其实是一种微生物岩，是无数蓝藻等原核生物经过几亿乃至几十亿年的演变所形成的有机沉积结构。这些

---

〔1〕沈智博：《浙江发现省内最古老的化石》，《浙江文物》，2007年第1期。

以蓝藻为主的微生物通过生长和代谢活动不断地吸收沉淀矿物质或捕获矿物颗粒，从一个点或一个表面单向增生，经过漫长的演化，最终形成层层相叠状的层状体：它通常由一层碎屑层、一层有机层交替叠置而成。

4亿多年前，江南地区曾发生过一次地壳运动，使得常山及其周边地区地层被抬升，衢州地区成为一个接近陆地的滨海地区，从而形成了不同于周边浅海区域的独特地理环境，为笔石、珊瑚、鹦鹉螺、三叶虫以及腕足类动物等众多海生无脊椎动物提供了良好的生活环境。1997年1月，国际地质科学联合会确认常山县黄泥塘剖面为国际标准地层剖面，学术上称为“奥陶系达瑞威尔阶界线层型剖面”。所谓“奥陶纪”，是古生代第二个纪，距今约5.1亿—4.38亿年。这一时期是海洋无脊椎动物的全盛时期。在奥陶纪形成的地层称“奥陶系”。常山“金钉子”剖面的确立，宣告了中国第一枚“金钉子”的诞生。2001年底，国土资源部批准成立常山国家地质公园，它的核心景观就是“金钉子”。常山黄泥塘“金钉子”剖面是地球母亲给衢州人民的一笔宝贵财富，对于我国地质科学、古生物科学的研究有重大价值。

到了1亿多年前，恐龙逐渐成为三衢大地上新的主宰。1979年10月，在江山县礼贤公社陈塘边一个红砂岩小山坡上首次发现恐龙化石。经过发掘，共获得脊椎骨、肋骨、腿骨等化石三十余块。经确认，这条恐龙属蜥脚类，距今已有1亿多年的历史。它的脊椎骨直径有20厘米，肋骨最长达178厘米，大腿骨长140厘米，据此推测身体全长20多米，高近4米，体重在15吨左右，其大小与我国至今发现最大的四川“马门溪龙”差不多。专家将这条新属新种恐龙命名为“礼贤江山龙”。到目前为止，全世界尚未发现第二条这种新属新种恐龙。2004年4月和6月，又有两条恐龙化石在衢江区樟潭镇高塘石村的红砂岩中被发现。其中一条属于大型食草蜥脚类恐龙，个体长约20米左右，另一条则可能是翼龙。大量恐龙骨骼化石以及众多恐龙蛋化石的出土，向人们展现了衢州作为“龙的故乡”的魅力。

（四）古动物群与远古人类

距今约13万—1.2万年前，地质年代为晚更新世，相当于考古学上的旧石器时代中晚期，当时的衢州周边地区气候条件总体来说远比现在温暖，可以与今华南地区相媲美。这一点可以从周边地区发现的古动物群组合——“大熊猫—剑齿象动物群”化石——得到证明。1974年冬，在建德县乌龟洞内（“建德人”牙齿化石发现地）的上部堆积物中，发现最后鬣狗、猕猴、猪獾、大熊猫、中国犀、水牛、羊、鹿、麂、猪、剑齿象等11种哺乳动物化石，在下部堆积物中有猕猴、猪獾、大熊猫、中国犀、水牛、羊、鹿、麂、猪、豪猪、熊、巨貘、东方剑齿象、纳玛象等14种哺乳动物化石，以及龟和鳖等动物化石。[1]正是这种温暖的气候，孕育了浙江早期的远古人类。

1974年冬，中国科学院古脊椎动物与古人类研究所和浙江博物馆的专家在建德市李家镇新桥村航头牌乌龟洞发现了一枚右上犬齿化石（编号：PA536），属于男性智人，年龄约三十岁左右，定名为“建德人”。中科院韩德芬、张森水先生认为“建德人”的形态较“北京猿人”有明显的进步，而与广西发现的“柳江人”和北京“山顶洞人”十分相似，属于智人类型的远古人类。[2]从与牙齿化石同层共存的哺乳动物化石来看，下部堆积物中有剑齿象、纳玛象等五种灭绝动物种类化石，却不见最后鬣狗化石——这种动物群落结构与晚更新世早期相仿，种属也近似。而出土牙齿化石的上部堆积层含有最后鬣狗化石，却没有纳玛象、巨貘化石，说明上部堆积层的时代要稍晚。根据晚更新世末最后鬣狗已灭绝的现象分析，“建德人”的时代显然应为晚更新世晚期，相当于旧石器时代晚期偏早，大致距今五万年左右。[3]但对“建德人”牙齿化石同层伴生的牛牙化石标本采用铀系法测定两个年代数据，平均为距今10.3万年左右。[4]鉴于包括北京周口店在内二十多个重

〔1〕金普森、陈剩勇主编：《浙江通史・史前卷》，浙江人民出版社2005年，第13页。

〔2〕韩德芬、张森水：《建德发现的一枚人的犬齿化石及浙江第四纪哺乳动物新资料》，《古脊椎动物与古人类》，1978年第4期。

〔3〕吴维棠：《建德人——杭州地区旧石器时代的先民》，《南北朝前的古杭州（修订版）》，浙江人民出版社1997年，第18—21页。

〔4〕原思训、陈铁梅、高世君：《华南若干旧石器时代地点的铀系年代》，《人类学学报》，1986年第2期。

要旧石器时代遗址及地点的时代测定取得成功，不少专家认为采用铀系测年法（U系法）是可靠的，将“建德人”的生活年代重新确定为距今十万年是可信的。[1]

“建德人”究竟生活在什么时候，我们在此不作述评，但有些观点是一致的。10万—1.2万年前，浙江西部山区一带是石灰岩分布地区，溶洞很多，为“建德人”提供了天然的良好居住条件。当时，这里的气候远比现在温和，而且雨量充沛，大致相当于今广东地区的气候环境。这里森林遍山，杂草蔽野，不仅有鹿、野猪、山羊等，而且还有大熊猫、象、犀牛等大型动物。“建德人”就在这样的环境中，使用简陋的打制石器，与自然界作着艰苦的斗争。长期的饥饿和营养不良，加上艰苦的劳动和险恶的自然环境，使“建德人”的寿命都不长，三十岁就已经过早地步入了老年。然而在漫长的岁月里，他们用自己的双手和辛勤劳动，逐渐把这片地方开发出来。“建德人”的发现地与今衢州上方镇距离不足12千米，说明位处金衢盆地西部山区，古代属“姑蔑”“太末”地域的衢州在五万年前就是人类的活动区域之一。旧石器时代考古发现依然是浙江考古界一个重大的课题。应该说，在衢州发现旧石器时代遗址的可能性还是很大的。[2]一旦旧石器时代遗址在衢州被发现，必将大大改写衢州，乃至浙江的早期历史。

二、距今9 000—6 000年前的衢州

到了距今10 000多年至8 000年前，即全新世早期，依照王开发、张玉兰先生对沪杭地区所作的孢粉组合分析结果，在距今10 300—9 500年（前北方期），沪杭地区气候冷凉干燥；距今9 500—7 500年（属北方期）左右，气候转为温凉略干，平均气温比目前约低1℃—2℃。[3]也正是在这一时期，衢州开始了人类

---

〔1〕陈铁梅：《我国旧石器时代考古年代学的进展与述评》，《考古学报》，1988年第3期。

〔2〕金普森、陈剩勇主编：《浙江通史·史前卷》，第343页。

〔3〕王开发、张玉兰：《根据孢粉分析推论沪杭地区一万多年来的气候变化》，《历史地理》，1981年创刊号。

活动的历史。

人们常说“中华上下五千年”，是从三皇五帝开始算起的，说的是建立国家、划分社会阶层的中华文明史的概念。今天我们说的“衢州九千年”是一个人类活动时间节点的概念。2002年发现的衢江区上方镇葱洞观音洞遗址把衢州人类活动史追溯到距今6 000年前，而其后发现的龙游青碓遗址、荷花山遗址又把衢州人类活动年代从距今8 000多年追溯到距今9 000多年前，接近万年。可以毫不夸张地说，即使以最苛刻的目光审视，衢州有人类活动的历史至少有9 000年了。

（一）衢江上方葱洞观音洞遗址，距今6 000年前

20世纪60年代初，考古专家在原衢县上方镇葱洞村发现了3号葱洞。洞内基层分为三层：上层为坚硬的淡黄色土与石灰岩角砾，含印纹陶片，厚4—8厘米；中层是石灰胶结的黏土，厚20厘米，含少量软体动物及哺乳动物化石；下层为棕色黏土夹灰岩角砾，厚10厘米（尚未见底），含有锥状石片、石珠等石器，说明其年代似乎可以追溯到旧石器时代晚期。[1]

为了进一步探寻浙江的旧石器时代遗存，2001年，浙江考古研究所对上方镇葱洞、观音洞遗址进行了发掘。葱洞、观音洞位于溪流之上的一个二级台地上，前有河流，背靠大山，为原始人提供了很好的生活条件。考古人员在遗址中发现了大量兽骨，属于野猪、犀牛、大熊猫等，它们为当时的人们提供了相当广泛的食物来源。从出土的情况看，当时的人们使用直口圜底釜、平底罐等炊器，质地主要为夹砂红陶、泥质红陶、灰黑陶等。其中，陶釜的形制原始、绳纹拍印到口沿；由于烧结温度高，因此火候较好；造型与浙江省河姆渡文化和马家浜文化陶釜明显不同，具有鲜明的地域特色。夹砂陶是一种耐火材料，适宜人们在火上熬煮食物。其中一件夹砂陶釜设计得非常人性化，在近口沿部还带有两个錾，利于提取。不少陶片上饰有绳纹，既是一种结网捕鱼生活方式的体现，也反映了当时人们的审美观。还出土了棕红色的环形

---

〔1〕黄正维、孟子江：《浙江哺乳动物化石新产地》，《古脊椎动物与古人类》，1964年第1期。

石器、黑色的石锛等石器。特别是环形穿孔石器，推测可能是一种石制纺轮，是用于纺麻的工具，说明当时人们已经有“衣”可以蔽体；石锛则是原始农业开辟耕地时的重要农具，说明当时的衢州先民至少已处于刀耕火种阶段，原始的农耕文化已经产生。正是根据这一遗址的出土文物，衢州的人类活动史提早到距今6 000年前。[1]

在距今约6 000年前，当浙北平原地区已是稻作农耕文化之时，浙西山区还存在相对原始的穴居现象。就这一点而言，主要以盆地、丘陵、低山为主的衢州地区，发展程度相对晚于平原地区，也是与地理环境相适应的。

（二）龙游青碓遗址，距今9 000年

青碓遗址位于今龙游县龙洲街道寺后村西面500米处，灵山江西岸，海拔约50米。现遗址分布范围南北长约170米、东西宽约160米，面积约3万平方米。2010年浙江省考古所对其进行了初步试掘。在一南一北两条探沟揭示的遗址文化层发现了夹炭红陶器、石磨盘、石磨棒等上山文化特征的遗物。

遗址两个阶段的文化层分别为陶器和石器。下层陶器以夹炭红衣陶为主，石器丰富。从类型学的比较来看，青碓上层陶器等遗物与浦江上山遗址中层的文化面貌基本一致，具有明显的跨湖桥文化特征，距今约8 000多年。下层遗物具有浓郁的上山文化晚期特征。青碓遗址中上山文化、跨湖桥文化时期文化遗存基本完好，也把龙游史从距今5 000年上溯到距今9 000年。[2]

（三）龙游荷花山遗址：世界稻作文明的发祥地之一

2011年4月，因为农田改造，荷花山遗址被发现。遗址位于龙游县湖镇邵家自然村南侧的一个山丘上，衢江南侧，海拔49—64米。遗址因乡镇经济开发而遭到破坏，于2011年4月被发现。2011年9月下旬开始，浙江省文物考古研究所、龙游博物馆开始发掘该遗址，发掘分东、西两区进行，面积共约900平方米。在发掘的同时，还对荷花山约50 000平方米范围作了进一步的考古调查。

---

〔1〕《浙江省首次发现新石器时代洞穴遗址》，《浙江日报》，2002年1月25日。

〔2〕刘慧：《龙游青碓，链接9 000年》，《浙江日报》，2010年9月10日。

遗址最深厚位置包含7个文化层堆积，发掘清理了灰坑、柱洞等遗迹现象和丰富的陶、石器。初步复原陶器20多件，包括大口盆、平底盘（浅腹、深腹）、圜底盘、圈足盘、双耳罐等器形，陶质以夹炭红衣陶和细砂粗泥陶为主。从这些复原陶器和大量带有器形特征的陶片分析，器物属于典型的上山文化。西区晚期出现了不少跨湖桥文化的因素，如侈口微敛、沿外侧置对称舌形錾的绳纹陶釜和圜底钵、锛形石锤、青灰岩石锛等，都具有跨湖桥文化特征。在上山文化晚期器物中，也具有自身的特色，如大口盆器耳的多样化、平底盘中出现筒腹较高的器形、圜底盘以及多镂孔的圈足盘等。石器形态粗糙，但数量丰富。有磨石、石锤、穿孔器等，多数为鹅卵石简单加工而成，或直接使用，留下了摩擦、锤击的痕迹。少量为精加工的磨制石器，如锛、镞等。文化层中发现大量的鹅卵石，当取自附近河滩、作为石器原料而带入遗址。夹炭陶片中同样羼和了大量稻壳，反映了上山文化利用稻米资源的共同特征。通过调查，荷花山遗址的遗存堆积存在片区分隔的不连续现象，这一现象在上山、小黄山遗址中已有显露，在保存较好的荷花山遗址中得到了更完整的体现。特别是西区探方中，发现一处“石堆”遗存，在百余平方米范围内，鹅卵石密集分布，分层累积，其中杂有大量的粗石器，包括石磨盘、石磨棒、石锤、穿孔器等。这些迹象，对复原原始人类聚落生活内容，具有重要的研究价值。随后浙江省考古所对其进行了抢救性发掘。主持发掘的蒋乐平先生最初认为遗址的年代约相当于上山文化晚期，但延续时间较长。[1]

2013年9月，由浙江省文物局、龙游县政府举办的“龙游荷花山遗址暨钱塘江早期新石器时代文化学术研讨会”召开。与会专家认为，以龙游荷花山为代表的浙江16处上山文化遗址，组成了以金衢盆地为中心的钱塘江地区至今所见到浙江省年代最早的新石器时代遗址群。这一遗址群的面貌与以往所见到的长江中下游地区新石器时代文化（马家浜文化、河姆渡文化）不同，是另一

---

〔1〕蒋乐平：《龙游荷花山遗址考古发掘取得重要成果》，《浙江文物网》，2012年11月13日；参见：http://www.zjww.gov.cn/news/2012-11-13/646299318.shtml。

种文化谱系的考古学文化（上山文化）。该遗址群的^{14}C年代检测数据为距今10 000—9 000年。南京博物院林留根先生认为，以荷花山遗址为典型代表的上山文化是浙江省的“根”，甚至是长江下游的“根”。[1]

中国科技大学博物馆张居中先生对荷花山遗址5件石器、3件陶器进行残留物分析，实验结果发现了多种淀粉粒沉积。这表明，至少9 000年前，衢州就开始加工水稻了。专家们一致认为：龙游荷花山遗址以及钱塘江早期遗址群发现的稻作遗存，充分反映了水稻栽培在早期阶段的驯化变异，证明龙游所在的钱塘江上游地区是世界稻作农业文明的重要发祥地。[2]

三、其他新石器时代遗址及其出土物

6 000—3 000年前的衢州大地，与余姚河姆渡、余杭良渚等地区一样，也早已进入新石器时代，有先民在此繁衍生息。应该说，衢州地区早期印纹陶器遗址发现较多，但是真正明确地属于史前文化的遗址并不多见。近年来，衢州地区在文物普查中发现了不少新石器时代晚期至商周时期遗存，主要有衢州市柯城区石梁镇柘川遗址、龙游县城南鸡鸣山遗址、江山王村乡山岩尾遗址、常山辉埠镇大埂遗址，等等。开化县十里铺和中村乡坑口村双溪口也发现了史前遗址，采集品中有斧、镰、锛、网坠等石器和夹砂红陶与灰陶、泥质陶片等，年代跨度可能较长。[3]因为比较零碎，很难对这些新石器时代遗址一一加以介绍，特别值得一提的就是江山的山岩尾遗址。

（一）文化传播的使者：江山山岩尾遗址（约4 600年前）

山岩尾遗址位于浙江省江山市王村乡模三村东面的一处小山冈，1979年发掘。这一遗址尽管发掘面积不大，出土物不多，但仅从现有材料分析即可充分看出它在多种石器文化传播过程中所占有的特殊地位，从而成为多种文化传播的一个交织点。

---

〔1〕〔2〕 巫少飞：《悠悠衢州九千年：龙游县荷花山遗址考古》，《文化交流》，2013年第12期。

〔3〕 浙江省文物局：《浙江省市县级文物保护单位》，《文物考古资料》，1986年第5辑。

山岩尾遗址掌形土坑墓的形制以及出土陶器的组合方式与福建黄土仑早期遗存有着惊人的相似性，证明两者之间存在着一定的联系。墓葬形制是变化最为缓慢的一种文化现象，而且往往具有民族性、区域性特征，据此可推断山岩尾人深深影响了福建黄土仑人。从出土器物的形制、纹饰和制作工艺来看，其夹砂陶灰黑色的胎质、外表仅以红色泥浆修饰（学术上称"红衣"）、宽扁形的把手等特征，受马家浜文化影响很大；而器底圈足上的镂空纹饰、带垂棱的高圈足陶豆、筒形的陶杯等特征，又吸收了菘泽文化的某些元素，从而发展出一种新的地方文化类型。最迟在良渚文化早期，山岩尾人已在这一带生活，并开始使用带有卧式倾向的，来源于山东大汶口文化的袋足鬶（一种煮液体的食器），其后又受典型良渚文化影响，出现了鱼鳍形鼎足等典型良渚文化的烙印。山岩尾文化与黄土仑文化、马家浜文化、崧泽文化、大汶口晚期文化、良渚文化等诸多文化有着密切的关系，而又不同于这五种文化；其文化内涵包含福建、浙江、江苏、江西、山东等地新石器时代晚期文化因素，与稍晚的金衢盆地以着黑陶为特征的新石器时代晚期文化有很大不同，但应该说，它的根还是属于江浙本土的马家浜—崧泽体系的。[1]

江山位于闽浙赣交界之地，而山岩尾遗址就位于江山出浙江省的交通干道上。在新石器文化时代，尽管交通不便，但是各种石器文化的相互交流和传递始终在不断地进行。山岩尾遗址就是一个典型的例子，特殊的地理位置以及相对便捷的交通使其成为一个文化交流的中介，成为文化传播的使者。

（二）衢州出土的新石器时代石器

龙游县博物馆藏的石钺、石匕首，开化县文保所藏的三孔石斧，衢州市博物馆藏的石镰刀、石镞等器物，制作精巧细致，打磨光滑细腻，是衢州地区磨制石器制作的代表。特别是龙游县官潭乡洪呈村鸽山发现的一件长方柱形有段石凿，长达28.7厘米，表现出了极高的石器制作水准，充分展现了古代衢州先民

〔1〕汪萍、詹剑：《对江山山崖尾遗址的再认识》，《东方博物》，2011年第1期。

的聪明才智。石钺、石斧、石锛、石镰刀等都是当时的重要农具，说明当时衢属各区，包括开化这样的山区为主的地域均有人类活动，均有原始农业存在，其耕作方式主要还是粗放型的刀耕火种。

总体说来金衢地区的石器，以断面呈椭圆形的石斧、扁平穿孔的石钺、台阶式有段石锛、双孔石刀、石镞和小型网坠等最具特色。其大致年代约与良渚文化相当，而早期的印纹陶遗存也大多滥觞于此。不过从衢州柯城区石梁镇柘川村柘溪山背遗址采集的一件砍砸石器和江山市山岩尾遗址采集的一件石英岩打制的刮削器来看，金衢盆地有望发现年代更早的史前文化遗址。〔1〕

四、衢州的青铜时代

步入商周时期的衢州，尽管已经迈进了青铜时代，但是总体说来还是在蹒跚学步，发展进入一个低谷期。但也正是在这一时期，江山肩头弄文化的着黑陶和印纹陶分别从涂料和胎料这表里两个方面为原始瓷器的发明准备了基本条件。浙江江山及其附近一带也是我国原始瓷器的故乡。

（一）衢州地区的土墩墓

这一时期，江南地区流行以封土成墩为特征的古墓遗存，被称为“土墩墓”。从外形上看，土墩墓多呈圆丘形或椭圆丘形，一般为平地起封，也有一些带浅墓坑，有一墩一墓，也有一墩多墓。比较考究的在墓底铺上石片或沙砾土，在土墩内部用石片或条石、巨石构建成石室，并有明显的墓道，又称“土墩石室墓”。墓中出土了大量印纹陶器、原始瓷器以及大量石器，部分青铜器、玉器，体现了衢州先民的智慧和多种审美情趣。〔2〕遗存中主要的典型陶器有印纹硬陶坛、印纹硬陶瓮、印纹硬陶罐、印纹硬陶瓿、原始瓷豆、原始

〔1〕牟永抗：《浙江新石器时代的初步认识》，《中国考古学会第三次年会论文集》，文物出版社1981年，第5页；衢州市文物管理委员会：《浙江衢州市衢江北区古遗址调查简报》，《考古》，1987年第1期。

〔2〕《衢州文物普查资料》。

瓷碗等六种。

整个江南的土墩墓遗存分布可以分成两大区域：太湖以南—杭州湾区域和黄山—天台山以南区域。后者初步划分为六小区：江山小区，指仙霞岭北麓附近浙闽赣交界一带，主要有江山肩头弄、地山冈、和睦、石门、小红松冈等的土墩墓，大致可分为六期；衢州小区，多见于衢州至龙游衢江沿岸一带；淳安小区、松阳小区、黄岩小区、瑞安小区等。从分期上来说，江山的土墩墓时间跨度最长，从夏商之际到春秋后期（春秋中期除外）均有。而衢州小区主要分为两期：第一期（西周中期）以衢州西山村东山墓、大墩顶墓为代表；第二期（西周后期至春秋前期）以衢州西山村大石塔山墓、龙游溪口墓为代表。考古学把浙江地区土墩遗存的发展过程概括为八期、四大阶段。据此可以列出衢州地区土墩遗存分期表[1]：

年　代	夏商之际	商代后期	西周前期	西周中期	西周后期至春秋前期	春秋中期	春秋后期	战国前期
阶段	一		二		三		四	
分期	一	二	三	四	五	六	七	八
衢州小区				1	2			
江山小区	1	2	3	4	5		6	

（二）吴越之源：江山肩头弄文化（约4 000—2 700年前）

肩头弄文化是江山市新石器时代晚期至夏商周时期的一种颇具地域特性的古文化，遗址范围包括今江山市峡口镇肩头弄电站以西，以及西北面一直延伸至王村地山岗、山岩尾等地。1979年，浙江省考古所牟永抗教授主持，对江山南区这些遗址、遗存进行了清理发掘，其中王村山岩尾遗址为新石器时代晚期；峡口肩头弄遗址相当于夏商时期；地山岗遗址遗存为西周时期。出土物除

〔1〕本段文字、表格根据《浙江通史·先秦卷》第三章“商周时代的浙江”第二节土墩遗存相关内容（参见第84—92页）编写。

少量细石器外，大量为陶器和原始瓷器。[1]随后，不少专家就此正式提出“肩头弄文化”的概念。

肩头弄文化的魅力主要在于肩头弄人创造了具有浓郁地域特色的陶瓷文化，其制作技艺之精、装饰艺术之美、品种之丰、出土数量之多，在东南沿海地区实不多见。肩头弄文化创烧出一种完全不同于良渚文化磨光黑陶的暂定名为“着黑陶”的陶器。一般的黑陶、黑皮陶主要是在陶窑中掺入一定比例的炭粉或炭渣，以烟熏渗炭的方式烧成。烧成后的陶器内外表面和胎心都呈黑色的为“黑陶”；由于技术掌握欠佳，或人为刻意，烧成后只有表面呈黑色的为“黑皮陶”。而江山的这种陶器却是将含有氧化铁、氧化锰等呈黑色的矿物研成粉，水调成稀薄的浆料，涂刷于陶器坯胎表面烧成的。这一工艺是古代江山人在黑陶烧制工艺上的重要创新与突破。为与黑陶、黑皮陶等相区别，故定名为着黑陶，又称“泥釉黑陶”。

在当时陶器制作工艺已普遍使用慢速轮盘修正的条件下，多数陶器有着鼓圆的腹、圆溜的肩，而肩头弄人烧制的陶器则是肩、腹折成钝角。其中折腹、敞口的匜形罐执手把很宽，与执手把对应的口部缩成漏口状，使它在倾倒液体时不至于淌出，制作十分巧妙。主要器形有折沿的高领罐、平底深腹罐、凹底深腹罐、匜形罐、小口扁腹壶，等等；由于器型大多较大，因此一般不采用拉胚成型方式，通常以泥条一圈圈盘筑成型，个别器物上也有拍印纹饰。肩头弄陶器传承到商周时，创烧出融造型工艺与装饰艺术于一体的几何印纹硬陶，烧成温度已达1 100℃，胎料已接近于瓷器。这种硬陶的装饰图案十分精美、丰富，早期器物外表有拍印斜向条纹、绳纹、方格纹以及席纹、纺织纹等，而后又出现圆圈纹、十字填线纹、云雷纹、水波纹、连线纹等十分丰富精美的几何纹饰。器物品种有高达数十厘米的大型贮器，也有炊器、餐器等，还有高不盈寸的玩具陶器，动物造型的鸭形器、鸡形器等。其中一件饰有云雷纹的长嘴盉（礼器），

〔1〕牟永抗、毛兆廷：《江山县南区古遗址、墓葬调查试掘》，原载《浙江文物考古所学刊》，文物出版社1981年；又见《牟永抗考古学文集》，科学出版社2009年，第255—280页。

胎厚仅0.3厘米，其工艺之精，颇为少见。[1]

从目前考古资料来看，除江山外，着黑陶还曾大量出现于福建闽侯县，在闽江上游建阳、崇安、邵武等地均有分布。两地器物同样具有高领折肩凹底及宽扁形把手的特点，而江山的部分器物从纹饰、做工上看明显早于福建。可见其分布范围似乎以仙霞山两侧的浙西、闽北为主，向北可以伸延至新安江沿岸，从而构成一种具有自己特色的原始文化类型区。[2]以江山地区为代表的着黑陶具有相当浓郁的地方特征，其固然包含了来自杭嘉湖良渚黑陶文化的因素，也深深地影响了福建昙石山文化，被学者誉为江南最早的人工着色陶器，对于研究瓷器的起源乃至越文化均有着重要价值。董楚平先生把肩头弄文化作为探索吴越文化起源的重要资料来引证，并认为："浙江江山南区的泥釉黑陶（或称着黑陶），可能是原始瓷器釉的来源。……着黑陶的涂黑工艺在陶瓷制造史上是个创造。"[3]

肩头弄文化一经提出，就受到了广泛关注，对于研究衢州乃至浙江早期历史具有重大价值。宋健先生主张，以上海马桥遗址第四层为代表的马桥文化（相当于中原地区商代前期）"主要来源有两个：一个就是当地的良渚文化，另一个是来自浙江江山以肩头弄一单元为代表的文化遗存"，"自然环境的变异与外来文化的进入，共同促进了良渚文化向马桥文化的演化"。还有学者提出以马桥第四层为代表的类型，可以称为"马桥—肩头弄文化"。[4]总体说来，马桥文化有三个来源：良渚文化、印纹陶文化、黄河流域的夏商文化。马桥文化的居民构成可能包括良渚文化移民，即土著人、从南方迁来的瓯人、从山东半岛迁来的夏夷及土著夷人。由于印纹陶文化是越文化在考古学上的重要标志，

---

〔1〕毛兆廷：《琐谈江山陶瓷文化及其对外影响》，衢州市历史文化研究会编：《历史文化研究》（内部资料）第7辑，第37—43页。

〔2〕李家治等：《浙江江山泥釉黑陶及原始瓷的研究》，《中国古陶瓷研究》，科学出版社1987年，第56—63页。

〔3〕董楚平：《吴越文化新探》，浙江人民出版社1988年，第242页。

〔4〕转引自《浙江通史·先秦卷》，浙江人民出版社2005年，第93页。

因此，考古学普遍认为马桥文化是越文化的先驱。[1]肩头弄文化是塑造马桥文化特质的一项重要因子，是越文化的滥觞。

（三）衢州的印纹陶器

在先秦乃至更早的新石器时代晚期，有一种称作“几何形印纹陶”，或简称为“印纹陶”的陶器，在日常生活中被人们所广泛使用。这种陶器的特点是陶器表面装饰着各式各样、由线条排列或交织成的几何形图案和花纹，而且这些图案和花纹既不是描绘的，也不是刻画的，而是采用一种类似于印版的印模拍印上去的。

衢州印纹陶器的出现也可追溯至新石器时代，但主要盛行于商周时期，其后，春秋战国乃至秦汉时期也有。主要分为硬陶、软陶两种。前者胎质致密，烧成温度较高；后者胎质粗松，烧成温度低。早期的拍印技术是在制陶时所使用的木拍之类的工具上，有意识地缠绕上草绳之类的东西，使拍打出来的陶器上留有绳纹等印迹。后来，随着制陶工艺的发展，人们将在木拍上缠绕草绳、藤等的拍印方法，逐渐演变成刻模拍印技术，将古代制陶拍印技术大大地向前推进。主要的纹饰有云雷纹、方格纹、斜条纹、粗绳纹、席纹、叶脉纹、锥点纹等多种。[2]印纹陶器这种拍印技术具有手工刻制印模，并通过拍印而获得印迹的内涵，具体而言包含了印模（类似于印版）、拍印（类似于压印）、印迹（复制图案）等三大因素，构成了复制转印术的最初形式，开中国印模复制术的先河。而这些具体的几何形图案，则充分体现了古代先民的审美情趣。[3]

特别是印纹硬陶，可以说是原始青瓷的直接祖先。两者的胎质原料基本相同，因此印纹硬陶的烧成温度比一般陶器要高，约在1 050℃—1 200℃之间，接近原始瓷器1 250℃的烧成温度。从考古学上看，两者常共存一处，可以说它们是古越人两大最主要的随葬品。在浙江绍兴、萧山等地窑址遗存中还发现了

---

〔1〕《浙江通史·先秦卷》，第94—95页。

〔2〕张云土、占剑：《论婺州窑制瓷工艺》，《东方博物》第20辑，浙江大学出版社2006年，第44—50页。

〔3〕《最早出现的转印复制品——印纹陶》，张树栋、庞多益等编：《中华印刷通史》，印刷工业出版社1999年，第二章第一节。

两者同窑共烧的现象。[1]在江山市南区古遗址墓葬调查试掘中，第二单元（时代早于或相当于夏代）出土陶器51件，其中印纹硬陶有18件，占35.3%。[2]由于印纹硬陶的胎料接近瓷土，耐火性强，这就为烧制瓷器准备了基本条件。学术界公认，印纹硬陶系古越人的发明，是南方越文化的代表性器物。这其中的功劳自然也有衢州人一份。

（四）青瓷之源：原始青瓷器

从商代晚期开始，衢州人就开始以瓷土为原料烧制原始青瓷器。这种瓷器火候还不够，胎釉结合得也不紧密，有一定的吸水率，还不是成熟的瓷器，故名原始青瓷。西周时期是衢州原始瓷器的大发展时期，在原衢县云溪乡西山村、程家山村、黄甲山村、王家乡的松园村，龙游县寺底袁村，江山市峡口溪、王村溪和长台镇、石门镇一带同时期墓葬中有大量出土，而且其在随葬品的比例中远高于泥质陶器、印纹陶器。这说明当时原始瓷器已基本取代陶器，成为人们日常生活中必不可少的物品。

商周时期衢州的原始瓷一般胎壁较厚实，制作得也不太规整，质地较粗糙；尤其是足底厚，胎质较粗松；胎呈灰白色，底呈米黄色。一般内外施青绿釉，近底处无釉，部分器物内外通体施满釉。西周早中期原始瓷釉色除青釉外，还发现有褐釉瓷，春秋战国原始瓷釉面多青黄色。从纹饰上看，商代原始瓷基本上素面朝天，没有纹饰。西周早期器物器表通体饰横向弦纹，流行贴饰双小泥点，或用三小泥条合并作系，系两端饰以小泥点；至中晚期，又出现新的装饰方法，器表有刻划纹饰，如弦纹、网格纹、点纹、编织纹、连珠纹、方格纹、禾苗纹等，部分器物肩部饰有横向的S形纹；到春秋战国时期，小型器物多素面无纹，大型器物多饰拍打米字、方格等纹饰。

从西周时期开始，浙江的原始青瓷进入鼎盛时期，数量增多，分布广泛，胎

---

〔1〕《浙江通史·先秦卷》，第176—177页。

〔2〕牟永抗、毛兆廷：《江山县南区古遗址、墓葬调查试掘》，《牟永抗考古学文集》科学出版社2009年，第255—280页。

质细密，釉层增厚。从出土情况看，衢州及周边地区可能是西周时期的原始青瓷重要产区，而从西周晚期至春秋战国时期，原始青瓷的重点产区北移至太湖、杭州湾一带。[1]从江山南区古遗址古墓葬出土来看，第一单元（新石器时代）开始出现着黑陶；第二单元开始出现印纹硬陶；第四单元开始出现原始瓷器；第五单元原始瓷器明显增多，着黑陶明确减少；第六单元原始瓷器占出土物的80%以上，着黑陶完全消失，被原始青瓷取代。江山位于浙江西部，地接江西东北部和福建西北部，这一带正是我国印纹硬陶出现较早的重要地区，可能是发源地。浙江江山及其附近一带可能也是我国原始瓷器的故乡。[2]可惜，我们目前在江山境内还没有发现相关的窑址以兹证明。

衢州原始青瓷器是浙江最早的原始青瓷之一。正是由于原始瓷器的发达，为成熟瓷器的烧造奠定了扎实的基础。到东汉晚期，几乎与越窑同时，衢州地区也成功烧制出成熟的青瓷器。[3]

（五）春秋战国时期的青铜器

春秋战国时期的衢州使用青铜器已经相当普遍。从出土情况看，主要是一些日用器，如青铜剑、青铜斧、青铜铲，等等。龙游县小南海镇衢江边出土的青铜剑，剑长46.5厘米，宽3.5厘米，除剑柄外基本保存完好，工艺精良，从中可以窥见当年越国宝剑的风采。1975年，衢江区上方镇西景山出土的青铜铲属长方銎平刃式，刃口有使用痕迹，工艺独特，有较高的历史和科学价值。出土最多的要数青铜箭镞，大大小小，有棱的无棱的，各式各样，品种繁多，充分体现了衢州百战之地的风貌。

除日用器外，还有一些青铜礼器。1969年，江山市达河乡上江坝村出土了一套春秋青铜编钟，一套七件，其中一件仅存残片。编钟钟体为合瓦形，上窄下宽，甬作上小下大的柱状，钲部两边饰36个圆枚，通体装饰勾连云雷纹。从

---

〔1〕《浙江通史·先秦卷》，第179页。

〔2〕董楚平：《吴越文化新探》，第241—243页。

〔3〕张云土、占剑：《论婺州窑制瓷工艺》，《东方博物》第20辑，第44—50页。

形制、纹饰及铸造方法上看，这套编钟具有明显的江浙一带地方特色，是一份研究当时礼乐制度极好的实物资料。[1]

就商周时期的青铜铸造工艺而言，整个江南地区应该说稍逊于中原地区。受经济水平的限制，浙西山区又稍逊于平原地区。目前，衢州尚未发现当时的青铜冶炼作坊，也无相应的文献记载，因此这些青铜器究竟是当地铸造的还是外地传入的，一时尚难以明确判断。

五、姑蔑、徐人及其文化

姑蔑族与徐偃王后裔的南迁给衢州带来了新的气象，不同于本地原有先民的气象。也许是这两大族群的人数过于稀少，加上考古资料的匮乏，我们今天很难区分哪些文化特质是属于姑蔑或者徐人的，哪些文化特质属于衢州本土、纯粹的。但是，无论如何，在商周这个重要历史时期，从青铜器到龙游石窟，从江山方言再到特异民俗，这些文化特质是真真实实在衢州存在的。

（一）姑蔑族南迁的曲折经历

姑蔑一词，可简称为“姑”，也可简称为“蔑”，通常以后一种为常见，其本意应为稻名。据甲骨文等相关文献记载，历代商王均尊崇“蔑”，徐云峰先生认为商人所崇拜的“蔑”与传说中的蚩尤是同一人，因此，姑蔑族是蚩尤的后代，是善战的民族。关于姑蔑的族源问题，多数学者认为姑蔑属于古东夷部族的一个分支。[2]

姑蔑族世居山东，据《左传》记载，姑蔑属鲁国旧地，在鲁国卞县有故城。商灭亡后，一贯与商朝保持良好关系的姑蔑族不服周朝的统治，联合东夷各族不断地与周朝发生战争。战败后举族南迁，自山东泗水，分迁鲁西南，后又南下合肥，东渐吴境，终与越人同盟，最后来到浙西衢州，成为古越族的一支。这一南迁过程，从西周初年周公东征开始，直持续了几百年，直到春秋晚期。由

---

〔1〕《衢州市文物普查资料》。

〔2〕许云峰:《三言两语话姑蔑》《论姑蔑之南迁》,《衢州探古》,中国戏剧出版社2001年,第167—184页。

于文献记载奇缺，加上仅有记载的相互矛盾，关于姑蔑的南迁问题史学界也有不同的观点。

如何看待姑蔑南迁？上古时期，因为战争等原因，中华大地上各个族群间的迁徙、重组、融合十分频繁。所谓华夏族就是黄帝与炎帝部落的融合。而姑蔑南迁也是这种变革中一个典型个案。姑蔑本是黄河流域的一个源于华夏的古老部族，后来由中原地区迁到位于东方的山东境内。在商周交替的动乱年代，姑蔑人从服从中央政权统治的华夏人演变为反对中央政权的“夷人”。周初东征夷人，姑蔑作为被征服国族，一部分留居鲁地逐渐融入华夏；其主体部分则与其他夷人族群辗转南下越境。由于姑蔑人骁勇善战，在越国称霸的一系列军事政治活动中发挥过重要影响。楚灭越后，越地经战国纳入统一的秦汉王朝版图，其境内的姑蔑族在汉晋以后也从“夷人”身份逐渐融入汉民族。从周初至汉晋的一千多年，姑蔑人经历了“由夏而夷”，“由夷而夏”，并最终融入汉民族统一体的曲折历程。[1]如今，姑蔑的荣光早已湮没在沧海桑田之间，我们已很难区分衢州境内究竟哪些遗址遗存真正是属于姑蔑的。唯有姑蔑人在长期迁徙过程中所形成的坚忍不拔、骁勇善战的个性，被后人不断地继承和发扬。

（二）关于衢州地区最早的文献记忆（公元前482年）

将姑蔑与衢州相联系，最早、最确切的记载见于《左传·鲁哀公十三年》的一段记载，这也是古史中关于衢州地区最早的有明确纪年的记载：

> （哀公十三年）六月丙子，越子伐吴，为二队。畴无余、讴阳自南方，先及郊。吴大子友、王子地、王孙弥庸、寿于姚自泓上观之。弥庸见姑蔑之旗，曰：“吾父之旗也。不可以见仇而弗杀也。”大子曰：“战而不克，将亡国。请待之。”弥庸不可，属徒五千，王子地助之，乙酉，战，弥庸获畴无余，

---

〔1〕彭邦本：《姑蔑国源流考述——上古族群迁徙、重组、融合的个案之一》，《云南民族大学学报（哲社版）》，2005年第1期。

地获讴阳。越子至，王子地守。丙戌，复战，大败吴师，获大子友、王孙弥庸、寿于姚。

当时的衢州地属姑蔑。春秋末年，同处江南地区的吴越两国为争夺太湖流域的霸权而不断地发生战争。鲁哀公十三年（公元前482年）六月，越国与吴国在泓上发生激战。越国军队兵分两路，其中以畴无余、讴阳为首的南路军率先到达战场。吴国王子友，王孙弥庸、寿于姚率军在一侧观察。弥庸看到了姑蔑一族战旗，并说："这是我父的战旗，我不可以看到仇人却不杀他。"吴军的统帅友却说，"打仗却不能克敌制胜，吴国将会有亡国之灾，请弥庸耐心等待有利战机"。当时习惯将获胜后缴获的敌人战旗作为自己的战旗，而且战旗越多越能体现军队的勇武。姑蔑作为越国的属国，早就参与了吴越争霸之战，因此故蔑族才会缴获弥庸父亲的战旗作为自己的战旗。吴军的统帅友也正是因为姑蔑族的参战，吓得不敢应战。这也从侧面印证了这支崇拜战神蚩尤的姑蔑军队的勇武。

龙游县古有姑蔑城遗迹。据宋《元丰九域志》载，姑蔑旧城在瀔水（今衢江）南三里，其东门正对灵山江。又据万历《龙游县志》记载，整座城池"东西二百二十步，南北一百六十八步。高一丈七尺，厚四尺，周围四百七十步"。[1]宋代一步合今1.536米，由此可推算，姑蔑城是一座近似椭圆形的城池，东西轴长337.9米，南北轴长258米，总占地面积约为68 000多平方米。宋元时期的一尺约为今31.68厘米，折算姑蔑城的高度约为5.4米，厚度在1.3米左右，周长约为722米。应该说，姑蔑城并不是很大，与其说是城，不如说是一个大城堡。这种大小也是与当时相对较低的生产力和人口基数相适应的。

据《国语·越语上》记载，越王勾践的管辖范围最西到达姑蔑边境。有研究表明，春秋时期定都于今浙江省龙游县的古姑蔑是在荆楚和百越双重影响

---

〔1〕民国《龙游县志》卷二十四《丛载·古迹》。

下的部族小国。姑蔑国的管辖范围包括如今整个衢州地区及遂昌、汤溪、江西玉山等地。姑蔑先属楚，后属吴，被吴分封给越，再后为楚吞并，最后为秦统一。钱宗范先生认为荆楚文化和吴越文化对姑蔑文化具有重大影响，姑蔑文化是华夏先进文化与当地土著文化融合的产物，而龙游石窟似为姑蔑文化的宗教性建筑。[1]

（三）吴越古道：衢州通向外界的第一条干道

先秦时期，越国都城会稽（今浙江绍兴）在浙江境内有三条主干道与外界相通。一条由会稽向北至吴国都城姑苏（今江苏苏州），与吴国相通。一条向东至鄞（今宁波镇海）、甬东（今舟山定海）。还有一条经诸暨向西至姑蔑、鸳干（即江西余干），与楚国相通。往西的干道就经过衢州境内，是衢州境内最早的道路。据《史记正义》记载，春秋时，洪（今江西南昌）、饶（今江西鄱阳）等地为楚国东境，与越国相邻。据唐代杜佑《通典》记载，余干即汉代的余汗县，是越王勾践强盛时越国的西部边界，而姑蔑是越国属地。这条古道贯串于浙江中部盆地，横穿衢州境域，是越国的后方路线。当时，越国北与吴国为敌，西与楚国相交，楚越之间，就由此路相通。

据记载，周敬王二年（即吴王僚九年，公元前518年），楚国水师准备顺江而下攻打吴国。越国派遣大夫胥犴在豫章（今江西南昌）江畔慰劳楚平王。越公子仓促归国，楚平王乘船率水师跟从。这一时期正是楚越两国交往的蜜月期。楚国水师出长江攻打吴国，越使由此路经姑蔑下长江劳军。鲁哀公十三年（公元前482年），越王勾践伐吴，姑蔑军队参战。姑蔑军亦走此路南下，助越伐吴。楚威王六年（公元前334年），楚国灭越，也离不开这条古道。[2]

从今浙江省卫星遥感地图来看，沿衢江溯江而上，在群山环抱之间，一条狭长的小路通向江西。姑蔑先民正是充分利用了这一先天自然条件，开辟了这条与北方相通的交通要道。

---

〔1〕钱宗范：《试论姑蔑文化与楚、吴、越文化的关系》，《广西师范大学学报（哲社版）》，2005年第3期。

〔2〕徐江都：《衢州古道纵横》，《历史文化研究》第5辑，第9—19页。

（四）徐偃王后裔南迁至衢（西周末期至春秋时期）

衢州徐姓来源于西周末年至春秋时期徐国的君主徐偃王。徐为嬴姓子爵，始封于夏朝，其国在下邳僮县，今安徽泗州临淮有徐城。周朝建立后，徐国与东夷各族不服周朝统治，双方不断发生战争，徐偃王就是其中一个代表人物。关于徐偃王的生平，相关文献的记载很混乱。《史记·秦本纪》记载，周穆王出巡西境，"乐而忘归"，徐偃王乘机作乱。一个名叫造父的人为穆王驾车，一路"长驱归周"，日行千里，平定了叛乱。从这段记载我们推测，在西周末年，周穆王派兵攻打徐国，徐偃王弃国南迁。而早于《史记》的《韩非子·五蠹》却有另一番说法。当时，徐偃王占据汉东，方圆五百里，推行仁义之政，四方小国纷纷割地来朝贡，前后多达36国。这一举动极大地震撼了南方地区的霸主楚国。楚文王唯恐徐国强大，会威胁自己的统治，因此举兵伐徐，灭了徐国。徐偃王虽然失败了，但其仁义之风却为多种古籍所记载，历代传颂不绝，而今全国范围的许多徐姓均奉徐偃王为始祖。

据《元和姓纂》记载，徐氏家族的血脉可追溯到黄帝之孙颛顼身上。颛顼，号高阳，上古三皇五帝中五帝之一。徐氏远祖则是夏禹时期的著名贤人伯益。相传大禹到了晚年，曾经想要继承过去禅让的传统，有意让位于这位素负贤名的当年治水老伙伴，可是伯益却不肯接受，并且跑到箕山躲了起来。最后，大禹只好传位于儿子启，而开创了此后帝位世代相袭的"家天下"局面。夏朝建立后，伯益的儿子若木被封于徐国。从若木至徐偃王共传承了三十二世。徐偃王攻打周朝，被周穆王及造父击败后被迫臣服。后来，周穆王又封徐偃王的儿子宗为徐子。春秋时，徐国被吴灭亡后，徐子的遗族以原国名"徐"为姓氏。

徐偃王南迁的故事流传甚广，浙江境内舟山、黄岩、温岭等地均有流传，黄岩有徐偃王墓，温岭大唐岭有徐偃王城。偃王南迁究竟如何，真相可能早已湮没在历史的长河之中。但春秋时期，姑蔑族的一部和偃王后裔一部先后迁居浙西衢州，确是事实。正是他们共同构成了早期衢州先民的主体。徐氏后裔从江淮平原地带迁入浙西山区，带来了先进的文化和生产技术，推动了衢州政治经济文化的发展。徐姓也由此在衢州扎下根来，并逐渐占据了主导地位。此后，衢州徐姓一直是本地的名门望族；直至今天，徐仍然是衢州第一大姓。[1]

（五）商语遗存：江山方言的传承特色

从类型上看，衢州各地方言均属于吴语的一种。各县方言虽有差别，但差别不大，唯有江山方言有不少独特之处。江山市地处浙闽赣三省交界地区，方言分布地半径仅20多千米，十分狭窄，但却拥有完整的语言体系。最显著的就是在江山方言中保留了大量的古老语音及一套完整的否定词语，被誉为“古汉语活化石”。

比较普通话与江山方言，单音节词：没有（勿，江山话，下同）、奶奶（嬷）、绳子（索）、说（曰）、想（忖）；双音节词语：月亮（月ne光）、今年（该ga年）、去年（旧gou年）、回家（去ke归）、说话（曰事）；多音节词语：右手（顺只手）、肩膀（肩骼裸）、厨房（灶么底）、蟑螂（灶目虱虫）。应该说，以文字表述的江山话和真正的江山方言读音差得还很远，但仔细琢磨仍能发现不少古音的痕迹。不少字词，如“曰”“勿”等，在春秋战国的文献中很常见。据李庄临先生考证，江山人自称“奄各人”，这只有在北方地区才有人使用，据此认为江山方言可能为殷商的语言。[2]

我们不能否认江山方言中商朝语言的成分。但考证那个时期的历史，应该说，江山方言的起源最早可追溯到3 000多年前南迁的姑蔑与商人遗族保留下来的原始语言。经过漫长的岁月，至迟在春秋战国时候，特别是越国灭亡后，移居江山一带的遗族在吴语的深入影响之下基本形成了自己的方言。语言是一种非常有意思的文化因素，犹太人在灭国后的几千年里仍然作为一个独立民族存在，归根结底是由于其方言“希伯来语”的保存以及在此基础上犹太教的维系作用。江山方言从某种角度上说也具有一定这样的功能。骄傲的商人遗族，特别是那些王公贵族们，他们在亡国后依然严守自己的传统，不愿放弃

〔1〕许云峰：《徐偃王避难投靠姑蔑》，《衢州探古》，中国戏剧出版社2001年，第196—208页。
〔2〕严红枫：《七旬老人论证：浙江江山方言可能为殷朝语言》，《光明日报》，2004年1月19日。

自己的语言，而百姓们也以会说这种语言为荣。如此这般，经过漫长的演化，尽管江山方言早已融入吴语系统，但仍然保留了大量的古语。

（六）龙游乙姓与其“神灯”风俗

据民国《龙游县志》记载，龙游县境内以齐、虞、鲁、乙四姓最为古老，但至清乾隆、嘉庆间都先后式微，而乙姓竟然绝户。相传龙游城有一个奇特的风俗，就与乙姓有关。正月初一日出行，如果遇到乙姓人的花灯，这年必定是万事如意、福寿安康。民间将这种乙姓人的花灯称为“神灯”。乙姓之灯为何有如此神力，换句话说龙游乡民们为何如此尊崇乙姓，乙姓又缘出如何？要解释这个问题，不得不再次追溯姑蔑南迁的历史。

据《姓氏寻源》引《姓苑》：“殷汤字天乙，子孙以王父字为氏。”所谓“殷汤”，即商王成汤，是商朝的开国君主。因为夏朝最后一任君主桀昏庸无道，汤兴兵讨伐，流放桀于南巢，遂占据天下，改国号为商。成汤开创了以武力夺得天下的先例，打破了天子不可变的定律，使中国以后的历史变得多彩多姿。成汤字天乙，成汤的嫡裔以其父的字为姓氏，而龙游乙姓就是如此。所以尽管乾嘉时期距成汤已过了3 000多年，但作为天子的后裔，人们仍相信其有非同一般的神力，龙游乙姓自然为广大乡民所尊崇。成汤的后裔与周作战失败，商亡后被与商人交好的姑蔑族护卫，辗转南迁，来到浙西龙游。[1]

（七）灵山盛会：古代浙西第一大庙会

徐偃王庙在全国有很多，衢州地区也有不少，但作为王庙，唯龙游灵山为正宗。据唐韩愈《衢州徐偃王庙碑》记载，徐偃王死后，百姓们将其驻陛过的山称为“徐山”，并凿石建室以纪念。又据明代弘治《衢州府志》记载，龙游县徐山在县南四十里，名灵山，上有徐偃王庙，每年都要举办大型庙会活动以示纪念。

灵山徐偃王庙会始于何时已不可考，但龙游乡民代代相传，使之成为龙游乡间影响区域最大、庙会时间最长的民俗节庆。每年正月十二敬神，迎接神到

---

〔1〕许云峰：《成汤后裔在龙游》，《衢州探古》，中国戏剧出版社2001年，第286页。

派溪头村，曰“拜娘舅”。十三日至十九日迎神出巡下徐，然后灵山各村迎去祭祀。十九日回庙，是夜通宵庆贺徐偃王二十日的生日。二十日一早迎神出殿，到龙游县城隍庙，随后在县城隍的陪同下出巡龙游县城，而后到东西南各乡村殿。一直到六月十二日开始迎回，十四日神生日回殿。到秋季十月十四日复出殿巡回，至十二月二十五日回殿。如此长的巡游时间，就全国而言，也是不多见的。

灵山庙会在时间的安排上也很特别，庙会以上元节，即元宵节为始。上元为一年春之始，华夏自古以来就有上元节祈求风调雨顺、五谷丰登、人丁兴旺的风俗。徐偃王仁义安民之风得到了姑蔑故地先民的赞同和拥护，而龙游乡民纪念徐偃王，世世代代以庙会的形式祈求贤王保佑自己。[1]

（八）龙游石窟的成就及疑问（汉代以前）

龙游石窟群位于浙江省龙游县城北约3 000米的小南海镇石岩背村凤凰山麓，是一处气势恢宏、瑰丽壮观的古代地下人工建筑群。1992年4月，当地农民用4台水泵花了17天时间抽干了被称为“无底塘”的水塘，发现了这一古代大型地下建筑群。龙游石窟群规模巨大，在方圆0.38平方千米区域内分布着大小24个洞窟。除此之外，还有翠光岩石窟群、上畈石窟群等，总数约50多个，总容积约100万立方米。

每个洞窟的面积从1 000—3 000平方米不等。从矩形洞口开始垂直向下延伸，高约30米，顶部呈“倒斗形”，洞内分布着若干巨大的“鱼尾形”石柱，与洞顶浑然一体。更让人惊叹的是，洞顶和石柱上均匀留下了古人似乎带有装饰意义的凿痕。除自然溶洞外，这样由人工凿成的巨大的地下空间实属世所罕见。石窟构造科学，十分符合工程力学原理，体现了当时的工匠们的智慧。石窟顶星由高向低倾斜，顶部多蓬呈弧形，顶与柱端相交处呈平缓曲线。顶与壁交界处呈直角，且壁加宽。在转角处，顶壁相交的支撑部位加厚加大。这种结构形式类似于现在拱、壳的受力状态，它与平面结构相比，具有空间跨度大，耐

〔1〕汪筱联：《灵山庙会》，《衢州探古》，中国戏剧出版社2001年，第81—83页。

压力，不易坍塌，受力合理的优点。而且洞中柱子间距基本相等，既是工作面的分界线，又可减小空间结构的跨度，支撑顶部的荷载，其作用有如多跨拱桥的桥墩。

石窟方位基本一致且各自独立，互不干扰。特别是1、2号石窟相隔仅1米厚之墙，两石壁完全平行，厚薄较均匀，如此精确的定向、定位工程测量技术足以令人叹服。目前已发现的洞口大小均在20平方米左右，因此开凿时工作面很小，石工人数不可能很多，而是随着石窟开凿的深度和广度的增加而逐步增加的。而且从现场情况看，顶部有明显的分界线，说明向内开凿时是分成若干组和工作面来进行的。因此，必须有周密的计划安排、良好的施工组织管理工作。无数的事实都证明了龙游石窟开掘的科学性。2005年，龙游石窟（小南海石室群）被公布为浙江省重点文物保护单位。

目前，对该古代地下工程的开挖年代，尚未有明确界定，仅仅是初定于汉代以前。石窟群的选址、斜顶设计、“鱼尾形”柱、石刻花纹等众多悬念，引起了考古界、旅游界的广泛关注和无尽遐想。人们纷纷提出“采石场说”“地下仓库说”“藏兵说”“地下宫寝说”“道家福地说”“伏龙治水说”“巨石文化说”，乃至“外星文明说”，猜测修建龙游石窟的目的。龙游石窟是古代先民留给我们的宝贵财富，需要我们好好珍惜和保护。[1]

---

〔1〕《龙游石窟》（衢州市旅游局内部资料）。

第二章　县域的确立与初步发展
——秦汉时期的衢州（公元前221—222年）

秦始皇统一全国，推行郡县制，以姑蔑故地设立大末县，开始了衢州地区建县的历史，也标志着衢州区域社会的基本形成。从公元前221至公元221年孙权称帝建立吴国前一年，这400余年是衢州县域的确立与初步发展时期。关于衢州第一个县——大末县，史料记载很少，但从龙游境内大量汉代墓葬的出土物，我们管窥当时这里的经济发展状况并不亚于平原地区。当时的人们聚族而居，广泛使用陶器、原始瓷器、铁器和铜器，大量饲养牛、羊、猪、马等家畜。随着大末县经济文化的飞速发展，特别是人口的集聚，到了东汉末年，新安县（今衢州柯城、衢江两区）、丰安县（今金华浦江）、遂昌县（今丽水遂昌）、定阳县（今衢州常山）的先后设立。这一时期，衢州从一个县域社会逐步发展成几个县。这不仅仅是数字的变化，随之而来的是人口、土地以及经济社会发展水平的飞跃。也正是在这一时期，婺州窑烧造出成熟的瓷器；儒学开始在衢州落地生根。

一、县域的基本确立和发展

在漫长的岁月中，衢州人从最初的穴居、树居转向居住于山间盆地、河谷平原，或者是山区高处的平台上；他们刀耕火种、养殖渔猎，依靠集体的力量向大自然要生存，从而形成一个个原始早期聚落。随着生产工具和劳动技能的进步，社会分工的进一步发展，手工业者和商贩要寻找合适之地居住，同时为了保护私有财产，便产生了筑城而居的需求。于是在社会生产力发展和人口不断增加的压力下，聚落的形态也发生了变化。高级聚落发展成城市，低级聚落形成一个个村落，还有的是介于两者之间的集镇。到了春秋战国时期，越国最西境的姑蔑就是一个位于金衢盆地上的大聚落。龙游地方志中有关于姑蔑古城的记载，但那只是隐藏在文献中的古城，我们今人很难通过其格局规模判断其属性。因此，姑蔑族也许有，姑蔑国则很难说。正是在姑蔑族聚落的基础上，秦建立了县治。

（一）秦置大末县（公元前221年）[1]

公元前223年，在经历了一次失败之后，嬴政任命老将王翦为主帅，率六十万大军一举灭掉了庞大的楚国和残存的越国势力。嬴政二十五年（公元前222年），大军平定江南。为了加强中央集权的统治，秦在占领地推行郡县制，在姑蔑旧地设立了大末县[2]，隶属会稽郡，故城在今龙游县城西，正式开始了衢州建县的历史。当时，整个金衢盆地设两县，除大末县外，另一个为乌伤县，故城在今义乌境内。大末县的管辖范围与姑蔑国的范围基本一致，包括今整个衢州地区及遂昌、汤溪及江西玉山等地。当时，整个浙江境内总共先后设立16个县，主要集中在今杭嘉湖和宁绍地区，而大末县和乌伤县构成了金衢盆地的两大中心。

郡县是秦朝的地方基本政权机构，郡县官吏由中央朝廷任命。郡设最高长官郡守一名，政务副长官郡丞一名，军事长官郡尉一名。郡下设县，每县设令或长一名，主管行政，其中万户以上的县设令，万户以下设长；县丞一名，协助治民，并负责司法；县尉一名，管理军事。对大末县设令还是长，文献没有明确

---

〔1〕关于设县的年代，历史文献无明确记载。然越国最后的灭亡是在公元前222年，是列国中倒数第二个被灭亡的国家。次年，嬴政统一全国，称秦始皇，在全国推行郡县制，故将设县时间定于此年，今从余绍宋先生。

〔2〕关于秦朝设立大末县，《史记》中并直接相关记载。最早的明确记载应该是《汉书·地理志》，原文如下："会稽郡，秦置。高帝六年为荆国，十二年更名吴。景帝四年属江都。属扬州。……大末，穀水东北至钱唐入江。莽曰末治。"在文后的注释里注明："孟康曰：大音如闥"。闥今简写作"闼"，【正韵】他达切，音挞。孟康为三国曹魏时著名学者，精通地理、天文、小学，其主要著述为《汉书音义》。《后汉书》志第二十二郡国四在会稽郡下有"太末县"的记载，而《后汉书》志书部分是晋人司马彪所著。余绍宋《龙游县志》把两汉时期均作"太末县"。《越绝书》卷八："姑末，今大末。"从版本学的角度，《汉书》《越绝书》用"大末"两字更古老，更能够保留原意，故从之。

的记载，但是根据《三国志》关于太末长的记载推断，这时的大末县人口不足万户，当时设立的应是大末长。县以下有乡、亭、里等基层组织。每乡设三老，掌管教化；啬夫，负责租税徭役；游徼，负责治安。亭设亭长，里设里正。大末县的设立标志着衢州从蛮夷百越之地成为中原王朝统治的属县，开始了融入汉民族地区的进程，从此揭开了衢州历史新的一页。

值得注意的是，秦朝设立的郡县，其范围和影响远非以后的郡县所能比拟。秦朝的郡相当于后来的行省、直辖市，而县则相当于州府或地区。如果说姑蔑国对整个浙西地区的统治还可能是松散的，但秦朝设立大末县，对浙西推行有效的管理和统治，则标志着衢州区域社会的基本形成。其后，尽管有所反复，但浙西一体的基本格局并没有被打破。

（二）西汉时期行政区划的变迁（公元前202—公元25年）

公元前206年，刘邦被封汉王。四年后，即公元前202年，刘邦彻底打败项羽，实现了对全国的统治。西汉最初推行郡国并行制度，一方面继承郡县制，一方面又推行封建制，大肆分封诸侯王国、侯国，直到汉武帝时期才结束郡国并行的局面。

1. 楚王—荆王封地（公元前202—公元前195年）

汉初，刘邦大封功臣，建立了七个异姓王国，100多个与县级行政区相当、隶属于中央的异姓侯国。当时的诸侯王国下领若干郡县，受封的王侯享有“自置吏”（自行任免二千石以下官员）、“得赋敛”（自行收取人头税和田租）两大特权[1]。汉高祖五年（公元前202年）正月，刘邦迁齐王韩信为楚王，统领淮北至会稽郡大片土地。衢州地区仍设大末县，隶属于会稽郡，属楚王封地。当时大末县的管辖范围与秦朝时没有多大变化。次年十二月，有人告发韩信谋反，刘邦用陈平的计策将其擒至洛阳，废为淮阴侯。

为巩固汉室天下，刘邦大封同姓亲属，不仅分封了亲生兄弟和儿子，还分封了一些家乡丰沛地区的旁系刘氏子弟，荆王刘贾家族就是其中之一。刘贾

---

〔1〕《汉书》卷一下。

是刘邦的堂兄，也是刘邦祖父刘荣的孙子。刘贾早年跟随刘邦反秦起义，曾受命领军攻入楚地，焚烧项羽军粮，为消灭项羽、建立汉朝立下了汗马功劳。汉高祖六年（公元前201年），楚王韩信被废后，刘邦将楚国一分为二，分别封给楚王刘交和荆王刘贾。荆王国统辖会稽郡等3郡52县，建都于吴（今江苏苏州），衢州地区属荆王国。刘贾所受封的荆国仅存在了六年。汉高祖十二年（公元前195年），淮南王英布谋反叛乱，攻打荆国，荆王刘贾在与英布作战中兵败被杀。史称，荆王刘贾没有子孙，因无人嗣封，荆国也至此而亡。

2. 吴王封地（公元前195—公元前154年）

因大破淮南王英布有功，公元前195年，刘邦立侄儿、年方二十的刘濞为吴王，改荆王国为吴王国，统辖东南会稽郡等“三郡五十三城”[1]，仍定国都于吴，衢州地区改属吴王国。在汉初各刘氏同姓诸侯国中，刘濞所封吴国是第一大诸侯王国。势力的大增，也推动了其野心的滋长。刘濞在封国内大量铸钱、煮盐，减轻赋役，同时招纳其他郡国的流亡百姓，客观上推动了这一地区的发展。为反对中央政府的消藩政策，景帝三年（公元前154年），刘濞联合其他诸侯王以“清君侧、杀晁错”为名，起兵叛乱，史称“七国之乱”。三个月后，叛乱被平定，刘濞被诛。

3. 江都王封地（公元前153—公元前152年）

吴国废，景帝立皇子、汝南王刘非为江都王，治吴国旧地，领郡二。景帝四年（公元前153年），会稽郡属江都王封地，衢州地区改隶属江都国。但次年，会稽郡从江都国分出，改为中央直属。[2]武帝元狩二年（公元前121年），废江都国。

4. 郡县制时期（公元前152—公元25年）

在隶属封国七十年后，从公元前152年开始，大末县绕了一大圈重新回到了中央王朝的统治之下。王莽时期，会稽郡不变，大末县一度改名为“末治”[3]。

---

〔1〕《汉书》卷三十五。

〔2〕《越绝书》卷二：“汉孝景帝五年五月，会稽属汉。属汉者，始并事也。”

〔3〕《汉书》卷二十八上《地理志第八》，《水经注》卷四十作“末理”。

（三）东汉对衢州地区的统治

公元25年，东汉建立，改末治县为太末县[1]，仍属会稽郡。东汉中期以后，原越国中心区地方豪族势力抬头，以原来的越国都城山阴（今浙江绍兴）为会稽郡郡治被提上中央议事日程，加上会稽郡方圆千里，地域范围过大导致政令不通，以吴县（今江苏苏州）为郡治显然已经不合适了。永建四年（129年），浙江地区被中分，北面海盐、余杭、富春、钱唐等六县属吴郡，郡治在吴县，而包括山阴、诸暨、余姚、太末、乌伤（今浙江义乌）等在内的14县属会稽郡，郡治在山阴。这样，包括今衢州地区以及遂昌、浦江、汤溪、江西玉山等部分区县在内的广大区域，在东汉建立后的160多年内只设太末一县来管辖，直到东汉末年。

献帝初平三年（192年），析太末西域设立新安县，属会稽郡，其境含今江山、常山、开化及江西玉山县的一部分。同年，由乌伤县（今浙江义乌）分立长山县（今浙江金华市区）。在汉代，一地能否设县是以当地的人口为基本参考量的。新安县、长山县的先后设立，表明当时金衢盆地及其周边地区经济文化发展到了一定水平，已聚集起相当数量的人口。

二、秦汉时期的衢州人口与人口迁徙

总体说来，整个浙江地区在秦汉时期地广人稀，衢州尤甚。秦统一后，曾强制性把越人北迁江淮地区，又将大量中原人南迁至越国故地及其东部地区。汉武帝时期曾经大规模实施政策性移民，把中原地区的流民、灾民迁至越地；同时将闽越、瓯越百姓迁往江淮地区。总体说来，越人北迁与衢州关系不大；对衢州来说，最关键的是汉人南迁以及山越人下山。两汉时期，随着经济的发展和人口的增长，衢州地区的聚落也在不断地发展。

（一）秦汉时期的迁徙与反抗

秦汉时期，因为郡县制的推行，大批担任郡县长官的中原人迁入金衢盆

---

〔1〕《后汉书》志第二十二《郡国四》。

地。汉武帝时期曾有组织地将黄河流域的灾民南迁至会稽郡。据王鸣盛估计，元狩四年（公元前119年）冬，会稽郡第一次由政府安排吸纳来自中原的部分灾民约14 500口[1]，这其中不排除有部分灾民迁到金衢盆地。

两汉之交，中原汉人因为家乡动荡、生活无着，被迫南迁。这些人中的一部分进入浙江境内，沿着乌伤江、衢江进入金衢盆地的乌伤、太末两县。其中，比较著名的就有徐氏迁入太末县城南泊鲤村（今龙游灵山）等。[2]

（二）秦汉时期的户籍与人口

秦朝统一后，逐步在南方会稽郡推行户籍登记。秦至西汉初年，越国故地以南地区地广人稀，尚是越人居住地，衢州地区龙游以西的绝大多数区域还掌握在越人手中。当时，分布在山区的越人没有编户，有户籍的主要是南迁汉人和已经汉化的越人。

西汉时，整个会稽郡设26个县，有223 038户，1 032 604口，平均每县8 578户，39 716口。[3]当时的会稽郡包括今浙江大部、上海、江苏南部太湖地区以及福建，面积22.5万平方千米，但人口密度只有每平方千米4.59人。[4]整个西汉的中心在中原地区，会稽郡属于西边远地区，而衢州又属于会稽郡的西部边远地区。应该说，当时衢州编户百姓的平均户数、人口数当远远小于这个数字，相对于整个衢州地区而言，依然是地广人稀。更详细情况，因缺乏文献记载，现已无从考证。

据《后汉书》载，会稽郡领14县，有123 090户，481 196口[5]，平均每县8 792户，34 371口。这是在各县未分设之前的数据，自然也不会包括大批下山的山越人口，衢州地区的实际人口被大大低估了。

---

〔1〕王鸣盛《十七史商榷》卷九“徙民会稽”条：“会稽生齿之繁，当始于此。约增十四万五千口也。”

〔2〕《浙江通史·秦汉六朝卷》，浙江人民出版社2005年，第52、55、68页。

〔3〕《汉书》卷二十八上《地理志第八》。这个数字一般认为是平帝元始二年（公元2年）的政府版籍数据。

〔4〕王育民：《中国人口史》，江苏人民出版1995年，第9页；转引自《浙江通史·秦汉六朝卷》，浙江人民出版社2005年，第62页。

〔5〕《后汉书》志第二十二《郡国四》。

（三）大末县境内聚落的发展

通过对境内先秦两汉时期文化遗址遗存的梳理，可以明显地看出大末县境内的聚落分布以衢江为界，分成南北两大块。

衢江南片可以分成三个区域：一是大抵以龙丘山（今金华九峰山，明成化年间以前属龙游）为核心的金华江与衢江交汇的三角形冲积平原上，包括金华汤溪、厚大一带的古墓群。二是罗家溪流域和灵山江流域地区，大抵以姑蔑古城为核心，包括龙游县横路祝村东汉窑址群、姑蔑遗址，等等。特别是横路祝村，当地曾发现11座龙窑。陶瓷窑业的发展是人口与聚落发展的重要标志。三是常山港、江山港交汇处至乌溪江、罗樟源下游地区，大抵以新安县城为核心。

衢江北片，因为千里岗山脉的天然阻隔，这里的聚落是沿着各大支流南北发展的。从东往西主要有：游埠溪流域，上游诸葛镇曾出土东汉凤凰纹错金银铜弩机和箭头；芝溪（上方源）流域，曾采集到错银铜弩机；杜泽江—云溪流域，定阳古城就在这里；庙源溪—大头源—常山港流域，万田乡境内是当时一个重要聚落，先后出土双鱼洗、釜、盆、三足盘等4件汉代铜器，还出土东汉建安二十四年（219年）铭文神兽镜等3件汉代铜镜。北片聚落相对南片来说，没那么密集。

此外，常山港流域也是一个重要的聚落集中地。人类在此繁衍的历史也很悠久，共发现5处新石器时代遗存和4处商周时期遗址。从分布来看，早期先民在该地域的活动并不十分稳定，至商周以后逐渐集中到常山盆地定居下来。而汉代遗址主要是在龙绕溪北侧龙绕乡的两处汉代墓葬群，说明东汉聚落有一定的发展。

江山盆地，人类繁衍生息的历史同样悠久，但如前一章所记载的，主要是新石器时代至商周时期的遗存，分布在江山港中上游的峡口—王村一带的河谷平原地区和长台溪流域的石门、长台、清湖一带。汉代的遗存发现很少，聚落发展缓慢。[1]

---

〔1〕参考《浙江通史·秦汉六朝卷》第三章“秦汉移民与民族融合”相关内容改写，详见该书第91—97页。

三、衢州军事地位初显

衢州人常常自豪地称道衢州军事地位的重要。一个地区的军事地位是和地区周边经济发展水平和相应地理位置密切相关的。衢州扼守着通往江西、福建、两广的要道，秦朝对岭南用兵，衢州军事地位初显。汉武帝时期，因为平定闽越的需要，衢州的军事地位初步得到重视。西汉末年以后，因为对山越人战争的需要，峥嵘山的军事地位大增，也揭开了衢州驻军的历史。

（一）秦末衢州周边越人势力的发展

秦朝向岭南用兵，曾派出一支军队驻扎在今江西余干一带，其目的是防止越人的反抗，确保进军岭南交通运输的畅通。于是，就在余干东部至太末县这一带，形成了一个呈东北走向的秦军控制薄弱地带，即今闽东北、浙南、浙西至皖南一线；这里成了一个越人的集中区域，而衢州的地理位置正处于中心。由于没有被强制北迁，这些越人的实力由此得以保存和发展，并成为秦末战争中一支重要反秦力量。〔1〕

（二）汉武帝时期衢州的军事要道（公元前135—公元前111年）

汉代由浙江去福建，除海路以外，要么走沿海陆路，要么走春秋时期开辟的吴越古道，即后世的常（山）玉（山）古道。这条古道是从钱唐（今浙江杭州）经山阴（今浙江绍兴）、诸暨到太末，再从今常山境进入今江西玉山境，再转入福建。从汉代起，一直到明代，这条古道走向大都如此，成为浙江中西部地区通向福建、两广地区的必经之路。〔2〕西汉武帝时期，地处福建的闽越国叛乱，武帝曾先后三次分兵数路对闽越用兵，其中两次就经过这条古道。

建元六年（公元前135年），汉武帝派遣韩安国兵出会稽攻打闽越。当时，会稽郡郡治在吴县（今江苏苏州），而执掌军事的会稽郡西部都尉治所却在钱唐。韩安国出兵必走钱塘江水道，或从钱唐取陆路经山阴、诸暨、太末入赣境，

〔1〕《浙江通史·秦汉六朝卷》，第52页。

〔2〕徐望法主编：《浙江古代道路交通史》，浙江古籍出版社1992年，第166—168页。

截住闽越至南越的通道。

据《汉书·闽越王列传》记载，元鼎六年（公元前111年），汉武帝又派王温舒兵出梅岭（今江西广昌西）。又据《汉书·武帝纪》记载，这年秋天，东越王余善谋反，杀汉朝官吏。汉武帝派遣韩说、王温舒两人兵出会稽，楼船将军杨仆兵出豫章（今江西南昌），两路合击。从上述记载中可以看出，王温舒也兵出会稽。那为何《汉书·闽越王列传》又说“兵出梅岭”？其实，这非但不矛盾，反而恰恰证明王温舒部是从会稽出发，沿春秋吴越古道进入江西境，然后从赣东南进入闽西的。这条道路的南段，亦即是后世客家人由赣入闽的路线。后来，汉武帝为了彻底消除后患，诏令大军将闽越举国迁往江淮内地。这些内迁的百姓走的也应该是这条道路。

通过常玉古道，衢州搭建了连通外界的交通要道，与会稽郡中心地带、闽越、南越地区建立起密切联系。史书记载，当时的闽越国已拥有十分发达的冶铁技术，铁制农具、工具、兵器等已使用得相当广泛，普及生产和生活的各个方面；而且闽越国还有较为发达的建筑业、纺织业、造船业、制陶业和交通业。这些先进的技术和产品通过这条古道或多或少地影响衢州地区的发展。

（三）柴宏屯兵峥嵘山

据《读史方舆纪要》，汉成帝（公元前32—前7年在位）年间，柴宏屯兵峥嵘山。这是关于衢州地区最早的屯兵记载。民国《衢县志》也记载了柴宏驻兵峥嵘山平定叛乱一事。关于这次叛乱的详细情况，史载不详。但根据相关史料的推测，应该是浙西山区不服汉化的越人作乱。东汉末年，为荡平地方割据势力，建立稳定的后方地域，以利其控制江东局面，孙策、孙权屡次派兵围剿山越人，将其驱赶下山。衢州屡次作为出兵的必经之地，军事地位初显。

四、县域社会经济的初步发展

汉武帝元朔三年（公元前216年），史学家司马迁南游江淮，并到会稽郡实地考察。通过考察，司马迁看到了钱塘江南北社会经济发展状况的不同。他在《史记》卷一百二十九中以钱塘江为界，把两浙地区分为两个地理单元：浙江北原来吴国属地列为“东楚”，这里有“海盐之饶，章山之铜，三江五湖之利，亦江东一都会也”。钱塘江以南的旧越国属地，与“南楚”同属一个经济区，“楚越之地，地广人希，饭稻羹鱼”；这里“地势饶食”，有丰富的自然资源，百姓“无饥馑之患”。

汉武帝以后，以铁器的普遍使用和牛耕的推广为标志，包括衢州在内的浙江地区农业生产技术有了很大发展。

到了东汉，南北交流进一步促进了经济社会的发展。今天龙游县、衢江区、江山市境内都有汉代钱币出土。1989年，江山市大溪滩出土了一枚汉文帝时期的“半两”铜钱，是衢州出土时间最早的钱币。

（一）火耕水耨与家禽家畜饲养

司马迁在《史记》中将楚越地区的水田耕作方式概括为“火耕水耨”〔1〕。这种耕作方式包含了水稻种植过程中防虫取肥和中耕除草两项基本农活。火耕，即放火焚烧。一方面是焚烧树木杂草，以便开垦耕地，类似的技术早就有了；另一方面是在春季翻耕之前放火烧掉上年干枯的稻秆和杂草，类似的技术手段直到今天还在部分农村中流传。通过烧秆，起到了除草、施肥（草木灰是很好的磷钾肥）、防止稻田病虫害的作用。水耨，就是在有水的稻田里中耕除草，主要是通过手抠的方式抓除杂草根茎，同时耨断一些稻株老根，促使其生发出更多新根。耨，含有中耕的意思。火耕水耨是一种与北方旱田耕作完全不同的耕作方式，是在刀耕火种基础上迈出的一大步。在当时来说，这种耕作方式比较适合大面积普及，是比较先进的，其基本的核心内容直到今天依然在沿用。〔2〕

家禽家畜的饲养比较普遍。越人盛行“鸡卜”风俗〔3〕，从侧面说明家禽饲养之盛。龙游东华山汉墓群出土陶猪、陶牛、陶马、陶羊、陶狗、陶鸡等，《管

〔1〕《史记》卷六十：“江南火耕水耨。”《汉书》卷六：（元鼎二年）“江南之地火耕水耨”。

〔2〕参考《浙江通史·秦汉六朝卷》第四章“秦汉社会经济”，第110—111页。

〔3〕参见《史记》卷十二、卷二十八；《汉书》卷二十五下。

子·牧民》里提到的“六畜”都有了。同时出土的陶猪圈说明当时猪的饲养已经使用圈养方式。“饭稻羹鱼”，加上必要的肉食，有助于衢州人体质的提高。

（二）铜、铁器的普及

汉代的时候，铁器已经普遍使用了。当时，从太湖流域到钱塘江南岸，包括衢州地区在内，墓葬中铁器是常见的随葬品，有兵器、生产工具，也有生活用具。

在龙游东华山汉墓群中，铁器在多数墓中出现，种类有铁釜、铁削、铁矛、铁剑、铁棍以及铁刀等。铁刀大多为环首，刀身细长，最长达94厘米。这种环首铁刀，因刀柄末端有一个圆环而得名，属于双手用大刀。众多铜器、铁器，特别是铁制兵器的出土，说明当时的龙游可能已经拥有了自己的铜铁器冶炼制作作坊，同时也体现了当时自然环境的艰苦。

龙游东华山汉墓还出土了一批铜器，如铜鼎、铜钫、铜矛等，最多的是铜镜，有星云镜、日光镜、昭明镜（带铭文）等。汉代铜镜是衢州地区，特别是龙游县的一大特色，其中连弧纹镜、建安二十四年神兽镜（柯城区万田乡出土）、东汉车马人物镜（龙游县溪口镇出土）等，纹饰清晰、造型生动，是不可多得的佳品。

这些铜铁器数量之多、铜镜质量之精美，在整个浙江地区都是不多见的；龙游铜镜还有不少的地方特色，也是其他地区所少见的；而且衢州地区本身也是出产铜铁矿的。这些现象都表明，衢州地区应该有一个本地的铜铁器铸造生产中心，可惜至今尚未发现遗址遗存。

（三）龙窑改进，青瓷成熟

两汉时期衢州人继续烧制原始瓷器。从考古资料来看，原始瓷出土的分布范围很广，衢属各区县均有，主要器型有鼎、瓿、盒、五联罐等礼器、明器，壶、罐、香熏、盘口壶、碗等实用器。质量有好有差，烧成温度较高的产品，胎骨致密，击之有铿锵声；温度较低的产品，胎质粗松，因胎土中含沙多，加之淘洗欠精细，使得器物粗松似陶，有气孔，吸水率高，未达到高温瓷化效果。大部分产品釉色呈青黄色和黄褐色，采用浸釉和刷釉，所以釉层均匀。大件产品往往器身上半部浸釉，釉层较厚，最厚达0.25毫米。装饰上大多采用硬物刻划方式，主要有弦纹、水波纹和叶脉纹等，多饰在器物肩部、颈部、上腹部。特别是对称刻划变形鱼纹和连体鸟纹图案的出现，充分体现了衢州先民的艺术观。还出现模印装饰，如模印兽面，用云纹刻划兽眼、嘴，用直线勾画兽须，画面生动优美；至西汉晚期还出现嘴上衔环的兽首装饰(即铺首衔环)。

东汉时期窑炉结构的成熟是瓷器得以诞生最重要的外因，龙游等地都有规模较大的古窑址发现。当时烧造瓷器的窑炉叫龙窑，因建在低缓的山坡，窑身狭长形似"龙"而得名。到东汉晚期，龙窑建造技术已较为成熟，有利于窑温的提高和分布均匀，使窑温提高到1 200℃以上。[1]在这样的高温下，烧成胎质细洁紧密，多呈灰白色，气孔率、吸水率很低，叩击时有金属声，釉色多呈青色或青中泛黄。东汉瓷器主要器型有碗、盘口壶、灶、耳杯以及五联罐、褐釉壶等，特别是后两者为其他窑所稀见。装饰技艺上也出现了不少新工艺：压印如意菱形纹、叶脉纹，戳印三角形纹、圆圈纹等；在器物颈部、肩部、内壁用单线或双线刻划波浪纹等；在大器物上拍打大方格，再在大方格内加上网纹、席纹等，然后外表罩上青釉，烧成后显得清晰美丽。[2]

在西汉时期，金衢盆地的先祖就地取材，采用粉砂岩来烧制原始瓷，减低了生产成本，也使得婺州窑产品市场拥有量极大。到了东汉，婺州窑与同时期其他窑口产品相比，无论是生产规模，还是制瓷技术和纹饰、施釉工艺都属领先。在模印、刻划装饰手法上的突破和器表装饰的创新组合，使婺州窑装饰工艺大大上了一个台阶。到了东汉晚期，正是在发达的传统原始瓷烧造基础上，成熟的婺州窑瓷器发展起来了。[3]

五、秦汉时期的文化与社会生活

秦汉时期的浙江文化总体上说是一种汉越融合的文化。汉朝实施"罢黜百家，独尊儒术"政策，影响后世中国2 000多年，同时也直接影响了两汉时期

---

〔1〕冯先铭等著:《中国陶瓷史》,文物出版社1982年,第122—133页。

〔2〕贡昌:《婺州古瓷》,紫禁城出版社1988年,第21—35页。

〔3〕张云土、占剑:《论婺州窑制瓷工艺》,《东方博物》第20辑,第44—50页。

南方的江浙地区。乡贤龙丘苌的出现并且其事迹流传甚广、备受推崇，正是儒学文化在三衢大地落地生根的重要标志，同时作为越文化的核心地区，这里始终保留着自己独特的文化魅力。“信巫鬼，重淫祀”[1]是这一时期越人从上一阶段保留而来的传统，还将影响到后面几个时代。

（一）越语“姑蔑”与“大末”

越人说的语言与今天的汉语不属于同一个语族。一般认为越人与今天侗台语各族的先民同源，也就是说越人说的是一种古侗台语，与今天的壮语、布依语、傣语、侗语、水语、黎语以及泰语等语言相似，属于同一语族。今天我们能够找到的以汉文记音间接记载的两篇古越语文献是《越人拥楫歌》（越人歌）以及越王勾践《维甲令》。唯有《越人歌》内容完备，原语译语齐备，有学者以泰文为主作词对词的解读，效果很好。[2]

用同样的方法也可以解读“姑蔑”“大末”。《左传·哀公十三年》“姑蔑之旗”杜预注：“姑蔑，越地。今东阳大末县。”单看“姑蔑”，意义不易断定，“大末”是它的别称，就容易理解了。一般认为是词缀。在泰文今tra’头字中有古本作kra’的，泰文今tra’作单词有“地块”的含义，那么越语“姑”kaa也许可以对应今泰文tra’“地块”的古代形式kra’。“末”maad、“蔑”meed古音相近，而泰文hmod“终了”与汉语“末”的音义都相近。“大”daaih则与泰文daaix“末尾”音合。综上所说，以泰文为主作词对词的解读：“大末”应为末尾之意，指边境；“姑蔑”意为地块终了、地块末尾，也可以代指边境。《国语·越语上》：“勾践之地南至于句无，北至于御儿，东至于鄞，西至于姑蔑。”越国东部较为发达，西部相对落后而荒凉，故西境被称为“姑蔑”“大末”。东汉以后也有作“太末”的，“太”也可与泰文thaih“方面”对应，“太末”解释为“末尾之方”，也是说得通的。[3]

---

〔1〕《汉书》卷二十八。

〔2〕原载郑张尚芳：《越人歌的解读》（英文稿），法国《东方语言学报》（*CLAO*），1991年第2号；转引自孙琳、石峰译文，《语言研究论丛》第7辑，语文出版社1997年。

〔3〕参见《浙江通史·秦汉六朝卷》第五章“越汉文化的融合”。

（二）乡贤之祖龙丘苌（？—24年）

龙丘苌，太末县人，西汉末年浙江地区著名的隐士。复姓龙丘，单名苌，曾长期隐居于龙丘山（今金华九峰山）。其为人志向高洁，不为荣辱所移，因此声名远播，为当时人所推崇。

更始元年（23年），年方十九的任延出任会稽郡西部都尉。任延闻知龙丘苌的事迹，十分仰慕其道德气节。于是，属下官员纷纷建议征召龙丘苌为官。任延认为“龙丘先生躬德履义，有原宪、伯夷之节”，虽然自己官居都尉，但是面对龙丘先生，“扫洒门下，犹惧辱焉”，用征召的方式不合适。于是任延派手下拿着自己的名帖前去拜访，还多次亲笔写了书信，并派人送去医药。据说，前往拜访龙丘苌的官吏使者一路上连绵不断。如此历时一年，龙丘苌才乘车上门答谢。于是，任延委任龙丘苌为议曹祭酒〔1〕。更始二年（24年），龙丘苌病故，葬于龙丘山下。任延亲自前往灵前祭祀，三日没有升堂办公。〔2〕

龙丘苌是历史上第一个为文献记载的衢州人，其风骨品行为历代衢州人传颂。作为一位隐士，龙丘苌备受推崇的是其德行。这种尊崇“仁德”的态度正是儒家所积极倡导的。龙丘苌事迹在《后汉书》《太平御览》等书中均有记载，《两浙名贤录》中还有其传。也正因为如此，他被龙游人尊奉为乡贤之祖，并刻像祭祀于其隐居石室内。后来，还在县城东华山及学宫旁建龙丘先生祠。〔3〕

（三）鲁尊、鲁伯，豪强典型（西汉中期至东汉）

汉代文献中，对于衢州地区的记载相当稀少，我们唯有通过考古发掘的成果管窥当时的经济文化情况，而龙游东华山汉墓群就是其中一个典型的例证。该汉墓群位于龙游县龙游镇桥下、鸡鸣村，为县级重点文物保护单位。东华山墓葬分布十分密集，在浙江省内实属罕见，也从一个侧面反映了当时人口集聚的状况。从1979年以来，经过多次发掘，出土了大量西汉中晚期至东汉早期的

---

〔1〕议曹祭酒为郡县佐吏。汉代这一官职常由地方名士或学通行修者担任，参与谋议地方事务，无具体职事，属于散职，地位在分职诸曹之上。

〔2〕《后汉书》卷七十六《任延传》。

〔3〕衢州市志编纂委员会编：《衢州市志》，浙江人民出版社1994年，第1264页。

原始瓷器、陪葬用的陶质明器、礼器以及铁器、铜镜等，最多的一个墓葬出土各类器物60余件。[1]

1992年又在石塔头段发掘了一批木椁墓，其中以位于中心位置的48号墓规模最大。该墓的形制较复杂，平面似两个凸字形坑穴相接，总长16.4米，最宽处达4.8米。分前后两室，两室系不同时期所葬，并皆为夫妻合葬。在48、52、55号墓各出土铜印章1方，皆姓鲁。其中48号中的印章为龟纽铜套印，通高1.8厘米，边长1.6厘米，印文为篆书，分别是“鲁尊”和“鲁伯之印”[2]，由此可知这里是鲁氏家族墓地。这与鲁姓为龙游四大古姓氏之一的文献记载是相一致的。据《姓氏考略》记载，周公姬旦的儿子伯禽被封为鲁侯，建立了鲁国。公元前256年，鲁被楚所灭，子孙以国为姓，是为鲁氏。龙游的鲁氏也是从山东辗转迁徙而来的。汉代，特别是东汉时期，是以豪强地主为其统治基础的，他们建立坞堡、拥有私人武装，在地方上的实权很大，鲁氏就是衢州豪强地主的一个典型。

汉代葬俗“视死如生”，为死后仍然能够享受生前的生活，往往在墓中葬有大量的明器。有牛、马、羊、狗等动物造型，还有猪舍、鸡舍、井、灶、盆、勺等，充分体现了当时的工艺水平和审美情趣，也反映了汉代普通衢州百姓的生活水平。马匹的养殖是汉代重要的国策，墓葬中泥马陶塑的发现说明当时衢州已有富户在养殖马匹。

---

〔1〕《衢州市东华山汉墓发掘简报》，《浙江文物考古所学刊》，文物出版社1981年，第85—92页。

〔2〕有学者考证出鲁伯为西汉会稽郡太守、易学名家。但笔者认为鲁伯更可能是姑蔑后裔，或是汉化越人中的尊者，会稽郡太守鲁伯仅仅只是与印章同名而已。姑存此说，有待通过史料进一步论证。参见毛慧：《龙游东华山汉墓出土“鲁伯”铜套印的史证价值》，《中国儒城衢州》（内部资料），2015年第2期，第74—80页。

第三章　从县制向郡制的发展

——魏晋南北朝时期的衢州（222—588年）

东汉建安元年（196年），在经历了秦汉的大一统之后，天下由合转向分。长沙太守孙坚之子孙策率所部“渡浙江”，驱逐会稽太守王朗，自领会稽太守，控制了吴会地区。曹操迁都许昌，“挟天子以令诸侯”，实际上汉朝的统治已经结束。其后，随着曹操之子曹丕与刘备、孙权先后称帝，历史进入三国时期。三国以后，大量的山越人纷纷下山，融入汉族大家庭。西晋末年以后，大量的北方居民先后迁居南方，衢州地区迎来了移民迁入高峰，许多世家大族，如毛氏、江氏、祝氏、慎氏纷纷定居衢州。大量北方先民的涌入带来了先进的生产技术和工艺，推动了衢州经济的进一步发展。魏晋以来，从“王质遇仙”的传说到佛教文化在衢州的兴起和发展，推动了衢州地方文化并影响深远。此时期，还创造性地使用化妆土，并大量采用粉砂岩以提高质量和产量，掀起了婺州窑生产的一个高峰。陈永定三年（559年），置信安郡，虽有其一定的政治原因，但也预示着衢州的经济文化已发展到新的阶段。

一、建制沿革的变迁与军事地位的加强

（一）孙策、孙权开创孙吴基业

东汉末年，朝廷政局腐败，农民起义蜂拥而起。富春（今杭州富阳）人孙坚起于行伍之间，被朝廷封为长沙太守、乌程侯，后又封为豫州刺史、破虏将军，成为南方地区一支重要军事势力的领袖。东汉初平二年（191年），孙坚被刺杀，其子孙策继承父业，时年十七岁。

兴平初年至二年（194—195年），孙策率所部千余人起家，进取江东，打败

扬州刺史刘繇。由于孙策善用兵，军纪严明，得到丹阳郡（今皖南、浙北一带）故鄣朱氏、吴郡钱塘吴氏、富春徐氏等地方豪族支持，兵力发展到两万余人。建安元年（196年），孙策领兵渡浙江，驱逐会稽太守王朗；其部朱治大破吴郡太守许贡。至此，孙策占据了江东地区。建安三年（198年），曹操表封孙策为讨逆将军，封吴侯。孙策先后攻占吴郡、会稽郡等地。次年，孙策与周瑜大败庐江郡太守刘勋于皖城（今属安徽），统一扬州域。

建安五年（200年），孙策为仇家刺杀，临终嘱弟孙权继承其事业。曹操为示笼络，以朝廷名义封孙权为讨虏将军，领会稽太守。此后，孙权实际上在江东建立了割据的政权。[1]魏黄初元年（220年），曹丕称帝，国号为魏，正式揭开了三国的序幕。次年，刘备称帝，建立蜀汉政权，而孙权接受曹丕所封吴王封号，都于武昌。魏黄初三年（222年），孙权于武昌就吴王位，改年号黄武。吴黄武八年（229年），孙权称帝，改年号黄龙，迁都建业（今南京）。晋太康四年（280年），吴被晋所灭。吴国历三代四帝59年。吴国因为江东地区是其核心地区，故又称"东吴"；因为是孙氏的政权，故又称之为"孙吴"。

（二）东汉末年诸县的设立

东汉初平三年（192年）前后，也就在孙策渡江前夕，会稽太守王朗为确保其统治，分乌伤县（今义乌）南乡为长山县（今金华）[2]，分太末县（今龙游）立新安县（今衢州）。其目的是为了确保绍兴经诸暨、义乌、金华、龙游、衢州、常山，通往江西、安徽地区道路的通畅。不久，浙江地区为孙策所控制，两县真正行使县级行政机构职能是从孙吴开始的。此后，孙吴政权对原来汉朝统治十分薄弱的丘陵山地，包括金衢盆地、浦阳江流域在内的整个金衢地区，大量设置新县。东汉兴平二年（195年）至吴宝鼎元年（266年）设立东阳郡前这段时期，是衢州历史上县级行政机构增设最迅速、最多的一个时期。

---

〔1〕《吴书·孙策传》《吴书·吴主权传》，《三国志》卷四十六。

〔2〕《宋书》卷三十五作"初平二年"设立，《后汉书》志第二十二"乌伤"条下引刘昭补注："《英雄交争记》曰：初平三年，分县南乡为长山县。"今从《后汉书》。

东汉兴平二年(195年),孙策分诸暨县地设立丰安县(今金华浦江)、吴宁县(今金华东阳)。东汉建安四年(199年),孙权分太末县北域划归丰安县。[1]建安八年(203年)、建安十年(205年),孙权先后两次出兵山越,稳定了江东六郡的局势。战后,大批山越百姓下山,成为国家编户齐民,融入汉民族大家庭。也正是在这一背景下,太末县、新安县的人口剧增。为维护统治,建安二十三年(218年),孙权分太末县南域为遂昌县[2],分新安县西南域设立定阳县。遂昌县位于乌溪江、灵山江、松阴溪上游,松阳县(于建安元年,即196年设立)占据松阴溪中下游,乌溪江中下游属于新安县,灵山江中下游属于太末县。这样,遂昌县的建立加强了衢江南侧地区到仙霞岭区域的政治军事控制;而定阳县的设立则加强了对衢江北侧、千里岗山脉以南地区的掌控。[3]定阳县的中心地带在铜山源—上方源下游,县治在铜山源下游今衢江区云溪乡章戴、西垄一带。[4]

吴赤乌八年(245年),析乌伤县置永康县。至此,整个金衢地区从秦汉时期的乌伤、太末二县,演变为乌伤、太末、长山、新安四县,再增丰安、吴宁演变为六县,再增遂昌(平昌[5])、定阳演变为八县,最终到三国末年增设永康县演变成九县。吴宝鼎元年(266年),分会稽郡置东阳郡,郡治在长山县,下辖长山、乌伤、丰安、吴宁、永康、太末、新安、定阳、平昌(遂昌)等九县,其中隶属今金华地区的五县,隶属今衢州地区的太末、新安、定阳三县,隶属今丽水地区的平昌

---

〔1〕《后汉书》志第二十二“乌伤”条下引刘昭补注:“建安四年,孙氏分立丰安县。”因为丰安县此前已经建立,因此这里是把太末县东北部今梅江盆地一带土地划归丰安县,以利于加强浦阳江上游的防卫力量。

〔2〕《后汉书》志第二十二“太末”条下引刘昭注:建安“二十三年,立遂昌县。”

〔3〕《浙江通史·秦汉六朝卷》第六章“六朝世局大变与地方统治新秩序的建立”,第195—197页。

〔4〕定阳县地理位置详见陈兴构、王志邦《东阳郡》相关考证部分,1991年由团结出版社出版。这里特别值得注意的是,《东阳郡》第21页:“定阳县与常山县两者没有地域上的继承关系。”按《旧唐书·地理志》“常山”条目记载:“咸亨五年分信安置。”《新唐书·地理志》“常山”条载:“上,咸亨五年析信安置,隶婺州。”因此,“汉献帝建安二十三年所建定阳县、唐武德四年重建定阳县不在唐咸亨五年所建常山县地域”。

〔5〕《宋书》卷三十五:“孙权赤乌二年,分太末立,曰平昌。”有误,应该是在此年,遂昌改名平昌。

(遂昌)一县。至此,金衢盆地从会稽郡分出,形成一个独立的行政区域。

(三)贺齐平定山越的功绩

贺齐[1],字公苗,会稽山阴人,年轻的时候曾历任会稽郡的小官。后来太末、丰浦地区山越民造反,贺齐被孙策临危受命,转任太末长。他诛杀为恶的豪强地主,抚慰百姓,仅一个月就平定了乱局。史书并没有记载这次平乱确切的时间。据考证,建安元年(196年),贺齐被孙策任命为永宁(今浙江永嘉)长,故其平定太末、丰浦山越作乱当在兴平二年(195年)左右。

其后,贺齐又参与平定了侯官(今福建福州)地区的山越叛乱。建安八年(203年),建安(今福建建瓯)、汉兴(今福建浦城)、南平(今福建南平)再次爆发山越叛乱。贺齐进兵建安,建立南部都尉府,连续平定各地之乱。建安十年(205年),孙权又派贺齐讨伐上饶(今属江西)山越百姓。建安十三年(208年),贺齐升任威武中郎将,又率兵讨伐黟县、歙县(今属安徽)山越民。同年,为镇抚山越,巩固江东统治,孙权不仅将歙县一分为五,又以始新(今淳安)、新定(今遂安)、黎阳、休阳、黟县、歙县等六县为新都郡,以贺齐为新都太守,郡治设置在始新县(县治在今淳安千岛湖镇)。自此,新安江上游地区形成一个郡级行政区,其中始新、新定两县属浙江,其余四县属安徽。

贺齐平定建安、南平、上饶、黟县、歙县等地之乱,均系兵出太末。衢地近接福建、江西、安徽三省,兵乱之际,难免同时被灾。然而,战争并没有完全结束。据《三国志·陈表传》记载,吴嘉禾三年(234年),诸葛恪出任丹杨郡太守,讨平山越。[2]孙权这样做的目的还在于加强对浙、闽、赣、皖地区的军事控制。吴国与山越的战争一直持续到赤乌年间(238—250年)。

(四)新安都尉的设立

在孙吴政权架构下,会稽郡先后设有东部都尉、南部都尉和西部都尉,以掌控整个两浙地区的军事。其中东部都尉虽一度设立,但是因为会稽郡东部

---

〔1〕《三国志》卷六十《吴书·贺齐传》。

〔2〕《三国志》卷五十五《吴书·陈武传(附弟陈表)》。

地区缺少战事，后期所任都尉遥领，实际没有到位。南部都尉掌管对福建建安（今福建浦城）到侯官（今福建福州）一带对山越的战事。贺齐曾在建安设立南部都尉府。

新安都尉，据《三国志》卷五十五记载："嘉禾三年，诸葛恪领丹杨太守，讨平山越。以（陈）表领新安都尉，与恪参势。"可见至迟在公元234年，新安都尉已经设立。陈表曾经担任过新安都尉，并于当时的丹杨太守诸葛恪合作平定山越。[1]新安县治在江山港、常山港的交汇处，正扼守闽浙赣交界山区的南面要冲，其军事位置比后来作为东阳郡郡治的长山县（今浙江金华）还要重要。

对于新安都尉，《吴书》《宋书》作"新都都尉"。史学家沈约在《宋书·自序》中提及其祖父沈宪当时的官职为"左中郎，新都都尉"，封"定阳侯"。此定阳应该就是从新安县分置出来的定阳县，说明当时的都尉府就在新安县。《宋书》卷三十五："东阳太守，本会稽西部都尉。"说明在东阳郡设立之前，设置在新安县的新安都尉掌控着金衢地区。本区域是先有都尉，后设东阳郡太守。[2]

（五）开衢首宦郑平的功绩

《清一统志》载："峥嵘山，在县城南隅。三国吴遣将军郑平以千人守峥嵘镇。"郑平（207—300年），字元先，号自强，原籍河南郑州，在地方史中被誉为"开衢首宦"。东汉章武辛丑（221年），郑平随父郑庠渡江，居丹阳之秣陵（今南京江宁）。郑平少负大志，勤学好礼，有不可一世之概。吴黄龙元年（229年），孙权正式称帝。同年，郑平为中郎将，因功被授予赞护将军，继拜平南将军，成为吴国的高级将领。郑平喜好交结贤士，谈论古今；演练、征战时，常身先士卒，平时也十分关心部下。

吴嘉禾五年（236年），郑平被加封为征虏大将军、亭长侯，孙权令其率领"五千人"[3]镇守峥嵘山。峥嵘山是扼守衢州要道重要关卡，在冷兵器时代具

---

〔1〕《三国志》卷五十五《吴书·陈武传（附弟陈表）》。

〔2〕《浙江通史·秦汉六朝卷》第六章"六朝世局大变与地方统治新秩序的建立"，第202—203页。

〔3〕康熙《衢州府志》卷三十八《侨寓传第八》"郑平"条："以五千人守峥嵘镇。"

有相当重要的军事地位。郑平在峥嵘山上依地理山势构筑城垣营寨，沿流水挖掘壕沟，筑成军事要塞。一方面，城垣营寨了保护东部城镇免受山越族的侵犯；另一方面，其山丘高地可免遭衢江洪水的侵害。此后，峥嵘山以其特殊的山势地貌，开始了1 700多年的屯兵历史，这在全国驻军屯兵历史上是罕见的。元兴元年[1]（264年），郑平被封左光禄大夫、新昌郡公，食邑信安。郑平遂率眷属定居衢州，成为衢州郑氏始祖，后世子孙簪缨繁盛，为三衢名族。

（六）陈弘任峥嵘岭镇总管

陈弘，字伯猷，西晋武帝时人，原籍阆中（在今四川省）。他爱好读书，性格勇敢，且有谋略。最初追随益州（辖今川陕甘云贵等省交界地带）刺史王濬，擢升为参谋后，屡建奇功。晋太康元年（280年），他又协助王濬接连攻克西陵、荆门、彝道诸州（今湖北宜昌、荆门等地），自武昌直下建业（今江苏南京），所向披靡，吴国最后一个皇帝孙皓投降。当时，鲜卑族首领赵峻率众侵犯晋国边境，陈弘奉命以精悍骑兵奔袭讨伐，将其擒获，从此边境安宁。晋武帝嘉奖其功绩，特授其峥嵘镇总管，封信安侯，食邑三百户。自此，陈弘就在信安（今衢州市区）安家，终年九十岁。

明朝洪武初年，“以护国著灵异”，又加封陈弘为宁邦感应侯，设祠祭典。其祠旧在衢城迎和门内，今已无存。[2]其墓在衢州市区皂木巷，现为市级文物保护单位，1992年重加修缮，供人凭吊。

自郑平守戍峥嵘镇以来，浙江的局势已基本安定，晋武帝又为何重设峥嵘镇呢？吴国末年，虽然浙江境内山越族逐渐平定，但周边地区依然不平静。六朝时期，江西地区曾不断发生叛乱，山越人就是其中一支重要力量。作为扼守通往江西、福建要道的峥嵘山，其军事位置也由此日益凸显。[3]在吴国灭亡后，晋武帝重设峥嵘镇，实出于军事和政治的需要。

---

〔1〕康熙《衢州府志》卷三十八《侨寓传第八》“郑平”条：“咸熙元年”，即吴元兴元年，适逢孙休病死，孙皓即位。

〔2〕康熙《衢州府志》卷三十八《侨寓传第八》“陈弘”条。

〔3〕涂瑞霞：《六朝时期江西地区叛乱史研究概述》，《江西社会科学》，2002年第4期。

（七）六朝时期政区的演变

魏咸熙二年（吴甘露元年，265年），司马炎逼迫魏帝禅位称帝，建国号晋。晋太康元年（280年），晋灭吴，统一全国。晋统一后，沿袭吴国州、郡、县三级建制。同年，以弘农郡（今属河南）有新安县，遂改新安县为信安县，属东阳郡。值得注意的是，这次改名，浙江境内凡是"新"字开头的县全部改名，如新昌县改名为寿昌县，新定县改名为遂安县。金衢地区属扬州东阳郡，下辖九县（包括遂昌），衢州地区分设太末、信安、定阳三县。同年，新都郡改名为新安郡，新定县改名为遂安县。

建兴四年（316年），西晋灭亡，在经历了短暂的大一统之后，中国又重新分裂了。元熙二年（420年），东晋历时104年而亡。此后，金衢地区的行政区划基本保持不变，仍属扬州东阳郡。在当时人的观念中，浙江的源头在新安郡，而非东阳郡信安县（今衢州）。[1]咸和年间（326—334年），以王舒为抚军将军、会稽内史监浙江东五郡（会稽、临海、永嘉、东阳、新安五郡）军事。这样，浙江东五郡（包括今绍兴、宁波、台州、温州、丽水、金华、衢州、建德等地区）组成一个以会稽内史为内核的军事都督区。这也是后来两浙东道行政区的雏形。

东晋元熙二年，刘裕代晋自立，国号宋，史称刘宋。宋昇明三年（479年），萧道成自立，改国号为齐，史称萧齐。齐中兴二年（502年），萧衍自立，改国号为梁，史称萧梁。梁太平二年（557年），陈霸先自立，建国号陈。陈祯明三年（589年），隋灭陈，重新统一中国。宋、齐、梁、陈均建都建康（今江苏南京），史称南朝，历169年。这一时期，金衢地区的行政区划基本保持不变，仍属东阳郡。

宋元嘉三十年（453年），以浙江东五郡为会州，不久被废。次年，宋孝武帝分扬州的会稽、临海、永嘉、东阳、新安五郡为东扬州。浙江境内第一次出现州级行政区。此后直到齐中兴二年（502年）萧梁建立，浙江东五郡作为一个军事单位的地位依然没有太大变化。而作为州级行政区，一直到陈灭亡，东扬州的

---

〔1〕郦道元：《水经注》卷四十："渐江水出三天子都。《山海经》谓之浙江也。"《地理志》云："水出丹阳黟县南蛮中。"

设立也是屡兴屡废，反反复复。[1]

三国至六朝时期县的行政长官，大县置令，小县设长。孙吴初年，浙江境内的各县级长官长多于令。2012年，龙游县詹家镇一座三国砖室大墓中曾出土"新安长印"铜印一枚。[2]到了后来，令多于长，到南朝宋大明年间(457—464年)，已全部为令。南朝陈，五千户以上县令，一千石，品并第八；不满五千户的县令，六百石，品并第九。当时虽然规定县令六年为一届，但往往迁转无常。朝廷委任是有利于士族门阀的，甚至按照个人喜好任命。史书记载，陈留(今河南开封)人江逌以家贫，"求试守"(试行代理太守)，却被委任为"太末令"。[3]

(八)衢州第一个郡级区划的尝试

南朝时期政区变化最突出的是在梁陈之际。梁朝末年，以留异为首的长山留氏势力再度崛起。陈永定三年(559年)，于衢州地区置信安郡，领信安、定阳两县，郡治在信安。当时太末县属金华郡(东阳郡)。陈天嘉三年(562年)，信安郡撤销。

《陈书》记载，留异是东阳长山(今金华)人，出身当地的大族，为乡里雄豪。梁朝时，留异任蟹浦戍主，为驻守蟹浦地区的小官员。后来先后出任晋安(今属福州)、安固(今属温州)县令。乘梁朝末年侯景之乱，留异勾结侯景，利用家族在当地的影响力，迅速壮大自己的势力，出任东阳郡太守，形成浙西地方割据局面。陈朝建立后，为笼络地方势力，陈武帝将其侄陈蒨(后来的陈文帝)长女丰安公主嫁给留异的第三个儿子留贞臣。陈永定二年(558年)，升留异为"使持节、散骑常侍、都督南徐州诸军事、平北将军、南徐州刺史"，名义上是派其主管南徐州的军政，实际是想让留异离开他的老巢，不想却被留异拒绝。也许是出于分裂留异势力的考虑，次年，陈武帝设置了

---

〔1〕《浙江通史·秦汉六朝卷》第六章"六朝世局大变与地方统治新秩序的建立"，第209—213页。

〔2〕《好阔气的三国县令墓》，《钱江晚报》，2012年12月24日。

〔3〕《晋书》卷八十三《江逌传》。

信安郡。

陈文帝（世祖）即位后，留异听信副手（长史）王澌的汇报，以为朝廷虚弱，于是联合信州（今江西上饶）太守王琳，双方秘密通信，结盟抗命。王琳失败后，文帝名义上派遣左卫将军沈恪代替留异为东阳郡太守，实际派兵袭击。留异沿水路出兵抗御，沈恪败绩，退回钱塘，留异上表谢罪。虽然留异打败了沈恪率领的朝廷军队，但留异深知凭借一郡之地难以与朝廷相抗衡，上表谢罪称臣也就不足为怪了。由于文帝忙于北方湘州（今属湖南）战事，鉴于沈恪的战败，只能暂时放过留异。陈天嘉二年（561年），留异与女婿陈宝应（建安郡守）割据浙西及赣北、闽西北地区。

陈天嘉三年（562年），陈文帝派遣征北将军、南徐州刺史、桂阳郡公侯安都讨伐留异。大军没有从水路溯江而上，而是从绍兴、诸暨盆地抄山道偷袭，留异大败，逃往建安（今属福建）。陈灭留异后，改信安郡（领二县）为信安县。陈天嘉四年（563年），留异党徒向文政割据信安，陈文帝遣峥嵘山守将贞毅将军程文季率三百骑兵攻打，向文政投降。陈天嘉五年（564年），陈朝军队平定陈宝应割据势力，并擒获留异，将之送斩于都城建康（今南京），其子侄及同党无论少长皆被杀，只有第三儿子留贞臣因娶了陈文帝女儿而获免。陈文帝平定了留异的割据势力，信安郡也就丧失了功用，也就自然而然地撤销了，当然也不排除战乱后衢州人口的骤降不足以维持郡级行政区划这个因素。同时，降低行政级别，就限制了地方武装，也有利于朝廷迅速控制衢州地区。[1]

信安郡的设立是衢州设置郡级行政区划之始，虽然前后只有短短的四年，但在衢州历史上留下了值得纪念的一页。留异、陈宝应割据势力不得人心，在朝廷的强大攻势之下自然难以为继。信安郡虽然昙花一现，但也显示了金衢地区今后发展的方向：按照内部地域不同特点分金衢盆地为东西两部分。到了下一阶段，几经分合，最终形成了婺州和衢州。

---

〔1〕《陈书》卷三十五《留异传》。

二、魏晋南北朝时期的移民与人口

（一）山越族下山

山越是对古时居住于今日江苏、皖南、浙江、江西、福建等省，乃至湖湘、两广等广大山区的越人的一种通称。"山越"一词，并不是指一个单一的民族，只是强调其地域性特征。山越族常年生活在自然条件艰苦的山区，主要以渔猎为生，他们在山间如履平地，是天生的山地兵。山越人好武习战，自己铸造盔甲兵器，战斗时常蜂拥而至，败退时则如鸟窜般逃至山林间。由此，山越之地号称为难治之地。由于不服从孙氏政权的统治，孙权称他们为"山贼""山寇"，以别于一般越人。

汉民族与山越人的战争是东汉到三国时期中国政治、军事史上的主要内容。一方面，山越人要求固守自己的生存方式，不想下山；另一方面，官府想要扩大自己的人口、赋税、兵源，要求山越人下山。态度和想法的不同，导致双方战事不断。这其中也不乏山越望族欲维护自己的利益乘机作乱。在强大的国家机器面前，弱小的山越人的反抗最终归于失败，只有极少数仍然生活在山区。在此期间，孙吴执行的是"强者为兵，羸者补户"的政策，即让强壮者加入军队，羸弱者划归郡县为编户，向国家缴纳赋税。孙吴通过这一政策既开了兵源，又开了财源。

山越人的下山使汉民族增添了新的成员，衢州的经济文化也得以发展，但也有例外。史书记载，吴赤乌年间（238—250年），陈表曾率男女数万口迁至毗陵（今江苏常州）屯田。[1]这次移民多是山越民，数量多达数万口，可见山越人口基数的庞大。这数万人原本可以成为衢州地区的编户齐民，却被远迁至毗陵，虽然促进了苏南地区的经济发展，但对于衢州来说是不利的。

（二）两晋时期的大迁徙

西晋末年，大批匈奴、鲜卑以及氐、羌等族人民移居内地。大量胡人南下，在华北地区先后建立了许多小国。随后而来的晋皇室的内乱和皇室南迁带来

---

〔1〕《三国志》卷五十二《吴志·诸葛谨传（附子诸葛融传）》裴松之注引《吴书》："赤乌中，诸郡出部伍，新都都尉陈表、吴郡都尉顾承，各率所领人会佃毗陵，男女各数万口。"

的南北分裂使大批汉族居民从黄河流域迁移到了长江以南。当时,政府更把北方原有州郡地方政府迁到南方,称为侨置州郡。例如有所谓南徐州、南兖州、南豫州等。这是中国历史上第一次大规模人口迁移。当时北方士人南迁的首选之地是今绍兴、杭嘉湖一带,衢州属于第二梯队。

当时著名的南迁有:晋永嘉元年(307年),祝氏始祖祝奎由河南迁安徽再迁信安;江氏始祖江世源,祖籍山阴(绍兴),南梁时官护军将军驻衢,家于此;晋大兴年间(318—321年),慎條任东阳郡太守,爱浙东三衢山水之秀,遂定居于此,为衢州慎氏始祖。而最著名、对衢州影响最大的莫过于晋代毛璩迁居衢州,形成三衢毛氏。南朝梁大同年间(535—546年),毛元琼又由信安迁居石门镇清漾村,形成清漾毛氏。[1]

两晋之交的这场人口大迁徙深深影响了浙江西部的衢州。众多的北方居民辗转来到衢州,为这个大家庭不断增光添彩,同时也带来了北方先进的生产技术和生产工具,推进了衢州经济文化的发展。

(三)三衢:江南毛氏的发源地

晋永嘉年间(307—313年),以毛宝为首的江北毛氏主系随同皇室南迁。毛氏一族自毛宝至毛璩,三代均为晋朝重要将领,堪称将帅之家。毛宝长子毛穆之承袭父亲的爵位,初任参军一职,成为安西将军庾翼的幕僚。东晋升平元年(357年),毛穆之被封为建安侯,食邑信安。但他戎马一生,很少住在建安、信安,后病逝于巴东。毛穆之生六子,以次子毛璩最为知名。毛璩,字叔连,初为名臣谢安的幕僚,后官至益州刺史、征西将军,战死于四川,葬于今柯城区汪村乡五湖村毛家田铺。东晋安帝追封其为“归乡公”,食邑信安一千五百户,其弟及子孙即以衢州为家,以毛璩为一世祖,世称“三衢毛氏”。从此,毛氏在衢州繁衍后代,成为望族。毛璩生有四子,其中长子宏之、三子敏之迁于烂柯山生息,故俗称“柯山毛氏”。

五代十国时,三衢毛氏的十二世孙毛让在南唐为官,官至工部尚书。其长

[1] 鄢卫建、刘国庆:《衢州姓氏》,香港语丝出版社2001年,第70—77页。

子毛休同仕南唐，官至银青光禄大夫、国子监祭酒兼殿中侍御史。北宋初年，毛休出任江西吉州知州，并将父母迎养于吉州任上，不久入籍吉州龙城。毛让由此成为江西吉水毛氏一世祖。元末，吉水毛氏后裔毛太华为避兵祸，迁居云南澜沧卫（今云南澜沧拉祜族自治县）。明洪武十三年（1380年），毛太华携长子清一、四子清四回到内地，在湖南谋取官职，住湘乡县北门外绯紫桥。十余年后，清一和清四兄弟迁居湘潭三十九都，编为民籍。其后清一定居韶山，清四定居铁陂。毛太华被奉为韶山毛氏一世祖。毛太华在韶山繁衍了十八代后，传至毛恩普，毛恩普生子毛贻昌，毛贻昌生子毛泽东、毛泽铭（泽民）、毛泽覃。由此，从衢州毛氏到吉水毛氏，再到韶山毛氏，是一脉相承的，构成江南毛氏的主系。[1]

（四）三国魏晋南北朝时期的户口与人口

孙吴时期，浙江境内各郡县的户口没有具体记载。整个吴国人口，吴赤乌五年（242年），有户52.3万，男女口240万。[2]吴天纪四年（280年），孙皓降晋，吴国有4州，43郡，313县；户口52.3万，吏3.2万，兵23万，男女口230万，后宫5 000余人。[3]按照这个数字计算，平均每郡有12 163户，男女口53 488；平均每县有1 671户，男女口7 348。[4]当时，衢州地区有新安、太末、定阳三县，总计人口2.2万，户5 000左右。

从数字上看，这个数据记载的人数实在不多，但这些数字据仅是编户人口数，即纳税人口数。当时，孙吴还存在不少士族豪门名下的"复客"。据《三国志》记载，新安都尉陈表就有"赐复人两百家"，定居新安县。这些赐复人即复客，也称"赐客"，从属于主人，不承担国家赋税、劳役。他们的来源一般也是从编户中分离出来的。此外屯田的人口、郑平等将领的部曲以及世代相袭的吏家等，也不在编户之内。在吴国的图籍上，户、吏、兵都是单独统计的。

《晋书》卷十四记载，西晋太康初年，东阳郡领县9，户12 000，平均每县1 333

〔1〕郑艮安：《毛泽东祖籍溯源——从韶山到衢州》，中共中央文献出版社2000年。

〔2〕《晋书》卷十四。

〔3〕《三国志》卷四十八《孙皓传》裴松之注引《晋阳秋》。

〔4〕《浙江通史·秦汉六朝卷》第七章"移民与六朝居民结构的变化"，第267—269页。

户。当时全国每县平均户数是2 038户，平均每户6.57人。[1]衢州地区有三县，大约是4 000户，2.6万人。可以看出，当时衢州总体来说还是地广人稀的，大量山越壮年人口外迁更致使衢州人口增长缓慢。当然实际人口数字比这个要大，西晋时期的佃客、部曲、官私奴婢、吏户、百工，甚至吹鼓手等，均不在编户之内。

南朝宋大明八年（464年），东阳郡领县9，户16 022，平均每县1 780户；人口107 965，平均每县11 996人，户均6.74人。当时的两浙地区（今浙江与苏南、上海）平均每户6.79人，与东阳郡基本持平，远高于全国每户5.17人的平均数。[2]衢州地区三县，大约有5 000余户，3.6万人。同样，这一时期的实际户数要数倍于这个数字。南朝吏户、兵户、匠户等另立户籍，僧道以及依附民、世家依法占有的佃客、部曲、门吏、奴婢也不占户籍，而世家豪门非法隐匿的人口数更大，甚至道人有“白徒”，尼姑收养女，“皆不贯人籍”。[3]

（五）三国魏晋南北朝时期的世族与聚落

衢州地区六朝时期的大姓主要有太末徐氏和新安（信安）郑氏。徐氏家族中徐伯珍和他的叔父徐璠之，郑氏家族的郑灼都是南朝时期的文化名人。其他知名的大族还有毛氏、慎氏、齐氏、陈氏、祝氏等。还有著名的权臣殷浩，因被废为“庶人”（平民百姓），迁居信安县。六朝时期衢州地区的聚落主要集中在以下几个地方：

常山港和江山港汇合处是新安（信安）县治所在。六朝时期，信安县的寺院比太末县多，说明这里的聚落发展得更快一些。信安县已经取代太末县，逐渐发展成为金衢盆地西部的政治军事中心。今衢州城南双港街道黄头街村曾是殷浩流放信安时送别外甥韩伯的地方；落马桥，相传殷浩死后人们建将军殿（今七里凉亭）祭祀，并在古驿道桥前立碑，规定文武官员经过此桥都必须落（下）马，故有此地名。塘里坞源东西两侧的马博吴、马博祝（今属廿里镇），相

---

〔1〕梁方仲：《中国历代户口、田地、田赋统计》，上海人民出版社1982年，第40、45页。

〔2〕《宋书》卷三十五，详见《浙江通史·秦汉六朝卷》第七章“移民与六朝居民结构的变化”，第270—271页。

〔3〕《南史》卷七十。

传是征虏将军郑平镇守峥嵘时的练兵、驯马场。柯城区汪村乡、华墅乡等地都有六朝墓发现。

从龙游的六朝墓葬及出土物来看，太末县的聚落分布明显增多，人类活动范围扩大了。虽然中心区域仍在衢江南岸、灵山江以东，但从龙游镇沿鸡鸣山、东华山至罗家溪西岸湖镇一带，聚落分布范围大大扩展了，尤其是灵山江、罗家溪流域。

衢江北岸从上方源流域、杜泽江—云溪流域、庙源溪—大头源流域都有六朝遗物出土。分布比较密集的聚落靠近信安的大头源和云溪等流域，大多沿诸支流南北发展，又呈沿衢江东西向带状发展的特点。这里也是定阳古城的所在地。

常山港流域，从常山一直到开化境内，六朝文化遗存发现不多，出现近乎断层的现象。究其原因，主要是因为孙吴把大量壮年山越人外迁的结果。当时，新安都尉陈表在衢州三年，广开纳降，得兵万余；又征发数万男女到毗陵屯田。大规模的征发山越，严重影响了衢江流域，特别是常山港流域在很长一段时间内的人口与聚落发展。

江山盆地，这里的人口迁徙与聚落主要沿着江山港再经长台溪支流石门溪，由东北向西南发展。江郎山下是六朝时期江山盆地南北交通的咽喉，这里也是一个重要的聚落所在。《太平御览》卷四十七“江郎山”条引《郡国志》有“湛满子仕晋”的记载，尽管只是传说，但这本身就说明当时这里已经有聚落和有一定影响力的家族。六朝时期，江山先后建有国泰寺、龙华寺、施水寺，等等。南朝梁大同年间（535—545年），信安毛元琼迁居今石门镇清漾村。

总体说来，衢州山区丘陵间相对平坦的地方可开发的空间还很大。深山区域里也有不少逃避赋税者。据记载，东晋时太末县深山中有数百家，“恃险为阻，前后守宰莫能平”。江逌任太末县令，“召其魁帅，厚加抚接，谕以祸福，旬月之间，襁负而至”，不再住在深山中。江逌也由此受到朝廷嘉奖，“州檄为治中，转别驾”，升迁任吴县县令。〔1〕

〔1〕《晋书》卷八十三《江逌传》。

三、经济的飞速发展

对于魏晋南北朝时期的衢州经济，因为史料缺少的关系，我们了解得并不多。从周边地区的情况来看，伴随着水利的修缮，水稻种植面积进一步扩大；同时由于大量北方人口的迁入，导致粮食品种多样化，整个浙江领域从水稻区向稻麦区过渡，也种植葛麻、柑橘等经济作物。从出土文物看，青瓷烧制和铜镜制作是当时两大最主要的产业。

（一）江东太末布为白

据《太平御览》卷八百二十辑《魏文帝诏》曰：

> 夫珍玩所生，皆中国及西域，他方物比不如也。代郡黄布为细，乐浪练为精，江东太末布为白，故不如白叠子所织布为鲜洁也。

文中魏文帝提到了当时各地所产的几种著名纺织品，其中“代郡黄布”“乐浪练”分别指北方山西大同地区和朝鲜产的麻布，而“白叠子所织布”即西域生产的“白叠布”，是一种棉布，“江东太末布”指太末县所产的白色麻布，其布以白著称，又称“白苎布”（夏布）。

南方所栽培的麻类主要是苎麻和葛，其中长江中下游地区主要是苎麻，岭南则多以产葛布著称。关于江浙地区苎麻种植的情况，文献中只有一些零星的记载，如吴陆玑《毛诗草木鸟兽虫鱼疏》云：

> 纻，亦麻也。科生数十茎，宿根在地中，至春自生，不岁种也。荆、杨之间一步三收。今官园种之，岁再割。割，便生剥之，以铁若竹刮其表，其厚皮自脱。但得其里韧如筋者，煮之，用缉。

在当时南方的衣料作物生产中，麻类生产比蚕桑生产具有更高的地位。[1]

---

〔1〕王利华：《中国农业通史·魏晋南北朝卷》，中国农业出版社2009年，第122—123页。

当时，孙吴征收的赋税讲究“随土所出”，主要征收麻布。太末布可与全国各地的精品布相媲美，可见其纺织技艺的高超。

（二）郦道元笔下衢州柑橘种植的最早记载

郦道元（469？—527年）是中国古代著名的地理学家、散文家。他仕途坎坷，在地方和中央都以“为政严猛”著称，最后因为得罪权贵而被暗害。郦道元曾为《水经》作注，对原书作了大量的补充和发展。《水经注》四十卷是郦道元对中国古代历史地理的最大贡献。书中记述了各条水道的源流经历、沿岸的山川景物、地理情况以及建置沿革、历史事件、人物，甚至还有神话传说，既是一部内容丰富多彩的地理著作，也是一部优美的山水散文汇集，堪称我国游记文学的开创者，对后世游记散文的发展影响颇大。[1]

郦道元在书中留下了关于衢州种植柑橘的最早记载：

> 縠水（衢江的古称）又东，定阳溪（今常山港）水注之，水上承信安县之苏姥布……夹岸缘溪，悉生支竹及芳枳、木连、杂以霜菊、金橙，白沙细石，状如凝雪。

有学者认为这里的“金橙”就是衢橘，其果实呈扁圆形，以皮色朱红，松脆易剥，味甜带酸，香气浓郁著称。可见，早在1 500年前，衢州已经开始栽培柑橘了。在郦道元的记录中，沿衢江两岸一直到常山境内的柑橘种植已有相当的规模，已经相当成熟。衢州柑橘的种植在此之前还应有一个初始阶段，如果这种判断成立，那么衢州的柑橘种植的最早年代还应该大大提前。

（三）西晋的青瓷成就：用粉砂岩，施化妆土

1973年11月，在龙游县龙游镇街路村发现一座古墓，从出土的纪年墓砖考证，该墓建于西晋元康八年（298年）。尽管该墓早年被盗，但在耳室中仍出土了大批瓷器，有青瓷碟、槅、碗、罐、盘口壶、钵等食器，有唾壶、青瓷洗、虎子等

---

〔1〕《魏书》卷八十九《郦道元传》。

盥洗器。[1]其纹饰和造型充分体现六朝时期人们追求飘逸潇洒的个性特征，也充分表现出婺州窑瓷器独特的个性和魅力。

元康晋墓的瓷器胎体光洁，器形规整，造型美观大方，胎质呈灰白色或浅灰色，釉色呈青色，开片透明度高，有光泽，十分精美。该墓中还出土一件褐釉的钱纹罐，高28厘米，腹径达43厘米，器形硕大、敦厚、吸水性较强。器身施褐色釉至下腹部，釉厚呈蜡泪状，在肩部至腹部还拍印四圈钱纹，少量钱纹至今仍隐约可辨“大泉五十”字样。该器物内壁留有轮旋痕迹，外壁平整光滑，表现出极高的大型器物的烧制水平。还有一件长方形九格槅，类似于今天分格的零食盒，整体以拍片成形，器型规整，体现了较高的工艺水平。[2]

仔细观察这些瓷器，在胎釉结合不紧密处和釉面开裂处，有星星点点的乳白色晶体析出，这是婺州窑系区别于其他窑系的明显特征。究其成因，是由于器胎表面上使用乳白色化妆土的缘故，而元康晋墓出土青瓷的最大成就就在于此。金衢盆地虽然瓷土蕴藏丰富，但优质瓷土较少。由于广泛运用当地的粉砂岩制瓷，虽然产量提高了，但所制器皿表面较为粗糙，容易造成釉面不平滑，美感不足。为改变这种不利局面，金衢盆地的先民就发明使用了“化妆土”。他们用经过认真淘洗、质地细腻的白色瓷土，在器皿表面上先涂上化妆土，然后再上釉，解决了粉砂岩制瓷器比较粗糙的缺陷，使器物不仅表面光洁而且釉色也更为亮丽。在中国制瓷史上，化妆土是西晋时期婺州窑窑工的首创，是古代先民在先天不足的自然条件下不断抗争追赶先进的产物，是金衢先民勤劳和智慧的结晶。

（四）仍属一流的南朝衢州制瓷业

东晋以来，由于大量采用当地粉砂岩红色黏土作为原料，加上化妆土的使用，衢州制瓷业的产量和质量得以迅速提升。由于注重经济实用价值，以前的主要产品陪葬用的明器已基本不生产了，主要生产日用的壶、罐、碗等食器，虎

---

〔1〕衢县文化馆：《浙江衢县街路村西晋墓》，《考古》，1974年第6期。

〔2〕戴蔚成：《泥土本无生 匠心赋灵性——百件精品叙述婺州窑历史》，《金华晚报》，2006年11月17日。

子、唾壶等卫生器具，灯、水注等日用器具，还出现了带有盏托的茶盏，反映当时茶文化的流行。受魏晋隐士文化的影响，在纹饰上常以素面为主，仅见的装饰也较简朴，在罐、壶等器物上盛行褐色点彩和手法简便的弦纹或捏塑装饰，充分体现了简约、飘逸的休闲风格。

由于佛教盛行，并影响到瓷器装饰，所以南朝时期的碗、盏、钵、盏托等器物外壁和盘的内壁常以刻划的方式装饰重线仰莲，形似一朵盛开的荷花，十分精美。柯城区万田乡南朝梁普通四年（523年）纪年墓出土的一件青瓷莲瓣碗外壁饰八瓣大莲瓣，两瓣中间饰小莲瓣；一件青瓷碟内刻划重线仰莲，就是同类装饰纹样的典型之作。

但是，这一时期衢州制瓷业也有许多不足，由于当地粉砂岩红色黏土中的氧化铁和氧化钛含量较高，烧成后胎质呈深紫色，即使用化妆土，色泽上仍然不及越窑的产品美观。东晋时常施以厚釉，仍呈青色，到了南朝，釉色不如前期滋润厚实，色泽上青中泛黄或青黄色。同时在烧制过程中，由于胎釉膨胀系数不一致，造成胎釉结合得不紧密，时间一长，剥釉严重。只有到了后期，技术进步了，剥釉现象才不多见。

尽管有这样那样的不足，南朝时期仍然是衢州制瓷历史上一个重要时期。这一时期，虽然没有出现什么新技术，但较高的产量和质量为唐代衢州制瓷业的大发展奠定了良好的基础。应该说，当时衢州的制瓷业水平就全国而言，虽然不是顶级的，但依然是属于一流的。〔1〕

（五）矿冶业与铜镜的生产

土地开垦和铁器农具的大规模使用，推动了衢州矿冶业的发展。当时的豪门世族往往从事开发性经营，矿冶业是其中重要的一项。他们铸造生产工具，一方面提供给庄园生产者，另一方面也投放市场。朝廷也默许人们私自冶炼。

从出土文物看，这一时期墓葬中铜镜是最常见的。1982年，在塘里坞和白坞口交界的山上曾出土一面吴永安七年（264年）纪年神兽铜镜。众多铜镜的

〔1〕贡昌：《婺州古瓷》，第5、44—53页。

出土说明衢州当地可能有铜镜制作工坊，这有待今后进一步发现。

四、文化与宗教的第一次高峰

隐士文化、儒家文化以及佛教文化构成了这一时期衢州文化的三大元素。魏晋时期的隐士文化是这一时期文化的一个基本特质，衢州也不例外，“王质遇仙”的传说就是其中突出的代表；就连“咄咄怪事”这一成语的出现，也与殷浩这位贬居衢州的著名隐士密切相关。到了南朝，从衢州这块地域中还走出了两位儒学大师级人物——徐伯珍和郑灼。凭借着勤奋和刻苦，两人在各自的领域卓有建树，进而在南朝史上也占据了一席之地。

三国以后，伴随着佛教在衢州地区的传播，佛家关于“灵魂不灭”的观念被当时的衢州人普遍接受，并在陪葬明器上得以体现。到了南朝梁武帝时期，由于皇帝崇佛，衢州也掀起了一股建寺高潮。佛教文化在衢州的兴起和发展，推动了衢州地方文化的发展并影响深远。当地婺州窑瓷器上众多莲瓣纹饰与魂瓶造型的出现就是深受佛教文化影响的最直接证据。

（一）关于烂柯山的最早记载

烂柯山位于衢州市东南15千米的石室乡，海拔160余米。由于它山明水秀，风景秀丽，在古代关于“洞天福地”的传说中，烂柯山被列为“第二十五福地”，道书中称它为“青霞第八洞天”。关于烂柯山名字的来历，流传着一个美丽的神话，将其与中国围棋联系在一起，烂柯山由此也就成了“围棋仙地”。“烂柯”一词也成了“围棋”的代名词。

东晋永和年间（345—356年），文学家虞喜在其著《志林》中留下了关于烂柯山的最早记载：

> 信安山有石室。王质入其室，见二童子方对棋。看之，局未终，视其所执伐薪柯已烂朽。遽归乡里，已非矣。

大意是说，信安县有座山，山上有石室。樵夫王质入山砍柴，看见两个童子正在石室中下围棋。于是王质就在旁边看，棋局还没有完，发现自己所执砍柴工具的木柄已经朽烂了。王质赶紧回家，早已物是人非。

稍晚时候，梁代文学家任昉在《述异记》中也有类似的记载：

> 信安郡石室山，晋时王质伐木至，见童子数人棋而歌，质因听之。童子以一物与质，如枣核，质含之不觉饥。俄顷，童子谓曰："何不去？"质起视，斧柯尽烂，既归，无复时人。

仔细分析这两本古籍中的记载，在现实生活中是不可能发生的，因此它只能是一则传说、神话。但从那个时代的历史去分析，我们可以推测其产生的大致脉络。在东晋初年乃至西晋时期，一些隐士来到烂柯山，他们在此忘情于山水之间，闲暇之余也教导当地童子们下围棋。这段历史在当地百姓以讹传讹中演化为一段传奇，并在后来的传播中被虞喜、任昉所记录。[1]

郦道元《水经注》还记载了另一版本的烂柯传说：

> 晋中朝时，有民王质，伐木至石室中，见童子四人，弹琴而歌。质因留，倚柯听之。童子以一物如枣核与质，质含之，便不复饥。俄顷，童子曰：其归。承声而去，斧柯漼然烂尽。既归，质去家已数十年，亲情凋落，无复向时比矣。

此后，《隋书·经籍志》、《全唐诗》、宋代祝穆《方舆胜览》、明代胡翰《游青霞洞天记》、明代萧良《龙文鞭影》等书籍、文章、诗句都有关于烂柯传说的记载，而清代、民国以后的就更多了。全国各地流传烂柯传说的地方很多，以"烂柯"命名的山峰也有不少，比较有名的有河南洛阳新安烂柯山、广东肇庆高要烂柯山和山西陵川的棋子山等，但唯有浙江衢州的烂柯山才最正宗。[2]衢州

〔1〕谢昌智：《烂柯山考》，《历史文化研究》第7辑，第34—36页。

〔2〕衢州市体育局编：《柯山棋话》，杭州出版社2005年。

烂柯山的传说是给衢州人民的一笔宝贵财富，是今天我们倡导棋子文化的支柱。2010年，烂柯山的传说被列入国家级非物质文化遗产名录。

（二）成语“咄咄怪事”与殷浩

南朝刘义庆等所著的《世说新语·黜免》一节记载了这样一个故事。东晋时候，“殷中军被废，在信安，终日恒书空作字。扬州吏民寻义逐之，窃视，唯作‘咄咄怪事’四字而已”。这个故事后来就成为成语“咄咄怪事”的来源。“咄咄怪事”本意是表示吃惊的声音，现形容不合常理，难以理解的怪事。

据史书记载，殷浩（？—356年）是陈郡长平（今河南西华）人，年轻时担任过掌管文书的记室参军等职。其后，他辞官隐居近十年，潜心钻研《老子》《周易》学说，尤其擅长玄学理论，因此在当时颇负盛名。他还屡次推辞朝廷的征召，这也是当时那些热衷官场的隐士们的一贯做法。每一次推辞，他的名气就大了一分。东晋永和二年（346年），殷浩不再推辞了，重新出仕，出任建武将军、扬州刺史。当时，会稽王司马昱以宗室亲王的身份执掌朝政，将殷浩引为心腹，参与朝政，以抗衡权臣桓温。

东晋建立以后，一直试图北伐复国，殷浩也以恢复中原为己任。恰逢北方政局动荡，永和八年（352年），他亲率大军北伐。由于殷浩没有半点军事经验，大军来到河南许昌后，因为处置失当，被前秦所败。第二年，殷浩再次大举进军，以羌族首领姚襄为前锋。十月，大军来到今安徽蒙城一带，因为姚襄的反叛，殷浩再次大败而归。永和十年（354年），殷浩被废为平民，迁居东阳郡信安县。两年后，殷浩病死于衢州。[1]据《明一统志》记载，衢州过去有殷浩宅，又名“殷墙”，在城南六里，在今柯城区双港街道驿马桥村一带。

虽然北伐的愿望是好的，但是由殷浩这样一位毫无军事经验的文人来操作，失败一点也不奇怪。而殷浩自己不知道反省，反而认为失败是“咄咄怪事”，只能说明他的愚蠢。“咄咄怪事”也由此成为与衢州有关的第一个成语。

---

〔1〕《晋书》卷七十七《殷浩传》。

（三）早期的诗歌创作与传说

南朝时期，以东阳郡景物为描述对象的诗歌创作开始出现了，涉及当时衢州的主要是描写太末县境内龙丘山（今金华汤溪九峰山）的两首诗。

一首是南朝梁简文帝萧纲所作《龙丘引》：

龙丘一回首，楚路苍无极。
水照弄珠影，云吐阳台色。
浦狭村烟度，洲长归鸟息。
游荡逐春心，空怜无羽翼。

相传龙丘高出游三年，思归故乡，“望楚而长叹”，于是创作了琴曲《楚引》，又名《龙丘引》。简文帝听了琴曲，于是作了首同名诗。[1]

一首是南朝陈大臣、文学家江总所作的《入龙丘岩精舍诗》：

法堂犹集雁，仙竹几成龙。
聊承丹桂馥，远视白云峰。
风窗穿石窦，月牖拂霜松。
暗谷留征鸟，空林彻夜钟。
阴崖未辨色，叠树岂知重。
溘此哀时命，吁嗟世不容。
无由访詹尹，何去复何从。

除了烂柯传说，关于江郎山的传说也出现在这一时期。《太平御览》卷四十七“江郎山”条转引《后汉书·郡国志》云：

---

〔1〕《乐府诗集》第五十八，转引自谭国清主编：《传世文选·乐府诗集·伞》，西苑出版社2009年，第103页。

> 昔有江家在山下居，兄弟三人神化于此，故有三石峰在焉。有湛满者，亦居山下，其子仕晋，遭永嘉之乱不得归。满乃使祝宋言于三石之灵，能致其子，靡爱斯牲。旬日中，湛子出洛水边，见三少年，使闭眼入车栏中，但觉去如疾风。俄顷间，从空中堕，恍然不知所以。良久，乃觉是家园中也。

大意是说，很久以前，江郎山下居住着姓江的一家。江家有兄弟三人，是神在这儿转化而成，所以有很奇异的三座石峰。有一个叫湛满的，也住在山下，他的儿子到洛阳做官，因永嘉之乱不能回家。湛满于是请祝宗向三座有灵验的石峰祈求，如能归还儿子，定当不再爱惜自己的牲畜，奉为祭品。十日后一天中午，湛满的儿子在洛水边看见三个少年，他们让他闭上眼睛进入车栏中，离去时像疾风一样快。没多久，就从空中坠落下来。湛满的儿子还恍惚不知在哪儿，良久，才发觉是在自家园中。

类似的记载在宋人小说集《太平广记》卷二百九十四《神四》引唐人《十道记》"湛满"条中也有。从这些文字中可以明显看出民间传说的色彩。江郎山三兄弟的传说和神迹在南朝时已广泛流传。

（四）文学理论批评家刘勰出任太末令

刘勰（约465—约532年），字彦和，原籍东莞莒县（今属山东），后世居京口（今江苏镇江），是中国古代著名的文学理论批评家。刘勰幼年丧父，成了孤儿，由于家贫无力婚娶却又笃志好学，因此常年寄居寺庙，依靠僧人的资助生活。由于南朝历代皇帝的推崇，当时的不少寺庙占有大量土地，具有相当大的财力。刘勰出身于士族，属于那个时代以家族为基础、以门第为标准的特权阶层。尽管没落了，但其出身却决定了刘勰有可直接担任官职的先天优势，这是普通的庶族寒门所不能比的，因此寺庙很愿意接待这些贫寒士族们。在此后的十余年间，刘勰博览佛教典籍，通晓佛教经论，并参加了整理佛经的工作。同时，刘勰还精通儒家经典，对孔子学说异常崇尚。正是在寺庙中，三十多岁的刘勰完成了《文心雕龙》这一巨著，一举成名。

梁天监元年（502年），因为南朝著名史学家沈约的推荐，刘勰正式步入仕途，初为奉朝请[1]。其后历任临川王萧宏记室、南康王萧绩记室，即担任王府的秘书；后来又任昭明太子萧统东宫通事舍人，成为太子的高级秘书，并深受萧统器重。据《龙游县志》记载，梁天监六年（507年），刘勰出任太末令，前后当了三年多。期间有半年时间参与编辑《众经要抄》。晚年出家为僧，法号慧地。

《文心雕龙》奠定了我国古典文学批评的理论基础，对后世文学的发展影响极大，被誉为中国古代“艺苑之秘宝”，这是刘勰的最大贡献。可惜由于相关文献缺乏，当年刘勰在龙游的具体政绩不详。但《梁书·刘勰传》曾赞其“政在清绩”，可见刘勰为官是很清廉的。[2]

（五）南齐经史大家徐伯珍

徐伯珍（414—497年），字文楚，太末县人，南齐著名的经史大家。他出身于小官吏家庭，祖父和父亲都担任过郡掾史（郡太守的下级幕僚）。幼年时候，父亲的早亡使徐伯珍成为孤儿。由于家里没了经济来源，生活也日渐贫困，但徐伯珍仍然坚持学习。由于学习书法却买不起纸张，徐伯珍常用竹笋壳、箬叶、芭蕉叶等为替代物，或者干脆在地上学书，专心致志，绝不因为条件差而稍有懈怠。有一天，山洪暴发，洪水漫进房屋，村民们纷纷避走，只有徐伯珍仍然端坐在床上，继续读书。

徐伯珍的叔父徐璠之与当时著名的文学家颜延之友善。颜延之在当时的诗坛上的声望很高，和谢灵运齐名，并称“颜谢”。于是，叔父推荐徐伯珍前往颜延之讲学的祛蒙山精舍学习。在徐伯珍的年代，经与史是不分的，《春秋》《尚书》等典籍既是儒家的经书，也是历史书。在祛蒙山，徐伯珍花了十年的时间究寻经史奥义，终于成为一代宗师，受业门生达千余人。徐伯珍喜好佛学和老子、庄子的学说，著有《周易问答》一卷。徐伯珍常与隐士沈俨促膝谈论，与之结为

〔1〕古称春季的朝见为“朝”，秋季的朝见为“请”。出任奉朝请，即有以加朝会的资格，是南朝时期的一种闲散官。

〔2〕《梁书》卷五十《刘勰传》；《南史》卷七十二《刘勰传》。

好友，不少游学者纷纷慕名上门求教。吴郡（今属江苏）人顾欢摘选《尚书》中的疑难问题登门求教，徐伯珍一一解答，十分有条理。据记载，伯珍还通晓道术，精于周易。某年旱灾，官府请徐伯珍卜一卦，按照他算出的时间果然下雨了。王昙生、张淹先后两任郡太守先后十二次荐他为官，均被婉言谢绝。南齐永明二年（484年），新到任的王刺史欲委任徐伯珍为刺史府议曹从事（刺史高级幕僚），他也不上任。

据说，徐伯珍为人一举一动都很有礼节，甚至经过弯曲的木头下面也要疾步避开。徐伯珍中年丧妻后，不复再娶，自比孔子的弟子曾参。他家南面九里有高山，《后汉书》中称“九岩山”，是东汉乡贤龙丘苌隐居之处。山上多龙须怪柏，远远望去没有其他色彩，人们把它叫作“妇人岩”。徐伯珍移居此处后，台阶门户之间草木生成连理状；门前的梓树，一年就长成合抱大小；东面的石壁上，某天夜里忽然闪过一缕红光，一闪即灭；还有一双白雀栖息在其窗前。对于这些异象，人们议论说这是被徐伯珍的“隐德”所感化。徐伯珍晚年安于贫穷，兄弟四人白首相对，当时人尊呼为“四皓”。建武四年（497年），徐伯珍卒，享年八十四岁。[1]

徐伯珍从一个孤儿成为经史学家，对《尚书》《周易》、佛学、道术均有很高的研究造诣，成为衢州地区正史中有传记的第一人。究其原因，固然有其聪慧过人的因素，但其少年、青年时代的刻苦钻研才是最主要的。

（六）南朝梁、陈间儒学家郑灼

郑灼，字茂昭，东阳郡信安县人，南朝梁、陈间著名儒学家。郑灼生于没落的官宦家庭，其祖父郑惠，梁朝时曾任衡阳（今属湖南）太守，但其父亲郑季徽仅担任过通直散骑侍郎、建安（今属福建）县令。郑灼自幼聪敏，励志儒学，从小就拜在当时著名的儒学家皇侃门下，精心钻研《论语》《礼记》等经典。郑灼家里很穷，无力买书，于是常常夜以继日地抄录经籍义疏，笔毫快用尽时，只是削一削继续用。家贫买不起肉，因此常吃蔬食；课业多的时候，常

---

〔1〕《南齐书》卷五十四《徐伯珍传》；《南史》卷七十六《徐伯珍传》。

常苦于心中烦热，夏天的时候，睡觉时常“以瓜镇心”，就是把瓜果放在胸前，这样就不会睡死，稍一翻动，人就会醒来，醒来后便开始刻苦诵读，由此可见其用功的程度。相传，郑灼小时候曾经做梦与恩师皇侃在路上相会，皇侃对郑灼说“郑郎开口”，由此将唾沫唾到郑灼的口中。自此以后，郑灼“义理逾进”。虽是一则传闻，也充分说明在当时人的眼里，郑灼已完全继承了其恩师皇侃的衣钵。[1]

南朝梁中大通五年（533年），年仅二十一岁的郑灼出任奉朝请，开始了仕途生涯。郑灼后升至临川王府记室参军，主管王府军事文书，后转任邵陵王府记室，担任王府秘书。梁简文帝萧纲未即位之时，十分喜爱经学之术，于是任用郑灼为“西省义学士”，在朝廷最高决策机构中书省担任职务。梁承圣年间（552—555年），升郑灼为威戎将军兼中书通事舍人，负责起草诏书，参与机密，深受重用。陈朝建立以后，陈武帝、陈文帝时，郑灼先后担任安东临川、镇北鄱阳二王府谘议参军（高级幕僚）。太建十三年（581年），郑灼以正五品中散大夫的闲散官衔兼任国子博士。未及上任，卒，时年六十八岁。

郑灼是继徐伯珍之后衢州地区又一个堪称宗师的人物。《陈书》记载：“灼性精勤，尤明《三礼》。”《三礼》包括《周礼》《仪礼》和《礼记》，是儒家重要经典，不仅是中国古代社会的政治伦理大纲，也是中国古代教育的基本教材，对中国封建意识形态的绵延有重要作用。可惜，至今未见郑灼儒学著作的记载，因此对于郑灼的儒学成就，我们还不能给以明确的判定，但《陈书》将郑灼列入“儒林”，是对其的肯定。

（七）佛教的传入与郑平舍家立寺

三国末年，佛教传入衢州地区并迅速兴盛开来。相传，衢地佛寺始于郑平舍家立寺。吴天纪三年（279年），晋武帝司马炎大兵压境，欲过江攻吴。时年七十三岁的郑平将军将家人子女迁居各地，将自己的宅院捐献出来建成寺院，供佛抄经。郑平曾说：

---

〔1〕《陈书》卷三十三《郑灼传》。

桑榆景暮，感念于生寄死归之说，崇尚释教。虽道不相同，抑亦劝人为善之一端，非所以妄冀冥福也。

从著名的唯物学家王充开始，浙江一贯有唯物思想的基础。郑平的这番话充分体现了其对佛教的态度，包含了朴素的唯物主义观念。当时，衢地尚无佛教寺庙，郑平舍家立寺，应是家庙、经堂之类的。[1]

晋永嘉二年（308年），即郑平死后第九年，其家眷后人为还始祖之愿，将寺庙交由僧人住持，正式立寺。郑平舍宅所建寺庙名称至今无考。梁天监三年（504年），赐额“郑觉”，即后来大名鼎鼎的大中祥符寺。[2]

（八）三国青瓷谷仓的“精神世界”

江浙一带三国两晋墓葬在继承前代的基础上，还出现了大量的明器，其中经常出现的有青瓷谷仓罐。这是一种典型的陪葬用明器，也称“魂瓶”，最初由东汉时期的有五个瓶口的五联罐发展而来。其造型一般以罐为主体，罐口大多以堆塑的人物、鸟兽和楼阁为装饰，充分体现了当事人的鬼神观念和审美情趣。

柯城区万田乡邵家山三国墓出土的一件青瓷谷仓罐[3]堪称典型。其上部上层中央置一大罐，中空贯底。中层置四小罐，下层前后两面为二层带有四个翘角的四阿顶门楼，四角有阙，右侧有拱手跽坐像四人，左侧三人，在罐、楼、阙周围散落飞鸟三十余只，显得气氛活跃、和谐。一般认为罐体上处于正面主要装饰位置的双阙是墓主升天的天门；瓶上堆塑的跪拜、舞乐的人物场景以及通灵的动物，构成一个神仙世界。整个上部体现了墓主对富裕的神仙生活的向往。下部为罐形，上腹部装饰贴塑三组，构成了天上、人间、地下三个空间，上组为一佛、一凤、六瑞兽；中组为一人、六骑士；下组为大尾

〔1〕刘国庆：《郑平舍宅祥符寺》，《衢州掌故》，浙江人民出版社1997年，第110—111页。

〔2〕民国《衢县志》卷四《建置・寺观》。

〔3〕《浙江衢州市三国墓》，《文物》，1984年第8期。

游鱼，体现了墓主对死后生活的祈求，象征灵魂的自由。魂瓶各瓶间的相通则寓意通灵。整个罐体的堆塑结构复杂，造型优美、形象生动、手法传神，而且蕴含了深刻的寓意。[1]

三国时期，反映江南地区民间信仰的表现形式更趋于成熟了，引魂升天、通天的信仰观念在这件青瓷谷仓上得到充分的表现，也是汉代以来“灵魂不灭”“超度亡灵”思想的集中反映，更是佛家文化传入衢州地区最好的实物例证。三国时期的婺州窑还烧制谷仓、灶、水井、鸡舍、狗圈等。然而，无论是五谷丰登的庄园仓廪，还是祥云掩映、龙蛇升腾的仙乡胜景，这种堆塑魂瓶归根结底是一种特为亡灵设置的明器。

（九）衢州第一次建寺高潮（502—525年）

南朝梁，在梁武帝大力支持下，佛教文化迅速盛行，衢州地区也深受影响。梁天监三年（504年），郑平寺赐额“郑觉”，与同时期新建的天宁万寿禅寺（简称天宁寺）、南禅寺、石桥寺、药师寺一起推动了衢州地区第一次立寺高潮。这些寺庙后来都成为衢州城的名寺。

天宁万寿禅寺位于今衢州市区天宁巷，由高僧卧云禅师于梁天监三年（504年）创建，至今已有1 500余年历史。该寺初名吉祥寺，唐玄宗时改称“开元寺”，宋时改为“天宁寺”。南禅显圣寺位于城南三里；梁天监年间（502—519年），嵩头陀建，原名“镇境”，今仅存地名。三藏寺位于城东四十里，旧名“净刹”，梁僧崇禅师建。石桥寺在烂柯山麓，因旁边的柯山石桥而得名，始建于梁大同七年（541年）。宋景德二年（1005年）赐额“宝严教寺”，并一直使用至今。宝严教寺地处烂柯山，环境超尘脱俗，风景殊异，从唐代诗僧皎然到清代文人范珏，历来多有题咏。药师寺在城西二十里，梁天监三年（504年）建。

龙游县有灵耀寺，原来是姑蔑子宫旧址，东晋义熙年间（405—418年）建，

---

〔1〕杨秋莎：《汉魏时期蜀汉、孙吴墓葬中的佛教遗物——兼谈长江流域的佛教传播》，《四川文物》，2003年第5期。

为龙游首刹。龙邱寺在县东四十里，嵩头陀创建。

江山县境内有海会禅寺，在县南，梁天监十八年（519年）建，赐名“龙华”。北宋大中祥符年间改今名。施水寺，在县东，梁天监十八年建。[1]

这一时期建造的最著名的宗教建筑莫过于梁天监年间所建的天皇塔。梁普通六年（525年），又于塔侧建天皇寺。如此，天皇塔形成了先有塔、后有寺的格局。此后直至中华人民共和国成立初期，它不仅是衢州最著名的佛塔，也是衢州古城的标志性建筑。衢州人有俗语：“看不到天皇塔，是要掉眼泪的”，充分体现了天皇塔在衢州人心目中的地位。天皇塔属楼阁式砖塔，六面七层，高约38米，位于水亭门内现红楼宾馆南，旧天皇寺大殿西侧。塔由塔基、须弥座、塔身、塔刹组成，塔的外形、塔壁、门窗、斗拱、翘檐等细部全部用砖石仿效木结构造型。塔内有佛像、供养佛像，逐层安放至顶，翘角悬挂风铃。明崇祯十五年（1642年）八月，塔顶被大风吹坠，见塔刹上铸有南朝梁天监年号。[2]由于该塔常年失修，至中华人民共和国成立初，常有砖块从塔身上掉落，影响周边居民安全。加上当时对文化遗产不够重视，这座当时中国最古老的塔于1952年12月被拆除，现仅存塔基和地宫。衢州博物馆现藏有天皇塔内出土的梁天监木雕佛像一尊，近1 500年的岁月流逝，使得佛像满身蛀洞，斑斑驳驳，就像这塔本身，历经磨难，显得格外的沧桑。[3]

南朝梁武帝笃信佛教，他掀起了中国历史上一次前所未有的佛教文化高潮，在思想、文化、建筑，乃至人们衣食住行等各个领域深深影响了人们的生活，也给衢州人民留下了一笔宝贵的文化遗产。至今，在出土的南朝青瓷中仍然可见到大量深受佛教文化影响的各式各样的莲瓣状纹饰。

---

〔1〕康熙《衢州府志》卷二十六《寺观考第六》。

〔2〕民国《衢县志》卷七《古迹志·塔》。

〔3〕《衢州影集》，《衢州文史资料》（内部资料）总第21辑，第72页。

第四章　州城地位的确立和发展

——隋至五代时期的衢州(589—978年)

隋代总体上来说是一个过渡性时代，由于有关记载不多，我们对当时的衢州地区了解甚少。唐代初年以来，尽管经历了一番曲折，但衢州州级行政区划还是最终确立。从州城的建设到州学、私塾，乃至官方医学机构的设立，从绵纸、竹扇的进贡到南山银矿的开采，均标志衢州的经济文化发展到了新的高度。唐天宝年间(742—756年)，衢州有68 472户，440 411口，各县人口平均值在全国属中上。盛唐以后，从都城长安经衢州到福建、广东的国家级干道开辟，衢州的交通位置日益凸显；唐末，黄巢义军开辟仙霞古道，衢州的军事地位也日益提高。也正是在这一时期，婺州窑创烧出乳浊釉，加之褐彩、堆塑技法的成熟运用，使衢州制瓷业发展到顶峰；陆羽《茶经》："碗，越州上，鼎州次，婺州次……"婺州窑名列全国第三。烂柯山围棋仙地之名日益鼎盛，大批文人墨客纷纷驻足，题诗留念。从大义禅师、大彻禅师到桂琛禅师、永明延寿禅师，众多佛教高僧不断涌现。这一切均为衢州文化增添了新的内容。经历了唐末农民起义之后，人们期盼和平安定的生活，经历了几任割据势力之后，吴越国兴起，迎合了这种要求。

一、隋唐对衢州的统治

隋朝对衢州地区的统治仅仅维持了22年，随后就陷入农民起义的风潮中。在战乱中，许多割据势力先后占据衢州，汪华的德政和李子通、辅公祏的暴政，让衢州百姓牢记了安定祥和的重要。尽管有曲折，但州城地位的最终确立本身就是衢州地区经济文化发展到一定高度的必然结果，从而进一步加速了衢州的发展。到了唐天宝年间，衢州所属各县均为上等县。安史之乱后，由于大量北方移民的迁入，衢州地区得以进一步发展。但统治阶级的横征暴敛，加上天灾的频繁发生，一句“衢州人食人”成为我们永远不可忘却的记忆。

（一）隋朝对衢州的统治

1. 隋灭陈与衢州政区的变化

陈朝末年，末代皇帝陈后主虽然文采风流，但是实在不是一个好皇帝。他亲信小人，打击忠良，导致政局腐败不堪。隋开皇九年（589年），隋派遣大军南下，一举灭亡陈朝，统一全国。同年，中央政府废建德县、太末县、丰安县（今浦江）入吴宁县（开皇十八年改称金华县），隶属婺州；信安县、定阳县仍归婺州管辖。

2. 士族叛乱平定与衢州仅存一县

南朝时候，国家的统治基础建立在众多的士族地主基础之上，这些所谓的高门士族在地方上享有很大的权力。隋灭陈以后，在江南地方推行抑制士族豪强的政策，引起南方士族的强烈不满。于是，他们散布隋朝欲移民关中的流言，利用百姓对于移民的惊恐心理和离开故土的不满，乘机煽动叛乱。开皇十年（590年）十一月，以婺州汪文进、越州（今浙江绍兴）高智慧、苏州沈玄侩为首的世家大族纷纷举兵反隋，并自称天子。以乐安（今浙江仙居）蔡道人、温州沈孝彻、泉州（今福州）王国庆等为首的豪强地主也自称大都督，起兵响应。他们杀官吏，攻州县，致使原陈朝故地多数皆反。这些叛军规模大的有数万人，小的也有数千人，他们互相呼应，残杀朝廷官吏和百姓。隋文帝于是命名将杨素为统帅（行军总管）领兵攻讨。杨素率水陆两军，分路进击，对叛军予以逐个歼灭。到了次年春，所有叛军均被消灭，江南方定。

大业三年（607年），隋炀帝改婺州为东阳郡，并废定阳县入信安县，属东阳郡。至此，衢州境内仅余信安一县，辖今衢、江、常、开各县及今江西玉山部分地区，龙游一带仍属金华管辖。当时的婺州统县四，除金华、信安外，还有永康、乌伤（今义乌）。

3. 隋代的衢州人口数

《隋书·地理志》载，大业五年（609年），东阳郡领金华、信安、永康、乌伤四县，共有户19 805，平均每县4 951.25户。[1]当时，龙游一带属金华县管辖，这里可以说是金衢盆地最核心的区域之一，人口密集。据此，衢州地区范围大致可以作1.3个县来推算，即约有6 437户，按照当时全国每户5.166口计算，大约是3.3万人。

4. 隋末歙州汪华割据势力

隋末天下大乱，群雄并起，各路好汉纷纷起兵，反抗隋炀帝的暴政。关于这段历史，众多的文献、传说、戏剧，乃至后世的长篇评书《隋唐英雄传》留给我们不少生动的故事，混世魔王程咬金、忠义之士秦琼、少年英雄罗艺以及宇文成都、李元霸等名字至今仍被人们所传颂。应该说，这些英雄主要活动在北方，而汪华则是浙皖赣地区的反隋英雄。

汪华（586—649年），字国辅，又字英发，本名汪世华，唐代避李世民讳而改名汪华，歙州歙县登源里（今安徽绩溪县汪村）人。约隋大业七年（611年）[2]，面对动乱局面，时任歙州（今安徽歙县）地方武装“郡兵”首领的汪华审时度势，策划了一场兵变，高举义旗，推翻了歙州旧政官员，占领全州。随后又连续攻克宣州（今属安徽）、杭州、睦州（今杭州建德等地）、婺州（今金衢地区）、饶州（今江西上饶）等州，所向披靡，大得民心。不久，汪华以六州之地自号吴王，建立政权，成为隋末浙皖赣交界地区的实际统治者，前后称王十年。汪华十分注重民生民计，在其统治期间颁布了一系列使老百姓休养生息的政策，使浙赣皖三省交界六州百姓得以在乱世安居乐业，衢州地区也在其庇佑之下。汪华也由此在古徽各地影响广大，历久被人怀念，成为徽州地区汪氏的始祖。

---

〔1〕《隋书》卷三十一《地理志下》。

〔2〕《旧唐书》卷五十六《王雄诞传》云：“首领汪华，隋末据本郡称王十余年。”汪华归唐在武德四年（621年），上推十年，即隋大业七年（611年），则汪华起兵的年份也不会晚于此年。

唐武德四年（621年），汪华有感于唐朝的强盛和德政，上表请求归附，被任命为歙州刺史，总管六州诸军事，并封宜春郡公。武德七年（624年），汪华奉召进京，任忠武将军等职。贞观二十八年（649年），汪华病逝于长安。永徽三年（652年），其灵柩运回家乡，葬于歙县云岚山。[1]汪华在隋末的乱局中乘势而起，反抗暴政，自然为百姓所拥护，此后又给百姓以十年的休养生息。汪华至今仍受徽州人们的爱戴，也就不足为奇了。

（二）唐初对衢州的统治

衢州归附唐朝以后，最初的几年并不平静，隋末农民起义军首领李子通、辅公祏所部先后占据衢州地区。[2]相伴随的则是衢州州级行政区划的设立和废除，也是这段历史中值得关注的一页。

1. 平定李子通，"衢州"的设立

李子通（？—622年），出身于东海丞县（今山东枣庄南）一个贫苦人家，是隋朝末年江淮地区著名的农民起义领袖。唐武德二年（619年），李子通占据江都（今江苏扬州），自称皇帝，国号吴，年号明政，正式建立政权。其后，李子通又将都城迁至余杭（今属杭州），占据北起太湖，南至五岭（今粤北向南），东包绍兴，西至宣城（今属安徽）的庞大区域。武德四年（621年），杜伏威遣部将王雄诞讨伐李子通，李子通被俘后执送长安。[3]李子通一部曾退往衢州，据守险要，同年被平定，衢州重属唐朝。

武德四年（621年），平定李子通后，唐朝于信安县设立衢州，使这里再次成为州级行政区划。之所以称为"衢州"，据《元和郡县图志》记载，因州境内有三衢山，因而取之为名。同时，又分信安县置须江（今江山）、定阳（今常山）两县，属衢州。须江县，以城南有须江得名，此为江山设县之始。衢州依峥嵘山建州城，州治设于峥嵘山，领信安、须江、定阳三县，属越州总管府（平定李子通后设立）。

---

〔1〕汪福琪、胡成业：《汪华及其家族断略》，《徽州社会科学》，2000年第1期。

〔2〕民国《衢县志》卷九《防卫志·历代兵事记》。

〔3〕《旧唐书》卷五十六《李子通传》。

2. 平定辅公祏，衢州废除

然而，局势并未平息。由于另一位农民起义领袖杜伏威的部将辅公祏叛唐，武德七年（624年），衢州再次陷入危局。

辅公祏（？—624年），齐州临济（今山东章丘西北）人。隋大业九年（613年），辅公祏跟从杜伏威在长白山（今山东章丘东北）发动叛乱。后来，杜伏威在历阳（今安徽和县）自称总管，辅公祏任长史，为副手。唐武德二年（619年），杜伏威降唐，留辅公祏居守。武德六年（623年），辅公祏在丹阳（今属江苏）起兵反唐，称帝，国号宋，拥兵十万。辅公祏以左游仙为兵部尚书、越州总管，镇守会稽（今浙江绍兴），出兵占领浙江。次年，唐朝派李孝恭率军讨伐，辅公祏不敌，逃往浙江，后逃至武康（今浙江德清）被俘杀。[1]

武德七年（624年），尽管辅公祏的叛乱被平定，但州城因被辅公祏所部攻克，衢州一片凋零。同年，恢复设置太末县（今龙游），又从太末县分置白石县，并于太末县设立瀫州，领太末、白石二县，隶属越州总管府。次年（625年），唐朝废衢州、瀫州，须江、定阳、太末、白石四县并入信安县，改属婺州，隶属越州都督府（武德七年由总管府改）。[2]至此，衢州地区再次仅余信安一县。究其原因，与李子通、辅公祏所部叛军在衢州两次战争的大破坏不无关系。

这次衢州的设立再次与地方割据势力相始终，割据势力平定后，中央再次集权，废州撤县的做法与陈文帝时一致。州级政权在衢州地区的确立可谓多灾多难。

3. 州城地位的最终确立

唐高祖以信安一县治理整个衢州地区，应该只是权宜之计。到了唐太宗在位期间，衢州经济得到了恢复发展，人口剧增，以信安一县之力实在难以管理如此庞大的区域和人口，分设县治已成为朝廷必然的选择。贞观八年（634年），析金华、信安两县置龙丘县（今龙游）。到了唐咸亨五年（674年），又分信

---

〔1〕《旧唐书》卷五十六《辅公祏传》；《新唐书》卷八十七《辅公祏传》。

〔2〕《旧唐书》卷四十《地理志三》。

安县置常山县。两县均属婺州，隶江南东道。武则天当政时期，衢州经济进一步发展，建立州级行政区域的条件已基本成熟。垂拱二年（686年），武则天重新设置衢州，州治衙署驻峥嵘山，辖信安、龙丘、常山三县，仍属江南东道。永昌元年（689年），再析信安县置须江县（今江山），衢州辖信安、须江、常山、龙丘四县。[1]

衢州州城地位的最终确立，标志着衢州的政治经济文化水平已发展到一个新的高度，也揭开了衢州历史的一个新的起点。

4. 衢州州城的建设

衢州城最初是建于峥嵘山上的，其始建年代不详。据明弘治《衢州府志》记载，州人相传，峥嵘山上的城池最初只是土墙。又据明嘉靖《衢州府志》记载，唐武德四年（621年）置衢州，建郡治。虽有"尉迟敬德"铭文城砖的传说，但当时衢州的设置前后仅存在四年，还两度陷于战乱，是否修筑砖石城墙还很难说。

《唐书·五行志》记载："元和十一年（816年），衢州山水毁州郭"，可见当时衢州已有州城。其始建年代，可能最早始于武则天复置衢州。武则天当政时期正是唐代处于强盛时期，有经济条件筑城；而且，经历了贞观之治后的衢州，人口大量集聚，也为州城的建设提供了人力支持。当时，唐代州城主要是依峥嵘山势筑子城，外疏城壕，远比不上如今人们所见的古城范围。[2]因此，2001年，在衢州市区黄金台发现唐代古墓，说明此地在唐代应处于城郊，也从侧面印证了唐代沿峥嵘山建州城的观点。

由于无明确文献记载，又缺乏必要的考古资料佐证，最早的衢州城始于武则天时期还只能是一个假说，但峥嵘山的子城是确实存在的，是衢州地区最早的州城。

5. 诗人杨炯任盈川县县令

唐如意元年（692年），武则天析龙丘县西境设置盈川县。盈川县西有刑

---

〔1〕《旧唐书》卷四十《地理志三》;《新唐书》卷四十一《地理志五》。

〔2〕王学莉：《众说纷纭衢州城》，《衢州掌故》，第1—2页。

溪，相传南朝陈末年时，因留异觉得“刑”字不雅，改名盈川，于是就以此为县名。盈川县的范围包括现在的龙游县大部和衢江区部分地区，县治遗址在今衢江区高家镇盈川村。元和七年（812年），盈川县撤销，并入信安。

杨炯（650—695年），华州华阴（今属陕西）人，唐初著名诗人，与王勃、卢照邻、骆宾王齐名，并称“初唐四杰”。如意元年（692年）秋后，杨炯出任盈川第一任县令。证圣元年（695年），杨炯在盈川殉职，终年四十五岁，世称“杨盈川”。

《旧唐书》《新唐书》中均列“杨炯传”，都对杨炯的文才有很高评价，但却对他出任盈川令期间的作为大加鞭挞。前者说，杨炯为官、为政残酷，百姓和小吏稍不如意，就乱棒打死；杨炯所居住的县衙周边有很多亭台楼阁，杨炯都要亲笔题写匾额，为自己美名，因此为周边人所嘲笑。后者说，杨炯升任盈川令，朋友张说送行时曾以箴言相赠以壮行色，劝其不要过于严苛；杨炯到任后，果然以严酷著称，因此并不为人所赞许。而在当地乡民的传说中，杨炯到任后，大力发展蚕桑生产。他亲自踏勘境内土质，发现衢江对岸有大片适合种桑的沙丘荒滩，便动员百姓过江种植，还请人来指导，并为此在盈川埠头设立官渡。经过两年种养，养蚕户收益颇丰。相传，为更广泛地动员群众种桑养蚕，杨炯于证圣元年元宵节组织了划船比赛，奉武则天为蚕祖。杨炯还大力整治社会秩序，严厉打击地方恶势力，惩治那些胡作非为的属吏，使百姓有安定的生活环境，也正因为如此而留下了酷吏之名。[1]

杨炯究竟是酷吏还是良吏，后人自有评说。从律法的角度而言，尽管他杀的小吏可能为恶地方，不服从其命令，但所犯不一定都是死罪，杨炯却“棒杀之”，的确有其残酷的一面。这也是与武则天统治时期的政治环境、社会状况相适应的。对于普通百姓而言，杨炯的做法却是大快人心，而且杨炯在任上促进当地经济发展，改善人们生活条件，最后又死于任上，自然为百姓们所爱戴。一千多年过去了，盈川百姓至今仍在纪念他。

---

〔1〕《新唐书》卷二百零一《杨炯传》;《旧唐书》卷一百九十上《杨炯传》。

（三）盛唐对衢州的统治与反抗

1. 行政区划的演变

唐初，在地方上实行州、县两级管理。对于军事要地常设有总管，管理一州或数州军事，衢州最初就属越州总管府管辖。武德七年（624年），改总管为都督。衢州一度属歙州都督府，后仍属越州总管府管辖[1]。越州都督府管辖越、婺、鄞、嵊、丽五州，后来歙州、苏州都督府被废，唯有越州都督府保留，成为浙江东道的先声。贞观元年（627年），全国在州上又设十个道级地理监察行政区，但不属正式建制。武则天改唐为周后，基本上仍实行唐初的行政区划。

从开元二十一年（733年）开始，唐对行政区划进行了大规模的规划改制，扩道，建府（州），加设县。道由10个扩为15个，固定道的治所，实行正式建制。今浙江与江苏南部、福建全省及安徽、江西的一部分地区属于江南东道。天宝元年（724年）至至德二年（757年），又改州为郡，实行道、府（郡）、县三级地方区划管理。天宝元年（742年），衢州更名为信安郡，辖信安、须江、常山、龙丘、盈川、玉山六县，属江南东道。[2]

乾元元年（758年），信安郡复改称衢州，玉山、常山改隶信州（今江西上饶）。不久，常山又重归衢州管辖。咸通年间（860—874年），信安县改称西安县。此后，除1929年改为衢县之外，"西安县"一名用了1 000多年，而且一直是衢州州府级的治所所在。另据《太平寰宇记》记载，当时信安县设有三十个乡。

2. 上州衢州与州级行政管理

据《通典》记载，唐代按户籍多少，把州分为三等。根据开元十八年（730年）三月的敕令，因为天下太平日久，人口日益增加，因此以四万户以上为上州，两万五千户为中州，不满两万户为下州。[3]天宝年间，整个衢州六县有户68

---

〔1〕《旧唐书》卷四十《地理志三》："越州总管府管越、婺、鄞、嵊、丽、衢等十一州；歙州总管及都督管歙、睦、衢三州。"这里的记载有矛盾。

〔2〕《新唐书》卷四十一《地理志五》。

〔3〕《通典》卷三十三《职官十五》。

472，口440 411，当然是上州。当时，全国有上州109个，中州29个，下州189个，总共327州，可见当时的衢州应处于全国中上水平。

唐代一州的行政长官为刺史（一度也称“太守”），全权掌管一州的民政、军事、赋税、刑罚等事务。其下属官员主要有上佐、判司和录事参军事。上佐指别驾、长史、司马，没有具体职事，辅佐刺史处理州事，往往成为安排闲冗官员的职位。因此唐代后期的中、下州一般都不置上佐之职。判司指司功、司仓、司户、司兵、司法、司士等六曹参军事，与朝廷尚书省六部相对应，具体分管州的官吏考课、礼仪、赋税、仓库、户口、驿传、刑狱和工程水利等各方面事务。录事参军事则负责监察举劾本州六曹官吏。此外，唐代的州级官员还有经学博士、医学博士、市令等，分别负责学校、医药与市场交易等。[1]

3. 唐代衢属各县等级划分与行政管理

唐代的县分赤、畿、望、紧、上、中、下七等，其中京都所辖的为赤县，京都近旁的为畿县，其余以户口、赋税多少判断等级。因此一般的县分为望、紧、上、中、下五等，其中六千户以上的为上县，三千户以上的为中县，不满两千户的为下县。衢州所属西安县为“望县”，龙丘县为“紧县”，须江县、常山县均为“上县”，后归入信州（今江西上饶）的玉山县也是“上县”。衢州所属六县除盈川县因后来撤销、未见分等记录以外，其余均为上县。

唐代县的长官为县令，下设县丞、主簿和县尉，作为主要僚佐。县丞是县令的副手，相当于州上佐；主簿负责监察官吏，相当于州录事参军事；县尉负责管辖诸曹吏员、追捕盗贼，相当于州判司。

4. 初唐至盛唐时期的衢州人口

据《旧唐书·地理志三》载，唐贞观十三年（639年），婺州东阳郡领县五，有37 891户，228 990口。据此，东阳郡每县约有7 578.2户，户均6.054 9口。当时，衢州地区有信安、龙丘（贞观八年分金华、信安两县设）两县，共有15 156.4户，9.177万口。这个数据是隋代大业年间（604—615年）的2.8倍左右。

---

〔1〕杜佑：《通典》卷三十三《职官志十五》；《旧唐书》卷四十四《职官志三》。

到了开元年间(713—741年),整个衢州有62 288户。当时衢州领县信安、须江、常山、龙丘、盈川五县,平均每县有12 457.6户。到了天宝年间(742—756年),整个信安郡有68 472户,440 411口。据此,户均为6.432口。这个数据是贞观年间(627—649年)的4.8倍左右。当时,信安郡辖信安、须江、常山、龙丘、盈川、玉山六县,平均每县有7.34万人,11 412户。开元、天宝年间是整个唐代衢州人口增长最快的时候。

5. 衢州刺史、信安郡王李祎

李祎(684—765年),唐太宗李世民之子吴王的孙子。嗣圣元年(684年),李祎生于长沙。景龙元年(707年),李祎二十三岁时被封为嗣江王。景云元年(710年),二十六岁的李祎首次出任衢州刺史,次年离任。开元十二年(724年),李祎四十一岁时被封信安郡王。

开元十五年(727年),唐玄宗任命李祎为左金吾卫大将军、朔方军节度副大使,代理节度使之职,主管唐朝西北边境与吐蕃的战事。不久,又升李祎为礼部尚书,担任朔方军节度使。开元十七年(729年)三月,朔方节度使、信安王李祎采用远程奔袭的战术,攻占了石堡城[1]。开元十八年(730年),契丹可突于杀了契丹王李邵固,率领部落投降突厥。唐玄宗遣忠王李浚(即后来的肃宗李亨)为河北道行军元帅,以李祎为副帅讨伐奚及契丹两族。开元二十年(732年)正月,李祎率部从范阳(今北京)之北出兵,大破两族部众,擒获其长,其余族人窜入山谷。大军回朝,李祎以功加授开府仪同三司——唐代文散官最高的职衔。对于这段历史,著名边塞诗人高适在西北从军任信安王府幕僚时曾有《信安王幕府诗》存世。开元二十二年(734年),李祎加授兵部尚书的头衔,出任朔方节度大使。[2]

开元二十四年(736年),五十二岁的李祎再次任衢州刺史,两届任期相隔

---

〔1〕石堡城又名"铁刃城",在今青海湟源西南,是吐蕃的战略要地;每次攻唐,吐蕃都以此为前沿阵地。唐朝占领此地后,进可攻,退可守,在此后对吐蕃的战事中具有了战略主动优势。

〔2〕《旧唐书》卷七十六《信安郡王(李)祎传》。

二十五年。当时，衢州辖信安、须江、常山、龙丘、盈川、玉山（今属江西，695年设县属衢州，758年改属信州）等六县，属江南东道。同年，李祎在府山建郡王府。据民国《衢县志》记载，唐开元年间，唐宗室信安郡王再临衢州。李祎两度出任衢州刺史，那么当时峥嵘岭的州治就是信安王府。[1]

永泰元年（765年），李祎的第三子李岘任衢州刺史。同年，李祎病薨，享年八十余。作为信安郡王，李祎第一次在衢州建立王府，是衢州历史上第一个王爷。观其一生，李祎不求做一个安于享乐的太平郡王，而是毅然投身军旅，成为盛唐时期著名的宗室将领。其纵横沙场的勇武之风，“马革裹尸”的英雄气概，正是大唐气象的真实写照。

（四）中唐以后衢州的统治与反抗

安史之乱是755—763年所发生的一场叛乱，是唐朝由盛而衰的转折点。战乱导致中原地区大量的百姓流离失所。为了生存，从那个时候开始，大量的北方民众纷纷南迁。同时，在行政区划上，浙江东道和浙江西道形成，并影响深远。由于北方一片狼藉，半壁江山沦于战火，社会生产遭受了极大的破坏，江南、四川等地就成了国家税赋的重心。为了支撑平叛战争，同时满足官僚贵族的奢靡生活，朝廷不得不对这些地区征以重税，由此也引发了百姓的抗税斗争。晚唐以后，由于宦官专权，朝政腐败，加上藩镇割据，曾经盛极一时的唐朝走向了没落。中央政府逐渐对地方失去了控制，社会矛盾进一步激化。面对暴政，衢州人民纷纷起来反抗，浙东裘甫起义迅速波及衢州，给统治者以沉重打击。面对虚弱的浙江，黄巢义军果断出击，两次转战衢州地区。其间，黄巢开凿了“仙霞古道”，彻底改变了衢州对外的交通状况，也使衢州扼守闽粤赣要道的军事作用日益凸显。

1. 安史之乱引发的移民潮

安史之乱时，衢州的人口有了较大的增长。乾元元年（758年），玉山县自衢州改隶新成立的信州（今江西上饶），但在三年后的上元二年（761年），官员

---

〔1〕汪筱联：《信安郡王李祎遗迹考》，《历史文化研究》第4辑，第42—49页。

李华所撰《衢州刺史厅壁记》却说衢州人口未见减少，甚至“增万余室”。[1]衢州位于江南进入江西和福建的交通要道，难免有一些北方人民在流徙过程中定居于此。虽然我们还不能完全排除南方户籍人口的迁入，但大量北方移民的迁入是事实。据史书记载，当时的江南平原和皖南山区以南的各州均有数量不等的北方移民迁入，衢州就有一户主名叫“李涛”的移民家庭就在安史乱时迁入。宋人柴望的祖先，也在唐末迁居衢州的江山等县。[2]

在使用简单生产工具的状况下，劳动人口数量的多寡往往是影响地区开发进展的决定性力量。唐代手工业技术仍以北方最称发达，北方工匠的南迁必然有利于南方生产技术的进步。随着人口的增加，衢州的农业生产开始向广度和深度发展。一方面，通过开发围田或圩田、山田等方式，扩大耕地面积；另一方面，通过兴修水利等方式，提高粮食亩产量。就此意义而言，移民的迁入不仅促进了衢州人口密度的提高，也促进了农业、手工业生产的进一步发展。如果说西晋末年一直延续到南朝时期北方移民的迁入是衢州历史上的第一次人口大迁移，那么这一次可称为衢州历史上第二次人口大迁移，时间从安史之乱一直延续到唐末。

2. 浙江东道与浙江西道的形成

唐制，“除总督带使持节，既是节度使”。[3]安史之乱后，内地相继设立节度使，并兼任本道观察、营田、经略诸使，逐渐成为地方高级长官。节度使辖区也就成了中央与州之间的一级行政实体。

《新唐书・方镇表》记载，乾元元年（758年），“置浙江西道节度使兼江宁军使”，领昇、润、江、苏、常、杭、湖等十州，不久罢宣、歙、饶三州（今安徽黄山及江西鄱阳、上饶地区），改为七州，管理今浙江杭嘉湖、苏南及上海等，治所最初在昇州（今南京），后改为杭州。同年，“置浙江东道节度使”，领越州（今绍兴）、睦

〔1〕李华：《衢州刺史厅壁记》，《全唐文》卷三百一十六。

〔2〕吴松弟：《唐后期五代江南地区的北方移民》，《中国历史地理论丛》，1996年第3期。

〔3〕王溥：《唐会要》卷七十八《节度使下》。

（今建德）、衢州、婺州（今金华）、台州、明州（今宁波）、处州（今丽水）、温州等八州，治所在越州。其后，虽有反复，到了唐贞元三年（787年），两浙东西分道而治，遂成定局。衢州属“两浙东道（路）”，属于“浙东”，这个行政区划上的概念逐渐被更多地运用起来，一直影响到现在，以区别于地理学上的浙西衢州。因此后世在文献中提到“浙东衢州”，更多的是文献学、史学上、行政区划上，乃至文化学上的概念，在这个概念里，杭嘉湖地区属于“浙西”。

也在乾元元年（758年），信安郡复改称衢州，属浙江东道，玉山、常山改隶信州（今江西上饶）。不久，常山又重归衢州管辖。

3. 浙东袁晁起义影响衢州（762年）

袁晁（？—763年），临海（今浙江临海）人，唐代宗时期浙东农民起义军领袖。宝应元年（762年），袁晁在明州（今宁波）担任小吏，当时浙东农民纷纷反抗唐政府的横征暴敛。地方官吏对此很担心，强迫袁晁去擒拿抗税的农民。袁晁很同情这些人，拒绝受命，为此遭到鞭打。于是，袁晁聚集同伙共同造反，在明州翁山县（今舟山定海）打起了反抗唐朝的义旗。不久，袁晁率军攻克台州，赶走刺史史叙。

起义军得到了浙东百姓的响应，很快发展到数万人。据《明州系年录》载，当时百姓被沉重的赋税所拖累的有很多，这些人纷纷响应。于是义军迅速向明州、越州（今绍兴）、温州等周边地区扩张，接着又攻占婺州、杭州、苏州、常州等地，还派兵进入衢境，攻克衢州城，并由须江县（今江山市）一直攻至信州（今江西上饶）。义军一路所至，贪官污吏望风披靡，很快发展到二十多万人。袁晁以临海为根据地，建立农民政权，“建元宝胜，以建丑为正月”，并设置公卿等官员数十人。起义军以“宝胜”为年号，以“建丑”为正月，意谓要胜过唐朝。

对于尚未彻底平定“安史之乱”的唐朝来说，在其腹地、主要赋税征集地的这场起义，是无论如何也要迅速镇压的。同年十二月，唐中央政府以名将、徐州节度使李光弼为统帅，分兵从衢州、婺州两个方向镇压起义军。缺乏军事素质的义军难敌历经百战的朝廷平叛军队，十二月的衢州大战中，李光弼部将张伯义率先于衢州城大破义军。次年四月，双方再次会战，经过“联日十余战”

的殊死搏斗，袁晁战败被俘。广德二年（764年）十一月，袁晁被害于长安。随着最后一批义军在袁晁之弟袁瑛的率领下战死于临海紫溪洞，起义最终宣告失败。袁晁起义最后虽然以失败告终，但作为唐代中叶最大的一次农民起义，对统治者的震撼和对社会的影响却是巨大的。[1]

4. 余常安复仇案与“礼法之辩”

《新唐书》卷一百九十五记载了衢州人余常安为父复仇一案：

> 宪宗时，衢州人余常安父、叔皆为里人谢全所杀。常安八岁，已能谋复仇。十有七年，卒杀全。刺史元锡奏轻比，刑部尚书李鄘执不可，卒抵死。

全文大意是说，唐宪宗时，衢州人谢全杀死余常安的父亲和叔叔，当时余常安年仅八岁，已经密谋复仇。九年后，17岁的余常安杀死谢全，报了父仇。当时的衢州刺史元锡建议从轻发落，但刑部不同意，于是判为死刑，以余常安抵命。此案涉及封建社会一项重要的“礼法之辩”命题，即血亲复仇的合理性问题。

《唐书》还记载了八件类似的复仇事件，可见当时不少官员的态度。加上此案，其中“复仇”被赦免的仅一例；减免死罪被流放的五例；被处死抵命的三例。白寿彝认为，对于复仇直接免罪的，这是典型的“依礼不依法”；而余常安一案，则是典型的“依法不依礼”。这两种情况都是因为不辨复仇的是非，不论杀人的曲直，单凭皇帝或某位大臣的个人主观意见所定。[2]对此，柳宗元提出“穷理以定赏罚”主张，因为“所谓仇者，盖以冤抑沈痛而号无告也（有冤情却求告无门）”。所以，先要视复仇者有无冤情，如果有，“复仇可也”；如果没有，复仇就是“仇天子之法”，是无理的。然后，再根据具体情况加以处理，“则合乎礼矣”。[3]韩愈也主张用儒家经典来判断复仇之举是否合“宜”：如果复仇者的

---

〔1〕乐承耀：《袁晁起义翁山》，《宁波古代史纲》，宁波出版社1995年，第103—104页。

〔2〕《中古时代·隋唐时期》上，白寿彝主编：《中国通史》第6卷，上海人民出版社2004年，第1043—1044页。

〔3〕《驳复仇议》，《全唐文》卷五百七十二。

亲人被无辜害死，则复仇之举合乎礼教，即可取；如果复仇者的亲人罪有应得而死，则复仇之举不合礼教，就不可取。唐人把“礼”的精神贯彻到律法当中，对今天的法律实践依然是有一定意义的。

5. 中唐以来衢州水旱灾害的记载

隋唐五代时期是中国历史上又一个温暖而湿润的时期。当时的浙北气候大致与今天的浙南气候相当。直到五代时期，这里依然有大象出没。后唐长兴三年（932年），“秋七月，有象入信安境，王命兵士取之，圈而育焉”。[1]也在这一时期，大量的水旱灾害记载进入我们的视线。

唐元和三年至四年（808—809年），衢州大旱，饿殍满地。这是历史上对衢州地区旱灾的最早记载，也是一次相当严重的自然灾害。对此，著名诗人白居易留下了一首名为《轻肥》的诗，其中末句“是岁江南旱，衢州人食人”，让后世人牢牢记住了这场灾害以及它的发生地。《轻肥》一诗，又作《江南旱》，是白居易《秦中吟》十首中的一首，以诗歌的形式记叙作者在贞元、元和年间在长安所见所闻中令人悲痛的事情。“轻肥”二字取自《论语・雍也》中“乘肥马，衣轻裘”，用来概括豪奢生活。此诗揭露的是宦官掌权后的骄奢生活和飞扬跋扈的骄横神态。[2]

关于“衢州人食人”的理解，历代有不同观点。反对者认为当时白居易还在京城长安，不可能亲眼目睹食人的情况，仅仅是听闻，或者是一种文学修辞，用来形容宦官的骄奢。但历代以来，记录中国灾荒年食人的不仅仅白居易一人，衢州又何能例外。

除了旱灾之外，衢州最主要的灾害是水灾。衢州历史上第一次关于水灾的记载为南朝“梁天监二年（503年）六月，信安县大水”。其后，衢江屡屡爆发水害。唐元和十一年（816年）五月，衢州山洪暴发，大水涌进了衢州城，水深三尺，毁州城，民多溺死。这是历史上第二次、唐代第一次有记载的衢州水灾。作

---

〔1〕《吴越备史》卷一。

〔2〕廖元中：《白居易吟诗抒怀》，《衢州掌故》，第116—118页。

为历史上自然灾害多发性地区，关于这类事件的记载，此后逐渐越来越多地进入人们的视线。

6. 元和年间衢州人口大缩水

由于战乱和逃户、隐匿以及天灾等原因，据《元和郡县图志》记载，到了元和年间（806—820年），衢州仅存17 426户，按照户均6.432人计算，仅存11.2万人。距离天宝年间仅五十年，人口缩减了近四分之三，仅有天宝年间的25.4%。

7. 浙东裘甫起义

晚唐时期，东南一带封建剥削和朝廷的赋税特别苛暴，引发了此起彼伏的反抗。浙东裘甫起义就是其中重要的一次。

裘甫（？—860年），亦作仇甫，唐末浙东起义军首领。大中十三年（859年），裘甫在浙东发动农民起义，先后攻克象山（今属浙江），又克剡县（今浙江嵊县），由此引发了整个浙东地区的“骚动”。作为浙东地区最高长官，时任浙东观察使的郑祇德连忙派遣副使刘勍和副将范居植率军从杭州出发前往平乱。咸通元年（860年）正月，裘甫率领义军伏击了刘勍和范居植军队，范居植战死，刘勍孤身逃脱。百姓闻知后，纷纷前来投奔，一时之间，裘甫势力大增，他利用官库中的财物，迅速招募起一支数千人的军队。二月，义军再次败浙东官军，击毙沈君纵、张公署和李珪三位将军，义军扩展至三万人。裘甫遂自称“天下都知兵马使”，正式建立农民政权，建元“罗平”，并铸“天平”印。裘甫将属下分为32队，每队设置“小帅”来统领。义军又转攻天台、上虞、余姚、慈溪、奉化、宁海等县城，实力大增。随后裘甫又分兵向西进攻婺州、衢州。当时，衢州守将方景深占据城墙力守，城未被攻破。唐朝又派王式率领重兵镇压，裘甫率义军节节阻击，转战三个月后，义军逐渐不支。六月，裘甫退守剡县城，陷入唐军的包围之中。后来，裘甫在突围途中不幸被俘，不久就义于长安。

裘甫起义是浙东地区继袁晁起义之后又一次对唐朝横征暴敛的反抗。两次起义都迅速波及衢州，只是这一次衢州城没有被攻破。裘甫起义尽管失败了，但其对唐朝在浙江地区的打击是极为沉重的。此后，黄巢起义成为压垮唐朝的“最后一根稻草”。

8. 唐末黄巢农民起义波及衢州(878—880年)

唐朝末期,经过藩镇混战、宦官专权和朋党之争,朝政越来越混乱。由于税收越来越重,加上连年不断的天灾,农民纷纷破产,到处逃亡。当时的盐税特别重,百姓往往买不起盐。于是有些贫苦农民结成一支支贩私盐的队伍,他们中的有些人后来成为农民起义的领袖。

乾符元年(874年),濮州(今属河南)盐贩首领王仙芝聚集了几千名农民在长垣(今属河南)起义,很快得到贫苦农民的响应。次年,曹州(今属山东)盐贩黄巢也起兵响应。乾符五年(878年),王仙芝战死,黄巢被推为领袖,自称"冲天大将军",年号"王霸"。同年三月,黄巢率义军直趋江南,几十万人马在安徽横渡长江,突入江西。五月,义军连破赣州、吉安、鄱阳、上饶重镇。唐朝急调节度使高骈率部围追堵截。九月,为避消耗实力,黄巢突入浙东,陷杭州,克越州(今绍兴),但不久后弃守。于是,黄巢决定继续率军南下,原计划从浙东出海到福建,因无舟船,又遇高骈部抵抗,故回师攻取衢州。双方在江山仙霞岭奋战数月,其间,义军开辟了一条从衢州穿越仙霞天险,直趋建州(今福建建瓯),长达350多千米的山路。这是黄巢首次入衢境。

乾符六年(879年),黄巢率军从福建攻入岭南,克广州、桂林等地,义军扩张至百万。这年十月,黄巢率师北伐,渡长江、淮河,进军淮北,称"率土大将军",旋改称"天补大将军"。在进军襄阳的途中,义军在湖北荆门遭唐军伏击,损失惨重。广明元年(880年)三月,黄巢由湘、鄂入赣,在玉山大仓桥围歼唐军,全歼张璘部七万余人,张璘战死。四月,黄巢义军再次入浙作战,一举攻克衢州、金华等城。这是黄巢第二次入衢境。[1]

此后,义军再次北上,克东都洛阳,兵进长安,居民夹道欢迎。不久,黄巢于长安即皇帝位,国号"大齐",年号"金统"。中和四年(884年),起义军屡战失利,为唐兵追及,黄巢不屈自杀。

黄巢义军在三年内两次攻破衢州,还留有军队在境域内活动。在主力转

---

〔1〕民国《衢县志》卷九《防卫志·历代兵事记》。

战后，余部曾长期在金衢盆地边缘武装盘踞，在衢州及相邻境域内留下了多处遗迹。黄巢起义虽然失败了，却给予唐朝以沉重打击。此后，各地军阀纷纷割据，朝廷政令几乎出不了长安城，唐朝已经名存实亡了。

二、唐末五代的割据势力及吴越国的统治

黄巢起义虽然被镇压了，但唐朝统治的结束也进入了最后的倒计时。晚唐、五代时，陈儒、陈岌以及陈璋两股割据势力先后占据衢州更是证明了这一点。在平定两大割据势力之后，吴越国相对稳定的政局使衢州的经济文化水平迅速得以恢复，为两宋时期的繁荣奠定了扎实的基础。

（一）黄巢部将陈儒、陈岌割据势力

陈儒、陈岌武装割据衢州十四年，唐末政府无力镇压。正因为陈儒的武装割据和陈岌依附吴越王钱镠，致使衢州各地的黄巢起义遗迹及在廿八都集聚的黄巢义军余部和伤残病弱者避免了唐朝政府的镇压，得以平稳过渡到下一个朝代。

1. 黄巢部将陈儒的兴起与割据

在唐末战乱的年代里，群雄竞起。广明元年（880年）三月，湖北江陵人陈儒归降黄巢义军，并迅速成为自领一军的将领。同年，黄巢攻占唐都长安，立国号大齐，正式建立政权。各地节度使纷纷武装割据。中和二年（882年），陈儒家乡江陵（当时称荆南军）也发生叛乱。陈儒率军乘机控制了荆南军，自称“留后”[1]。不久，陈儒又正式接任荆南军节度使一职。中和四年（884年）六月，黄巢兵败自尽，大齐国灭亡。由于陈儒是黄巢旧将，十二月，荆南军司马张环驱逐了陈儒，陈儒退往饶州（今江西鄱阳），自称饶州刺史。光启三年（887年）十二月，陈儒突然发兵进入衢州境域。按唐制，衢州这样的州一般仅有两千人左右的府兵，根本无力与陈儒统领的军队相对抗。时任衢州知州的玄泰出迎陈儒于郊外，陈儒责问玄泰：“玄宗御容安在？”原来，衢州曾铸有一尊唐

〔1〕留后，唐代节度使、观察使缺位时设置的代理职称。

玄宗李隆基的御像，在玄泰任衢州知州时毁损。陈儒以此为由，将玄泰斩杀，占领了衢州。

陈儒割据衢州八年，持政颇有节度，而且注重桑粮农事，办了一些对老百姓有益的事。相传，陈儒每年秋天一定要到城南绿野亭察看收获情况，从始至终，一直到看见粮食入仓才安心。据《吴越备史》记载，当时的南海节度使刘宗龟看见衢州民丰粮足，曾十分宽慰而又感慨地说："此贼有士人之风。"因为陈儒乃黄巢余党，故忠于唐朝的刘宗龟称其为"贼"。陈儒虽为"贼"，但其治理衢州的功绩符合士大夫"治平"的标准，因此说他有"士人之风"。这个评价，应该说是相当高了。陈儒对此也表示感谢。

2. 陈岌继任衢州刺史

陈儒病死后，其弟陈岌继任衢州刺史，继续武装割据。陈岌生性仁弱，在唐末豪强以武力割据地方的年代里，如何能稳安地把割据政权移交给他，对陈儒来说确实是一个难题。因此陈儒自知将不久于人世后，在陈岌入省探视时对他说："汝非侦我耶？今汝仁弱，其如诸校何！"于是，陈儒召集十余位骄横难以驾驭的将领进入卧室，下令刀斧手将之全部予以斩杀。在腥风血雨中，权力被移交到陈岌手中。当时，婺州（今金华）也在陈儒势力范围内，婺州刺史王壇闻知陈儒在卧室内斩杀十余位将领后，随即反叛。陈岌知晓王壇叛乱的缘由，"降而宥之"。

陈岌接任衢州刺史之时，正是唐末各地藩镇为地盘而征战之时，衢州也在新兴的杨行密和钱镠势力间摇摆。光化元年（898年）十一月，陈岌叛附杨行密，钱镠派遣顾全武率军讨伐。光化三年（900年）九月，吴越军攻陷婺州，婺州刺史王壇投奔安徽宣城。同年，陈岌自知不敌，随即归降于钱镠。钱镠任命陈岌为浙东安抚副使，令手下顾全武为衢州刺史，辖西安、须江、常山、龙丘四县。钱镠以明升暗降的方式剥夺了陈岌的兵权，衢州平稳地过渡到钱镠的武装割据政权中。

（二）衢州刺史陈璋的叛乱及平定

据《十国春秋》记载，钱镠在婺州设立武胜军节度使，衢州也归其管辖。这一时期的衢州，名义上属于唐朝中央政府管辖，实际上为浙江地方军阀钱镠所掌控。

为加强衢州这个战略要地的守卫，钱镠任命勇将陈璋为衢州刺史。这一任命还有一番来历。据《新唐书·田颙传》记载，当时占据江苏、安徽一带的杨行密派遣部下田頵率军进攻钱镠，陈璋亲率三百名死士，卸下盔胄，轻装飞驰攻击，大败田颙所部。钱镠非常赏识陈璋的勇武，不久就让其主政衢州。

陈璋任衢州刺史后，随着实力的增强，野心也大长，逐渐不服钱镠的统治。据《资治通鉴·唐纪八十一》记载，天祐元年（904年）八月，钱镠派遣驻守衢州的罗城使叶让密谋诛杀衢州刺史陈璋，但事泄败露，陈璋斩叶让，叛附杨行密。相传，当年越王钱镠曾命陈璋修建衢州城。工程完毕，陈璋绘图献给钱镠。钱镠从图上看到西门外画有樟树，便暗中对左右说："此树不入城，樟（璋）当非我畜也。"言下之意，陈璋日后必叛。他的话后果然应验。次年，陈璋出兵攻占金华城，自称衢婺二州刺史，武装割据衢婺。

天祐三年（906年）正月，钱镠发兵征讨陈璋。陈璋闻知杨行密部下陶雅从睦州（治在今建德）退兵回安徽歙县，考虑到自己独木难支，于是从婺州退保衢州。钱镠部将方永珍等率部收复婺州，又进攻衢州，失败后退兵。同年八月，钱镠令方永珍、杨习等再次进攻衢州。陈璋向杨行密告急，此时正值杨行密之子杨渥掌权，他遣周本率兵迎接陈璋。周本到了衢州，钱镠军队虽解除了对衢州城的围困，但仍然陈兵城下。陈璋率众归降周本，投奔淮南，钱镠则顺利夺取衢州。钱镠以指挥使余姚人鲍君福为衢州刺史，方永珍为武职，恢复了对衢州的统治。

由于衢州地理位置重要，在陈璋割据衢州的这几年，衢州始终处于淮南杨行密父子和吴越钱镠两大地方军阀的密切关注之下，在夹缝中左右摇摆。面对钱镠大军的压力，陈璋只有明智地选择撤退，却也使衢州百姓躲过了一场兵灾。

（三）钱镠吴越国的统治

1. 钱镠建吴越国

钱镠，字具美，小名婆留，杭州临安人。年轻时，钱镠也曾做过私盐贩子，后来参加了唐朝的军队，并很快崭露头角，成为军阀董昌的部将。黄巢起义军攻打浙东的时候，钱镠用小股兵力保住了临安，唐朝认为他作战有功，封他为都指挥使，成为地方高级武官。唐光启三年（887年），唐朝任命钱镠为杭州刺史。此后，钱镠开始四处征战，向周边地区扩张。后梁开平元年（907年），朱温废黜唐哀帝，改国号为梁。朱温自恃占据了正统地位，于是大封各地节度使，钱镠被封为吴越王，正式建立吴越国。

吴越地域狭小，极盛时也只辖有杭州、越州（今绍兴）、湖州、苏州、秀州（今嘉兴）、婺州（今金华）、睦州（今建德一带）、衢州、台州、温州、处州（今丽水）、明州（今宁波）、福州等十三州，占据今浙江及江苏南部、福建北部沿海地区；另设镇海、镇东、武胜等节镇。

吴越国在衢州地区设衢州一州，领西安、江山、龙游、常山四县，州治和军事指挥机构仍设于府山子城内。吴越国官制，州府首官称刺史，属官有州判、判官掌书记、司户参军、司法参军、司务参军等，军事上设制置使、罗城使等。

2. 钱镠及其继任的善政

由于地狭兵少，实力不足，因此吴越一直以效忠于中原王朝为主要军略。在唐亡之前，钱镠忠于唐朝；在朱温篡唐建梁以后，他又效忠于后梁，由是亦从后梁得到了吴越国王、诸道兵马都元帅的头衔。后唐灭梁以后，钱镠又向后唐上表称臣，不仅得到了“吴越国王”“天下兵马都元帅”的头衔，而且还得到了玉册金印，以示恩宠。凭此，吴越便有效地防御了周边割据势力对吴越国的侵扰。钱镠勤于政事，了解民间疾苦，如筑捍海塘等水利工程，就颇得民心。后梁贞明五年（919年），吴国大败吴越于无锡，双方求和；从此，浙江、苏南境内百姓安居乐业近六十年。钱镠还自行与新罗、渤海等国往来，大力发展海外贸易。后唐长兴三年（932年），钱镠之子钱元瓘继位，勤政仍有其父之风。正是通过一系列保境安民的政策，吴越国的农业、手工业、商业、环境治理、城市建设、科教文化诸方面有了长足的进步。

3. 吴越国经衢州与中原、闽粤的联系

吴越北境先为杨行密的吴国，后为南唐，与吴越交恶。吴越北上的道路受阻，而衢州就处于这条要道上。据《吴越书·成宗纪》记载，贞明年间（915—921年），吴越王送往后梁京都大梁（今河南开封）的贡物就是绕道衢州，经今福建建瓯、汀州、江西赣州、湖南郴州、潭州、湖北岳阳、江陵过江方入京的。南唐占据建州（今福建建瓯）后，吴越国在两国接壤处的枫岭修筑了枫岭关，以防南唐入侵。该关修建在仙霞古道经枫岭处，成为后世浙闽分疆处。[1]尽管如此，吴越国与北方后梁、后唐和南方闽国的联系一直没有中断。后来，闽国内乱，吴越多次出兵，最终于后汉天福十二年（947年）占领了福州，并在其后与南唐近十年的交战中取得了胜利，势力达到了顶峰。

4. 吴越国时期的人口

对于吴越国人口数量的记载，只有宋太平兴国三年（978年）吴越王钱俶"纳土归宋"时的户籍资料。但各种记载数据并不一致：

《宋史》卷四《太宗纪》："钱俶献其两浙诸州，凡得州十三，军一，县八十六，户五十五万六百八十，兵一十一万五千三十六"；

《宋史》卷八十五《地理志》："钱俶入朝……户五十五万六百八十"；

《续资治通鉴长编》卷十九："俶……上表献……户五十五万六百八……"；

《吴越备史·补遗》："所部州十三，县八十六，户五十五万七百，兵一十一万五千……"

上述几种数据相差不大，与稍晚几年《太平寰宇记》中的记载相差近五万户。但《隆平集》卷十二作334 932户，《宋会要·食货》作320 933户，两者相差20余万户，明显差距太大，不足采信。因此，李志庭先生认为《宋史》《续资治通鉴长编》《吴越备史》的记载相对可靠，吴越国十三州一军有550 680户，之间的差额，应该是"实数与约数处理上的不同"以及传抄上的问题所致。[2]按86县平均计算，每县有6 403.3户。

当时，衢州领西安、江山、龙游、常山四县。按照每户5.5人计算，平均每县

〔1〕徐江都：《仙霞古道考据三题》，《历史文化研究》第6辑，第56—64页。

〔2〕详见李志庭：《浙江通史·隋唐五代卷》，浙江人民出版社2005年，第320页。

人口数约为3.5万人，衢州地区人口数在14.1万人左右，比唐元和年间（806—820年）略有增长。

三、唐五代时期交通与经济的发展

唐代衢州经济的发展离不开衢州交通状况的改善。经过衢州通往福州、广州的国家干道的开辟，推动了衢州水陆运的发展。大量的官员、商贾由此路经过衢州，推动了衢州商贸的发展，进而带动了以冶炼、造纸、制瓷、丝织、麻织、竹编等为主的手工业的发展。如果说在今西安的发现的衢州产标准税银可视作当时衢州官办手工业的典型；被茶圣陆羽列为"全国第三"的婺州窑瓷器则是衢州民间手工业发展的明证；而作为朝廷贡品的绢绵、贡纸、竹扇，更是衢州土特产的骄傲；就连不起眼的竹编箱子，也被大名鼎鼎的刘禹锡念念不忘。到了五代，吴越国安定的环境进一步刺激了浙江经济的发展，衢州也受益匪浅。

（一）唐代衢州交通的发展

唐代在完善运河网的基础上，又以长安为中心，修筑驿道五万里，且每隔三十里设一驿，配备驴、马、人夫，使全国陆路交通更为方便快捷。当时的社会安定，即使远到数千里之外，行人身上也不需要带着兵器。

1. 经衢州至福州、广州的国家干道

由于海外贸易的发展，唐朝为加强与沿海各港口之间的联系，于开元十七年（729年）命张九龄开凿大庾岭路，开发岭南交通。自此，从广州经大庾岭、江西洪州（今江西南昌）、信州（今江西玉山），再经常山、衢州入浙，就成为一条水陆相兼的重要通道。同时，这条道路在信州与秦汉闽越古道相接，再从信州沿闽越古道越武夷山至建州（今福建建瓯）而达福州。

据《贞观政要》记载，当时行旅从京师到岭南，从山东到广东沿海，一路上都不需要自带干粮，全部食宿在途中，一路上各地货物和运送的农夫连绵不断。这说明当时的道路交通甚为便捷。这条通道被唐朝定为从长安至福州、广州的驿路干道，也是当时连通海上丝绸之路的最重要的商道。具体地说，这条路从长安经洛阳、汴州（今河南开封）、宋州（今河南商丘南）、泗州

（今江苏盱眙）、楚州（今江苏淮安）、扬州，渡长江，经润州（今江苏镇江）、常州、苏州而至杭州，沿钱塘江出睦州（今浙江建德）、衢州至信州（今江西上饶），再分别下福建和广东。这条路上，衢州是必经之地，常玉古道是必由之途。据《洛阳市交通志》记载，贞元十四年（798年），刘希昂自东京使南诏（云南），就途经此道。

2. 李翱《来南录》笔下的衢州行程

元和四年（809年），散文家李翱赴岭南，也经过衢州。李翱于正月中旬自京城出发，由东都洛阳、下运河水道经河南、安徽、江苏、浙江、江西、广东等地，于同年六月上旬末到达广州，全程8 500里，历时175天；因李妻途中产女，在衢州耽搁45天，实际行程130天。对于这段经历，李翱写下了著名的《来南录》[1]，这也是现存最早的日记。李翱在《来南录》中记道：

> 庚子，上扬盈川亭。辛丑，至衢州，以妻疾，止行，居开元佛寺临江亭。后三月丁未朔，翱在衢州。甲子，女某生。四月丙子朔，翱在衢州，与侯高宿石桥。丙戌，去衢州。戊子，自常山上岭，至玉山。……自杭州至常山，六百九十有五里，逆流多惊滩，以竹索引船，乃可上。自常山至玉山，八十里，陆道，谓之玉山岭。

当时浙江的丝绸、江西的瓷器等货物，一是经此路由运河运至京都上贡，或远销北方各地；二是经此路运往广州出海，远销欧亚其他地区。而广州及海外进口的物资，除海运外，亦经此水陆通道输送。此路浙江段的最大价值在于，除常山至玉山八十里是陆路，其余也可走水路。唐代中后期，经济中心开始南移，所以从长安、洛阳经江南（包括浙江、杭州、衢州）到广州、福建的道路就成为最重要的驿道，而衢州就是这条繁忙商路上的一个重要枢纽。[2]

---

〔1〕李翱：《来南录》，《李文公集》卷十八。

〔2〕徐江都：《衢州古道纵横》，《历史文化研究》第5辑，第13—14页。

3.《元和郡县图志》记载的衢州交通里程

经过隋唐时期的对道路的疏通、扩建、架桥等措施，衢州地区的交通有了很大的改观。衢州与各州郡间的道路也被打通。

《元和郡县图志》卷二十六所记载的衢州通往外地州郡的交通里程是这样的："西北至上都四千九十五里（一作三千九十五里）。西北至东都（洛阳）三千一百三十五里。南至建州（福建建瓯）七百里。西至信州（江西上饶）二百五十里。东至婺州（金华）一百九十里。东南至处州（丽水）四百五十里。"

4. 仙霞古道的开凿及其影响（878年）

自浙江衢州至福建建州（今福建建瓯）有两条路，一是经常山、玉山、信州（今江西上饶）、铅山（今属上饶）等境，翻越武夷山至建州；一是经江西广丰过二渡关至福建浦城，再达建州。两者路程均较远。唐乾符五年（878年），黄巢义军从须江（今江山）仙霞岭"刊山开道七百里"，直趋建州。这条黄巢开辟的盘桓在仙霞山脉的"岭路"，即闻名后世的"仙霞古道"。

据《旧唐书》记载，乾符五年三月，黄巢之众再攻江西，先后攻陷赣州、吉安、鄱阳、上饶等地，又"自宣州渡江，由浙东欲趋福建，以无舟船，乃开山洞五百里，由陆趋建州，遂陷闽中诸州"。这里提到的"开山洞五百里"，就指古江山县城经仙霞岭至建州的路程。又《新唐书》记载，黄巢转战浙东，攻陷杭州，俘获当时浙东最高长官观察使崔璆。节度使高骈派遣将张璘、梁缵去进攻，却被义军打败。黄巢率军进入江西，"破虔、吉、饶、信等州[1]，因刊山开道七百里，直趋建州"。所谓"刊山开道七百里"，乃是自衢州西至常山，续经玉山、上饶，向南至铅山，东越武夷山之分水关，经崇安、建阳而南达建州的路程。[2]

仙霞古道实际上自秦汉以来就是逶迤于仙霞岭山脉中，浙、赣、闽三地先民相互沟通的民间山道。黄巢义军在征战浙西时，得知有古道可通福建，便以军士将古道修拓成可供军队、战马、辎重行军的道路，顺利地将数十万主力大

---

〔1〕虔州，今江西赣州；吉州，今江西吉安；饶州，今江西鄱阳；信州，今江西上饶。

〔2〕徐江都：《仙霞古道考据三题》，《历史文化研究》第6辑，第56—64页。

军引入福建，并在沿途隘口险段修筑关隘营塞，迫使唐军无法尾随。

仙霞古道的开辟大大缩短了闽浙之间的距离，对于两地的经济文化的交往大有助益。这条山道经后世镌削修辟，成为浙闽交通要道和京福官马南路主干道。此后，随着全国经济重心南移江浙，这里作为南方通往江浙地区的主干道，其军事价值也大大得以提升。

（二）唐代的水利设施

衢州的江河溪流都属于以雨水为主要补给来源的河流，因此水位易涨易退。同时，衢州又是光照时间较长的地区，夏天少雨时节发生旱灾的频率很高。因此，无论从灌溉还是防洪的角度，水利建设均至关重要。封建经济的发展留不开水利设施建设的发展，对于衢州来说更是如此。当时农田的灌溉主要依靠江湖溪塘；我们对唐代衢州的防洪设施无从考证，但衢州各县地方志也记载了不少水利设施。

民国《衢县志》记载："神塘，又名圣塘，位于衢州城东五十里。开元年间（713—741年），因风雷劈山形成洼地，山涧汇集成塘，可灌田两百顷。"这是关于唐代水利设施的最早记载。应该说，神塘主要是天然形成的，人们在自然形成的围堰上进行了一定的加工，使其灌溉能力最终达到了两百顷。对一个堰塘来说，已经是相当惊人了。[1]

另据记载，唐咸通年间（860—874年），龙丘县（今龙游）有范塘、吕塘、彭家塘、药塘、吕公井、青葛溪龙井、五百人湖、青皎湖等；须江县（今江山市）有白虎塘、西塘、须女塘等；常山县有官塘、莲塘、花塘、古塘，等等。从名称上看，这些水利设施以大大小小的池塘为主，也有湖泊和水井。一些水利设施属家族所有，如范塘、吕塘、彭家塘，从命名上看明显带有家族色彩；也有公共性质的官塘。除用于灌溉外，这些堰塘还进行多种经营，如种植莲花的莲塘，等等。[2]

---

〔1〕民国《衢县志》卷六《食货志・水利》。

〔2〕《衢州市志・水利建设》第七编《堰塘》，第261页。

（三）唐代的造纸、麻织与竹编工艺

衢州是唐代浙江境内四大造纸生产基地之一。这里的纸是用当地众多的毛竹、藤等材料加工而成的。《新唐书·地理志》记载，唐代衢州进献给皇帝的土贡主要是“绵、纸、竹扇”。又据《元和郡县图志》记载，至迟在唐玄宗开元年间，衢州就开始了绵纸的进贡。据马端临《文献通考》记载，衢州每年须向朝廷供应“贡棉百屯，纸六千张”。[1]这里的“贡棉”其实是指进贡绵纸。唐制一屯为六两，“贡棉百屯”即贡绵纸600两。由此可见，衢州的造纸业早在唐代就相当发达，甚至成为朝廷的贡品。据《唐六典》记载，开元年间衢州纸的品种主要有“藤纸、案纸、次纸、上细黄白状纸”等。[2]可见，当时的纸产量也相当大，实际产量更是百倍、千倍于进贡的数量。这些纸质量上佳的，如上细黄白状纸，被用于书写诏敕；质量一般的则是官府用纸，如案纸、次纸等，用来抄写经书、印刷图书。

“绢绵”原本是人们的生活用品，但唐朝又规定征收绢、绵作为国家法定税收（庸），又规定可以以交纳绢绵替代国家劳役（调）。因此，衢州与浙江其他地区一样，蚕桑种植和丝织业迅速发展起来。除了绵之外，衢州的麻纺织品质量也不错。据《元和郡县图志》，唐代衢州赋的缴纳，主要是以“纻布”来体现的。《唐六典·太府寺卿》中将全国征收的麻织品分为九等，衢州的麻布（纻）列为第五等，也在中等水平。

除了用竹料作纸以外，心灵手巧的衢州人还将毛竹破成竹条，编成竹箱等竹制品。《全唐诗》中有一首著名诗人刘禹锡所写的《衢州徐员外使君遗以缟纻兼竹书箱，因成一篇用答佳贶》（简称《答衢州徐员外》），提到衢州所产的竹书箱[3]。《元和郡县图志》列举了元和年间的衢州贡品，包括（竹）扇、龙须席、簟（竹席）等竹制品，还有黄连、葛粉等山货和纸。

---

〔1〕马端临：《文献通考》卷二十二《土贡考一·历代土贡》。

〔2〕《唐六典》卷三《户部》；《唐六典》卷二十《太府寺》。

〔3〕《刘禹锡集》；参见《全唐诗》卷三百五十九。

（四）唐代婺州窑的成就：全国第三

唐代茶圣陆羽在其《茶经》中把当时生产青瓷茶碗的窑系依次排列："碗，越州上，鼎州次，婺州次，岳州次，寿州、洪州次。"这里的越州，即今绍兴，代指越窑；鼎州，即今湖南常德，代指长沙窑；婺州，即今金华，代指金衢地区的婺州窑；岳州，即今湖南岳阳，代指岳州窑；寿州，即今安徽寿县，代指淮南窑；洪州，即今江西南昌，代指洪州窑。以上这些窑系都是当时著名的青瓷窑系，而婺州窑瓷器位列全国第三，这是对这一民窑瓷器的最佳肯定。衢州是婺州窑的原产地，现在发现的唐代窑址主要有龙游县方坦窑群、原衢县河东乡、沟溪乡窑群，等等。

当时主要的瓷器产品有口似盘状的盘口壶、各类茶碗、罐、多角瓶及堆塑魂瓶，等等。其中，将大碗盖于盘口壶顶部的组合，在唐代墓葬中很常见。唐代瓷器的胎一般呈灰白色，说明这一时期的胎质比魏晋南北朝时期有了很大提高。只有部分大型器物胎用红砂岩作原料，烧成后胎呈深紫色。青瓷釉色多呈青色或青黄色，釉面开细裂纹，也有白色结晶或星星点点的乳白色。在装饰上唐代婺州窑瓷器多采用几条垂直的划纹，用竹签刻划，呈弦纹、波浪纹等，一般在壶、罐一类产品的颈、肩、腹等部位。这种技法制作简便、质朴大方，使光素的器面产生节奏感。婺州窑的堆塑工艺和模印贴粘工艺在这一时期又有了很大发展。在青瓷盘口壶的颈、肩、腹部堆塑盘龙、龟、壁虎、兽头、鸡头等，模印贴粘工艺均呈高浮雕形状，风格多样，工艺精美。此外，当时还常在瓷器上饰以褐色彩斑或褐色条纹，把单色釉变为复杂、华美的多色釉装饰，使得器物显得格外醒目。

唐代婺州窑除了烧制青瓷、褐瓷和花瓷以外，还开始烧制乳浊釉瓷——柯城区沟溪乡上叶窑、龙游县方坦窑均有生产。所谓乳浊釉，就是器物表面附上的一层不透明的玻璃状覆盖层，是由于釉层中含有大量微细气泡形成的，像乳汁留下来一样，故称为"乳浊"。其釉色有荧光一般幽雅的蓝色光泽，釉面呈天青色或月白色，具有玉石质感，晶莹美观，釉面滋润、浑厚，可以掩盖胎体的颜色和缺陷，更增加瓷器的美感。婺州窑是当时全国最早烧制乳浊釉瓷的窑系，这也是继化妆土之后，婺州窑对中国制瓷业的又一大贡献。[1]

（五）唐代衢州银矿的冶炼

据《新唐书·地理志》记载："西安县有银。"可见，早在唐代衢州就有银矿的开采和冶炼活动。又据《清一统志》、康熙《西安县志》载，南山银矿（今衢江区湖南镇爵豆山）所出银矿，"品色焕洁"。当时，衢州南山银矿开采后即就地冶炼，由于提炼技术高，银矿质量较好，因此出产的银锭品质好，纯度高，色泽发亮，故有"品色焕洁"之誉。

衢州银矿开采最早始于何时已难以考证。1957年，陕西西安大明宫遗址出土了一件天宝十年（751年）衢州产的五十两限税银铤，给了我们一些线索。该银铤长32厘米，宽7厘米，厚4—13厘米，重2 100克。正面中间刻"专知诸道铸钱使兵部侍郎兼御史中丞臣杨国忠进"，背面刻字三行，依次是"中散大夫使持节信安郡诸军事检校信安郡太守上柱国尉迟岩""信安郡专知山官承议郎行录事参军智庭上""天宝十载正月日税山银一铤五十两正"。简单地说，这是一锭天宝十年正月衢州出产的五十两标准税银，由当时的信安郡太守尉迟岩和山官智庭上交给朝廷，并由专管全国各地铸钱事宜（专知诸道铸钱使）的杨国忠进献给唐玄宗。说明当时衢州南山银矿已大规模开采，并由专门的山官负责。当时的杨国忠初掌大权，时任兵部侍郎兼国家监察机关御史台副长官（御史中丞）。尉迟岩可能是唐初名将尉迟恭的后代，以中散大夫（正五品上）的官阶出任太守；同时，尉迟岩又具有节度使（使持节信安郡诸军事）的身份，因此加有"上柱国"（正二品）的武勋，掌管着衢州的驻军。尉迟岩文官与武官官阶差别如此之大，也体现了他武官出身的身份，可谓战功卓著。而山官智庭也以承议郎（正六品下）的官衔负责录事参军的事宜，主管衢州官员的监察。[2]元和四年（809年），南山银矿废。地方文献记载，五代时曾复开银

---

〔1〕张云土、占剑：《论婺州窑制瓷工艺》，《东方博物》第20辑，第44—50页。

〔2〕李问渠：《弥足珍贵的天宝遗物——西安市郊发现杨国忠进贡银铤》，《文物参考资料》，1957年第4期。

矿，但不久仍闭。

唐代是一个经济、文化都很发达的朝代。唐高祖武德年间（621年），开始铸行“开元通宝”钱，结束了秦汉以来以重量“铢两”定名的钱币体系，开创了唐宋以后以“文”为单位宝文体系铜铸币的历史。此后，这种以“文”计数，以钱两为重量单位的“宝文钱”体系一直沿袭到清朝，历时千年。因此，唐代货币以铜钱为主，衢州所产的这种银锭并未成为当时的流通货币，大多只作为贵重金属，用于宫廷制作银制品或赏赐之用。

（六）峥嵘山的进一步开发

唐代衢州城就在峥嵘山上，刺史府也在其中。中唐以后，随着中央朝廷的权威日益旁落，北方不少州郡陷入藩镇割据的泥潭。南方虽然还属于朝廷管辖，但许多官吏荒于朝事，乐于安逸。正是在这样的背景下，作为官府衙署所在地自然要好好装点一下。据史书记载，这一时期最著名的建筑就数征梦亭和东武楼。

据钟辂《前定录》记载，贞元十六年（800年），郑式瞻任衢州刺史，刚刚考进士落第的豆庐辅真带着文章来拜候他。[1]郑式瞻对其十分礼遇，在馆给（公费）接待了数日之后，双方相互间亲近了。郑式瞻对豆庐辅真说：“君氏复姓，不宜以二字为名。吾为君易名如何？”豆庐辅真连忙表示感谢。郑式瞻写了“助”“署”等字给豆庐辅真选择。当天晚上，豆庐辅真梦见一老人对他说：“闻使君为汝改名，命中注定，汝应考四举方得成名，故而，‘四者’甚好。后二十年汝亦到衢州为守。”说完指着刺史衙门内的一块空地说：“此处可建亭台。”豆庐辅真醒后，认为所谓“四者”乃是“署”字，就以“署”字为名。这样，豆庐辅真就改名“豆庐署”了。过了二年又再次落第，豆庐署以为梦终归是梦而已，有知道其改名原委的人也讥讽他。又过了两年，豆庐署果然登第，原来是改名之后四次。元和十五年（820年），豆庐署出任衢州刺史。到任以后，豆庐署寻

〔1〕唐代有惯例，年轻士子往往带着自己的诗文拜访高官，以期被看重后能替自己宣传，如果能获得他们向朝廷推荐就更好了。

遍郡署，找到了梦中所指的那块空地建造亭台，并取名叫“征梦亭”。可惜，如今此亭已毁。

东武楼，又名女楼，衢州古城的九楼之一。据嘉靖《衢州府志》记载，东武楼在龟峰、峥嵘岭之间，会昌年间（841—846年）由郡守崔耿所建。该楼以星宿“婺女”而得名。又民国《衢县志》载，就星相而言，衢州地处于“斗十一至婺女七度”，又名“须女”。会昌元年（841年），山东清河人崔耿出任衢州刺史。次年，在峥嵘山筑女楼，并作《女楼记》传世。东武楼位于州治西北角，因年久失修，故崔耿予以重建。上楼下室，两侧有楼梯可登楼观景，楼前有山，楼下有护城河水流过，眺望全城，“一邑风景，万井人烟”。崔刺史在此春日观花，夏日纳凉，秋气澄明，冬景远望，喜庆之时，在这里大开筵宴，闲暇之时还可以在此博览群书，好一份闲情雅致。清同治甲戌（1874年），江西知府衢州人叶如圭曾作《婺女楼赋》，对东武楼再次作了详尽的描绘：“百雉红墙”“千麟碧瓦”“丹楹翠桷”“珠帘画栋”，可见在100多年前东武楼仍然耸立在龟峰西南。百余年战乱加之抗战时日寇狂轰滥炸，处在衢城制高点上的名楼今已荡然无存。[1]

四、唐五代时期的文化与名人

从唐代开始，衢州就十分重视教育。衢州尽管正式设州较晚，但拥有浙江最早创办的州学之一。进士徐安贞、状元徐徵的先后出现正是唐代衢州教育发展的明证。衢州最早的学校教育、私塾教育以及医学教育可以追溯到唐代；杨炯信仰、门神信仰以及徐偃王信仰也可以溯源到唐代。文学家杨炯和名将、信安郡王李炜、大文豪韩愈、大诗人白居易、刘禹锡、孟郊等人先后给衢州留下了不少诗文和传奇故事，为衢州留下了一段段佳话。中唐以后，烂柯山声名日盛，关于烂柯山的诗句在《全唐诗》中相继出现，甚至有过六位诗人以同样四个主题创作的组诗。

---

〔1〕民国《衢县志》卷七《古迹志·宅第园亭》。

（一）唐代衢州教育与科举

在官办州学、医学教育之外，还有私塾教育与之相配套。州学和私塾的兴办，推动了衢州文化教育事业的发展，为两宋衢州科举的腾飞创造了条件。据《浙江通志》记载，唐代浙江十一州（含苏州）共有进士92名，而衢州进士至少两名，都是龙丘县（今龙游）人。一位是太宗贞观年间的龚宸，另一位是中宗神龙年间的徐安贞。唐代还出现了衢州史上第一位状元徐徵。可惜，因为史料缺乏的关系，除徐安贞之外，我们对其余进士所知甚少。

1. 州学教育

唐代确立衢州州级行政区划后，由于历任刺史的努力，作为官方教育的重要机构衢州州学也随后得以完备。衢州州学建于州衙署所在地的峥嵘岭西麓，为浙江境内最早创办的五所州学之一。《衢州市志》《西安县志》都认为武德四年（621年），衢州初设即建有州学。且不论当时衢州仍不时有战乱发生，而且两度处于割据势力的控制之下，此时设立州学的难度是难以想象的。衢州州学的设立的时间当在武则天恢复衢州建制之时。当时的州学设博士一名，助教一名。唐德宗时改博士为主学。

2. 医学教育

官方医学在衢州具体始于何时已不可考，但浙江医官设置有史记载是从唐代开始的。贞观三年（629年），各州县置医药博士，官秩从九品。随后，衢州也置州医学，设博士、助教各一人，管理医学和教学。开元元年（713年），改医药博士为医学博士，官秩升为从九品上，主要负责用药医治民疾，并需执刀除病。[1]

3. 私塾教育

除了官办教育外，据史书记载，唐代衢州还有私塾教育。衢州私塾始自何时已无可考，而祝其岱在江郎山设私塾讲学，是目前文献中对唐代私塾的最早记载。

---

〔1〕朱德明：《浙江医药史》，人民军医出版社1999年，第12页。

祝其岱，字东山，号台峰，江山人，为唐初宿儒、隐士，年轻时曾中过明经科——这是唐代仅次于进士考试的科举考试，中举者通过吏部的考核也可做官。祝其岱博通经史，擅长诗文。当时人十分推许祝其岱的诗文，说他“诗无邪思，文有卓识，气浩词严，一扫当世污秽之习”。有官员推荐其出任集贤院正字，在当时三大文学馆之一集贤院负责校勘编辑。祝其岱坚决推辞不去上任。高宗后期，祝其岱儿子祝克明被唐初名将李勣之孙英国公徐敬业选为长婿，督理扬州粮饷，参知军政大事。祝其岱“父凭子贵”，被荫封为文散官从三品银青光禄大夫，也淡然处之。后来又有士大夫推荐他出任内翰检讨，负责修史，州县甚至派专车来敦促，祝其岱仍然坚决推辞。祝其岱晚年长期隐迹于江郎山，设馆讲学，从事著作。开元十七年（729年），祝其岱逝世，享年九十六岁。江郎山旧有祝东山行乐祠、家庙、墓葬等古迹。唐代著名宰相姚崇、陆贽，宋代名人文彦博、苏辙、朱熹等游江郎山，均赋诗题词赞颂其岱的文学成就。〔1〕

4. 进士、中书侍郎徐安贞

徐安贞，原名楚璧，后更名为安贞，字子珍，龙丘县人，唐开元年间的文化名人。据史书记载，徐安贞曾经参与制举的考试，据说成绩非常不错，一年之内“三登甲科”，被当时人所称赞。尽管制科出身也可以做官，但不如进士科前途好。于是，徐安贞又参加了进士科考试，神龙二年（706年），高中进士，被授予武陟（今属河南）县尉一职，后来又参与续修《七志》，整理皇家典藏秘籍。唐玄宗爱好文学，因此命徐安贞进入内廷，担任中书舍人一职，掌管起草诏书。玄宗每次口述文章及作手诏，大多命安贞起草，因此深得宠信，被授予集贤院学士。〔2〕开元十九年（731年）二月，徐安贞撰《文府》二十卷献给唐玄宗，不久升中书侍郎，成为唐朝中央政府最高决策机构中书省的副长官。

---

〔1〕《祝其岱传》，《衢州市志·人物·人物志》，第126页。

〔2〕集贤院是唐玄宗于开元十三年（725年）设立的掌管文史的机构，管理图书秘籍、校勘编撰等事宜，后来宋元等朝均有设立。学士是集贤院中常设的最高称号，仅次于非常设的大学士。

唐玄宗晚年宠幸杨贵妃，任用奸臣李林甫。据《新唐书》记载，徐安贞在中书省的时候正是李林甫为宰相之时，对李林甫误国行为也多有参与。据史书记载，徐安贞后不满朝政，遂弃官隐居湖南衡山岳麓寺，装哑做佣人，历经数年也没有被寺僧识破。后来，北海太守李邕游岳麓寺，遇见了徐安贞，两人握手言欢，一起坐车回长安。唐玄宗感念徐安贞昔日的贤能，封其为东海县子爵，徐安贞衣锦回乡。徐安贞不久即卒，时在天宝二年（743年），享年七十三岁，追赠尚书。[1]

5. 唐代信安状元徐徵

据清代徐松《登科记考》，开元二十一年（733年）状元是徐徵，同榜进士共25人。《登科记考》未载徐徵里籍，但据《泉郡徐公店状壳尚书公徐晦家谱》《泉郡华洲徐氏族谱》等记载，徐徵（700—765年），字慈恩，号瀫水，晚号长源，浙江信安（即今衢州）人。[2]

关于徐徵的世系，据《信安徐氏宗谱》，迁衢始祖徐仓由徐州渡江，迁徙衢州。之后，在衢州历九代，至六十世徐洎，徐徵为徐洎之弟，居信安。徐徵中状元后，出任福建晋江安平县主簿，遂寓居晋江。

徐徵是衢州历史上的第一位状元，也是徐氏历史上的第一位状元。他历官福建安平县主簿、晋江县丞兼少监之职。徐徵天性刚直，忠贞不渝，后被奸相李林甫所害，卒于福建晋江寓所，不显而终。今福建晋江市安海镇兴胜境徐厝中的“状元巷”就因徐徵曾居住于此而得名。

（二）唐代流传至今的民间信仰

唐代是中国民间信仰发育、发展的一个鼎盛时期。从城隍信仰到“门神”信仰，不仅为历代皇帝所推崇，并很快在民间普及开来。“盈川城隍”杨炯、“门神”尉迟敬德都是自这一时期流传至今的重要代表。徐偃王的后代是早期衢州先民中的重要一支。为了供奉和祭祀先祖，灵山徐氏大兴土木建造了灵山

---

〔1〕《旧唐书》卷一百九十《徐安贞传》;《新唐书·儒学下》卷二百《徐安贞传》。

〔2〕《徐徵：衢州史上的第一位状元》,《衢州日报》,2004年2月5日。

徐氏祖庙，并请来了大文学家韩愈为之立碑。也正是从这以后，徐偃王从一位贤王逐步发展成为周边地区的保护神，并一直影响至今。

1. 尉迟城砖与门神风俗

衢州自唐武德四年（621年）建郡治，民间之后流传着唐初大将尉迟敬德筑衢州城的传说。民国《衢县志》也有“尉迟敬德监造”铭文城砖的记载。其实这是两码事。

尉迟敬德（585—658年），即尉迟恭，字敬德，朔州善阳（今山西朔州朔城区）人，隋末唐初的名将，唐太宗“凌烟阁二十四功臣”之一。考察历史文献，尉迟敬德戎马一生，从未来过衢州，且唐武德四年距尉迟敬德归附李世民尚不足一年，其也根本不可能来衢州。因此，所谓的尉迟敬德修筑衢州城，只能是一个传说。清代衢州方志学家郑永禧先生推测，大概是尉迟敬德的部下“假借其名号”而筑城，这个理由也有些牵强。

刘国庆先生认为，所谓尉迟敬德铭文砖并不一定是唐初的遗物。它的出现与我国的“门神”风俗有关。所谓“门神”，是指人们贴于门前的神人画像，目的是为了辟邪除祟，抵御鬼魅，其中浸润着浓郁的宗教祭祀色彩。早在2 000多年前，在汉画像石墓门砖上就有最初“门神”的形象。而流传最广、影响最大的“门神”，除钟馗外，无疑就是尉迟敬德和秦叔宝（琼）了。相传，唐太宗有一次为鬼魅缠身，难以入眠。尉迟敬德和秦叔宝二人自请在寝宫外戎装护卫，这一夜果然平安无事。太宗十分称许，又以两人彻夜守卫太过辛苦，命画工绘二人戎装全像，悬于宫门之外，遂永为“门神”。据宋《咸淳临安志》记载，古代衢州人迷信鬼神，好祭祀。古人在建筑衢州城池之时，将尉迟敬德的名字镌刻于城砖之上，正是古人崇拜神灵，祈求城池安泰、祛除凶灾的文化心理的反映。[1]

2. 城隍杨炯与盈川城隍庙

新旧《唐书》记载，杨炯死于盈川县令任上，但对于如何死的记载不详，民间却由此催生出一段传说。

〔1〕刘国庆：《三衢钩沉》，《衢州探古》，第28—29页。

唐证圣元年（695年），盈川大旱，民多食树皮草根。县令杨炯忧心如焚，为祷神降雨，沐浴斋戒，在盈川潭边跪求上苍，在烈日下晕厥多次。这样，几个月过去了，骄阳依然如火。百姓为了求雨，就抬菩萨出庙，让烈日暴晒，敲锣打鼓吹龙角，骑独龙，还到盈川潭抛生铁求雨，但老天依然如故。因为久旱无雨，田地似火烧、地焦黄，灾民嗷嗷待哺。杨炯心知无力回天，垂涕叹息。怀着对无眼苍天的悲愤和对黎民百姓的怜悯，杨炯绝望地跳入衙内枯井（另一说跳入盈川潭）。当天夜里，喜雨倾盆，万亩良田稻禾复苏，灾民笑逐颜开，而枯井水盈浮起杨炯尸体居然面目如生，异香四溢。数十里外乡民闻知，扶老携幼接踵而来，焚香礼拜。是年，盈川县五谷丰登、六畜兴旺。百姓享丰岁之乐，深感杨公其恩，于是沐恩图报，建祠奉祀，塑杨公肉身神像，全冠龙袍，威仪显赫。次年（万岁通天元年，696年），武则天敕建的杨炯祠在盈川县落成，后改称盈川城隍庙。

历史上的盈川城隍庙（即杨公祠）遗址有三处。第一处在盈川村西旁，大觉寺古庙边（现寺基山左侧），建于宋代，已圮；第二处在盈川村东（刑溪），龙游县界团石汪境内，称“杨公祠”，仅存遗址；第三处即现庙，称盈川城隍庙，位于衢江盈川潭北岩，盈川古埠上台地，今衢江区高家盈川村。整座建筑由坐北朝南的两组建筑群组成。在东轴线上有前厅（戏台）、东西两庑、正殿、二庑、后殿，清光绪三十三年（1907年）大修后，因白蚁蛀蚀，1930年再次重修。“文革”后，盈川民众自发筹资大修。现建筑保存完好，民间祀典不衰。西轴线上仅存门厅和二厅的局部建筑和部分石条建筑遗迹，为清代嘉庆年间的建筑遗物。幸好环祠四周的垣墙齐备，形成一个独立的封闭空间，现被公布列为衢州市级文物保护单位。

杨炯是衢州历史上最著名的城隍神，其从人转变为神的经历，充分体现了原衢县、龙游百姓对其爱戴和纪念。盈川废县虽无迹，而杨公神庙常新，至今香火不绝。在1300多年的几次活动中，人们逐渐形成了一套完整的祭祀仪式，称为“杨炯出巡”，列入浙江省级非物质文化遗产名录。[1]

---

〔1〕章佳：《为令三载，遗爱千年——杨炯和盈川杨炯祠记》，《历史文化研究》第6辑，第76—85页。

3. 韩愈《衢州徐偃王庙碑》与徐偃王信仰

元和九年（814年），衢州刺史徐放重修龙游灵山徐偃王庙，欲为其徐氏祖先增光添彩。于是，他邀请著名散文家、诗人韩愈亲撰《衢州徐偃王庙碑》，并请著名书法家、福州刺史元锡手书碑文。元和十年（815年）十二月九日，此碑立于灵山之巅。如此郑重其事，在当时也算是衢州文化界的一大盛事。1 000多年过去了，1965年，此碑在龙游溪口镇一座桥下再次被发现，仅残存上半截，俗称“半截碑”，现存于衢州市博物馆内。此碑是衢州现存的最早碑刻，残高70厘米，宽68厘米，厚8厘米，平头削肩如圭状，魏碑字体，字径2.5厘米。[1]

韩愈（768—824年），字退之，河南南阳（今河南孟县）人，是唐代文坛的领军人物。由于韩愈性格秉直，而且为官后仍不改其性，故屡次被贬，累官至吏部侍郎，有《韩昌黎集》传世。[2]韩愈写碑文时，刚好四十七岁，出任考功郎中知制诰，掌管内外文武官员的考核，并负责起草诏书。这个官职虽不高，但权力很大，此时的韩愈正在仕途得意之时，但他并没有得意忘形，所写的这份碑文字里行间都透露出他的文学、政治主张。

韩愈以反佛著称，其《论佛骨表》一文痛斥佛之不可信。同时，他在诗中对道家宣扬的修炼而白日飞升也明确地斥为荒谬，对迷信长生不死而相信神仙的秦始皇、汉武帝曾给予严厉的批判。对于徐偃王这样一个传说多于记载的人物，韩愈并没有泛泛而谈，更没有过分将之神化，而是将徐氏与暴秦相比较，突出了对徐偃王德行的宣扬。也正因为徐偃王爱民的德行，使得“秦鬼久饥，徐有庙存”。韩愈虽不是无神论者，却以儒家的伦理道德规范为准则，劝喻为官、为政者，唯有“爱民”才能得善果。正如韩愈在碑文所说的“王（徐偃王）死于仁，彼（指秦始皇）以暴丧。文追作诔，刻示茫茫”。

（三）唐代衢州诗文

唐朝是诗歌的天下，虽除了徐安贞，我们至今没有发现第二个衢籍诗人，

---

〔1〕《唐·徐偃王庙碑记》，《衢州墓志碑刻集录》，浙江人民美术出版社2006年，第110页。

〔2〕《旧唐书》卷一百六十《韩愈传》；《新唐书》卷一百七十六《韩愈传》。

但这一时期的客籍创作十分发达，白居易、刘禹锡、孟郊等留下有关衢州的诗歌，为衢州保留了不少史料，留下了一笔笔宝贵的文化财富。唐朝中期以后，烂柯山的知名度进一步扩大，当时许多著名诗人来到这里，留下了诸多流传千古的名篇，客观上推动了烂柯山的宣传。

1. 徐安贞的诗文创作

徐安贞善五言诗，有诗文多卷，但久佚，现《全唐诗》中仅存其11首诗作。[1]《全唐诗》卷一百二十四收录《闻邻家理筝》[2]一诗，生动描绘了作者听邻家少女弹古筝的所思所想：

北斗横天夜欲阑，愁人倚月思无端。
忽闻画阁秦筝逸，知是邻家赵女弹。
曲成虚忆青蛾敛，调急遥怜玉指寒。
银锁重关听未辟，不如眠去梦中看。

另有《程将军夫人挽诗》一首：

琴瑟调双凤，和鸣不独飞。
正歌春可乐，行泣露先晞。
环珮声犹在，房栊梦不归。
将军休沐日，谁劝著新衣？

全诗短短五言八句四十个字，写得非常生动传神。其中“琴瑟调双凤，和鸣不独飞”一句，以比喻的方式生动刻画了程将军夫妇间真挚的感情，可谓入木三分。

徐安贞是衢州科举史上第一个有确切年代记载的进士。尽管有依附李林

〔1〕《全唐诗》卷一百二十四《徐安贞诗》。

〔2〕彭定求主编，陈书良，周柳燕选编：《御定全唐诗简编》上册，海南出版社2014年，第327页；该诗还被收入《唐诗三百首》。

甫的不足，但其文学才能，从他生活的那个时代开始就为人所推崇。明代龙游人、书商童佩编辑徐安贞传世遗文，编为《徐侍郎集》。可惜，目前徐安贞留存的作品不多，我们还难以对其文学成就有全面的了解，但仅仅凭残存的这些，其也无愧于唐代衢州进士第一人的称号。

2. 白居易的衢州诗文

白居易（772—846年），字乐天，号香山居士，下邽（今陕西渭南）人，唐代杰出的现实主义诗人。他的诗歌题材广泛，形式多样，语言平易通俗。他所写的《秦中吟》《新乐府》，敢于针对当权者的弊政，反映人民疾苦，深刻地揭露了当时的社会矛盾。

贞元四年（788年），白居易的父亲白季庚于徐州任满，改任衢州别驾（衢州刺史副手），十七岁的白居易随父居衢三年。17—20岁正是风华正茂的年纪，白居易住在府山衙署，游历衢州的山山水水，留下了不少诗文佳句。可惜，留存至今的唯有白居易十七岁那年写《王昭君二首》，以一句“满面胡沙满鬓风，眉销残黛脸销红”，感慨王昭君出塞的愁苦，字里行间透露出其对和亲政策的不以为然。[1]贞元七年（791年），白季庚调任襄州（今湖北襄樊），白居易也随之离开衢州。也许是年少时印象深刻，加上后来拜衢州籍大彻禅师学佛的经历，使白居易对衢州一直很关注，其作《轻肥》《岁暮枉衢州张使君书并诗因以长句报之》以及《大彻禅师传法堂碑记》等诗文，在历史上为衢州留下了重重一笔。

3. 刘禹锡的衢州诗

因为衢州刺史的一次送礼，诗人刘禹锡留下了《衢州徐员外使君遗以缟纻兼竹书箱，因成一篇用答佳贶》（简称《答衢州徐员外》）一诗：

烂柯山下旧仙郎，列宿来添婺女光。
远放歌声分白纻，知传家学与青箱。
水朝沧海何时去，兰在幽林亦自芳。

〔1〕《全唐诗》卷四百二十四至四百六十二《白居易诗》。

闻说天台有遗爱，人将琪树比甘棠。

“使君”是唐代对刺史的尊称，因为这位徐刺史还出任过某部员外郎一级的官员，因此称为“衢州徐员外使君”。考察衢州刺史表，与刘禹锡同时代的徐姓刺史最大的可能就是元和九年（814年）来衢的徐放。顺宗贞元元年（805年），刘禹锡因参与改革而被贬为郎州（今湖南常德）司马，当时与刘禹锡一同被贬的还有柳宗元等人，历史上称为“二王八司马”。刘禹锡在郎州司马任上待了十年，到元和九年时刚好是第九个年头。可能是同样的政治主张使徐放、刘禹锡结为好友。所谓“缟纻”，指友人间馈赠的礼物。这个礼物当然就是衢州的特产了。小小竹书箱蕴含了徐放对刘禹锡的深厚感情。所谓“千里送鹅毛，礼亲情意重”，刘禹锡也将其视为珍品，并特意赋诗一首作为答谢。其中“兰在幽林亦自芳”一句，历来为人们所推崇。兰是一种香草，幽林指僻静的山林，此句比喻人在独处时也要保持高洁的品质，刘禹锡借此也抒发自己尽管被贬九年，依然矢志不移的信念。

4. 信安郡王李祎笔下的烂柯山

最早进入人们视线的诗作是大名鼎鼎的信安郡王李祎一首五言诗《登石桥寻王质观棋所》，被后世誉为“仙诗”。全文如下：

别有经行所，迥跨重峦侧。粤因求瘼余，倏想寻真域。
放情恣披拂，杖策聊□□。□□□□□，□□□□色。
乱幡雾中见，雁塔云间识。薄烟幂远郊，遥峰没归翼。
仙桥危石架，幽洞乘□□。□□□□□，□□□易测。
二教无先后，一相平而直。冀兹捐俗心，永怀依妙力。

这是现存最早的关于烂柯山的诗。[1]全诗以白描的手法向人们描绘了烂

〔1〕李祎：《石桥》诗原注：（石桥）“在衢之烂柯山，即王质看仙人弈棋处也。诗有贞元二年严绶石刻记。诗内缺二十一字。”全文见《全唐诗》卷六。

柯山“围棋仙地”的胜景，尽管无一言提到围棋，但梦幻般的刻画不由得引起人们对王质遇仙的向往。李祎曾两任衢州刺史，此诗当写于其任职期间，即景云年间（710—711年），或于开元二十四年（736年）。贞元三年（787年），李祎的外孙韦光辅来衢州任刺史，其间在游览烂柯山时，见其外祖勒石诗已出现风化剥蚀现象，遂令其女婿、大理评事严绶将此诗重选碑石勒刻，并由严绶撰《衢州刺史韦公于石桥寺桥下以外祖信安郡王诗刻石记》同勒碑于诗下。因碑勒成于贞元年间，因此后世称此碑作“烂柯山唐贞元石桥诗刻碑”。后经战乱及岁月中的侵蚀，此碑已踪迹全无，荡然无存。仅从史书资料中能辨读到残缺不全的诗稿和碑记。

5. 中晚唐六诗人的烂柯诗

《全唐诗》卷三百一十二中记载了大历年间（766—779年）刘迥、李幼卿、李深、羊滔、薛戎、谢勮等六位诗人所写的烂柯诗。刘迥，彭城（今江苏徐州）人，著名史学家刘知幾之子，大历初年任吉州（今属江西）刺史；李幼卿，关中陇西人，大历六年（771年）任滁州（今属安徽）刺史；李深，大历年间任衢州刺史，存诗四首；羊滔，泰山人，大历年间中制举博学宏词科；薛戎，字元夫，河中（河南宝鼎）人，元和七年（812年）任衢州刺史，其诗当为其任刺史之前所作；唯有谢勮，不知何许人。这六人以《最高顶》《石桥》《仙人棋》《石室二禅师》为题，各自写了一首诗。虽然我们还无从考证此次诗会的年代和具体情况，但留存至今的24首五言诗[1]，向我们展现了当年诗会的胜景，也给烂柯山留下了一段佳话。

6. 诗僧皎然的烂柯诗

建中三年至贞元三年（782—787年），崔论出任衢州刺史，当时著名的诗僧皎然应邀来访。皎然，俗姓谢，字清昼，吴兴（今浙江湖州）人，南朝谢灵运十世孙，生卒年不详，活动于大历、贞元年间。他的《诗式》为当时诗格一类作品中

---

〔1〕刘迥、李幼卿、李深、羊滔、薛戎、谢勮等人的《最高顶》《石桥》《仙人棋》《石室二禅师》等，见《全唐诗》卷三百一十二。

较有价值的一部。《全唐诗》中有其《奉和崔中丞使君论李侍御萼登烂柯山宿石桥寺效小谢体》五言诗一首，是一首写给刺史崔论的和诗，其中“灵境若仿佛，烂柯思再逢”，体现了诗人对王质观棋遇仙的向往。[1]

7. 孟郊的衢州诗

贞元年间（785—805年），著名的苦吟诗人孟郊造访衢州。孟郊（751—814年），字东野，湖州武康（今浙江德清）人。孟郊早年生活困顿，曾周游湖北、湖南、广西等地，无所遇合，屡试不第，五十岁时始登进士第。孟郊一生仕途坎坷，这也造就了其诗歌成就。他和贾岛都以苦吟著称，又多苦语，苏轼称之“郊寒岛瘦”，后人便以孟郊、贾岛并称为苦吟诗人的代表。孟郊在衢州写下《烂柯石》《姑蔑城》《峥嵘山》三首山水诗，均是五言律诗，其中以“仙界一日内，人间千载穷”句最为人们所传颂。[2]

五、隋唐至五代宗教文化的兴盛

唐代，随着佛教的中国化，各种佛学教派纷纷涌现，使佛教在全国进一步兴盛起来。特别是中唐以后，由于历代皇帝们的推崇，佛教更是发展到极致。衢州同样也不例外。据统计，唐五代时期，衢州仅新建佛寺就有31处，其中西安县12处，龙丘（龙游）县4处，常山县10处，须江（江山）县5处，比较有名的有明果禅寺、开元寺、莲花寺、保安寺、华严寺，等等。特别值得一提的是，天宝年间龙耀寺的法载禅师追随鉴真大师东渡日本，为传播佛学与中华文化作出了贡献。而后出现的大义、大彻、桂琛三位禅宗高僧，师出名门，对佛家教义有各自独到的见解。其他诸如道义、藏廙、慧闻、遇缘、仪晏开明等禅师，都是具有一定影响的高僧。还有一位一身兼祧禅、净两宗祖师的永明延寿禅师，曾长期居住在衢州天宁寺，并在此期间开始编撰佛学巨典《宗镜录》。道教作为本土宗教，也在这一时期得到统治阶层的推崇，衢州道教也有不小的发展。

---

〔1〕《全唐诗》卷八百一十七《皎然集》。

〔2〕《全唐诗》卷三百七十二至三百八十一《孟郊诗全集》。

（一）法载：日本唐招提寺二祖

法载禅师，俗家姓氏不详，主要生活在8世纪中后期。据日本《（招提）第二祖法载和尚传》记载，法载和尚开法于衢州灵耀寺，“博园戒品”，深通天台宗、律宗两家之学。考灵耀寺旧在衢州龙游县城西北，始建于东晋安帝义熙年间（405—418年），是在春秋时期姑蔑宫旧址上建立起来的。到了玄宗盛唐时期，灵耀寺已是一座具有300多年历史的大寺，而法载就成名于此。然而，衢州的地方史料以及唐宋时期的高僧传记中却丝毫未见法载的记载，其主要原因就在于，唐玄宗天宝十二年（日本天平胜宝五年，公元753年），法载禅师跟随著名高僧鉴真东渡日本。目前关于法载行迹的记录，主要见于日方史料。

天宝元年（742年），因为日本学问僧荣睿和普照两人的敦请，鉴真准备东渡日本传播佛法，当时在场的有台州开元寺的思托、衢州灵耀寺的法载等弟子。当时，唐朝对出国境的管理是相当严格的，对于高僧的出境更有严格的限制。当初，玄奘法师西天取经也是“偷渡的”。因此，鉴真率弟子借口走海路从扬州到宁波天台上国清寺参拜，准备“偷渡”日本。由于高丽和尚如海的告密，第一次东渡失败。历史记载，鉴真先后经历了六次东渡方才成功。其中第二次至第五次东渡，法载参加的可能性不大——当时他正一门心思在衢州灵耀寺传法。748年，鉴真第五次东渡失败后，从两广辗转回到扬州。法载专程赴扬州看望，鉴真对法载在灵耀寺开法的成绩很是赞赏。753年，以藤原清河、吉备真备为首的第十次日本遣唐使圆满地完成出使任务，从长安取道扬州回国。临行前，二人专程拜访了鉴真，再次提出东渡日本的邀请。鉴真不顾六十六岁的高龄，也不顾双目失明的不便，依然率领弟子第六次东渡，同行的有法进、思托、法载、义静等人。

鉴真在日本待了十年，前五年忙于开坛建院、教育行政，后五年筹建著名的唐招提寺。法载到日本后被天皇政府任命为“律师”——日本的一种高级僧官，其地位仅次于僧正、僧都。法载除协助鉴真校正日本所行佛经的谬误之外，主要讲解经疏，传授天台宗、律宗佛学教义，“诱迪缁侣”。律宗由中国传入日本，并不始于鉴真，而鉴真及弟子把律宗教义和传戒制度完全传入日本，使之成为日本佛教的一个独立宗派。757年(日本天平宝字元年),鉴真师徒在京都奈良开始创建一座新寺院,这就是至今仍然巍然屹立的唐招提寺。此时的鉴真已经是七十岁高龄了,只能在总体设计上作指导,具体事务是由法载和义静承担的。他们因陋就简,利用原有的亲王旧宅和富豪信徒的捐献进行改建和扩建。该寺主要建筑包括金堂、讲堂、藏经堂、地藏堂等,体现了浓郁的大唐风格,现被日本政府定为日本国宝。鉴真临死前曾指派法载、义静、如宝三人管理招提寺寺务。三大律师同心协力,一心弘法,"为世所重",而法载位居三律师之首,因此被推举为"招提寺二祖"。

鉴真师徒东渡传法,传播了中国文化,招提寺更是中日人民传统友谊的象征,衢州僧法载禅师在其中功不可没。

(二)陆贽捐田龙兴寺与郑式瞻塑像

唐初的帝王推崇道教,并将自己称为道教祖师老子李耳的后裔,但出于统治的需要,皇帝们也不排斥佛教。也许因为有曾在感业寺出家的经历,武则天大造佛像,各地寺庙也塑造佛像成风,掀起了一股礼佛热潮。705年,大周皇帝武则天病逝,唐中宗李显恢复唐国号,改元神龙,赐衢州"郑觉寺"改额"龙兴寺",顾名思义:"大唐神龙兴旺发达。"在此后的近一百年里,龙兴寺一直是衢州的名寺。唐中期以后,皇帝们个个虔信佛教。唐代宗(762—779年在位)时,有番僧不空,官至卿监,出入宫禁,势比权贵。唐德宗(780—805年在位)、唐宪宗(806—820年在位)先后迎佛骨于宫中拜奉。不少官员捐田、捐资修葺殿堂、塑造佛像,各地也纷纷上从下效。一时之间,中外臣民,"如痴似狂"。

贞元十年(794年),唐代著名宰相陆贽来到衢州,与龙兴寺结缘。陆贽(754—805年),字敬舆,苏州嘉兴人(今属浙江),大历进士,官至中书侍郎、同平章事。贞元十年(794年)冬,陆贽被罢相。据康熙《西安县志》记载,陆贽离职后来到了衢州。在这里,他寻访了李祎、白居易、皎然、孟郊的诗词之路,景色如画的烂柯山仙境和江南古城使他流连忘返,于是决定在衢州城北建宅,并买田千亩,定居下来。明嘉靖《衢州府志》也有关于"城西陆宣公(贽)宅"的记载。陆贽原本欲学陶渊明在衢州过"采菊东篱下,悠然见南山"的隐居生活。

但天不从人愿，贞元十一年（795年），他再次被贬，降为忠州（今四川忠县）别驾。陆贽知道自己不可能再回到衢州，即将购置的田产千亩捐赠给龙兴寺，留下一段千古佳话。后来，陆贽在忠州别驾任上去世，为纪念陆宣公赠田义举，龙兴寺僧人还在寺庙左庑塑陆公像，春秋祭祀。

贞元十六年（800年），郑平十九世孙郑式瞻出任衢州刺史。受皇室信佛影响，郑式瞻捐资修葺殿宇，塑516尊罗汉，同时建造会宗堂，以祭祀先祖郑平。郑式瞻在龙兴寺修建罗汉道场，成为当时衢州佛教界的一桩大事，使龙兴寺更加香火鼎盛，成为浙西最大的罗汉道场。唐代衢州佛教在这一时期达到了顶峰。

佛教的盛行固然是衢州文化史上的一大盛事，中唐以后至五代时期，衢州也确实出了不少知名高僧。但是佛教的过度发展对国民经济是不利的，不少寺庙大量占有田产，形成一个庞大的游手坐食的僧侣地主阶级。佛教势力对封建国家的政治结构和社会经济造成了严重危害，并成为唐代中后期一大社会矛盾来源。

（三）信州鹅湖大义禅师

大义禅师（744—818年），衢州须江（今江山）人，俗姓徐氏，中唐江西洪州禅系京禅一派著名高僧。大义幼年出家，童稚之年就剃发学戒，二十岁时受具戒，正式成为僧人。为追求佛学奥义，大义又远赴江西，跟从禅宗高僧马祖道一学佛，很快就成为道一门下的入室弟子。大历年间（766—779年），大义来到了上饶郡（今上饶市）西面百里的名胜鹅湖山。鹅湖山为武夷山之余脉，位于今江西铅山县境内。古时候山上有湖，而且遍生荷花，故名荷湖。相传东晋有双鹅羽化成仙而去，遂更名鹅湖。大义于峰顶建寺，后移至山脚官道旁，以山得名鹅湖寺。由于大义声名远播，鹅湖寺创立不久就学者云集，成为当年天下八大丛林之一。[1]

在佛学上，大义继承了传统的洪州禅法，反对区分“执著心”的有无，认

〔1〕《信州鹅湖大义禅师》，《景德传灯录》卷七《怀让禅师第二世法嗣》。

为“形”与“相”不可分别。当时著名的哲学家、文学家李翱（韩愈弟子）曾向其学禅问道。李翱曾经问禅师：“大悲用千手眼作么？”（大慈大悲的观世音菩萨要千手千眼做什么？）禅师反问说：“今上用公作么？”（当今皇帝又任用你做什么？）言下之意，学禅要用心，不要拘泥于外物。唐宪宗下诏召大义入宫，担任宫禁的内供奉。于是，禅师就寄居于长安慈恩寺中，还参与麟德殿斋会，探讨佛学问题。当时，大义与皇太子李诵关系密切，李诵即位为顺宗后，于是更受尊崇。《景德传灯录》记载了禅师以《维摩经》成句的三句答辞将学识深厚的高僧挫败的事情，充分体现了大义禅师高深的佛学修为及对《维摩经》的熟稔。中唐时期禅宗对“见性”思想的论述很多，影响最广的当属大义禅师。顺宗曾经问当时另一位高僧尸利禅师：“大地众生如何得见性成佛？”（芸芸众生如何能够见性成佛？）尸利回答说：“佛性犹如水中月，可见不可取。”（佛性就好比水中的月亮，可以看得见却拿不到。）大义禅师却对顺宗说：“佛性非见必见，水中月如何攫取？”大义此语意为佛性不是用眼看的，而是用心“看”的，用心去体悟的，水中月是不可能拿得到的。顺宗又问：“何者是佛性？”禅师回答说：“不离陛下所问。”言下之意，皇帝你问了这个问题，本身就是“佛性”。皇帝听了后一阵默然，后来更加器重禅师。顺宗在位时，一度革旧出新，任用贤良，原本可以有更大的作为，可惜不久因中风退位，大义禅师也回到鹅湖寺。唐元和二年（807年），宪宗召见大义，赐封号“慈济”，敕建鹅湖山“慈济禅院”。元和十三年（818年）正月七日，大义禅师圆寂，享年七十四岁，敕谥慧觉禅师见性之塔。[1]

大义禅师在上饶铅山县影响极大。据记载，当地武术中有一种叫“吞吐拳”的拳种就发源于鹅湖寺，相传是由大义所创的保寺拳术。所谓吞，即后退、泄力、化解，表面看来全属守势，实为诱敌或避敌之法；所谓吐，即逼前、发力、进攻，乘敌之虚用手或足击打；吞吐相连，变幻莫测。铅山县永平镇有大义桥，始建于唐朝大历年间，系大义禅师所创建，后经历代重修，至今保存完好。

---

〔1〕韦处厚：《兴福寺内道场供奉大德大义禅师碑铭》，《全唐文》卷七百一十五。

（四）大彻禅师的禅学心得

大彻禅师（755—817年），俗名祝惟宽，又称惟宽禅师，信安县人，中唐江西洪州禅系京禅一派著名高僧，与大义禅师属同门。目前，我们只知道其祖父叫祝安，其父亲名皎生，对其家世一无所知。大彻年方十三的时候，见人杀生，心里觉得不忍，于是向僧昙请求剃发出家。大彻二十四岁的时候受具戒，在僧崇等大师的见证下，领受戒法。最初，禅师向僧如学习《毗尼经》，体会天台宗三种“止观”的修证法门，直到遇到了马祖道一禅师才尽得禅宗真传。

贞元六年（790年），大彻奔走于闽越之间，一年多以后回到衢州明果寺。明果寺今位于庙前乡境内，距衢州城35千米，寺以武则天亲书额“明果寺”而得名。其后，禅师又先后到了会稽、鄱阳、少林寺等地，接受了更为严格的戒律考验，并有所感悟。贞元二十一年（805年），禅师来到京城，先后在卫国寺、天宫寺等地讲法，一时之间，名声大噪。元和四年（809年），唐宪宗闻知，在安国寺召见了大彻。次年，禅师还参与麟德殿斋会。此后，禅师长期驻锡长安城郊兴善寺，在传法堂讲佛学。元和十二年（817年）二月，禅师升堂说法后，坐化于兴善寺传法堂，敕谥大彻禅师。[1]

元和十四年（819年），白居易在忠州（今四川忠县）任上撰《西京兴善寺传法堂碑铭并序》。此碑全文九百三十字，以精妙的手笔，撰述了大彻禅师一生的经历和佛学思想，宣扬佛学“善待生灵、佛传于世、代代相传、生生不息”的佛学观点。此碑是禅宗史上的一部重要文献，其中提到的“洪州大寂”（马祖道一）、“牛头法融”“嵩山神秀”“东京神会”是当时禅宗的四大宗派。碑文所叙的谱系，虽有点杂乱，然而代表了洪州门下当时的意见。

碑文还记载了当时在东宫担任的闲职白居易曾先后四次谒拜大师问禅的事情[2]。白居易有一次问禅师：“既曰禅师，何故说法？”禅师回答说：“无上菩提者，被于身为律，说于口为法，行于心为禅。应用有三，其实一也。如江湖河汉，

〔1〕《京兆兴善寺惟宽禅师》，见《景德传灯录》卷七《怀让禅师第二世法嗣》。

〔2〕白居易：《西京兴善寺传法堂碑并序》，《全唐文》卷六百七十八。

在处立名，名虽不一，水性无二。律即是法，法不离禅，云何于中，妄起分别？”[1]白居易又问：“既无分利，何以修心？”禅师回答：“本无损伤，云何要修理？无论垢与净，一切勿起念。”[2]白居易三问：“垢即不可念，净无念可乎？”禅师回答：“如人眼睛上，一物不可住，金屑虽珍宝，在眼亦为病。”[3]白居易四问：“无修无念，亦何异于凡夫耶？”禅师回答：“凡夫无明，二乘执著，离此二病，是名贞修。贞（一作真）修者，不得动，不得忘。动即近执著，忘即落无明。”[4]

在大彻禅师的眼里，世间一切，有好有坏，有大有小，故一切都有分别。无论是做人、做官还是做和尚，都要讲究修行。身修就有不杀、不盗；口修则有不妄语、不恶口；意修则不贪欲、不邪见。身口意的修行，当然各各有别。倘若于自身心正清净，哪里需要修正，更不需要谈“勤忘”。这就是禅师的禅宗心得。

（五）桂琛禅师对中国禅宗的影响

桂琛禅师（867—928年），俗姓李，常山人。相传，他小的时候就已经初显出与众不同，为乡亲们所敬佩。当时，他坚持要求远离俗世，甚至如出家人一般，每日只吃一餐素食，以调心养气。长大后，桂琛辞别父母出家为僧，拜在本地万岁寺无相大师门下。万岁寺无相，名声远播，与当时的文人颇有交游。桂琛剃度受戒之后，无相命其学习律藏，严格遵循自古以来的戒律修行。这与桂琛一向潇洒的个性很不契合，于是萌发了另寻他师的想法。在众僧的愕然之

---

〔1〕白居易一问：既然称为禅师，（那就修禅），为什么还要说法？禅师回答：无上的佛法，加在身上就是律，说出于口就是法，用心去体悟就是禅。应用的虽然是三个部分，但实际是一致的。就像长江、淮河、黄河、汉水，虽然外在的名称不一样，但其水的性质是一致的。律就是法，法不离禅，怎能轻易将其分开？

〔2〕白居易二问：既然没有分别，那么怎样修心呢？禅师回答：心本来就没有损伤，为什么要修？无论心里是肮脏还是洁净，关键在于不要“起念”，就是不要产生欲望。

〔3〕白居易三问：（心）肮脏了，可以擦拭，不“起念”；（心）洁净了，能没有欲望吗？禅师回答：就像人眼睛，异物也不可在里面居住，金子的粉末即使是宝贝，在眼睛也会致病。乌云遮蔽天空，白云同样遮蔽天空。

〔4〕白居易四问：不修行，没有欲望，又与凡夫俗子有什么差别呢？禅师回答：那些凡夫俗子一是常常“无明”，不通佛理；二是很执着，很固执。脱离“无明”和“执着”这两个毛病，才是一名真正的修行者；真正的修行者，既不会勤于修行，也不会全然忘却，过于辛勤就近乎执着，忘却就落得“无明”。

中，桂琛辞别了无相大师，四处寻访禅宗南派各禅师。在先后参访了云居禅师、雪峰禅师等高僧之后，终于拜于玄沙师备名下。

因为确与玄沙大师有师徒缘分，当时大师门下有僧侣七百余人，而得其真传的，众人均推桂琛为首。《景德传灯录》中还记载了关于“拂尘与扫帚”的一段公案。桂琛禅师见有僧人来，就举起拂尘说：“还会么？”（知道了吗？）僧人说：“谢和尚慈悲示学人。”（感谢大和尚慈悲明示了我禅法。）桂琛禅师说：“见我竖拂子，便道示学人，汝每日见山见水，可不示汝？”（看到我竖起拂尘子就以为我明示你了什么，那你每天看山看水，怎么不认为它们也明示你什么呢？）桂琛禅师又看到一个僧人过来，就又举起拂尘，僧人就称赞着作揖礼拜。桂琛禅师说：“见我竖拂子，便礼拜赞叹。那里扫地竖起扫帚，为甚么不赞叹？”（你看见我竖起拂尘子就称赞礼拜，那么旁边有人扫地竖起扫帚，你为什么不礼拜赞叹呢？）

这两段对话看似桂琛禅师言语尖酸刻薄，出口伤人，实则却是婆婆心肠，言语机锋间给学子一个指示：拂尘不能因为掌握在师傅手中，是禅家之器用，就有所特别，其实它比之扫帚与日常所看的山水，没什么两样。禅家说悉皆平等，正因如此。而学子所作的对拂尘的赞叹与礼拜，传达出了学子仍旧禅心未现，故当即遭禅师言语否定，希望学子能自识其心，不要被外物蛊惑而沉迷不拔。

在得法之后的一段日子里，桂琛默默地潜处修行。虽然如此，其名声却四处传开来。当时的地方官纷纷前来请之出山，并为之修建了道场；最后，桂琛落脚于福建漳州罗汉院，教授弟子，其中又以江西抚州曹山寺的文益、江州（今重庆）东禅寺的休复两位弟子最为杰出。桂琛还授徒清凉文益，直接影响到中国禅宗“五家七宗”最后一派——法眼宗的形成，在中国禅宗史上占有重要的地位。许多佛教经典都记载了文益拜见桂琛的机缘。

据《景德传灯录》记载，文益因天下雪小憩于地藏院，因而初遇桂琛。桂琛问：“此行何之？”（长老到哪里去了？）文益回答：“行脚（化缘）去。”桂琛又问：“作么生是行脚事？”（行脚化缘是为了什么？）文益回答：“不知。”桂琛说：“不知最亲切。”两人又谈论起《肇论》，谈到“天地与我同根”处时，桂琛问文益：“山河大地，与上座自己是同是别？”（山河大地与长老是相同还是有区别？）但无论文益说“别”还是说“同”，桂琛均竖起两指。

《五灯会元》接着又有以下记载：文益于次日辞行，桂琛出门送行，指着庭中一块大石头问道，长老们常说“上座寻常说三界唯心，万法唯识”，“且道此石在心内？在心外？”文益回答：“在心内。”桂琛又问：“行脚人著甚么来由，安片石在心头？”（行脚和尚有什么理由，放块石头在心头？）文益窘然无言以对，于是决定留下，请桂琛指点。两人每天谈论心得，桂琛对文益的回答总是予以否决。文益说自己已经词穷理绝，桂琛这才告诉他：“若论佛法，一切见（现）成！”文益顿时开悟。这“一切现成”也就成为法眼宗的根本思想。文益原来接受的是“三界唯心，万法唯识”思想，桂琛认为这是不彻底的，因为它也会造成执着。上面说到的“不知最亲切”也是这个意思，因为见闻知觉妨碍对现成佛法的证悟。法眼宗取华严思想入禅，并公开号召禅僧读经，表明禅宗在这时已发生了变化。部分禅僧借顿悟之名，“臆断古今”“棒喝乱施”“真伪不分”，致使禅宗面临着潜在的危机。文益的上述思想后来为永明延寿所继承和发扬，成为全面推广“禅教一致”的重要理由。[1]

（六）其他衢州高僧

道义，生卒年不详，本是江东人，在衢州龙兴寺出家受业。据《广清凉传》记载，唐开元二十四年（736年）四月，道义禅师和杭州僧人普守结伴，前来五台山在清凉寺挂单。五台山是文殊菩萨的道场。相传道义在五台山苦苦修行，诚心礼佛，得见文殊圣迹，绘“金阁浮空”图[2]，并于大历元年（766年）至长安奏请朝廷同意建金阁寺。唐大历五年（770年），印度来华的不空三藏法师根据道义禅师在五台山礼佛所见“金阁浮空”图像建金阁寺。寺阁铸铜为瓦，涂金于上，整座寺庙，金光灿烂，冠于五台，在国内外享有盛名。敦煌壁画中至今仍

〔1〕唐潇潇：《五代桂琛和尚及其〈明道颂〉述论》，见福建省佛教协会网。

〔2〕《道义和尚入化金阁寺十五》，华和平主编：《文白对照清凉山志传》，山西人民出版社2009年，第83页。

可以看到唐代金阁寺的形象。[1]

藏奂（798—879年），唐代高僧，龙牙山圆畅禅师弟子。俗家姓程，衢州信安人。幼岁神气朗畅，貌质魁然。唐元和年间（806—820年），辞别亲人，前往长沙岳麓投灵智律师出家。长庆三年（823年），于武陵开元寺受戒。初听律部，后参龙牙山圆畅禅师所云“蕴界不真，佛生非我，子之正本，当何所名，而从谁得”，一言领悟。会昌毁佛期间，避于柯山。后住龙兴寺，广扬道化。乾符六年（879年），辞世，享年八十二岁，僧腊五十六。《景德传灯录》卷十有传。

慧闻，唐代高僧，信安（今衢州）人[2]，居衢州灵石寺传法。他常劝施主以福业为最，说：“未进入圣位，就在天、人、畜牲、地狱、饿鬼这五道中轮回，除了福还有何依凭？”曾在衢江铸造丈八金身像，州官未批准，问：“铜从何来？”但他说：“等待大施主。”不久，清溪县来了夫妻二人施舍嫁妆铜镜，慧闻为他们发愿念咒说：“这铜镜如果铸在佛心前，就是这夫妻旋舍至诚。”在打开铸模而露出铜像时，果然铜镜嵌在佛的胸间。[3]曾于江中铸丈八金身佛像，凡是办事皆成，皈依信仰的人甚众。

遇缘，五代高僧。初参越州（今绍兴）镜清寺道忞禅师，“遂获开悟”。这以后遇缘云游四方，人称“铁脚和尚”，后住衢州南禅院弘法，道名远播。[4]有人问：“禅师既是铁脚，为什么还骑马？”遇缘回答：“腰带不是为了止住肚子痛，幞头也不是为了抵御天寒。”有人问：“和尚这般年轻，为何却称为尊宿？”禅师回答说：“千岁只言朱顶鹤，朝生便是凤凰儿。”[5]

---

〔1〕杨子荣编：《三晋文明之最》，三晋出版社2012年，第70页。

〔2〕“慧闻条”作：“信安（今广东高要人）”，见张志哲主编：《中华佛教人物大辞典》，黄山书社2006年，第383页。按广东高要为信安郡郡治，隋大业三年改端州置郡，武德四年仍改端州。信安县，今浙江衢州，晋时由新安县改，唐初仍名信安县，咸通年间（860—874年），信安县改称西安县。故慧闻应为衢州人。

〔3〕“唐衢州灵石寺慧闻传”，尉迟治平等译：《白话千年中国高僧传》，华中理工大学出版社1994年，第362页。

〔4〕“遇缘”条，张志哲主编：《中华佛教人物大辞典》，黄山书社2006年，第327页。

〔5〕“衢州南禅遇缘禅师”条，（宋）普济辑，朱俊红点校：《五灯会元》，海南出版社2011年，第666页。

仪晏开明禅师，衢州乌巨山高僧，原本是吴兴许姓人家的儿子，唐乾符三年（876年）出生，据说其出生夜曾“异香满室，红光如昼”。光启年间，仪晏随父亲做镇守官来到信安后，父亲强行给他娶亲，他不愿意。于是遍游四方，在镜清处得以契悟禅机。开运年间，在游江郎岩时，禅师看见一座石龛，就对弟子慧兴说：“予入定此中，汝当礨石塞门，勿以吾为念。”慧兴照他的话做了。第二年，慧兴以为禅师已经死了，打开石龛后，看见禅师白发披肩，胸前还有暖气。禅师慢慢地从定中起来，容貌神色没什么不同。吴越忠懿王钱弘俶感应到禅师在梦中出现，就派使员去画了禅师的肖像回来，刚好忠懿王正患有眼病，打开画像礼拜时，看到同梦中所见一样，随后就有舍利子雨点般落下，眼病也立即好了。因此就赐“开明”号给禅师，又记录禅师的偈颂，赠给禅师数以千计的宝器、供具等物。

端拱初年，宋太宗听说了禅师的“定力”后，下诏令本州府加修礼数，用船接禅师进京，禅师极力推辞。皇帝派僧人再次下达御旨，特地下令用肩舆抬着进京，禅师才入便殿应对。禅师奏对言简意赅，深合皇上旨意。淳化元年（990年），禅师圆寂，年寿为一百一十五岁，受戒后的腊寿为五十七岁。焚化时白光贯空，留有五色舍利子。地方上的人用禅师的灵骨塑像，据传，州郡祈求雨水，祈祷后有求必应。[1]

（七）永明延寿禅师与佛学巨著《宗镜录》

永明延寿（904—975年），俗家姓王，字冲元（一作冲玄），祖籍江苏丹阳，后迁浙江余杭，是五代末北宋初的著名高僧。延寿青少年时曾习儒学，亦喜诵读佛经，出家前，还曾担任过余杭官库库吏、华亭镇镇将。他天性仁慈，不食荤腥，常常放生。其出家因缘就与放生有关，颇富传奇色彩。一次因放生量大，延寿挪用了库银，按当时律令应判死罪。临刑时，延寿毫不畏惧，潇洒自若。吴越文穆王钱元瓘理解其慈悲心肠，钦佩其胆识，秘密下令赦免了他。于是，延寿

〔1〕“衢州乌巨山仪晏开明禅师”条，蒋宗福等主译：《五灯会元》，西南师范大学出版社1997年，第464—465页。

前往浙东四明山龙册寺拜翠岩令参为师，出家学习禅法。当时法眼宗二世祖德韶国师在天台山讲法，延寿慕名而上山追随国师学习，终于洞悉教理，深入禅定。据说，延寿曾在天台山智者岩入定九十天，飞鸟都在其衣服里筑巢。德韶对延寿非常器重，传法与他，是为法眼宗三世祖。此后，大师在天台山国清寺结坛，虔心修习《法华忏》。相传，其诵《法华经》时常七行俱下，群僧纷纷感动地纷纷跪听。后来，延寿又到天柱峰诵读《法华经》三年，尽得佛法真谛，声名远播。

天宁禅寺是当时浙西佛教文化中心，历代高僧驻锡甚多。据史料记载，永明延寿禅师曾来衢驻锡天宁寺，正是在这里，其开始编撰佛学巨著《宗镜录》。建隆元年（960年），延寿主持重修杭州灵隐寺，重建殿堂1 300余间。次年（961年），应吴越王钱弘俶之请，驻锡慧日永明院（即净慈寺）。《宗镜录》最后在该寺演法堂内定稿。《宗境录》共100卷，80余万言，"举一心为宗，照万法如镜"，是为"宗境"，是中国佛教史上最重要、最有影响的典籍之一。这部书概括了大乘、小乘经典的精华，引用数百种重要文献，融会天台、贤首、慈恩异同之旨，是六十部大经论与三百多部显密思想的集中体现。[1]延寿禅师另著《万善同归集》三卷、《神栖安养赋》一卷、《唯心诀》一卷、《定慧相资歌》一卷以及《禅净四料简》等，内容着重弘扬其禅净融通合修的思想，其中"指归净土，最为切要"，成为后世净土宗依据之典籍。开宝八年（975年）二月，延寿早上起来，自知不久于人世，于是焚香告知众人，盘腿趺坐而化。墓塔建于大慈山，吴越忠懿王钱弘俶曾建亭以志纪念，这就是著名的永明塔院。大师临终前遗嘱"纳土归宋，舍别归总"，为吴越王所采纳，对避免战乱，实现北宋和平统一发挥了重要作用，地处吴越国的衢州也深受其惠。

永明延寿大师是中国佛教史与文化史上的一代高僧，佛学巨擘，文化巨匠。其一心为宗、诸宗融合、万善同归的思想，奠定了此后中国汉传佛教发展的主流，对中国佛教的发展具有巨大而深远的影响。他不仅是法眼宗三祖，还

---

〔1〕杨笑天：《举一心为宗，照万法如镜——〈宗镜录〉"标宗章"之发现与浅释》，《法音》，2001年第12期。

被公认并尊奉为莲宗（净土宗）六祖，在中国佛教史上一身兼祧影响最大的禅、净两宗祖师的唯有大师一人。他一生著述等身，尤其是其佛学巨著《宗镜录》，编成之时，吴越忠懿王亲为制序，予以高度评价。永明延寿大师在生前与寂后一直受到推崇，而且评价越来越高。清雍正皇帝是历来对大师评价最高，推崇最力的一位，称永明延寿大师为“古佛再来”，是“曹溪后第一大善知识”，“从来善知识中，尤为出类拔萃者”，“超出历代诸古德之上”。[1]

（八）衢州道教的发展

道教是中国的本土宗教。在南朝时期，伴随着衢州佛教的兴盛，道教寺院也进入我们的视线。梁大同年间，太末县（今龙游）在县东三十里建有崇仙宫。梁大同四年（538年），在东华山下建集善宫。梁代，还在县南十里建含辉宫，亦名景灵宫。

唐代，李氏王朝以道教祖师李耳（老子）为先祖，进一步重视道教的发展。天宝年间，衢州城内道士忘言子募建道观，宋大中祥符二年（1009年）名“大度观”，元贞元年（1295年）赐额“玄妙观”。唐末五代杜光庭、司马承祯作《洞天福地岳渎名山记》《洞天福地天地宫府图序》，构建了包括十大洞天、三十六小洞天以及七十二福地在内的道教“洞天福地”体系。烂柯山被列入七十二福地之一。按照道教的说法，烂柯山是上天派遣真人治理并帮助修行人士得道成仙的地方。

据雍正《浙江通志》记载，唐贞元（785—805年）初年，有番阳女冠（女道士）詹妙容在须江县（今江山市）筋竹山修真，“以楮木之皮为衣，以树上果实为食，后腾空而逝”。其修行处在县西北十五里，后名登真岭（岩），在今江山市丰足乡。唐末建有僧刹，名为“真岩寺”。

又有龙游人酆去奢，少年入道，三十余岁时居松阳县安和观修炼得道。

〔1〕黄公元:《雍正皇帝与永明延寿禅师》,《杭州师范学院学报（哲社版）》,2006年第3期。

第五章　古代社会经济文化的最高峰
——两宋时期的衢州（978—1279年）

随着全国经济中心的南移，衢州的经济文化在两宋时期飞速发展。占城稻的引进和稻麦两熟制的推广促进了衢州农村经济的发展，制瓷业、冶炼业、制墨业、雕版印刷业的兴旺带来了手工业的繁荣，仙霞古道的建设及衢江水运的发展推动了商品交流和商税的发展，这一切使衢州经济达到一个新的高度。经济发展的同时促进了文化的发展，大量的书院、义塾得以开办，衢州的科举达到了高峰，涌现大批状元、宰相以及诗人、学者。孔氏大宗南渡后，衢州成为江南的儒学中心，对周边婺学、闽学以及永嘉学派等的产生具有深远的影响。同时，衢州的城市建设达到了新的高度，衢州城市的基本格局就是在这一时期形成的；沿衢江两岸众多集镇和草市的形成，也标志衢州城市化向乡村推进的开始。

一、两宋时期的统治

978年，衢州纳入宋版图。尽管宋朝任用文官执掌州政，但仍然将衢州作为一个军事要地来建设。两宋之交，包括孔氏大宗以及赵鼎、魏矼等名臣在内的大批北方移民的迁入推动了衢州的发展。经济文化的发展带动了人口的集聚。总体上，从北宋至元代，衢州比起温州、金华等地区，人口增长较快，从十余万增长至三十余万。由于地处江南税赋中心，百姓对朝廷暴政的反抗也是此起彼伏。绝大多数衢州历史上的农民起义发生在这一时期。著名的方腊起义就曾波及衢州，起义失败后，其余部还在衢州地区坚持了一年。特别是在南宋，衢州地区爆发的起义达七次之多。

（一）北宋王朝对衢州的统治

北宋时期，中央政府在整个浙江以及今上海、江苏常州、镇江、苏州等地设立了两浙路。这一地区是当时全国经济重心南移并最终确定的所在。北宋时期也是衢州经济文化社会大发展时期，以文臣执政的方针巩固了衢州地区的稳定，也促进了经济文化社会的全面发展。衢州最后一个县开化县也设立了，基本确定了其后1 000多年衢州行政区划的基本格局。

1. 衢州行政区划与机构的设置

宋太平兴国三年（978年），吴越国全境归属宋朝。宋代地方行政区划一般分为路、州府军监和县三级。同年，置衢州，属两浙路管辖，张则任首任知州，州署设在衢城峥嵘岭。当时，行政上两浙基本为一路，设一知两浙诸州事，但在财政上分设两浙西南路转运使和两浙东北路转运使。

按户籍人口数量，宋代将全国的州分为雄、望、紧、上、中、中下、下七等；县分为赤县、次赤县（京城区）、畿县、次畿县（京城周边）、望县（四千户以上）、紧县（三千户以上）、上县（二千户以上）、中县（千户以上）、下县（千户以下）等十等。《宋史·地理志》记宋代衢州的建置，从中可见衢州各县情况：衢州，属上等州，南宋时又称信安郡，属军事重地，有驻军。衢州属县五：西安县为望县，礼贤县（即江山县，南宋时改）为紧县，龙游县（宣和三年改称盈川县，南宋绍兴初年又改回来）为上县，信安县（即常山县，咸淳三年改）为中县，开化县为中县。

宋太祖采取以文臣知州事的政策，取代原不掌管州务的防御使等武职官，并以通判监督州郡长官，贯彻“稍夺其权，制其钱谷，收其精兵”的方略，以杜绝唐末藩镇武装割据的局面。州府的首官为知州，全称为知某某州军州事；通判为副长官，宋代的通判具有很大权力，凡是往来公文，均与知州联署，即通判州事。知州属下有掌文书事务的判官，管一州刑狱的军事推官，参谋军务的录事参军，主管刑法的司法参军，主管民户的司户参军，主管狱讼的司理参军，主管关隘要地、擒捕盗贼的巡检，负责征收商税、管理官仓平粜和市场交易、政府采购等事物的各类州监。政和五年（1115年），衢州复设州医学，设博士、助教。

2. 衢州最后一个县——开化县的设立

北宋乾德四年(966年),吴越王钱弘俶分常山县西境的开源、崇化、金水、玉田、石门、龙山、云台七乡置开化场(相当于现代一个大集镇)。太平兴国六年(981年),常山县郑安之上书请求升开化场为开化县,属衢州。据说,“开化”由开源、崇化二乡名各取一字而得。衢州最后一个属县——开化县设立,标志着衢州西部区域经济文化的长足发展和山区人口聚集达到新的高度。此后,“开化”一名一直使用至今。

3. 宋代衢州地方军事体制

宋朝军队大体分为中央直属正规军与地方军两大军事系统,其中北宋军队主要有禁军、厢军、乡兵、蕃兵(西北边防军)四种,南宋军队基本有屯驻大军、禁军、厢军三种。禁军与屯驻大军都是直属中央的国家正规常备军,厢军属地方正规常备军,而乡兵与蕃兵则属于各地民兵武装力量。

按《三朝史志》记载,从北宋初年开始,在诸州招募的兵员中,挑选“壮勇者”大部送到京师,加入禁卫,充当中央禁军;其余作为各地州兵,正式组建地方厢军武装。整个宋代都执行这种全面的募兵制度,实现了军队的职业化,中国历朝历代仅此一家。这种制度使地方军事权力向中央高度集中,但地方军事力量的不足也为地方军事防卫带来隐患。禁军编制为厢、军、指挥(营)、都四级,厢辖十军,军辖五营,营辖五都,每都一百人。据《宋史·兵志》载,庆历年间(1041—1048年),衢州设禁军一营,叫宣毅军,设指挥使一职统领,南宋时改称威果军、雄略军。

厢兵是各州的镇兵,一般分指挥和都两级。衢州作为州府,厢兵为指挥一级,每指挥设指挥使、副指挥使,领军不超过五百人;每指挥下设若干都,每都设军使、副兵马使、都头、副都头、十将、将、虞候、承局、押官等武官。厢军作为各州的地方军队,平日一般不进行训练,主要从事一些军事或行政方面的劳务杂役,因而战斗力都不太强。到了后来,甚至成了专供官府役使的“役兵”。厢军兵种与禁军大致相同,也分为步军、马军和水军三种。衢州设水陆两种厢兵,其中步军(陆军)叫“崇节军”,水军称“采斫军”——“采”是摘取,“斫”是用刀斧劈砍。当时内河水军远距离用箭、火器，近战主要以两船靠帮登船作战的方式。以“采斫”命名水军，说明衢州水军作风顽强，能打近战。[1]

乡兵是依据户籍应募的非正规的地方武装。这类民兵粮饷器械往往由本乡自备，不隶兵籍。乡兵一般不离本土，但根据需要，也可被调外出。民兵的具体名目较为复杂，像土军、洞丁、义军、弩手等。按《宋史·职官志》的记载，在乡间募集用来抵御盗贼的叫土军，边远地区集结起来抵御少数民族的叫洞丁，还有义军、弩手等名目。

（二）两宋之交的战乱

徽宗时期，政治趋于腐败。皇帝贪图享受，统治阶层挥霍无度，社会矛盾尖锐，浙江爆发了以摩尼教徒方腊为首的起义。方腊起义失败后，其余部以及新兴的农民起义，在处州、越州、婺州乃至严州、衢州、徽州等地继续战斗二十余年。北宋灭亡后，南宋建立，苗傅、刘正彦叛乱波及衢州。南宋绍兴年间，衢州及周边地区先后爆发了四次农民起义。

1. 方腊起义军的风波

方腊（？—1121年），又名方十三，睦州青溪（今淳安）人。北宋朝廷以每年上缴“岁币”的代价向辽国、西夏屈辱求和，宋徽宗又在开封大兴土木，苏杭一带为“花石纲”所苦，百姓们不得温饱。当时，浙江一带摩尼教（又称“明教”）盛行，因为教徒平时都吃素，所以留下了“食菜事魔”的记录。宣和二年（1120年）秋，方腊利用摩尼教组织号召饥民，在浙江青溪漆园（今淳安叶家村洞源）誓师，发动起义。同年十一月巳日，方腊自号“圣公”，年号“永乐”，正式建立农民政权。

十一月下旬，义军在青溪、息坑全歼两浙都监蔡遵、颜坦所部五千余人。十二月二日，集中两万兵力一举攻克睦州（今建德县）。其后，起义军又攻破衢州，攻占峥嵘山子城，杀死知州彭汝方，衢州州学和衙署建筑全部毁于战火。据《东都事略》记载，衢州地处睦州、歙州（今安徽歙县）、杭州三郡之间

[1]《宋史》卷一百六十三《职官志三·兵部》；《宋史》卷一百八十九《兵志三·厢兵》。

的战略要地，时任衢州知州彭汝方与手下段处等人以极少的兵力力抗方腊义军的优势兵力，死守孤城。城陷后，彭汝方被抓，仍骂贼不断，被杀，时年七十一岁，后赠龙图阁直学士。十二月，义军又攻占歙县、休宁，并以歙县为基地，向四面进兵。十二月二十九日，义军攻占杭州，遂以杭州为起义军指挥中心。仅半年时间，义军烽火遍及苏南、两浙、皖南、赣东北，威震东南，先后攻占6州61县[1]。

宋廷大为惊恐，急命宦官童贯、王禀等统率京畿劲旅和秦晋精兵15万南下镇压。方腊分兵抵抗，因战略失误，洪载等人叛变投敌，致使起义军接连失利，杭州、青溪相继失守，退守帮源洞。后方腊被俘，于宣和三年（1121年）在开封被杀。方腊起兵后，兰溪县灵山朱言、吴邦等起兵响应，并占据处州（今浙江丽水）；越州剡县（今浙江嵊州）摩尼教首领仇道人、台州仙居人吕师囊、永康方岩山贼陈十四公等也先后起兵，占据温州、台州等县，直至宣和四年（1122年）三月才全部被镇压。

又据《泊宅编》载，宋军统帅王涣、杨惟忠等于桐梓石洞中生擒方腊及其妻子、儿子、义军首领方肥等52人，义军余部撤退至衢州、婺州（今金华）坚持战斗。[2]在今衢江区樟潭镇红星村仙岩洞（又称“金仙岩”）有一块宋代摩崖题刻记载当时的情况：宣和三年二月，宋军将领庄仲修率队参与镇压义军，先后收复江西宁国、安徽绩溪县、歙县等地，后又参与帮源洞战役，攻破方腊义军根据地；同年六月，庄仲修率军前来衢州、金华地区扫灭义军余党，经过金仙岩，住宿一宿，给我们留下了这块珍贵的碑刻文献。[3]

方腊起义是北宋规模最大的一次农民起义，也是以摩尼教为号召的一次重要起义，沉重打击了北宋朝廷。此后，一直到元明清，摩尼教一直是下层人民和民间对抗朝廷的秘密斗争形式。

---

〔1〕杨渭生：《关于方腊起义若干问题的再探索》，《文史》第8辑，第59—72页。

〔2〕方勺：《泊宅编》卷五。

〔3〕巫子：《一笔一划刻着历史和憧憬的：衢州历代碑铭》，《历史文化研究》第7辑，第96—98页。

2. 南宋初年苗傅、刘正彦叛乱波及衢州(1129年)

南宋初年,赵构作为徽宗第九子,即位为宋高宗,但其统治并不稳固。建炎三年(1129年)三月,宋御营首领(统制)苗傅与威州(今四川茂汶)刺史刘正彦因不满高宗的政策,拥兵在杭州发动叛乱。他们袭杀了执掌最高军事机构枢密院的王渊,分头捕杀宦官,强迫宋高宗让出帝位,内禅太子,由隆祐太后垂帘听政,并改元"明受",大赦天下。事变发生之后,宋高宗的行动已是毫无自由,宰相朱胜非与隆祐太后密商,让各地兴兵勤王。当时,驻扎在秀州(今嘉兴)的韩世忠以及礼部侍郎张浚(驻平江)、江东制置使吕颐浩等人一起兴兵勤王,支持赵构复辟。四月,苗傅、刘正彦率叛军退出杭州,沿钱塘江先后进犯富阳、桐庐、建德、寿昌,直逼衢州,被衢州守臣胡唐老击退,又侵犯常山、玉山。韩世忠向高宗请命:"贼拥精兵,距瓯、闽甚迩,傥成巢窟,卒未可灭,臣请讨之。"于是,高宗任命韩世忠为江浙制置使,统率江浙地区宋兵来衢讨伐叛军。苗傅、刘正彦等不敌,向江山、福建撤退。韩世忠在衢州城指挥讨伐,自衢州沿常玉古道追击苗、刘叛军,至福建浦城渔梁驿,擒获刘正彦及苗傅弟苗翊。苗傅虽然趁夜逃到了建阳,但韩世忠乘胜追击,很快就将之擒获。

3. 绍兴年间的四次农民起义

绍兴年间(1131—1162年),由于金兵的入侵,南宋朝廷政局动荡,加上军费开支以及朝廷用度的加大,对江浙百姓的压迫日深。绍兴年间,短短的三十余年,先后波及衢州地区的农民起义就达四次之多。

第一次是在绍兴三年(1133年),开化摩尼教余五婆起义。摩尼教领袖余五婆世代居住在开化九里坑。方腊起义失败后,余五婆在家乡传播摩尼教义:"驱邪恶之暗,达性善之明。"农民入教后,"食菜事魔",教友互助,共同抵抗官府和豪绅的压迫。因此入教者接踵而至,跨州发展到几千人。绍兴三年(1133年)三月,掌管图书典籍、国史实录等事宜的秘书省少监孙近将此事上奏,朝廷下诏令衢、严两州守臣捕治禁止。余五婆逃匿到严州遂安县白马源教徒缪罗家中,组织农民起义。起义初始,在遂安白马源大败前来镇压的官兵,击毙凤林巡检章甫、淳安县尉曹作、指挥使徐詹等。后来又击退严州兵马监押王安所率领的六千余名官兵，威震宋廷。战事波及衢州，知州李大有率众依城固守，城未被攻克。五月，朝廷遣神武中军统制杨沂中率兵三千名精兵前来镇压，缪罗等首领投降，余五婆誓死抗击，不幸阵亡，义军王军等九十六人被捕牺牲，起义失败。[1]

时隔二年，绍兴五年（1135年），西安县北芝溪余某反官府揭竿起事。据嘉靖《衢州府志》"芝溪余寇"条记载，后周世宗柴荣后裔崇义公柴叔夏受袭封，安置定居于衢州景福院。余某等人从芝溪发动起义，夜晚攻至城下，衢州知州王奕委派柴叔夏率兵捍御，很快就把起义扼杀在萌芽阶段。

第三次是在绍兴二十四年（1154年），为反抗恶霸地主徐三，衢州佃户俞七、俞八起义。义军一度围困衢州城，因城垣坚固，义军攻城不下，转攻严州时被宋军剿灭。据《宋史·秦桧传》记载，这年衢州曾经有盗匪，秦桧派遣禁军殿前司将官辛立率千人捕杀，指的就是这次起义。

最后一次是在绍兴二十八年（1158年），严州遂安县江大明起义攻衢，后败亡。

这四次起义的共同特点是起义规模都不大，力量均比较薄弱，因为极力攻打衢州这样的坚城，久攻不下，延误了时机，很快就被朝廷调集重兵镇压了。

（三）南宋时期的统治与衢州民众的反抗

靖康元年（1126年），金军攻破北宋汴京城（今开封），拘押徽钦二帝。次年，金军撤兵，带着徽钦二帝"北狩"，北宋灭亡。同年，宋徽宗九子康王赵构在南京继位，改元建炎，是为南宋。建炎三年（1130年），赵构定都杭州。南宋时期，衢州领西安县、龙游县（宣和三年改称盈川县，南宋绍兴初年又改回）、信安县（即常山县，咸淳三年改）、开化县五县，仍属两浙路。南宋末年，土地兼并的加剧以及与金人、蒙古人频繁的战事，把国家财政推向深渊，加上朝廷政治腐败，党争内耗严重，导致农民起义此起彼伏。

---

〔1〕黄心耕：《余五婆聚众起义》，《衢州掌故》，第200—201页。

1. 常山佃户汪雷五起义

汪雷五(？—1231年)，又称“汪徐来兒”，常山芳村镇桐坂岗人，佃户出身。据民国《衢县志》记载，绍定四年(1231年)七月，因荒年歉收，佃户们无力交租。业主国子监上舍生郑炎到官府控告，知县派县尉带弓兵前往逼租。汪雷五率兄弟、亲友32人奋起反抗，打伤了县尉，一怒之下杀死了郑炎全家，毁其宅屋。四乡的佃户们纷纷响应，汪雷五很快就聚众万余，一场由抗租引发的动乱迅速演变为农民起义。

义军攻入常山县城，并向周边地区扩展。八月，义军又攻陷开化县城。当时主管福建刑狱以及缉捕工作(提点福建刑狱、招捕使)并兼任建宁(今福建建瓯)知府的陈韡见义军势力大增，于是命淮将李大声率兵七百，出其不意，乘夜长途奔袭义军营寨。据《宋史》记载，当时陈韡的军队刚刚平定了汀州(今福建长汀)农民起义，声震闽浙。毫无军事经历的义军见到陈军军旗，惊呼:“此陈招捕军也!”义军不敌颇有战斗力的政府军，只好撤退。[1]汪雷五率众转攻江山县城，知县吴叔源迎战身亡。后来官兵援兵到了，汪雷五挥师回常山芳村桐坂岗与官军对峙，屡战屡胜。朝廷大惊，派出大军围剿，汪雷五退至常山金源淤里福林寺，筑寨坚守两月余，终因寡不敌众，奋战而亡。[2]

南宋末年，朝廷政局腐败，奸臣当道，而且国家赋税沉重，加上地主的催逼，百姓实在难以承受。一遇荒灾之年，抗租抗税斗争此起彼伏，直到爆发农民起义。常山佃户汪雷五起义这是这场潮流中的一朵浪花，虽然最终失败了，但也预示了南宋朝的末路。

2. 常山詹沔起义(1264年)

詹沔，常山何家乡石村人，原本是个落第秀才，颇有才华，只因应考时所撰文章往往触及时弊，违背主考官的意愿，所以屡试不中。詹沔目睹朝政日非，贪官酷吏结党营私，百姓苦不堪言，心中极为不满，因此无心仕途。詹沔

---

〔1〕《宋史》卷四百一十九《陈韡传》。

〔2〕叶文华:《雷五喋血福林寺》,《衢州掌故》,第202—205页。

二十五岁起弃文习武，以期另谋发迹之路。由于他天资聪颖，意专志坚，加上山里人天生的健壮筋骨，虽然半途“改行”，还是学就了一身好拳脚，成为同道中的佼佼者。

景定五年（1264年），衢州久旱不雨，常山年景很糟，农民难以缴纳官府固有的苛捐杂税。衢州知州谢堅又派都吏徐信到常山督政，加捐加款，作文笔峰（即塔山）上建造佑圣观（即集贞观）之用，并强行征派民夫服劳役。荒年中如此大兴土木，横征虐民，对百姓无异于雪上加霜。常山县百姓苦不堪言，怨声载道，詹沔乘机领导服役百姓发动起义。逗留常山的知州谢堅，面对这突如其来的民工哗变，不知所措，在弓兵护卫下，仓皇弃城而遁。詹沔率领义军聚集到石村后山上安营扎寨，准备壮大力量，图谋大事。宋理宗闻讯，惊恐万分，为了平息民愤，将衢州知州谢堅连降五级，停职受审；并下令把徐信押到石村前斩首示众，表示向民谢罪。尽管如此，四面八方投奔上山的穷苦百姓还是越来越多，起义队伍迅速增到数千人。朝廷大为震惊，只得调兵遣将前往镇压，同时宣扬“只捕首恶，随从不问”的政治策略。农民军在强大的官君威慑下，不久瓦解大半。詹沔率余部顽强抵抗，浴血奋战数昼夜，终因寡不敌众而英勇牺牲。朝廷为绝后患，捕杀詹沔全家及无辜亲友数十人，起义失败。[1]

常山詹沔起义尽管其规模不大，却是常山境内时隔三十年后爆发的又一次农民起义，也是南宋灭亡前衢州农民起义中的最后一次。此起彼伏的起义，不仅预示着常山乃至整个衢州社会矛盾的激化，也预示着南宋灭亡已不远。

（四）两宋时期衢州人口的迁移与增长

北宋末年南宋初年，由金人大规模南侵造成的“靖康之难”以及其后长达一百余年的宋金对峙，使中国又遭到一场巨大的动乱。由此产生的人口迁移，其规模之大，持续时间之长，均堪与两晋南北朝“永嘉之乱”和唐代“安史之乱”相伯仲，其性质和形式也相似。当时，大量女真族人迁入黄河流域，原住黄

---

〔1〕叶文华：《詹沔起事占营山》，《衢州掌故》，第206—208页。

河流域的汉人又一次被迫大批移居长江流域和珠江流域。除了移民之外，两宋时期衢州经济文化社会的发展也推动了人口的增长。

1. 两宋之交北方移民的南迁

据《宋史》记载，建炎末年，北方士大夫纷纷南迁，在通往南方的道路上随处可见，连绵不绝。又据南宋史学家李心传所著《建炎以来系年要录》记载，"四方之民云集二浙，百倍常时"。今苏南、杭嘉湖以及绍兴、宁波一带是士大夫的避难所，"天下俊秀"纷纷迁居此地，就连南方一些偏僻山区也接纳了不少移民。南宋的许多文臣武将亦多来自北方，岳飞、韩世忠、张俊等皆是；平民中南下的著名人物也很多，如李清照、辛弃疾等。

这一时期可以算是衢州第三次人口大迁移，包括孔氏大宗在内的许多家族、名人先后来衢，并最终定居于此。类似的情况有很多，今举其中几例。

西安县颜氏一支是孔子弟子颜渊的后代，相传跟随孔端友南渡至衢；

王氏一支，始祖王珉，原籍河南汴梁，随宋高宗南渡迁来；

龙游县方氏一支，北宋末年迁至衢州龙游；

黄氏一支，原籍江西，绍兴十四年（1144年）迁来；

何氏一支，为汉代何休的后裔，随高宗南渡迁龙游；

常山县陈氏一支，南宋绍兴七年（1137年）由山东迁移至常山；

赵氏宗室一支，为宋太祖赵匡胤后代，南渡后迁入，定居常山；

江山县张氏一支，南宋绍兴年间（1131—1162年）由徽州迁来；

开化县叶氏一支，原籍安徽歙县，绍兴六年（1136年）迁来。

北方大批人口的南下，对南方的社会发展起了很大的促进作用。衢州迁入的人口虽然不多，但对于政治经济文化的发展均有巨大的积极作用。[1]

2. 中兴丞相赵鼎和吏部侍郎魏矼寓居常山

两宋之交，南迁至衢州的名门望族、名人名士很多。其中比较著名的除孔氏家族、宋宗室赵氏家族外，还有中兴丞相赵鼎和吏部侍郎魏矼等人。

---

〔1〕鄢卫建、刘国庆：《衢州姓氏》，香港语丝出版社2001年。

赵鼎（1085—1147年），字元镇，号“得全居士”，解州闻喜（今属山西）人。崇宁五年（1106年），赵鼎中进士，在策论中痛斥奸臣章惇误国，为当朝宰相吴敏赏识，提拔他为开封士曹，主管城市码头、桥梁、舟车、住宅建设以及百工等事宜。建炎初年，南渡的赵鼎定居衢州常山。绍兴二年（1132年），赵鼎又被起用，先后任平江府（今江苏苏州）、建康（今江苏南京）、洪州（今江西南昌）的地方官。在任地方官期间，赵鼎约束官吏体恤百姓，重视社会治安，使盗贼闻风躲避，深受各方爱戴。绍兴五年（1135年），赵鼎出任左仆射，同中书门下平章事兼知枢密院事，成为南宋首宰。绍兴八年（1138年），宋金开始议和，赵鼎因在立储和用人等方面未遂宋高宗之意，加上与秦桧在议和上的争执，引起宋高宗的不满。同年十月，赵鼎被罢左相，降为知绍兴府，最后一直被流放到海南岛；绍兴十七年（1147年），“不食而死”。对于赵鼎在南宋初年的政绩，《宋史》给予了高度评价，称之为“中兴贤相”。[1]赵鼎寓居常山多年，离开后仍念念不忘常山的山水草木，临终前，遗嘱奏请死后归葬常山何家乡石门山。次年，其子赵汾奉旨护送其灵柩来到常山。赵鼎在宋室南渡后就来衢州安家，死后又归葬衢州常山，真可谓对衢州情有独钟了。

魏矼（1097—1151年），字邦达，和州历阳（今安徽和县）人，先祖魏知古为唐朝名相。北宋宣和三年（1121年），魏矼以“上舍生”的资格被赐予进士及第，正式踏入仕途，南宋建炎元年（1127年），任常山县知县。建炎四年（1130年），魏矼被召入京，先后担任过监察御史、殿中侍御史、吏部侍郎等官。[2]绍兴二十一年（1151年）二月，魏矼病故，终年五十五岁，葬于常山县登丰乡（今湖东乡）宅山。魏矼的儿子魏钦承、魏钦绪、魏钦弼在绍兴、乾道年间先后中进士，他们的后代至今仍生活在常山。

魏矼与赵鼎寓居常山时，曾与史学家范冲共处常山县黄冈山永年寺。三

---

〔1〕《宋史》卷三百六十《赵鼎传》。

〔2〕《宋史》卷三百七十六《魏矼传》。

人在寺中与高僧了空和尚一道吟诗唱和，其诗作被后人汇编成《三贤唱和诗》传世。[1]

3. 两宋时期的衢州人口

北宋中期以后，两浙路人口增长迅猛。崇宁元年（1102年），两浙路共有1 975 041户，3 767 441口。《宋史・地理志》记载有衢州的人口，为107 903户，288 858口。据此推算衢州人口占两浙路人口的比例，占两浙路总户数的5.463%，占两浙路口数的7.667%。将这组数据进行横向比较，接近杭州（296 615口），超过婺州（261 678口）、处州（260 536口），远超歙州（167 896口）、睦州（10 751口）。总体看来，这组数据是比较怪异的，但是如果将编户数占比5.463%也视为人口数占比，那么衢州编户人口数占两浙路总口数的比例在5.4%—7.7%，还是有一定合理性的。

我们常见宋代史料中两浙路的数据，以衢州编户人口数占两浙路总口数平均为6.55%的比例反推衢州编户人口数，从中可以大致看出两宋时期衢州人口的增减。

元丰三年（1080年），两浙路共1 778 963户，3 223 699口。推算衢州编户人口数在21.1万左右。

崇宁元年（1102年），两浙路共1 975 041户，3 767 441口。衢州有288 858口，推算衢州编户人口数24.7万左右。

绍兴二年（1132年），两浙路共2 122 072户，3 567 800口。推算衢州编户人口数在23.4万左右。这是经历了方腊起义等两宋之交历次战乱导致人口削减后的数字。

绍兴三十二年（1162年），两浙路共2 243 548户，4 327 322口。推算衢州编户人口数在28.3万左右。

嘉定十六年（1223年），两浙路人口统计有两个数据：4 029 989口、5 839 787口；推算编户衢州人口数分别为26.4万或38.6万左右。

---

〔1〕刘炘：《中兴贤相赵鼎》《吏部侍郎魏矼》，《衢州名人》，第92—102、108—112页。

1276年,元军攻占临安,当时两浙路共2 983 672户,5 692 650口。推算衢州编户人口数在37.3万左右。

两宋发展了近四百年,依然不及唐天宝年间的衢州编户人口数。康熙《衢州府志》卷二十一记载了衢州在宋端平年间(1234—1236年)的数据:125 992户,253 677口,比起120多年前的崇宁元年(1102年),户数多了两万有余,口数少了3.5万。因此,总的说来,两宋时期的人口数据错误较多,只能作为参考。

二、两宋时期的治衢名臣

两宋时期衢州经济文化的发展,离不开众多治衢名臣们的功绩。他们在衢州任职期间,或查禁私盐,追捕盗寇;或整顿吏治,弹劾贪官;或兴办学校,发展教育;或巡视荒政,抢险救灾;或发展农业,减免赋税;或建桥筑城,疏浚河道;或制止乱兵,安定百姓。虽然下文仅仅介绍了七位名臣,但每人都有各自的特点,均对衢州有所贡献。

(一)名将宗泽在龙游知县任上

宗泽(1060—1128年),字汝霖,婺州义乌人,宋末抗金名将。元祐六年(1091年),宗泽中进士,因在殿试对策中直陈时弊,为考官所恶,置于末等,授大名府馆陶县尉。绍圣年间(1094—1098年),任龙游县令。他为官清廉,在任期间多有政绩,深受百姓称颂。

宗泽刚到龙游上任时,私盐贩卖活动十分猖獗。当时,交通不便,食盐的供求矛盾非常突出,官府采用“官盐”供应的办法,限量配给,而一些不法盐商看到经营盐业有利可图,纷纷冒险投机,贩卖私盐。宗泽经过明察暗访,对全县的盐业情况有所了解,于是发出告示,整顿盐业市场,禁止贩卖私盐,并且严办了两名私盐贩子。这一措施果然见效,私盐贩子不敢恣意妄为,盐价趋于稳定。

龙游在很长一段时期内四乡盗贼不断,历任县令只是把盗贼抓来判刑了事,然而盗贼依然不断。宗泽上任后,有时微服私访,有时以公开身份向当地长老或下级小吏了解情况。他发现除了盗贼之外,斗殴和无事生非、寻衅滋事也常有发生。这些盗贼或肇事者大多是文盲，而且多是穷苦贫民，偷盗实出于无奈，为生活所逼。宗泽认为这伙人是可以教育好的，于是在进行了训诫之后，宣布将之无罪释放。释放后，宗泽又把他们组织起来，利用旧祠孤庙、闲屋空房，兴办义学，让这些人学习文化知识和一些做人的道理。通过教育，这些人都有了长进，对宗泽更加感恩戴德。《宋史》亦记载，龙游县最初没有官学，宗泽建起了龙游县县学，聘请儒师，讲授经术。此后，龙游风俗为之一变，中进士者接连不断。[1]

（二）名相李光在开化县任上（1112—1119年）

李光（1078—1159年），字泰发，越州上虞（今绍兴上虞）人，进士出身，官至参知政事。政和二年（1112年），李光调任开化知县，当时年仅三十六岁，正风华正茂，很想一展平生抱负。据史料和县志记载，他在任时整肃吏治，发展交通和教育，留下了良好的政绩和名声。[2]

他到任不久，发现开化县学原在县城西边，场地狭小，屋宇简陋，而且占地不足五亩，缺乏扩展的空间，于是准备另行选址重建。他选择了县南江边的一块土地，又把迁建一事上报，得到四十万贯的拨款，并利用旧县学可用之料，在乡民的全力支持下，建成新县学。新县学依山傍水，建筑宏阔，四周以围墙包围，给学子们以安静的学习环境。内部既有传道授业的学堂，也有教职员工的宿舍，建筑面积比原有县学成倍的增加。新县学建成以后，李光寄书在外为官的开化人程俱，请他题写碑文。程俱官至朝议大夫，赐封新安开国伯，著述甚多。他于政和五年（1115年）八月写了《建学记》一文，记述了开化新县学的修建过程，并称赞李光“好古强志”“奉法爱人”，其重建县学的功德必将被县人所怀念。

李光还重视改善交通，修建了一批具有一定规模的桥梁。据《开化县志》载，开化县城东双溪桥，即为他倡建。据县志记载，李光于宣和（1119—1125

---

〔1〕《宋史》卷三百六十《宗泽传》。

〔2〕《宋史》卷三百六十三《李光传》。

年）初年离任。李光离开开化三十多年后，当地百姓仍记得他在开化兴学建桥的业绩，他写诗感叹道："依然山色与溪声，岁月峥嵘只自惊。独有老农能耐久，路旁犹说长官清。"

（三）高至临治衢州

宣和三年（1121年），方腊起义被镇压后，高至临出任衢州知州，为衢州战后重建做了大量的工作，为衢州经济文化的迅速恢复作出了贡献。

当时，整个衢州城被大火焚烧，损失惨重，许多地方"尺椽片瓦"荡然无存。高至临到任后，迅速召集人力，投入恢复重建工作。他命人挖开瓦砾堆，重新辨别各家各户房屋的界线。他还搭建了许多茅舍，给无家可归者暂时居住，以躲避风雨。百姓在高至临的带领下互相扶持，团结一心，经过几个月的努力，整个城市逐渐恢复生气。高至临又组织人力，调集木料、砖瓦等物资，重建家园屋舍，百姓们出钱的出钱，出力的出力，高兴地投入复建工作。高至临还重建州衙于峥嵘山子城旧址。又经过几个月的时间，衢州城得以再次"翕然可观"。[1]

当时，位于峥嵘山的州学也被焚毁。高至临认为教化百姓、培养人才，是国家和地区最要紧、最不能耽搁的事情，于是他与州学教授钟夔、地方名绅卢定、叶公弼、徐惇礼、柴邦宪等共同谋划，重建州学。先造大成殿，接着再造经堂、斋房、门厅、楼阁，厨房、宿舍等建筑无不齐备，总共建屋一百余间，用钱一万余贯。高至临还亲撰《重建衢州府学记》以为纪念。[2]

明天启《衢州府志》记载，在衢州任上，高至临还率领当地百姓重筑了衢州城墙，确保了衢州百姓的安全。其后，叛军虽数次攻至衢州城下，如南宋初年禁军将领苗傅叛乱、开化摩尼教余五婆起义等，但都没有攻破衢州城。因为政绩卓著，高至临被授予"直龙图阁"荣誉职衔。高至临筑城是目前最早，也

---

〔1〕《高至临传》，天启《衢州府志》卷四《职官志·名宦列传》；天启《衢州府志》卷七《建置制》，"宋宣和三年"条。

〔2〕高至临：《重建衢州府学记》，雍正《浙江通志》。

是最明确的关于宋代衢州筑城的记载。衢州城的基本规模和格局也在这一时期开始逐渐确立下来,此后历代虽屡有修复,但基本格局不变。

(四)胡唐老守衢

据《宋史》记载,胡唐老,字俊明,枢密副使胡宿的曾孙;北宋崇宁年间(1102—1106年),中进士,历任南京国子博士、知江陵县、殿中侍御史、镇江知府兼浙西安抚使等职。建炎三年(1128年),胡唐老外放任衢州知州。

当时,苗傅、刘正彦义军对衢州的进攻可谓南宋衢州经历的第一仗。可惜,这一仗不是与金兵的较量,而是一场内乱,当时的衢州守将正是知州胡唐老。叛将苗傅等从杭州败走后,从富阳、新城、桐庐一路南下,经白石渡进入寿昌,所过"焚桥梁以遏王师,掠居人黥以为军";王德、乔仲福等追至梅岭,双方大战,苗傅败走乌石山,径犯衢州。[1]胡唐老据城拒敌。据说,交战那天"天佑衢州",刚好天降大冰雹,城上箭石同发,叛军不敌,只好解围而去。当时,宗室赵子潚出任衢州推官,知州胡唐老非常器重他。赵子潚辅佐胡唐老修缮了守城器具,苗、刘叛兵虽攻至城下,但最终未能攻入城内。在胡唐老、赵子潚等官员的率领下,衢州军民打退了叛军,使衢州城躲过了一场劫难,也为南宋衢州的进一步发展奠定了基础。[2]

为了感谢胡唐老,衢州军民在他死后建祠纪念,因为胡唐老谥号"定愍",故称"三衢胡定愍祠"。南宋诗人朱翌曾作《三衢胡定愍祠》诗一首,内有"姑蔑应无剧雨倾""英姿如在死犹生"等句。

(五)忧勤殉职的衢州知州王悦

《宋史·孝宗本纪》记载了衢州知州王悦忧勤殉职,为民遭灾忧郁得病而死的事迹。据有关史料,王悦在任衢州知州期间,"恺悌慈祥,视民如子"。乾道四年(1168)春,衢州大饥,百姓乏食,王悦开仓放粮,使百姓不致流离失所。五月,衢州大旱,王悦又竭诚祈祷,早晚只吃一碗粥,共坚持一个多月,还在墙

[1] 吴海京:《资治通鉴续纪》二,中国文史出版社2014年,第784页。

[2]《宋史》卷四百五十三《胡唐老传》;《宋史》卷二百四十七《赵子潚传》。

上题联："乞为三日之霖，愿减十年之寿。"结果，雨虽求来了，却是一场大雨。七月，衢州持续暴雨而造成水灾。王悦身体还没休养好又积极投入到抗灾抢险中。《宋史·孝宗本纪》载："辛未，衢州大水。戊寅，知衢州王悦以盛暑祷雨、蔬食减膳、忧勤致疾而死。"宋孝宗十分感动，追赠其"直龙图阁"的荣誉职衔。后常以"忧勤殉职"典喻公职人员鞠躬尽瘁。〔1〕也因为如此，衢州百姓在徐偃王庙内为他立祠纪念。〔2〕《续资治通鉴》卷十四记载："悦知衢州，死之日，百姓巷哭，即为立祠于徐偃王庙。其丧出城，百姓号恸，声振原野。"

（六）朱熹巡视浙东饥荒（1181—1182年）

淳熙八年（1181年）夏秋之间，浙东一带水灾不断，造成严重的饥荒。同年八月，由宰相王淮荐举，朱熹受命提举两浙东路常平茶盐公事，负责浙东地区的赈灾事宜。朱熹一面上书朝廷，筹备赈灾的钱粮，一面微服私访，了解民情，推行荒政，经常忙到废寝忘食的地步。朱熹这种深入了解民情及竭力的救灾的精神，在当时的官员中，是少见的，也是值得称道的。朱熹在积极救灾的同时，还奏劾救灾不力及不法官员，刮起一阵镇豪惩贪的"朱旋风"。〔3〕

淳熙九年（1182年）正月，朱熹"单车屏徒从"，前往绍兴府所属诸县、婺州、衢州等地巡视。绍兴府官员密克勤盗赈济的官米4 160石，还用泥沙谷糠补缺，被朱熹逮个正着。朱熹弹劾密克勤情节重害，罪不可恕。到衢州后，朱熹上《奏衢州守臣李峄不留意荒政状》，弹劾衢州知州李峄隐瞒灾情和谎报政绩的事实；又上《奏张大声孙孜检放旱不实状》，弹劾龙游县管理酒库的监酒库张大声和县丞孙孜听从衢州知州的指示，欺君罔上，将"七八分以上"灾情，"作一厘一毫八丝六忽检放"，以致受灾百姓只好四处流亡，贫苦百姓饿死很多，请求朝廷将张大声、孙孜重重处置，以警示那些欺君罔上、忽视王法、侵害百姓的昏官。朱熹还撰《乞将衢州义仓米粜济状》，向朝廷申请以衢州义仓米平粜，赈

---

〔1〕"忧勤殉职"条，才晓予：《二十四史掌故辞典》，中国发展出版社1995年，第738页。

〔2〕张乃格、周先林、单明然著：《徐文化研究》，江苏人民出版社2007年，第255页。

〔3〕贾玉英、赵文东：《略论朱熹的荒政思想与实践》，《河南大学学报（社会科学版）》，2001年第5期。

济灾民。朱熹对密克勤、李峄、张大声、孙孜等不法官员的奏劾，保证了荒政在浙东地区的顺利推行。[1]后来，朱熹又到处州缙云县界巡视灾情，并从缙云来到江山县，见知县王执中荒于职守，置本县饥民于不顾，于是上奏弹劾，请求朝廷罢黜其职。

虽然朱熹在浙东仅仅待一年时间，但其赈济灾民、弹劾贪官所取得的成果是很大的。宋孝宗为奖赏朱熹救荒赈济之功，特授予其"徽猷阁待制"的荣誉职衔。[2]

（七）知州孙子秀治衢（1252—1255年）

孙子秀（1212—1266年），字元实，越州余姚人（今属浙江宁波），绍定五年（1232年）进士。孙子秀历任吴县（今属江苏）主簿、滁州（今属安徽）教授、庆元府（今宁波）通判，主管浙东盐事等职，颇有政绩。

淳祐十二年（1252年）六月，衢州有寇作乱，而且被大水冲毁了城郭。面对天灾人祸，朝廷挑选能臣来守衢州，最后派孙子秀出任衢州知州。对于盗寇，孙子秀认为捕贼的责任虽在官府，但也需要熟知当地民风、民情之人，才能知道剪除盗贼的靠山，截断其逃亡、躲藏的途径。孙子秀设立保甲民团，选用当地土豪和富户，镇压盗贼。对于其中一些追捕盗寇突出的，如常山县令陈谦亨、士绅周还淳等，将其功劳上报朝廷，请朝廷给予优赏。于是，衢州各县政府官员、当地土豪、富户纷纷组织人力参与，盗贼被迅速平息。虽然盗寇一度再次复起，但孙子秀迅速组织力量在江山、江西玉山间追捕七日，最后以擒获盗寇四十八人告终。在孙子秀此后的任职期间内，贼寇再也没有活动。[3]

对于衢州的水灾，孙子秀则带领百姓修桥梁、修围堰，修复被水冲毁的城墙，疏浚护城河。同时，帮助百姓修复被水冲毁的住宅，对受灾百姓给予钱粮，征购附近州县的粮食以平抑粮价。孙了秀还上奏朝廷要求豁免衢州地区的秋

[1]《朱熹文集》卷十七《奏状》;《朱熹文集》卷二十一《申请》。

[2]《宋史》卷四百二十九《朱熹传》。

[3]《续资治通鉴》卷一百七十三，"理宗淳祐十二年六月癸酉朔"条。

税，共计粮食一万五千多石，并免除公私一切劳役。对于水毁农田，孙子秀在仔细勘查之后，请求朝廷永久蠲免这些农田的赋税。衢州农业经济由此得以复苏。

因政绩突出，宝祐三年（1255年），孙子秀被升为负责朝廷礼仪事务的太常寺丞。其后，孙子秀又历任负责宗室事务的大宗正寺的大宗正丞、负责最高司法事务的大理少卿、负责浙东刑狱的提刑官等职。宋度宗（1264—1274年在位）即位后，孙子秀出任太常寺少卿兼知临安府，后死于婺州知州任上，今余姚有其墓。[1]孙子秀是南宋时期衢州最后一位能臣，这样的人在腐败的南宋末年实在是太少了。孙子秀治衢虽只有短短三年，却迅速稳定了衢州的局面，对衢州各方面的发展均有所推动。但是，此时的南宋朝已是积弊难改，衢州平静的日子也不多了。

三、经济的高速发展

两宋时期是衢州经济发展的黄金时代。以引进优质高产的占城稻为突破口，衢州的农业经济进入了一条快车道；南宋时期，稻麦两熟制在衢州全面铺开，更加速了这一进程。粮食的高产稳产，又推动了蚕桑业、种植业的发展。农业的发展进步，进而推动了制瓷业、矿冶业、刻书业、制墨业以及酿酒业等多种产业的发展和进步。北宋熙宁十年（1077年），衢州市本级（州城）的商税在浙江所属十一州中排名第二，这也是衢州历史上最好的成绩。手工业的发展必然带动商品贸易的发展，南宋衢州纸币的流通以及出现在江山峡口市上原始典当行，充分说明了这一点。南宋咸淳十年（1274年）史绳祖墓众多精美的出土文物，更从侧面印证了衢州的辉煌。

（一）两宋时期的气候、灾害与水利

两宋时期的中国气候上总体处于寒冷期。这种气候条件深深影响了生物的分布和繁衍，也影响了种植区域的改变，也必然对衢州人的生活、生产带来

〔1〕《宋史》卷四百二十《孙子秀传》。

了影响。随着文献越来越多,关于衢州水旱灾害的记载更多地进入人们的视线。为了调节和充分利用水资源,衢州人开始大力兴修水利工程,以促进农业经济的持续发展。

1. 两宋时期的气候

自10世纪后半叶(即北宋立国时)起,中国气候从唐五代时期的温暖期进入到寒冷期;12世纪初,大致是两宋之交时,气候变寒加剧;13世纪初,气候开始逐渐回暖,但气温仍然低于如今。因此,整个两宋时期可以说都处于寒冷期。当时的平均气温比现在低2℃,生物的分布区要向南移动2—4个纬度。

两宋时期的春耕秋收都比唐代推迟近一个月,这对粮食作物的影响是明显的。两宋的寒冷期使得唐五代时期的北方大面积的水稻种植区萎缩,小麦种植区南移;原在河南、河北地区的蚕桑中心移到了太湖地区;柑橘等经济作物的种植区也南移;北方茶叶的种植区也萎缩了。

2. 衢州的灾害与救灾

据史书记载,从建炎元年(1127年)南宋建立到景炎元年(1276年)衢州被元军占领,在149年中,衢州地区发生的大规模水旱灾害共有24次,平均六年多就有一次。由此可见,当年衢州地区的灾害发生是何等的频繁。有灾就有救灾,这一时期的赈灾记录不断地进入人们的视线。

乾道六年(1170年),衢州粮官胡坚奏请设常平仓[1]以备荒。景祐年间(1034—1038年)以后,由于常平仓里的粮食有余而国家军队士兵的粮食不足,于是常平钱谷经常被挪移充作军费。熙宁二年(1069年),王安石推行青苗法,常平仓法遂为青苗法取代。南宋绍兴九年(1139年)重建常平仓后,恢复籴粜旧法,但三十多年后,这一政策才在衢州重新推行。

此后,类似的灾害和赈灾的记录不断:庆元五年(1199年),大水,溺死多人,

---

〔1〕所谓常平仓,是古代政府为调节粮价,储粮备荒,以便供应官需民食而设置的粮仓。各州按人口多少,将原本上供的钱粮留下二三千贯至一二万贯为籴本。每岁夏秋之际粮食丰收之时,乘粮价下跌,以比市价价高三五文钱的价格收粮,这叫"收籴";遇到粮价高时,将收来的粮食减价出售,称为"出粜",但所减价格不得低于本钱。如果三年以上未经出粜,就回充粮库,换以新粮。

官府赈济，衢州知州张经以隐灾不救罢官；嘉定三年（1210年）五月、九月，两次大水，朝廷下令赈济并免田赋；淳祐十二年（1252年）六月，大水淹过衢州城郭，死者以万计，朝廷遣使赈济慰问，并免当年田租；衢州被元军占领的那一年（1276年），还发生了一场大旱灾，天灾加上人祸，衢州的粮价甚至涨到每斗五贯。

3. 石室堰等堰塘的建设

乾道二年（1166年），由西安县丞张应麒主持，在乌溪江黄荆滩上修筑石室堰，集七十二沟水汇于城南，然后引水入衢城，作为内河。民国《衢县志》还记载，石室堰是宋室南渡后首创的一项政府工程，当时的县丞张应麒是负责人。因为连续三年工程未能完工，张应麒跃马自沉中流而死，堰址才最终确定下来。宋代的时候，衢江水相当湍急，在如此宽的江面上筑堰，稍有不慎就会被河水冲走，连续三年没有完工，可见当年的工程难度之大。张应麒究竟是自沉，还是因公失事，现已无从考证，但最终这条石室堰还是建成了。淳熙二年（1175年），朝廷赠张应麒为掌管祭祀、宴饮的光禄寺少卿；受惠的衢州百姓也没有忘记他，在石室堰旁建张公祠（位于今石室乡岭底村）以示纪念。石室堰为篾笼卵石堰体，旧制每年农历四月初一封堰灌溉农田，九月初一开堰通航。堰渠总长二十多里，直通衢州府城南护城河，堰渠可通船筏，具有溉田二十万亩的能力。

此外，南宋时期在衢州其他地方也建有不少围堰，主要有：始建于南宋乾道年间（1165—1173年），位于常山招贤镇石井口村的官庄陂（又叫石井陂）；始建于南宋庆元年间（1195—1200年），位于原衢县下村溪头村的猫儿堰（又叫樟木猫儿堰）位于衢江区峡川峡口村的达石堰（又叫草鞋堰）；建于南宋末年，位于开化星口白渡的西江堰（又叫柴草堰）。

（二）两宋时期的衢州农业

北宋初年，占城稻的推广促进了衢州水稻优良品种的种植。其后，大批北方人南迁至衢州，带来了不同的饮食习惯。由于两宋的寒冷期，小麦生长过程中所需的春化阶段（即一定的低温条件）衢州地区也具备了，南宋时期衢州稻麦复种制逐渐推广开来；而唐代以来的蚕桑养殖在衢州得以依然保存。伴随着衢州市镇的新发展，近城果园大面积铺开了。

1. 越南占城稻的引进（1012年）

占城稻是五代至宋朝时期从国外引进的一种良种水稻，属于早籼稻，具有早熟高产、耐水耐旱、外形精美、煮后味香、出饭量高等特点。占城本为国名，故地在今越南中南部，当地百姓培养出这种水稻良种，并以国名命名。据史书记载，占城稻最早传入我国是在五代时期。后梁开平四年（910年），王审知被封闽王，建立闽国。当时中原地区战乱频仍，闽中地区相对稳定，王审知开辟甘棠港（位于今福建福安），大力发展对外贸易。也就在这个时候，占城稻被引进闽中，在福建地区传播开来。

北宋结束分裂割据的局面以后，大力推广南北方农作物品种的交流和水稻的种植，政府还专门出台了一些促进农业生产的政策，促进了这种交流的发展。宋太宗曾下令江南各州官员劝谕百姓种植粟、黍、麦、豆，由淮北提供种子；江北各州则学习南方广种水稻。宋真宗（997—1022年在位）时期，为改变因人口增加造成粮食短缺的问题，在中央政府的大力倡导、认真组织，民间积极响应的社会条件下，利用占城稻的耐旱特性，扩大粮食种植面积，达到了增加粮食产量的目的。大中祥符五年（1012年），宋真宗因江淮两浙地区遇旱少水，遣专人到福建取占城稻稻种，数量多达“三万斛”。据沈括《梦溪笔谈》记载，“粳米一斛之重为一石”，也就是取占城稻三万石为种，分别在长江、淮河以及两浙地区推广，并命各路负责财政税收的转运使张贴榜文，进行广泛宣传。占城稻比起本土水稻，稻穗更长而无芒，虽颗粒稍小，但“不择地而生”，适于在南方普遍种植。衢州也在这个时候大量引进占城稻加以种植，为以后衢州地区稻麦两熟制的发展奠定了坚实的基础。〔1〕

水稻种植的大力推广是宋代南北农作物交流中最重要的事件。北宋时，水稻的种植已从江南扩展到淮河和黄河流域。这期间，劳动人民进行过反复的试验，宋政府着力推广占城稻也起了良好的作用。到了南宋时，水稻产量已

---

〔1〕李爱军：《我国北宋时期占城稻的推广与发展》，《河北科技师范学院学报》，2004年第2期。

跃居粮食作物产量首位，太湖流域的苏州和湖州成为闻名全国的稻米之乡，以至于流传着“苏湖熟，天下足”的谚语。

2. 衢州稻麦两熟

衢州稻麦两熟制的相关文献记载，始见于著名诗人杨万里《西归集・江山道中蚕麦大熟》一诗。杨万里（1127—1206年），字廷秀，号诚斋，吉州吉水（今江西吉水县）人，南宋时期杰出诗人；著有《诚斋集》，留下了不少关于衢州的史料和咏衢州的诗文。[1]淳熙六年（1179年），杨万里路过两浙东路衢州江山县，见路边麦熟，遂写下此诗，此诗的前四句如下：

黄云割露几肩归，紫玉炊香一饭肥。
却破麦田秧晚稻，未教水牯卧斜晖。

从第三句诗文可以看出，当时江山县收割麦子后再种上晚稻。江山地处衢州西部，就自然环境而言，比龙游、衢州等盆地地区差些，比起杭嘉湖平原则差得更远。此时期江山已实行稻麦两熟制，那么金衢盆地、杭嘉湖平原，乃至整个江南地区，稻麦两熟制应该已经相当普及。因此，此诗一向被学者引用为江南地区稻麦两熟制普及的直接重要证据。

3. 蚕桑果园

在杨万里《西归集・江山道中蚕麦大熟》这首诗中，后四句描写的则是江山的蚕桑业：

新晴户户有欢颜，晒茧摊丝立地干。
却遣缫车声独怨，今年不及去年闲。

这是最早的关于衢州蚕桑业的明确记录。尽管早在唐代，衢州即有贡“绵”

〔1〕见《诚斋集》卷十三、二十六。

的传统，盈川一带有拜武则天为“蚕祖”，杨炯在盈川县推广养蚕的传说，但是学界对于“绵”“绵纸”的看法不尽相同，对于传说也持怀疑态度。《宋史·地理志》：衢州岁贡“绵、藤纸”。现在通过杨万里的诗，可以清楚看到，当时江山县的蚕业已有相当规模，家家户户忙于“晒茧摊丝”，利用缫车缫丝纺线。

杨万里还在衢州近城看见大面积果园，种植柑、橘、柿等果树。其《衢州近城果园》诗云：

未到衢州五里时，果林一望蔽江湄。
黄柑绿橘深红柿，树树无风缒脱枝。

在储藏和运输条件相对落后的古代，近城果园的消费者只能来自周边地区，而衢州城内来往客商以及达官显贵们是最为稳定的消费者。近城大面积果园说明当时近郊农村多种经营的发达程度，也体现了当时衢州城经贸的发达。

4. 茶叶的种植

衢州茶叶的种植首推烂柯山。这里种茶、栽培、制茶以及“斗茶”的礼俗起于唐，盛于宋，带动了衢州茶业发展。据民国《衢县志》记载，宋崇宁元年（1102年），即在衢城设茶务实行专卖。衢县茶区有南山、北山之分，南山茶以柯山点（茶名）为最佳。清光绪《烂柯山志》记载：“柯山点，茶名。在柯山石刻有宋人祝绅、林英、刘彝、钱颢、梁浃、郑庭坚等六人斗茶题名。”此石碑今已毁。朱彝尊《游烂柯山诗》记载：“柯山，昔贤斗茶之地”，“此山固产茶也”云云。

斗茶，又叫“茗战”，是民间品茶艺术的一种竞赛活动，斗赢则为好茶。“柯山点”是宋代名茶。斗茶顺序一般是将团茶（饼茶）碾散，通过煎茶、分茶、鉴尝等步骤，评茶汤色泽、水痕，领略茶的色香味。嘉庆《西安县志》记载，宋曾幾有《迪侄屡饷新茶》诗：“敕厨羞煮饼，扫地供炉芬。汤沸联从事，茶瓯遂策勋。兴来吾不浅，送此汝良勤。欲作柯山点，当令阿造分。”末二句云“欲作柯山点”,原注:“柯山点,俗所谓衢点茶也。”[1]

北宋蔡宗颜《茶谱记事》载:“龙游方山之阳坡,广不过百余步,出早茶,味绝佳,可与北苑双井争衡。”据康熙《龙游县志》记载:“方山,离县四十五里,山开方正如冠,故名方山。”

宋代常山也产茶。弘治《衢州府志》中记载:“徐葳,左朝散郎,浙东提举常山茶盐。”[2]说明宋代在常山设有专门的茶盐税官员。但宋代也有些地方不产茶,照样收茶税。嘉靖《衢州府志》记载:“常山县:县北二十里。当开化之冲,昔岭路崎岖。宋靖康年间,常山人江衮五次开辟菱湖岭山路,并筑以石阶。”“时邻寇窃发”,官府在山顶设寨防守,并在旁边建亭。等到匪患平息及盗息,官府又让僧人“即亭为庵以居”,“煮茶药以济行者”。[3]这种提供给过路行人的药茶,多半是常山自己所产的。

(三)手工业的发展

在唐代的基础上,两宋时期衢州的手工业又有了新的发展。除了传统的矿冶业、制瓷业和造纸业之外,宋代衢州发展出新的产业——刻书业和制墨业。这是两种新兴的文化产业,一直影响到明清时期。总体来看,矿冶业、制瓷业、刻书业、制墨业并称两宋衢州四大产业。也就在这一时期,继承了五代时期衢州酒业的发展,宋代衢州酿酒业发展迅速,酒税管理成为衢州的又一税收增长点。而今出土的南宋末年衢州史绳祖墓葬中的金银瓷器,代表了衢州乃至整个南宋时期最高的工艺水准。

1. 两宋衢州矿产开采和利用

宋代矿冶业生产在中国封建社会矿冶业发展史中占据了极为重要的地位。生产关系的变革、管理体制的建设、矿产开采量大幅度的增长、矿产品用途的多样化、社会需求的扩大等都在宋代得到了鲜明的体现。尤其是北宋一

---

〔1〕《浙江衢州茶史荟萃》,潘根生,顾冬珍编著:《茶树栽培生理生态》,中国农业科学技术出版社2006年,第395—398页。

〔2〕弘治《衢州府志》卷八“宋代宦迹”。

〔3〕嘉靖《衢州府志》卷三《山川纪二·常山》。

代，金、银、铜、铁、铅、锡六种金属矿藏得到了全面的开发。衢州的矿产开发和冶炼也在这一时期获得了很大的进步。[1]

据民国《衢县志》记载，北山银矿（今衢江区上方镇银坑）在宋时曾出铜锡铅矿。有铜，自然就会有铜制品。从出土情况看，南宋时期衢州已有铜镜生产了，而且不止一家。这一时期是铜镜发展的衰落时期，此时的铜镜在形制上最突出的是有柄镜增多了。因为当时的铜镜除手持外，多已改用镜架挂镜，所以镜背已经没有进行装饰的必要了。因此，镜上多无纹饰，只铸出印章，标明铸造者名号。目前出土的铜镜主要有两类。一种是圆形执镜，有“衢州郑家造”等字样的铭文；另一种是葵花镜，铭文如“衢州徐卸五叔青铜照子”。

又据《文献通考・坑冶》记载，代在全国产银之地设五十一场，产铅之地设三十六场。场是宋代特有的一种行政区划，设在重要集镇或是重要的矿产所在地。当时，衢州地区银场、铅场有四个，其中西安县三场，龙游灵山有一场。每个场都有专门的官员进行管理。

2. 两宋衢州制瓷业

两宋时期，我国东南沿海经济有了长足的进步，与域外的海上交通、贸易也有扩展。婺州制瓷业抓住契机，在继承本窑系传统的基础上，创烧出了器型规整、制作精致的青白瓷、彩绘瓷和黑釉瓷、乳浊釉瓷，产品行销国内外。根据考古调查显示，宋元时期的衢州名窑群主要有衢江区全旺尚论岗窑址群、两弓塘窑址群、杜泽窑址群、安仁窑址群，江山市碗窑窑址群、东山窑址群、前坞窑址群，常山县黄泥窑址群，等等。[2]

两宋时期的瓷器产品烧结程度较好，胎质坚硬，叩音清脆，胎质呈灰白色。釉色呈淡青色或青中泛黄，产品质量较高。这一时期的装饰纹样题材极其丰富，花卉、水草是主要装饰内容，只是没有其他窑中流行的飞禽走兽题材；在装饰手法上，多运用划、刻、印、堆塑等技巧，南宋瓷器产品则多模印纹饰。特别是

[1] 王菱菱著：《宋代矿冶业研究》，河北大学出版社2005年，第2—21页。

[2] 张云土、占剑：《论婺州窑制瓷工艺》，《东方博物》第20辑，第44—50页。

宋代江山的青白瓷，表现出极高的工艺水平。产品比较多见的是划花碗、印折枝花菊瓣盒、三兽足八卦炉、花口瓶、盘、壶等，其中有一种器内刮釉叠烧的盘，胎体薄而脆，造型十分美观。[1]

3. 两宋时期衢州的造纸业

两宋时期，衢州的造纸业在唐代的基础上又有了新的发展。但就地位而言，随着浙江各地造纸业的发展，衢州造纸业的地位不如唐代。有关史料也比较缺乏，我们对此了解不多。《宋史・地理志》："衢州岁贡绵、藤纸。"《元丰九域志》："衢州土贡绵一百两，藤纸五百张。"从土贡的品种来说，保留了唐代的主流产品，但是品种数量不及唐代，甚至主流的土贡产品绵、藤纸的数量也不及唐代。

4. 两宋时期衢州的刻书业

宋代两浙路（辖今浙江及苏南地区）经济文化比较发达，刻书数量大，质量高；杭州、衢州、婺州（金华）、温州、明州（宁波）、台州、绍兴等地均刻印图书。据《天禄琳琅书目・茶晏诗》记载，两宋私家刻书，以"赵、韩、陈、岳、廖、余、汪"七家最为知名。其中所谓"赵"家，即衢州太守赵琪。衢州刻书业的发达，不仅对经济有利，更主要的是推动了文化的交流与发展，对衢州教育、衢州科举也有不小的推动作用。

北宋灭亡，原国子监书版全遭毁弃，秘书省、国子监的刻书力量被大大削弱。南宋初期，朝廷搜寻了一些北宋旧监本书籍。国子监因无力重新雕版，即令临安府及两浙、两淮、江东等地方政府出钱刻版，然后送归国子监。即使如此，当时也只刻印了九经白文、十三经古注、十二经正文以及一部分正史和《资治通鉴》。其他书版多存在原地印卖，或由读者赎买。因此，南宋时期地方官刻书迅速发展起来。[2]据《续资治通鉴》卷一百零九记载，绍兴元年（1131年），衢州"布衣"何克忠，一位从未担任过一官半职的平头百姓，向朝廷献上《太祖

〔1〕毛兆廷：《琐谈江山陶瓷文化及其对外影响》，《历史文化研究》第7辑，第39—40页。

〔2〕《宋代刻书事业的发展》，张树栋等著：《中华印刷通史》，印刷工业出版社1999年，第七章第二节。

实录》《国朝宝训》等书籍。由此可见当时衢州文献刻印与收藏的兴盛。

现存衢州刻的宋刻本主要有：衢本欧阳修《居士集》，绍兴元年（1131年）刻，收入《中国版刻图录》，是关于欧阳修硕果仅存的第一本。该书字大如钱，结体厚重，字体清晰，以无漏少错著称。乾道七年（1171年），衢州知州吴兴人施元之于衢州州学刻王溥《五代会要》三十卷。次年，又刻《三国志》二十六卷（现存为宋刻元明递修本）。同年，施元之在其三衢坐啸斋私刻苏颂《新仪象法要》三卷，此书是我国最早的记载水力天文仪器的著作，而施元之刻本是目前已知的最早版本。还有王抚乾宅刻王灼《颐堂先生文集》五卷。淳祐四年（1244年），衢州学宫刻杨伯岩《六帖补》二十卷。淳祐九年（1249年），衢州知州游钧刻晁公武《郡斋读书志》二十卷。咸淳九年（1273年），衢州太守赵湛私刻《四书朱子集注》二十六卷。还有南宋末年孔氏家庙所刻的《东家杂记》，等等。

刻书业的兴旺也使衢州产生了一批技艺高超的工匠，如《居士集》上就载有杨端、林彦、王正、周昌、李明、洪其、范宣等十多名刻工的名字。有些刻工闻名浙东，受聘其他州郡刻书，如绍兴七年（1137年），衢州人沈斐在婺州州学刻《古三坟书》，延请刻工宋杲完成（该书现藏于中国国家图书馆）；淳熙八年（1181年），刻工王子正受聘于陆游，到严州（治在今建德）刻《世说新语》，等等。

5. 南宋时期衢州制墨业

墨是一种固体砚磨颜料，通常呈黑色块状。它是中国传统的文房四宝之一，主要用于书写、绘画、拓碑等。在中国文化发展史中，墨的使用改善了文字的储存条件，推进了文字的传播和演化速度。墨与其他中国书画材料结合运用，形成了中国书法和绘画艺术的独特风格。对中国印刷术的发展来说，墨也是不可缺少的物质因素之一。宋代制墨手工艺进入成熟阶段。河北、河南、山西、山东、安徽、四川、浙江等地均制墨，涌现诸多制墨名家。南宋时期，衢州的制墨业在江浙一带享有盛名，不仅制作技术高超，而且产品远销全国各地。

据史料记载，南宋衢州的蔡瑫、叶茂实都是当时著名的制墨高手。苏轼在《仇池笔记》中记载，衢州的蔡氏制墨除用烟煤外，一点其他辅料也不用，可见其黏合剂的工艺十分独特；其墨黑而有光泽，品质一点也不比名家王晋之墨差，而且价廉物美。

张畴斋《墨谱》卷下记载南宋衢州叶茂实墨，即使时间放得长久了，或许颜色会略有黯淡，但绝不会有胶滞之感，用笔依然顺畅。今江苏常州市博物馆就收藏有一块南宋墓葬中出土的叶茂实墨残块，上面残存“茂实”两个字，可见叶茂实墨已经成为当时的一个知名品牌。据姚勉《雪坡舍人集》记载，由于叶茂实墨质量好，需求量大，在当时供不应求。于是，一些势利之徒乘机仿制假冒，牟取暴利。结果，衢州城内一度出现了很多卖墨的客商，所卖的都自称是叶茂实墨，而实际上都是些假货。

据元代陆友所撰《墨史》记载，南宋时期，黄元功、屠从之、诸葛武、周达先、樊宗亮等五人会聚龙游，一起跟随当地制墨名家赵彦先学习制墨法，所制产品不同于常品。

6. 衢州名酒和酒务管理

衢州酿酒的历史源远流长，考古工作者在当地发现了不少西周时期的酒器，自汉唐以来就更多了。早年衢州酿酒不见于史载，目前已知是从宋代开始的。宋时酒属于专卖品，由于衢州酒的产量大，因此专门设“酒务”作为管理机构，并配备专门的官员。文学家曾巩所作《虞部郎中薛公墓志铭》记载，薛舜臣“监衢州酒”。科学家沈括在《梦溪笔谈》中也有“供奉官陈允任衢州酒务”的记载。而据赵珣《熙宁酒课》记载，衢州设有酒务四处，每年征收酒税五万贯以上，属北宋时期朝廷的重要酒税来源地之一。

宋代衢州酒以“石室酒”最为有名。李保在《续北山酒经 · 酝酒法》中列举了当时46种酿酒法或制作酒曲的方法，其中就包括“石室曲法”和“石室郑家曲法”。石室酒的酿制在当时已经相当完美了，有其独特的制曲和用曲方法，因此被酒界人士纳入酒典。南宋枢密院编修周紫芝在《风流泉铭》中曾对衢州出产的“石室酒”大加赞赏，称衢州所出的石室酒“名倾浙右”。周紫芝还曾把石室酒的酿酒法带到江西，所酿酒品深醇、雅健，轰动当地，并认为这也是一种风流，因此称其为“风流泉”。陆游在尝过石室酒之后，作《偶得石室酒独饮醉卧觉而有作》一诗，其中有“初寒思小饮，名酒忽堕前。素罂手自倾，色若秋涧泉”等句。诗人范成大也曾作有《次韵徐廷献机宜送自酿石室酒三首》，其中“清绝仍香如桔露，甘余小苦似松肪”，“一语为君评石室，三杯便可博凉州”等句，都盛赞衢州的石室酒。

南宋周密在其《武林旧事·诸色酒名》中还有关于衢州产“龟峰酒”“思政堂”两种品牌酒的记载。当时，这两种酒都打入了都城杭州市场，成为京城内畅销的名酒，深受达官显贵的喜爱。[1]

7. 咸淳十年史绳祖墓出土文物的工艺成就

1974年，衢州市郊王家乡（今柯城区王家乡瓜园村）出土了一座南宋咸淳十年（1274年）的夫妻合葬墓。墓主史绳祖，四川眉山人，官至从五品朝散大夫、成都玉局观提举，一生笃志强学，著述丰富，其《学斋占毕》一书被《四库全书》存目。史绳祖晚年寓居衢州，死后与继室杨氏合葬于衢。

墓中出土了不少玉制文房用具，印证了史绳祖文士学者的身份，主要有刻有海涛纹的青玉笔山（笔架）、通体晶莹透亮的天然水晶笔山、形似兔子的白玉镇纸和荷叶造型的玉杯等。其中，白玉镇纸通体雕刻成伏卧状的兔子形态，只在身体的局部阴刻排列整齐的短线，其余部位都是素面无纹饰。尽管线条极其简单，但兔形栩栩如生，极为美观。另一件玉质荷叶杯俯视呈两片张开的荷叶，在器背雕有盛开的荷花和荷叶，透雕卷曲的茎作杯足和把，用阴线表现叶脉。这是中国年代最早的玉质荷叶杯，堪称所有玉质荷叶杯的“鼻祖”。墓中还出土一些金器，有金娃娃、金簪等。金娃娃在宋代被称为“摩睺罗”巧神，奉为吉祥物，是聪慧、睿智的象征。此件器物重仅6克，其造型为小孩右手执环，左手握莲枝负于背，举首凝视，神态生动。这种造型多见于泥塑，苏南一带屡有出土，但金质纯手工打造的目前仅此一件。金簪纹饰细腻，工艺绝伦，重15

[1] 王赛时、杨恩业：《浙江古酒钩沉》，《中国烹饪研究》，1997年第3期。

克，前端分为双层，上层镂刻蔓草纹，同时刻有圆点纹，然后叠合于底层。此外，墓中出土的八卦纹银杯、银梅瓶、镀金银丝盒造型等都是南宋银器中的新造型。另有银鞋一双，鞋内有“罗双双”款。考史绳祖墓志，其原配为罗氏，很可能就是“罗双双”。把象征前妻的三寸金莲之鞋陪葬，由此可见史绳祖对其妻的真挚感情。〔1〕

史绳祖墓中出土的大量文物是目前衢州墓葬出土文物中最有价值的部分，件件堪称精品，充分体现了南宋时期高超的金银玉器制作工艺水平，也是两宋衢州经济文化高度发展的最好实物例证。

（四）商税成就与金融业

两宋时期，伴随着全国经济重心的南移，衢州的政治、经济、文化获得空前繁荣。特别是在北宋，衢州继续保持中唐以来快速发展的势头，经济文化的发展水平达到了顶峰，为两浙路翘楚。此时期，衢州城的商税全面赶超江南其他地区。在这种经济背景下，衢州的金融延伸产品也在快速发展。

1. 熙宁十年的衢城商税名列浙江第二

据《宋会要·食货》记载，北宋熙宁十年（1077年），衢州州城商税税收列浙江各州第二，达39 383.872贯；虽低于第一名杭州州城商税额，与第三名湖州相近，远高于越州（今绍兴）、婺州（今金华）、温州、台州，是处州（今丽水）的四倍多、睦州（今建德一带）的五倍多。〔2〕

宋朝打破了唐朝城市的政治区域与平民区域严格划分的格局，彻底打破了里坊制，将平民的工商业经营扩大到全城各个角落。当时京城资产达百万贯的人很多，十万贯以上的比比皆是。作为一种政府行为，商税的征收直接反映了被征收地贸易活动的规模和市场发展水平，商税的多寡直接反映出一个城市的经济水平，特别是城市的发达程度，因而在很大程度上也是一个判断一座城市的社会影响及其在城市体系中所居地位的重要标志。当时，整个衢州

---

〔1〕《衢州史绳祖墓出土玉文具》，丁叙钧编：《古玉艺术鉴赏》，上海科技教育出版社2004年。

〔2〕《宋会要辑稿》卷七至卷九《食货一六》。

的商税总额(包括州城、各县及市镇)为44 763.388贯,而州城的商税额占总数的87.98%,可见衢州城在整个衢州地区的中心地位,同时也从侧面体现了衢州当时的城市化程度。有专家统计,宋代城市人口占总人口的比例高达到22%,衢州作为上等州县,而且是工商业相当发达的州级城市,自然也不差。也正是在这一时期,中国社会中的市民阶级正式产生,大批的手工业者、商人、小业主构成了宋朝的中产阶级。[1]由于市民阶级的发展壮大,宋朝的世俗文化各方面有了突飞猛进般的长足发展。

2. 衢州始用纸币“会子”(1161年)

“会子”的名称产生于北宋,是一种取钱物的凭证,见于记载的主要有会子、钱会子、铅锡会子、寄附钱物会子,等等。熙宁八年(1075年),时任宰相吕惠卿在讨论陕西交子时曾说过:“自可依西川法,令民间自纳钱请交子,即是会子。自家有钱,便得会子。动无钱,谁肯将钱来取会子?”[2]由此可知,会子就是纳钱和取钱的凭证。钱会子和会子的意思一样;铅锡会子是出卖铅锡给政府后所得的取钱凭证。

南宋初年,临安即有民间发行的“寄付兑便钱会子”,“寄付”就是寄附,“兑便钱”即便钱,指的就是汇兑。绍兴五年(1135年),宋高宗曾下诏禁止寄付兑便钱会子出城,受到居民的反对,次日即取消了禁令,可见当时会子这种纸币的流行。绍兴三十年(1160年)二月,钱端礼任临安府知府,将原由富户主持的便钱会子改由政府官办,准许在杭州城内外与铜钱一起流通。同年七月,钱端礼升任管理全国财政的户部侍郎,会子也由户部接办,并于次年二月设立“行在会子务”进行管理。行在会子务后来改名为“行在会子库”。[3]衢州也就在这个时候开始流行会子。便钱会子又名“便换”,改由户部发行后,最初以一贯为一会,后又增发了二百文、三百文、五百文。乾道四年(1168年),规定三年

---

〔1〕陈国灿、奚建华:《浙江古代城镇史》,安徽大学出版社2000年,第106、337页。

〔2〕《续资治通鉴长编》卷二百七十二“熙宁九年正月甲申”条。

〔3〕李心传:《建炎以来系年要录》卷九十三“绍兴五年九月乙酉”条、卷一百八十七“绍兴三十年十二月乙巳”条。

为一界，但后来出现了两界、三界并行的情况，致使通货膨胀，会子贬值。

南宋会子的普及是当时经济发展和贸易流通的必然产物，衢州地处都城杭州的近畿，是当时通往福建、两广物资的重要集散地，会子的流行是很自然的。虽然当时的纸币发行还不规范，但毕竟是一次有益的尝试。

3. 南宋衢州长生库和质库

典当是指当户将其动产、不动产作为当物抵押给典当行，交付一定比例费用，取得当金，并在约定期限内支付当金利息、偿还当金、赎回当物的行为。典当行又称当铺或押店，以收取手续费或变卖绝当（到期不赎）物品为利润。中国的典当行业最早兴于南朝，是寺院经济的产物。由于南朝帝王大多信佛，赏赐给寺院的金银很多，僧侣们一时挥霍不完，便用于放债生息，发展成中国特有的一种由寺庙所经营的典当行业。典当在发展过程中曾有多个名称，如"质库""质肆""解冻"和"长生库"等。据史书记载，南宋时衢州便出现了典当业的雏形——长生库和质库。

长生库，指贮存长生钱的库藏，是由寺院所经营的借贷机构。唐代时称其为"无尽藏院"，宋代时则称为长生库，又称解库、解典库。南宋时期，衢州的天宁寺、大中祥符寺、南禅寺等寺庙，拥有大量而殷实的庙产，加之此时期的衢州交通发达，商品经济繁荣，民间借贷有一定的需求。各寺庙纷纷开设"长生库"，一方面对生活遭受困难者以"质物贷钱"等方式给予借贷，另一方面也是寺院经济的主要收入来源之一。

另据宋人洪迈所撰《夷坚志》记载，南宋时期江山县峡口集市有一位名叫祝大郎的富商，他就开设"质库"。据说，祝大郎为富不仁，他所使用的度量衡器大小不一，经常是大斗进小斗出，极尽欺诈之能事。[1]这也是关于衢州地区个人典当行业的最早记载。典当行业的兴起是商品经济发展到一定程度的必然产物，个人典当出现在衢州山城江山一个集市上，充分说明了当时商品经济已深入到衢州农村，也从侧面反映了衢州经济高度发展的状况。

---

〔1〕洪迈：《夷坚志》志补卷七《祝家潭》。

四、交通的进步与市镇的发展

经济的发展会促进加大对交通事业的投入，南宋时期仙霞岭石阶路的开辟以及金衢之间砖路的铺砌就是最好的说明。同时，交通状况的改善又刺激了经济的进一步发展，进而形成一种良性的循环。商品贸易的发展推动了城市化进程，而交通的畅通则把这种进程从城市向乡村扩展。宋代衢州四大市镇和十八个草市的出现充分证明了这一点。这些市镇都建立在交通要道上，通过接待往来客商，提供物资交流、运输的方便而逐步发展起来。经济实力的增长又使城市以及市镇上的公共建筑的建设成为可能。宋代衢州州城的多次修复与府山的大规模开发是衢州城公共建筑设施建设的典型；此时期由客商与官府集资兴建的龙游湖镇舍利塔作为典型市镇公共建筑，不仅仅是一座简单的佛塔，也是龙游众多客商的“祈福塔”。

（一）仙霞岭石阶路的开辟

据清代顾祖禹《读史方舆纪要》记载，南宋绍兴年间，史浩任福州知州经过仙霞岭，雇人用石条平整路面，将险要之处铲平，将狭窄之处拓宽；但据《宋史・孝宗纪》记载，乾道八年（1172年）十一月，以太子少傅的高级荣誉头衔出任福州知州的史浩升为从一品开府仪同三司。那么，修整仙霞岭路应该在乾道八年，就与顾祖禹的记载有异，谁是谁非？

据《江山县志》记载，史浩，浙江鄞县人，乾道八年（1172年）知福州；过仙霞岭，雇民夫修筑仙霞岭石阶路二十里，其中上岭磴道共360级，有二十四个弯道，使仙霞岭路不再险阻，成为一条畅通之路。20世纪80年代江山市重修仙霞关时，发现一方南宋砌路石碑，上刻“福建路建宁府都运判府检详侍郎姚谨捐俸资结砌此路”。建宁府即今福建建瓯，绍兴三十二年（1162年）由建州升为府，可见修路应在绍兴三十二年前后。结合相关的记载可以这样认为：修砌仙霞岭路，当是南宋绍兴三十一年“降旨”开工。作为重要的政府工程，按照惯例沿路官员要捐出俸禄以示支持，其中就有这位建宁府姚姓官员。至绍兴三十二年，估计尚未全部修好，因高宗退位，其后自然未能修筑顺畅。后来，史浩于乾道八年知福州，因他每年都要往返此路回京"述职"，他又当过宋孝宗的老师，且以宰相身份出镇州军，故其门生、部下再次纷纷"捐资"修路。顾祖禹将二者结合，故有前面似是而非的记载。

该路经修整后，由浙入闽的客商自此不必绕道江西玉山、上饶，可直接从衢州水道经江山至清湖渡，舍舟登陆，取仙霞古道至福建浦城，复舍陆登舟，可以直达福州，甚至出海。自衢州西行经信州（今江西上饶）入闽至建州有七百里之遥，而经江山仙霞岭入闽至建州仅五百里，因此来往客商多乐意走仙霞近道。淳熙二年（1175年）三月二十一日，南宋哲学家、文学家金华人吕祖谦从婺州（今金华）出发，欲入闽赴崇安拜访朱熹，就是经汤溪、龙游、衢州至江山，越仙霞岭而入闽的。[1]

仙霞岭石阶路的开辟是衢州道路交通史上的一件大事。此后，通过衢州，浙闽的往来更为频繁，对推动两地经济贸易的发展和交流有重要意义。

（二）范成大《骖鸾录》笔下的衢州

范成大（1126—1193年），字致能，号石湖居士，吴郡（今江苏苏州）人，南宋著名诗人、旅游家和散文家。乾道九年（1173年），范成大任广西经略安抚使，从老家苏州出发，上路伊始就开始撰写《骖鸾录》。

一路逶迤，正月十二日，范成大开始进入衢州境内。天气虽冷，所幸"自婺至衢，皆砖街，无复泥涂之忧。异时，两州各有一富人作姻家，欲便往来，共甃此路。"这条重要史料未见地方交通文献记载，但曾引起日本史学家的关注。金华、衢州两地间路途遥远，相距约100千米，两地间的路说修就修，也可见南宋时民间的富庶程度。今所谓宋砖，是小块状长方砖，就算沿途只铺一层，两车道宽4米，加上平整路面的工作量，完全依靠人工操作，这样的工程就算在现代也是大工程。

十三日，范成大抵达衢州城，知州张几仲大开灯宴，并请汪应辰作陪。汪应辰是江西玉山人，南宋状元，因与秦桧政见不合，不愿在朝与之同流合污，于

---

〔1〕徐江都：《"仙霞古道"开辟说》，《历史文化研究》第3辑，第29—33页。

是拂袖归山。汪应辰出身军人家庭，其父是名弓手；其为官后不善于治产，因此家里没什么产业。他把江西玉山的老屋让给兄弟，自己落脚衢州超化寺，与大词人朱敦儒等济济一堂。后人写《衢州超化寺》一诗，其中有“前朝老屋半倾欹，尚思诸贤会集时”两句，我们可以想象当时情景。时值元宵节期间，范成大就在衢州盘桓了几天，到超化寺云山阁拜访汪应辰，在府山登超览堂看一城灯火。[1]

（三）宋代市镇的发展

在宋代，大量作为农村经济中心和城乡市场结合体的乡村草市和集镇广泛兴起，无疑有特殊意义。这些市镇在很大程度上改变了以往由州县城市一统天下的城市发展格局，有力地推动了农村市场的发育和发展。不少集镇越来越表现出一种城市化的倾向，而不少草市则成为介乎城市和农村之间的混合体。

据《宋会要·食货志》记载，北宋熙宁十年（1077年），浙江地区十一州共设置税务（场）的集镇和草市35处。而衢州的草市镇在这一年共收税金1 543.844贯，其中南银场215.626贯，白革湖镇（今龙游湖镇）469.276贯，礼宾镇（今江山礼贤）785.276贯，安仁场73.666贯。可见，当时这些草市镇都具有一定实力，特别是位于交通要道上的白革湖镇和礼宾镇。

宋室南迁以后，江南经济迅速发展，浙江地区草市镇的数量大幅度增加，如绍兴达到了五十多处，衢州也有不同程度的增加。据著名学者傅宗文先生《宋代草市镇研究·名录》中的统计，宋代衢州的镇主要有四个，即安仁（今属衢江区）、白革湖、礼宾、孔埠（今属开化）；主要的草市（含村坊）有十八里（今廿里）、后溪、招贤、小龙游（今龙游小南海）、盈川（今属高家）、顺溪、平坦、白肚（今白渡）、江下、峡口（今属江山）、蒋连、张家店等十八处。从分布上来看，这些草市镇主要分布在交通要道上，特别是在衢江沿岸。把衢州的数据与当时浙江其他地区进行比较，应该说傅先生的统计还不够完善，当时的衢州草市镇

---

〔1〕阜东：《范成大与衢州》，《衢州日报》。

实际应远不止这些。[1]

宋人周必大在《文忠集·归庐陵日记》中记载，孝宗（1162—1189年在位）初年，他由婺州、衢州赴福建，途中旅店颇多。宋末元初人刘辰翁在所著《须溪集·送人入燕序》中回忆南宋末年时他由吉州（今江西吉安）经衢州到都城杭州所见的情景："衢信之间，华堂逆旅，高堂盖道，憩车系马，不见晴雨，列肆青楼，倚门成市，行者如织。"当时衢州到上饶路上，时不时就能看见设施齐备的旅店，根本不用担心刮风下雨，随时可以歇车系马休息，大的集市中还有多家青楼妓院，"依门成市"，沿途行者如织。通过这些记载，我们可以想见当时繁华的情景。[2]

（四）衢州州城的建设

明天启《衢州府志》记载，北宋末年，知州高至临率领当地百姓重筑了衢州城墙。当时的城墙三面浚壕，西临大溪，"高一丈六尺五寸，广一丈一尺，周围四千五十，为六门"。宋元时期的一尺为今31.68厘米，则宋代衢州城墙高5.23米，宽3.48米。宋代一步合今1.536米，折算当时城墙的周长约为6 221米。北宋时期，南方州县很少筑城。高至临筑城是目前关于衢州宋代筑城最早，也是最明确的记载。衢州城的基本规模和格局从高至临筑城开始逐渐确立下来，此后历代虽屡有修复，但基本格局不变。

衢州地区的自然灾害频繁，特别是水灾危害极大。有史记载的南宋衢州修城记录大多与大水有关。绍兴十四年（1144年），衢州大水，冲毁城郭，知州林待聘主持修复，百姓们纷纷助役。嘉定三年（1210年）五月，衢州大水，城毁近五分之一，百姓溺死很多，粮食颗粒无收。同年九月，衢州再次被淹。一年两次受灾，这在历史上也是不多见的。为尽快修复城墙，当时的知州孙子直利用朝廷赈济的余款以及出售僧侣度牒所得，并向枢密院请求派遣当地驻军义务劳役，从六月动工到十一月完工，前后历时近半年。其后，继任知州綦奎又平

---

〔1〕傅宗文：《宋代草市镇研究》，福建人民出版社1989年，第369页。

〔2〕陈国灿、奚建华：《浙江古代城镇史》，第158、175、178页。

整了城面。此次修复是南宋时期有记录的修城工程中规模最大的一次。2001年，大南门修复的时候，考古工作者在现存城墙基址下面还发现宋元时期的遗址，还出土了不少带有“嘉定三年”字样的铭文砖。[1]

其后，嘉定十一年（1218年），知州魏豹文重新修缮了六座城门。在大南门，还出土过开庆元年（1259年）由常山县、江山县以及衢州特设的“修城砖使”负责烧制的城墙砖，可见当年也有过修复。[2]

尽管有历史文献记载以及经出土文物考证，南宋时期衢州城的修复只有这样寥寥几次。由于水灾以及战争等原因，几乎每隔一段时间就要修复一次，实际上衢州城的修复是一个相当漫长的过程，工程量是极其庞大的。到了南宋末年，这也成为百姓的一项沉重负担。

（五）南宋时期对府山的开发

南宋时期，随着衢州经济的发展，作为州治所在地府山的建设日益加快，涌现出许多建筑，如府城隍庙、超览堂、景高堂等，都成为当时衢州的盛景。

衢州府城隍庙建于绍兴年间（1131—1162年），亦称郡庙，位于府山龟峰山麓，坐东朝西。淳祐十年（1250年），府城隍被加封为康济侯，宋、元、明、清均有修葺。民国初年，衢郡中学堂借郡庙寝宫及火德祠为学生宿舍，神像遂废。

乾道七年（1171年），吴兴（今属江苏）人施元之到衢州任知州。某日，他在州治外发现一数丈高的土堆，上可容百人。于是，他令人斩草平坑，走上去四望，觉得整个衢州的胜境尽在眼底。远远望去，远处群峰出没于林木之梢，再近些一府千里；近看龟山上合抱粗的大木高耸，垂荫掩映着左右。施元之看后很是兴奋，就在上面建筑一堂，并以“超览”命名。著名词人毛幵撰《超览堂记》，详细记载了此事。

绍熙二年（1191年），永嘉（今属温州）人萧忱以大理寺丞外放衢州知州，在峥嵘山州治内始建景高堂，堂中供清献公赵抃、太史公范冲、文正公司马光三

---

〔1〕柴福有等：《衢州府城大南门遗址清理简报》，《衢州探古》，第135—141页。

〔2〕明天启《衢州府志》卷七《建置志》“绍兴十四年”条、“嘉定三年”条、“嘉定十一年”条。

贤的画像。闻人阜民撰有《景高堂记》。此建筑后来又称为景高台、景高阁，元明之际屡有修复。

当时，峥嵘山四周地势低洼，北临菱湖，东有环城壕湖泊，西绕东河，南抵南湖城壕和千塘畈洼地沼泽。每临雨季，四周白水茫茫，峥嵘山成水泊孤岛，古代文人好雅，以"小蓬莱"称记。南宋理宗朝词人周密留有《长亭怨慢》词一首，其中有"千竹万荷，深处绿，净池台翠凉亭宇"、"凝伫望，涓涓一水"等语，生动描绘了当年好比蓬莱仙境的奇景。当时，衢州城东菱湖湖畔可谓是名臣别业云集，有邵知柔的"野航"、赵令衿儿子赵子觉的"雪斋"和孙子赵伯禽的"更碧楼"，还有衢州籍宰相刘正夫的"壶中天宇"、龙游籍宰相余端礼的"东湖道院"，等等。

（六）龙游湖镇舍利塔的修建

龙游湖镇舍利塔位于龙游县湖镇下街舍利塔院内，其始建年代不详，一说始建于唐代。北宋明道二年（1033年）至庆历四年（1044年），当时的龙游知县丁璹等人募集人手，重修舍利塔院和舍利塔，并请衢州籍名宦赵抃作《白革湖新修舍利塔院记》。此碑后由县令丁璹、管理龙游茶、盐、酒等专卖税的监官（监茶盐酒税）武继忠、县尉兼主簿谭执古以及勾当男逵等人重立，金华人刘经刊刻。碑石残高172厘米，宽91厘米，文字共15行，满行42字，楷书，字径3厘米。此碑现已无存，衢州市博物馆藏有拓片。

碑文中提到的"白革湖"就是今天的湖镇，位于衢州境的最北端。在距今1 000年前的宋代，这里是衢江沿岸重要的集镇之一，可以说是相当繁华的。当时，镇上还设有专门管理贸易的管理员，就是碑文中提到的"勾当男"。据《宋会要·食货志》记载，熙宁十年（1077年），白革湖镇的商税总收入将近470贯。百姓富了，自然会有更高的要求，而舍利塔和舍利塔院这样的佛教建筑就成为人们最好的祈福还愿之地。俗语说"救人一命胜造七级浮屠"，这里的浮屠就是佛塔，尽管人们将七层佛塔的地位排在一个生命之后，但是依然不能抹煞佛塔在佛教中的地位。雄厚的经济实力以及人们对舍利塔寄予的厚望使这座塔从建成以来一直是龙游乃至衢州地区最著名的佛塔，就其精美而言，在全国也是不多见的。

现存舍利塔为六面七层楼阁式实心砖塔，高27.31米，保存基本完整。每层面中间有壶门式壁龛，其间供奉有青铜佛像。从目前出土情况看，主要有释迦牟尼坐像、背光佛像以及供奉人的立像，等等。这些佛像比例合度，妙相庄严，颔首俯视，令人敬畏，体现了北宋时期衢州人精湛的铸造工艺。塔檐仿木质结构，以一块块横砖层层叠涩出檐，层层起翘，檐头挂有风铃。整个塔体构造精巧、玲珑剔透。湖镇舍利塔在宋塔中自成一类，该塔虽是楼阁式仿木塔的形式，但又适应了砖结构的特点，独具匠心，制作精巧，在我国历代古塔中是不可多得的。2001年被国务院公布为第五批全国重点文物保护单位。[1]

五、两宋时期的教育与名人

宋代的衢州人十分重视教育，凭借雄厚的经济实力，他们建立起一整套从县学到州学，从义塾到书院的教育体系。名师毛友、朱熹、徐霖，加上自由的学风，使柯山书院成为当时浙江境内乃至在全国都有一定知名度的著名学府。对教育的重视结出了科举的硕果。衢州归属宋七年以后，雍熙二年（985年）梁灏榜，衢州人徐泌高中进士，成为宋代衢州文科进士第一人。就整个浙江来说，这也是比较早的。北宋时期，衢籍进士多达252名，在浙江所属11州中名列第一，远高于杭州、绍兴、宁波等地。特别是常山王介家族一门七进士，更是难能可贵。在古代，进士数量是体现一个地区人才积累最直接的依据。据有关学者统计，整个宋代衢州共有进士633人，其中有程宿等状元四人，赵抃等官至副宰相以上的七人，慎知礼、王涣之、毛注等侍郎、御史一级的名臣就更多了，像王汉之、赵希琯这样封侯、封王的名宦也有不少，还出了像徐徽言、余玠这样的一代名将和徐揆这样的学生领袖。

（一）官私教育与科举成就

宋代在唐代的基础上对进士科进行了大量的改革：录取进士数增加了，对

[1]《全国重点文物保护单位——龙游湖镇舍利塔四有档案》（内部资料）。

于屡考不第的考生，开恩科的先例；正式确立了州试（即解试，获省试的资格）、礼部省试和殿试三级科举考试制度，并正式定为三年一次；殿试以后，不需再经吏部考试，直接授官，所有及第的人都成了天子门生；殿试后分三甲放榜，一等称进士及等，二等称进士出身，三等赐同进士出身；南宋以后，还要举行琼林宴，遂成定制；从宋太宗开始，科举开始实行糊名制，为防止认识笔迹，还专门雇人誊抄考生试卷。正是在这种背景下，在唐代衢州州学教育的基础上，两宋时期衢州发展了自己的各级教育体系，获得了空前的科举成就。北宋时期的衢州进士名列两浙路第二名（不及常州），浙江地区的第一名；涌现出常山章舍王氏一门七进士这样的科举豪门；还先后出了四位文科状元。

1. 宋代的州学、县学和书院

宋代官办的教育机构主要为州学和各县县学，私人的教育机构主要是书院。宋初七八十年间，朝廷无暇顾及兴学设教，官学衰疲。在这种形势下，书院得以长足发展，发挥教育的重要功能，并形成相应的书院教育制度。北宋自仁宗庆历兴学之后，先后兴起三次大规模的兴学运动，官学由此兴盛，书院相对沉寂。南宋时，官学教育空疏腐败，学校有名无实，书院得以兴旺发达。同时，理学发展至此时已趋成熟，学派勃兴，各派学术大师为传播自己的理学思想，积极创设书院。宋理宗又热心提倡，或赐院额，或赐御书，书院发展达到极盛。[1]

宋代衢州州学位于州治的西边，始建年代不详。北宋宣和二年（1120年），毁于战火；次年，知州高至临重建。州学设教授1—2名，景定三年（1262年），又增设主学一名。咸淳元年（1265年），增设学正、学录各一名。明代以前，西安县学旧址在礼贤门外制锦坊，始建于何时不详。北宋庆历四年（1044年），龙游县建文庙；至和（1054—1056年）初年，县尉刘达元建县学；宣和七年（1125年），重建龙游县学于县治西。江山县学始建于熙宁年间（1068—1077年），在县治东文庙内；南宋绍兴十四年（1144年），知县丁昌期曾将其扩建拓新。常山

〔1〕《宋元的书院教育制度》,《中国教育简史》第六章第三节，福建师范大学网络教育学院教程。

县学旧在县治东南，绍圣三年（1096年）由知县林卞所建。开化县学原本也在县治西，政和年间（1111—1115年），知县李光迁徙至县南。各县学生员，宋初无定额。北宋崇宁三年（1104年）定制，西安、龙游县各五十名，开化县四十名，江山、常山县各三十名。县学中设有博士、文学、助教等，景定三年（1262年），始设主学一名。咸淳元年（1265年）增设学正一名。

宋代衢州最早的私人书院为龙游人吕防创立的南山书院，始建于嘉祐末年。龙游古城东南方数里有一座鸡鸣山，隔灵山江与龙游城相望。山不高，山岩挺拔峻峭，兀立在灵山江旁；山借水景，水凭山势，显得特有灵气。鸡鸣山之得名，相传与龙游人吕防有关。吕防，字大防，嘉祐（1056—1063年）末年于城南二里许之山麓（今鸡鸣山）设南山书院，当时称为义塾，开衢州地区义塾之始。当时，吕防让困难学子免费上学，于是有相当多的年轻人来这里听课，“从学者甚众”。某日，吕防听到山中荆棘丛中有鸡鸣声，闻声去找，居然发现了一堆白银。他将白银全部交给了官府。后来，人们便将此称之为鸡鸣山，将学校称为“鸡鸣书院”，山下的村落也被称为“鸡鸣村”，这当然也寓意对吕防拾金不昧行为的褒奖。也许是因为重视教育的成果，熙宁六年（1073年），吕防高中进士，最后官至从四品的太中大夫。吕防以后，在短短的六十年间，龙游吕氏家族又出了四位进士。吕氏一门五进士，仅次于常山章舍王介家族。后来，大观年间（1107—1110年），龙游县又建高堂义塾。淳熙年间（1174—1189年），开化汪观国建听雨轩书院（义塾），后来朱熹与吕祖谦的三衢之会就在此进行。

大观年间（1107—1110年），里人毛友、郑可简在烂柯山右梅岩筑室读书，后隐居不仕，研读经籍。南宋建炎初年，毛友任处州（今丽水）知州；绍兴二年（1132年），毛友丁忧回家，后携其子毛开迁居衢州烂柯山。毛友在烂柯山建“梅岩精舍”，并讲学于此，这就是后来著名的柯山书院的前身。毛开辞官后也隐居烂柯山，继承父业，继续在梅岩精舍著书讲学，著名理学家朱熹也曾到此讲学。淳祐六年（1246年），知州杨彦瞻立为柯山书院。嗣后，知州游钧延请儒学大师徐霖为主讲，四方士人云集。景定三年（1262年），知州谢奕中复请孔子五十世孙孔元龙为山长。孔元龙著有《柯山论语讲义》《鲁樵集》等，九十岁上仍手不释书。其死时，衢州等地三百余位弟子为其送行。元代马端临《文献通考》记载，当时的柯山书院声名远播，为南宋二十二大著名书院之一。不久，书院一度毁于战火。宋末，徐天俊出任书院山长，重建庙祠斋庑等建筑，元代仍然兴盛不衰。

2. 宋代衢州的科举

经济的发达加上对教育的重视，使宋代衢州的科举取得了巨大的成就。根据有关学者的相关研究，剔除存疑的和科次不详的119人，两宋衢州文科进士至少有633人，其中北宋252人，南宋381人。参考相关地方志，与浙江所属十一州的文科进士相比较，北宋时期衢州进士数名列第一位，远高于杭州、绍兴、宁波等地区，是温州的三倍，台州的六倍多；南宋时期，各州进士数增幅较大，而衢州由于人口集聚得缓慢导致进士人数也相对增长缓慢，仅名列第六；综合成绩在浙江十一州中名列第五，属中等偏上。[1]如果从中进士的人口平均数（进士数/全州人口数）来看，衢州的位次还可以大大提前。

从地域分布来看，北宋时期西安县一枝独秀，进士人数超过整个地区的三分之一，达95人，这与当时衢州州城经济水平的发达是分不开的；江山、开化作为第二梯队，两者之和接近总人数的一半，计117人；最后是常山和龙游。南宋时期江山人迎头赶上，进士总数达95人，基本与西安县持平；龙游地区快速发展，进士总数达74人，与73人的开化同为第二梯队；而常山进士增幅不明显，跌落至最后一名。

从姓氏分布来看，这633名衢州进士涉及65个姓氏，有33个至今仍属万人以上姓氏，占了一半以上，其中毛氏、江氏、徐氏的进士数都在50人以上。结合籍贯的分析，我们发现了许多世家大族的踪迹，如以留梦炎为代表的西安留氏、以赵抃为代表的南阳赵氏、以徐徽言为代表的西安徐氏、以吕防为代表的龙游吕氏、以赵希瑄为代表的常山赵氏（宗室）、以汪韶为代表的常山宋畈汪

〔1〕占剑：《两宋时期衢州文科进士考》，《历史文化研究》第4辑，第7—38页。

氏、以江钧为代表的开化江氏、以祝程为代表的江山郎峰祝氏、以柴随亨为代表的江山长台柴氏以及以毛维瞻为代表的江山镇安毛氏，等等。

3. 宋代衢州首位进士徐泌

衢州归属北宋朝七年以后，雍熙二年（985年）梁灏榜，徐泌高中进士，成为宋代衢州文科进士第一人。就当时整个浙江来说，这也是较早的。

徐泌，字道深，西安县人，生卒年不详。据《南阳徐氏宗谱》记载，徐泌出身于衢州一个官宦之家。其高祖徐练五代时期跟从钱氏在吴越国为官，后任职于衢州，于是举家定居于此。徐泌中进士应该与其家学有密切关系。徐泌后来官至从五品上的朝请大夫，主管陕西路刑狱判案的提刑官，最后一直做到起居舍人知制诰一职，掌管内廷诏命，起草机要文书，具有很大的权力。徐泌著有《道深文集》，可惜今已失传。徐泌一生先后娶了三妻，娶叶氏，封汝阳郡君；娶郭氏，封汾阳郡君；娶李氏，封富春院君。他有儿子四人，女儿四人，其中一女嫁赵亚才，即赵抃之母，后来被封为魏国夫人。徐泌后代有多人中进士，出仕为官，如其子徐迈，曾孙徐敷言、徐徽言、徐嘉言三兄弟等，南阳徐氏逐渐成为衢州的望族。[1]

4. 章舍王氏一门七进士

王介（1015—1087年），字中甫，出身于常山章舍一个书香门第。王介能言善辩，性格刚直，喜欢交结贤良豪爽之士。起初，王介以北宋最高学府太学毕业生的身份出任河南福昌县主簿。庆历六年（1046年），王介高中进士。嘉祐六年（1061年），仁宗开贤良方正直言极谏科，登第者有王介、苏轼、苏辙等十五人，王介名列第四等，位次比苏辙高，比苏轼低[2]，其后历任秘书丞（负责经籍图书编撰）、静海知县、湖州知州等职。

在北宋中叶，常山章舍王介家族以一门七进士而闻名衢州。[3]1019—1082

---

〔1〕雍正《浙江通志》卷一百八十一《文苑志四·人物六·徐泌传》，中华书局2001年，第5134页。

〔2〕《续资治通鉴》卷五十九“仁宗嘉祐六年八月乙亥”条。

〔3〕《衢州市志》载“一门九进士”，还要加上王介祖父王伟（咸平二年进士）、王介子王沔之，主要依据为王氏宗谱。然查遍旧常山县志、府志、省志科举章节，未见二人中进士记录。

年，在短短63年里，常山王氏祖孙三代共计出了七名进士，包括王介的父亲王言（天僖三年，1019年）、王介和其弟王愈（嘉祐四年，1059年），儿子王汉之（熙宁六年，1073年）、王涣之（元丰五年，1082年）、王沇之（元丰五年，1082年）三兄弟以及侄儿王愈之、王沩之（元丰二年，1079年）。一门七进士的科举成就在衢州的科举史上只此一家，对当时社会影响是相当大的。[1]尽管这其中有宋代进士录取比例高的原因，但也说明了当时衢州人对科举、教育是相当重视的，衢州教育的水平是比较高的。

5. 衢州第一位文科状元程宿

程宿（971—1000年），字莘十，祖籍安徽歙县，生于开化县。程宿自幼敏慧过人，能过目成诵，而且读书十分刻苦，当地人至今流传着他当年“手提灯笼讨火种，墨汁当成芝麻饼”的传说。

端拱元年（988年），程宿高中状元，年仅十八。程宿这个状元来得不容易，《宋史·宋纪十四》记载了一段曲折的历程。这一年，朝廷以翰林学士、礼部侍郎宋白作为进士科主考官，第一次仅录取了程宿以下28名进士。由于所取进士人数太少，黄榜一出，众士子议论纷起，群情激愤，有的人还跑去敲击登闻鼓[2]，请求另外再举行考试。宋太宗也认为录取人数太少，认为一定有不少遗漏的人才，于是诏令于崇政殿复试落第举子，又录取了进士马国祥等99人。这一回，仍有一名叫叶齐的士子击登闻鼓告状，认为取士不公，宋太宗于是下诏在武成王庙再次复试未入选举子。因厌恶叶齐的嚣张，考官以“一叶落而天下知秋”为赋题，合格者有数百人。宋太宗复试，录取了31人为进士，叶齐居其榜首；其他科目因此而步入仕途者多达数百。一次考试，竟有三次反复，这在中国科举考试中是不多见的，由此可见宋太宗对文人的重视和宽容。三次科举合计录取进士158人，仍以程宿为状元。[3]他是衢州乃至浙江历史上第一位状

---

〔1〕占剑：《两宋时期衢州文科进士考》，《历史文化研究》第4辑，第7—38页。

〔2〕所谓登闻鼓，最早设立于西晋时期，允许百姓、士子击鼓喊冤；宋初也有设立，后来还成立了专门掌管百官士民上书言事的登闻鼓院。

〔3〕《程宿传》，周腊生：《宋代状元谱·宋代状元奇谈》，紫禁城出版社1999年，第237页。

元公，此时距离衢州归宋仅仅过了十年。

最初，程宿被授予权知玉山县（今属江西）之职。次年，宋太宗召见程宿，征求他对时政的见解。淳化二年（991年），程宿曾以殿中丞、直集贤院的身份参与编撰太子、亲王、皇族、后族等有关事迹。后来，程宿官至正七品的吏部职方员外郎。咸平三年（1000年），程宿死于任所，时年二十九岁。《宋史》还记载，程宿英年早逝后，有个弟弟无所依靠，友人宗谔为此上表请求朝廷给予照顾，封他一个官位。[1]

人们都说"天妒英才"，程宿十八岁就中了状元，可以说是那个时代的天才。他仅为官11年，二十九岁时就英年早逝。正是因为其早逝，我们对程宿的生平了解不多；如果他能多活几年，相信他会有更大的作为。

6. 龙游状元刘章

刘章（1103—1182年），字文孺，龙游人。绍兴十五年（1145年），刘章参加进士考试，考官将其定为第三，殿试时被宋高宗钦定为状元，授予镇江军（今江苏镇江）签判[2]。其后，刘章又入京出任秘书省正字、秘书郎、著作佐郎等职务，主要负责国家典籍的编撰。当时，刘章还兼任普安、恩平两王府教授。在前后四年时间里，刘章专心致志向普安王、恩平王两位皇子传授经义文学知识，启迪并教导他们。也就是在这一时期，刘章与普安王（即后来的宋孝宗）结下了深厚的情谊。高宗时，秦桧专权，因刘章没有依附，遂将其外调筠州（今江西高安）任通判。秦桧死后，召刘章回京师，出任司封员外郎（掌管官吏的封爵、承袭等事宜的副主管）、检校枢密院文字兼玉牒检讨官，参与枢密院机密，管理皇家宗室谱系。其后，又升刘章为秘书少监（秘书省副长官）、起居郎，负责记录皇帝的言行，编撰起居录。从绍兴二十八年（1158年）三月起，刘章以起居郎职衔代理工部侍郎；次年二月，又代理吏部侍郎。因受胥吏诬告、殿中侍御史朱倬弹劾，刘章改任提举台州崇道观，退居二线。

---

〔1〕昌彼德等编：《宋人传记资料索引》，中华书局1983年据台北鼎文书局版影印，第3009页。

〔2〕签判，即签书判官厅公事的简称，是知州的高级幕僚官。

宋孝宗即位后，又把刘章召回京师，先后任礼部侍郎、礼部尚书，兼任负责审阅诏书、奏状的给事中。刘章奏请宋孝宗禁止淫祀，删去《三朝史》中关于“道、释、符”等所谓祥瑞志，认为这些内容不合春秋褒贬笔法。当时，刘章常在宋孝宗面前从容论事，救护善类，人们称其为“长者”。刘章为人行事谨慎，生活俭朴，待人厚道，曾说过：“臣书生无他长，惟菲俭自度。晏婴一狐裘三十年不易，人以为难，臣以为易。”[1]宋孝宗听闻后，大加赞叹，当场亲赐墨宝。后来刘章力求告归，宋孝宗准许他以显谟阁学士的荣誉职衔归养。[2]

淳熙元年（1174年），刘章的儿子刘之衡由御史一职外放出任广德军（今安徽广德）知州，临行前向孝宗辞行；宋孝宗在便殿询问了刘章的情况，再三要求刘之衡回去后向刘章转达自己的问候之意。不久，宋孝宗还专门派遣一名叫苏曦的禁军军官（阁门祗候）到刘章家中慰问，并授予刘章为端明殿学士荣誉职衔，赐银绢400匹。淳熙四年（1177年），刘章以资政殿学士致仕退休。淳熙九年（1182年），刘章卒，追赠正三品的金紫光禄大夫，谥靖文，葬寺下村旁大庵山。今其墓虽已湮没，但当地人仍称作“状元坟”。刘章的文章很有名气，因不满汉代思想家王充所作的《刺孟》和唐代大文豪柳宗元所作的《非国语》，写了《刺刺孟》和《非非国语》各一卷，还有《补过斋拙稿》若干卷，可惜均已散失。[3]

7. 立主抗金的状元毛自知

毛自知，西安县（今衢江区全旺毛家村）人，生卒年不详。父亲毛宪，淳熙二年（1175年）进士，官至负责诏书起草的中书舍人、长沙太守。毛自知于开禧元年（1205年）参加乙丑科殿试，在对策的考试当中极力主张乘机一定中原。当时掌权的太师韩侂胄是主战派，见之大喜，遂拔为第一。全旺毛氏属江南三衢毛氏始祖毛宝后裔。后来毛宝六世孙毛元琼迁徙江山清漾，在宋孝宗时，

---

〔1〕大意是：我一个书生没有其他特长，唯一的优点就是节俭。春秋时齐国宰相晏婴一件狐裘大衣穿了三十年，人们都认为这很难做到，我却认为这很容易。

〔2〕《宋史》卷三百九十《刘章传》。

〔3〕昌彼德等编：《宋人传记资料索引》，台湾鼎文书局1976年，第3872页。

二十九世孙毛宪携子孙迁居西安县全旺毛家。毛自知中了头名状元后，西安县和须江县（今江山）各自争称其为本邑首榜。[1]

开禧三年（1207年）十一月，韩侂胄被礼部侍郎史弥远等人谋杀，并将其首级送至金营求和，主和派再次占了上风。史弥远其后掌握了南宋的权柄，使南宋的政局更为不堪。嘉定元年（1208年）二月，毛自知因首倡用兵之议，加之御史弹劾他殿试时其父为阅卷官，被夺去状元恩例，名次降至五甲，并降职为监当官（宋代掌管茶、盐、酒税与冶炼、铸造等官员的总称）。以后，毛自知就在江东（今安徽芜湖至南京段长江以南地区）担任幕僚，再未被起用。毛自知去世时，距其高中状元不过二十年，其父亲尚在，而其遗腹子次年方出生。这位状元实际上做了当时政治斗争的牺牲品，未能有多大作为。从《横溪毛氏宗谱》获知，毛家村原建有"状元厅"前后共四进，加上状元牌坊，组成一组宏伟的建筑群，但在清咸丰年间，遭受兵燹，古迹现已基本无存。

8. 状元留梦炎

留梦炎（1219—1295年），字汉辅，号中斋，又号忠斋，其故里位于今衢州市区马站底。留氏乃金衢地区的名门大姓，南朝时期割据衢州的留异是留梦炎的先祖。留梦炎聪明好学，早年受家学熏陶，也比较讲究名节。淳祐四年（1244年），留梦炎殿试夺魁，是衢州宋代第四个状元，也是衢州历史上最后一个状元。由于这一科浙东地区省试省元徐霖也是衢州人，衢州太守杨彦瞻曾想建一个"双元坊"以示荣耀。当时，留梦炎还曾写信谢绝，请求不要太声张。关于留梦炎后来的生平详见下一节。

（二）两宋时期的衢州七宰相

宋代科举中，以进士科最受重视，中进士一等者多数可官至宰相，所以宋人称进士科为宰相科。两宋时期衢州科举的成就还体现在衢州先后涌现出七位宰辅级人物。这些人或为清正廉洁的典范，或为深受皇帝恩宠的右宰相，或为事迹不显的庸臣，或为得罪权奸的短命宰辅，或为南渡名相，或为阿谀谄佞

---

〔1〕周腊生：《宋代状元奇谈·宋代状元谱》，紫禁城出版社1999年，第319页。

之臣，或为降元之臣。他们都曾经是衢州人的骄傲，但在历史的洪流中，自有盖棺定论。

1. 清献公赵抃

赵抃（1008—1084年），字阅道，号知非，出身于衢州书香门第。赵抃祖籍京兆奉天，五代之乱，其宗族避居越州（今浙江绍兴），从祖父赵湘开始，迁居衢州。赵抃幼年丧父，家贫，勤奋好学，景祐三年（1036年）中进士。赵抃一生历任福建崇安、四川江源、成都、江西赣州、浙江睦州（治在今建德）、杭州、越州（今绍兴）等处的地方官员，勤政爱民。在福建崇安任上，他开挖渠道、兴修水利，百姓称之"清献河"，至今仍在发挥着作用。在越州任上，他想尽办法，以工代赈，平抑粮价，治理灾害，著名文学家曾巩为此留下《越州赵公救灾记》。赵抃为成都转运使之时，匹马入蜀，以一琴一鹤自随，为政简易，为宋英宗所赞赏，传为佳话，也给我们留下了形容清廉的成语"一琴一鹤"。在杭州任上，虽时间不长，而为政宽严相济，治绩显著。赵抃在历史上最知名之处在于担任弹劾百官的殿中侍御史期间，弹劾不避权贵，曾弹劾过宰相陈执中、枢密院副使（宋代最高军事机构副长官）陈旭等军政高官，为人所敬仰，时称"铁面御史"；后来，赵抃一直做到御史中丞，成为御史言官的主管。宋神宗时，赵抃担任参知政事，参与著名的王安石变法。后因与王安石政见不合，再知成都府，推动了成都平原的建设。宋神宗元丰二年（1079年），七十二岁高龄的赵抃以太子少保的荣誉职衔致仕。元丰七年（1084年），赵抃逝世，追赠太子少师，谥清献。清者清廉也，献者则有献身之精神，"清献"的谥号确是赵抃为官的最好评价，这一谥号在历史上也是不多的。

赵抃一生经历了北宋的仁宗、英宗、神宗三朝，当时就是一位以清正廉洁著称的人物。据史书记载，他十分重视自身修为，每到夜晚，必先沐浴焚香，再将日间作为恭敬地禀告上天。晚年学佛有得，临死之前与儿子赵屼诀别，语气不乱，后安坐着去世，享年七十六岁。赵抃在其座右铭中写道："良田万顷，日进二升；大厦千间，夜卧八尺。"大意是说，人的一生应该知足，即使有良田万顷，每天也只不过能吃两升米；即使有千间房子，夜里睡觉也只能躺在八尺的床上。正是本着这种理念，赵抃一生始终清廉自守，不畏权贵，克己奉公。同时代的著名政治家、宰相韩琦评其为“真世人标表”。元祐四年（1089年），苏轼亲撰《赵清献公神道碑》，将赵抃与春秋时期的四位贤人作比较，称赞他有东郭慎子（赵国思想家慎到）的清正，有孟献子（鲁国贵族仲孙蔑）的廉明，有郑子产（郑国名相公孙侨）的惠政，有晋叔向（晋国大夫叔向）的贤能。[1]赵抃著有《清献集》十卷，被收入《四库全书》集部别集类。

《宋史》中，赵抃与著名的清官包拯同传。后世包拯的清名远胜于赵抃，究其原因也许就在于作为御史言官的赵抃，总是挑皇帝、百官的毛病，而与百姓离得较远的缘故吧。相传，戏剧中的包拯最初并不是黑脸的，他这个黑脸来源于赵抃的“铁面”。[2]

2. 右宰相刘正夫

刘正夫（1062—1120年），字德初，衢州西安人。他自幼聪慧过人，且很有文采，为乡里人所佩服，不满二十岁尚未行冠礼就进入宋代最高学府太学学习，并与范致虚、吴材、江屿三人合称太学“四俊”。

元丰八年（1085年），刘正夫中进士，初授真州（今江苏仪征）州学教授。哲宗朝（1085—1100年），刘正夫升为太学博士，成为全国最高学府的一名学官。靖国元年（1101年），刘正夫被擢升为左司谏，吏属门下省，可对朝政缺失、百官的任用及得失等提出规谏。不久，刘正夫又擢升为起居舍人、中书舍人，负责记录天子的言行，起草诏书，随后又迁给事中，分管吏、户、礼、兵、刑、工六房，凡每日进呈给皇帝的奏章都要经过其手，如有不当可以驳回。此时的刘正夫虽然官职不高，却权力很大，深受皇帝信任。后来，刘正夫又升为礼部侍郎，成为六部的副长官之一。期间，刘正夫上书朝廷，要求皇帝选拔人才，重用贤臣，爱惜民力，节约开支，减轻全国赋税，给百姓以休养生息的机会，条条切中时弊。宋徽宗接受了这些意见，授刘正夫翰林学士的荣誉职，拜工部尚

---

〔1〕《宋史》卷三百一十六《赵抃传》。

〔2〕崔铭先：《衢州人赵抃》，《衢州市政协文史资料》第19辑，中国戏剧出版社1999年。

书，成为六部长官之一。

大观三年（1109年），拜刘正夫为尚书右丞，不久升为中书侍郎，作为副宰相参与国家大事。政和六年（1116年），又擢升刘正夫为正二品特进、少宰（即尚书右仆射）。次年，刘正夫以安化军节度使、从一品（宋代文官最高阶）开府仪同三司的官职致仕。尽管退休了，宋徽宗还曾就联合金国灭辽的国策征求刘正夫的意见。宣和二年（1120年），加封康国公，恩准刘正夫告老还乡。行至江苏盱眙，刘正夫病重而卒。宋徽宗诏令赠刘正夫太保，位列三公，谥文宪，葬于杭州。刘正夫死后，宋徽宗“眷念不衰”，先后给予其二子以高官。后来，刘正夫长子刘皂民一直做到兵部侍郎；次子刘阜民在南宋初年以徽猷阁待制[1]的身份出任秀州（今嘉兴）知州。[2]刘正夫因极力主张恢复王安石新法而为宋徽宗信任，成为继赵抃之后衢州又一个宰相。为了能登上相位，刘正夫阿附宦官、阿谀奸臣蔡京，这些行为长期为人所诟病。而且在宋徽宗时期，朝廷已相当腐败，新法改革并不能解救北宋的危局。刘正夫死后的第七年（1127年），北宋灭亡了。[3]

3. 资政殿学士、中书侍郎冯熙载

冯熙载，字彦为，西安人，生卒年不详。徽宗大观元年（1107年）中进士，重和元年（1118年）任翰林学士承旨、知制诰兼侍讲，负责起草诏书兼给皇帝讲解文史、经义。据《续资治通鉴·宋纪第九十三》记载，同年九月，宋徽宗以“王黼为中书侍郎，翰林学士承旨冯熙载为尚书左丞”。考宋代官制，其将中书门下与枢密院并称二府，二府的正副长官都是宋人所说的宰辅。除宰相外，其余包括副宰相和枢密院正副长官一概通称为执政，与宰相一起组成宰辅班子。参知政事、门下侍郎、中书侍郎、尚书左丞、尚书右丞等均是副宰相。由此可见，从中进士到尚书左丞，成为北宋朝廷的副宰相、执政，冯熙载仅花了十二年时间。

---

〔1〕徽猷阁是收藏宋哲宗御制文集的地方，与龙图阁等设置一样。所谓待制也是一种荣誉职衔。

〔2〕《宋史》卷三百五十一《刘正夫传》。

〔3〕詹剑：《尚书右仆射刘正夫》，《衢州名人》，第54—60页。

据《宋史》记载，宋徽宗宣和元年（1119年）三月，冯熙载又升任中书侍郎。[1]

《宋史·忠义八》记载，方腊起义后，宋徽宗下诏大臣们推荐“材略之士”，冯熙载遂举荐武举进士出身的王士言为东南第三将。王士言不负众望，迅速解了嘉兴之围。其后，金兵南侵，王士言力战而死。冯熙载也算为国家举荐了一位忠义之士。《挥麈后录》卷四记载，宣和三年（1121年）十一月丁丑，冯熙载罢宰相之职。因为担任过宰相，故被授予资政殿学士的荣誉职衔，外放任亳州（今属安徽）知州，其后一度又被召回京城，任中书侍郎。后提举洞霄宫，起知福州，再领宫祠，卒，年仅四十九岁。

冯熙载晋升如此之迅速，虽贵为副宰相，但事迹不显，究其原因，就在于他依附奸臣蔡京，因此《宋史》未将其单独列传。而且，从现有史料来看，冯熙载还是有一定才能的，与当时“六贼”之一的王黼有矛盾，也没什么恶名，故《宋史》也未将其列入佞幸或奸臣之列。

4. 参知政事郑仲熊

郑仲熊（约1112—约1162年），字行可，衢州西安人，生卒年不详。绍兴二年（1132年），郑仲熊中进士，并成为宰相李光的门人，故仕途一直很顺畅，曾长期担任言官，历右正言、谏议大夫等职。绍兴二十三年（1153年），时任右正言的郑仲熊曾上书禁“程学”，即程颐、程颢二人的理学。秦桧专政，李光被贬，郑仲熊转身投靠秦桧，其官位迅速高升，从左正言、礼部侍郎、权尚书、端明殿学士，直至参知政事。据《续资治通鉴》记载，绍兴二十四年（1154年）十一月，以左正言兼崇政殿说书郑仲熊出任吏部侍郎；没几天，郑仲熊又代理尚书，掌管官员的考评晋升；过了几天，又升郑仲熊为端明殿学士、签书枢密院事[2]，参与国家最高军事机构枢密院事务，按照宋制也属于执政、宰辅，且端明殿学士就是当时授予宰辅级高级官员的荣誉职衔。这一系列官职的变动均在一个月之内完成。又据《宋史·本纪第三十一》记载，绍兴二十五年（1155年）夏四月，

---

〔1〕《宋史》卷二十二《宋纪第二十二》。

〔2〕《续资治通鉴·宋纪一百三十》“绍兴二十四年十一月甲寅”条。

以郑仲熊兼任参知政事，成为副宰相。同年六月，因为赵令衿一案，郑仲熊得罪了秦桧，参知政事一职被罢免，前后仅两个月。[1]

赵令衿是宋宗室后裔，南渡后曾寓居衢州。当时，秦桧当权，在全国设立家庙。赵令衿在衢州看到秦桧家庙记文，口诵“君子之泽，五世而斩”之句，其内容带有诅咒秦桧家族断子绝孙之意。秦桧的侄女婿汪召锡为达到升官的目的，诬告赵令衿论日月无光，诽谤朝政。秦桧的门人言官殿中侍御史董德元秉承秦桧的旨意，诬告赵令衿贪污受贿。宋高宗下令将赵令衿捕入狱。因为郑仲熊等人的极力抗辩，赵令衿得以免死。但是，得罪秦桧的后果是严重的。所谓“成也萧何，败也萧何”，不久郑仲熊自己也不能幸免。董德元上书朝廷：“仲熊素行贪秽，众所共闻。旧在李光门下，赃污狼籍，密令侄时中与背驰之党日夕相通，招权纳货，几天虚日。”大意是说郑仲熊一向贪婪，品行不端，众所周知，旧在李光门下，就已经是贪赃之名狼藉，还与侄儿郑时中一道，与李光一党相勾结，以权谋私。不久，董德元又上书谈道：“近日大金遣使庆贺生辰，南北敦好已久，陛下屡降诏旨，馆遇使客，务加周旋。仲熊既被旨押宴，对客蹇傲，略无和颜，酒行匆遽，顷刻而罢。误国之深，莫甚于此，请即行罢黜，屏之远方。”当时金国派遣使节来庆贺宋高宗生辰，高宗皇帝也屡次下诏要礼遇使节。郑仲熊奉旨赴宴，却对金国使节很傲慢，一点也没有好脸色，而且在酒席上行色匆匆，没多久就结束宴会，董德元认为这是破坏两国邦交的大事，因此请求高宗罢黜郑仲熊。类似的奏章先后上了六次，郑仲熊亦只得乞求外放。于是，宋高宗下诏以郑仲熊提举江州（今江西九江）太平兴国宫，退居二线。尽管如此，秦桧死后，郑仲熊仍然作为秦桧一党而被夺职。可能正因为其名列秦桧一党，《宋史》未将其单独列传。

5. 南渡名宰、郇国公余端礼

余端礼（1135—1201年），字处恭，世代为龙游冷水（今灵山乡冷水村）人。余端礼自幼好学博闻，据南宋杨万里《诚斋集》记载，余端礼早在幼年时代就

〔1〕《宋史·本纪第三十一》“绍兴二十五年夏四月乙酉”条。

有读书过目成诵的本领，十三岁时文章已相当惊人。绍兴二十七年（1157年），余端礼中进士，出任湖州乌程知县。当地民间赋丁绢钱负担承重，余端礼亲自上书陈言，朝廷下令每年豁免钱六万贯。宋孝宗即位后，立志恢复疆土。余端礼上书言道："今日之事异于汉而与越相若。愿阴设其备，而密为之谋，观变察时，则机可投矣。"余端礼认为如今南宋的局面不同于当初汉朝，而与春秋越国所面临的问题相近。要想改变不利局面，应该秘密准备军备，暗中进行谋划，观察时机，一战而定。这些意见与宋孝宗的主张不谋而合。于是，宋孝宗将余端礼召入京城，任命为监察御史，后又升迁为最高司法机构大理寺的副长官（大理少卿），再转任负责朝廷礼仪事务的太常寺副长官（太常少卿）。宋孝宗下诏准备"来岁祈谷上帝，仲春躬耕籍田"，即想要祭祀天地社稷，但又不想太郑重其事。余端礼认为这种做法很失礼，作为主管礼法的太常寺少卿不敢奉诏，皇帝只好止住了这一念头。其后，升余端礼为代理兵部侍郎兼主管太子府事宜的太子詹事，再晋升为吏部侍郎。宋光宗即位，余端礼以集英殿修撰的荣誉职衔出任赣州（今属江西）知州。回京师后，余端礼被任命为吏部侍郎、权刑部尚书兼侍讲，后又以焕章阁直学士的职衔知建康府（今南京），再升为吏部尚书，擢同知枢密院事，参与南宋最高军事机密。兴州（今陕西略阳）宋军统帅吴挺病死后，余端礼对枢密使赵汝愚说："吴氏世握蜀兵，今若复令承袭，将为后患。"宋光宗踌躇未决，后来吴挺的儿子吴曦果然在蜀地叛乱，投靠金人。

太上皇宋孝宗病死，光宗病重，余端礼与赵汝愚等以太皇太后垂帘听政，拥立皇子嘉王即皇帝位，是为宋宁宗。因拥立之功，余端礼升任知枢密院事兼参知政事，参与南宋最高军政大事。起初，余端礼与赵汝愚"同心共政"；后来，奸臣韩侂胄逐渐掌握权柄，赵汝愚被外放，而余端礼虽继任右宰相，然独木难支，整日只能长吁短叹不已。太府丞吕祖俭因上书触怒了韩侂胄而被贬，余端礼未能及时解救，而朝廷公议却责怪余端礼。余端礼面见宋宁宗，言及属下太府丞吕祖俭被贬而身为右宰相的自己却不知情，朝纲已紊乱，祸根已滋生，请求辞官。宋宁宗不许，反晋升余端礼为左丞相。余端礼在相位一年多，颇知拥护善类，却被韩侂胄所掣肘，抑郁不得志，于是称病求退，以观文殿大学士提举洞霄宫，退居二线，后来还一度担任过潭州（今湖南长沙）知州。

宋宁宗嘉泰元年（1201年），余端礼卒于潭州任所。死讯传来，宋宁宗停止视朝二天，以示哀悼，追授余端礼少保、郇国公致仕，赠太傅，谥忠肃，葬于今衢州龙游县灵山乡周潭之原。余端礼的儿子余嵘后来官至工部尚书。杨万里在所撰《余忠肃公墓铭》评价余端礼"肃如清风"，就像洁白的布帛清清的竹叶一样，令人敬佩；一生辅佐孝宗、光宗、宁宗三任皇帝，功勋卓著，堪称"南渡名宰"。[1]余端礼还是一位学者，对易学深有研究，撰有《周易启蒙》。

6. 信安郡侯、执政马天骥

马天骥（约1209—约1268年），字德夫，今龙游县罗家乡马府墩人，绍定二年（1229年）进士。登第后，马天骥先后任负责岭南地区文案的签书判官厅公事，负责国家图书典籍整理、编撰、校对的秘书省正字、校书郎以及著作佐郎等职，还曾兼任沂靖惠王府教授，负责教导皇子。当时，马天骥曾经假借名臣司马光"五规"的名义，上书陈言当时朝廷的弊病，颇合皇帝心意，再升为秘书监（秘书省长官），以直秘阁的荣誉职衔出任吉州（今江西吉安）知州。不久，又迁马天骥为负责宗室事务的大宗正寺少卿，并以秘阁修撰的身份任绍兴府知府，主管浙东安抚司公事兼提举常平，掌握浙东地区的行政、税收大权。其后，马天骥再迁为以代理兵部侍郎的身份出任沿海制置使，掌管浙东沿海的军务，同时兼任庆元府（今浙江宁波）知府，后又改任广州知府兼广东经略安抚使，负责广东地区军政大权。中进士以后，用了27年时间，马天骥从小小的文案秘书做到一方的大员。应该说马天骥的仕途是颇为顺利的，为官地方也是有政绩的。

宝祐四年（1256年），马天骥入京，升任礼部侍郎，兼直试院、侍读、国子祭酒，成为宋理宗的高级顾问和最高学府的长官；后来，又被晋升为端明殿学士、同签书枢密院事，成为南宋执政，封信安（即今浙江衢州）郡侯，达到其从政的顶峰。当时，马天骥与理宗宠妃阎贵妃、宰相丁大全、宦官首领董宋臣

〔1〕《宋史》卷三百九十八《余端礼传》。

四人内外勾结、专擅弄权，引起很多正直之士的不满。有人在朝堂门上写下八个大字："阎马叮当，国势将亡。"所谓"阎马"，即"檐马"的谐音，乃屋檐下悬挂的铃铛，此处指阎贵妃、马天骥。悬挂在屋檐下的铃铛是很不稳定的，风一吹就响，此处意在警告理宗如果再信任奸佞，国家就像"檐马"不稳定，前途堪忧。理宗大怒，派人追查，数月以后仍一无所获，最后只得不了了之。宝祐五年（1257年）六月，马天骥因遭殿中侍御史朱熠、右正言戴庆炣、监察御史吴衍翁、应弼等言官的弹劾，任执政刚刚八个月就被罢免，以旧职提举洞霄宫，退居二线。[1]

其后，奸臣贾似道专权，凡为其所厌恶的人，无论是贤是奸，一律遭其排斥。马天骥因不肯依附贾似道，从此宦海沉浮，屡起屡贬。景定元年（1260年），马天骥出任衢州知州。次年四月，马天骥改任福州知州、福建安抚使，掌管福建军政事务，还被授予端明殿大学士的荣誉职衔。景定五年（1264年）四月，马天骥因被御史弹劾再次被罢官，退居二线。同年七月，马天骥又因言官弹劾其贪赃，被削职为民。其后，马天骥虽曾一度起复，出任平汉（今江苏苏州）知府、庆元知府兼沿海制置使，但咸淳三年（1267年），再次被贬，追夺执政恩数，送信州（今上饶）监视居住。次年（1268年），宋度宗下诏将其放回老家，马天骥于是在龙游县城西南隅浚湖筑"西湖园"定居。此后，六十岁的马天骥整日以填词作诗自娱自乐，后死于家中。马天骥善于作词，还是很有文采的。然而这样一个有才之人，因为贪恋权势，专擅弄权，终归为人所不齿，最后为更大的奸臣所害，也算是印证了"恶有恶报"的古语。

7. 降元左宰相留梦炎

留梦炎大魁天下，步入仕途时正是宋朝兵连祸结，江山岌岌可危之日。宋理宗昏庸无能，不顾国家危亡，终日沉湎酒色。留梦炎为官之后，善于察言观色，见风使舵，巧言媚上，很快博得君相的欢心与赏识，迅速升迁，官至枢密使。

咸淳十年（1274年）七月，宋度宗病死，宋恭帝即位。此时，锐不可当的

---

〔1〕《宋史》卷四百二十《马天骥传》。

蒙古南征兵马，在丞相伯颜亲自指挥下，沿长江水陆并进，攻城略地，如风扫残云；德祐元年（1275年），留梦炎奉诏入京，出任右丞相兼枢密使，都督各路兵马，守卫京师。九月，元军攻占了江汉重镇鄂州（今湖北武昌），南宋长江防线不攻自破。伯颜遣兵南进，逼近宋都临安。腐败不堪的南宋朝廷陷入极度混乱之中。胆小如鼠的文臣武将惶惶不可终日，风声鹤唳，谈虎色变。十月，留梦炎升任左丞相。一些大臣弹劾贾似道误国，奏请将他流放岭南，籍没其家产。留梦炎不顾大臣高斯得等人的反对，极力庇护贾似道，仅令他散官居住。不久，元兵进逼临安，风声日紧，仅当了一个月左丞相的留梦炎贪生怕死，于十一月二十九日率先弃官外逃，六部官员竞相效仿，接踵远走他乡。摄政的太皇太后、七十二岁的谢道清，守着六岁的宋恭帝，而对岌岌可危的政局，忧心如焚，两次遣使赴衢州，召留梦炎回朝支撑危局。留梦炎拒不应召。〔1〕太后无奈，只好让吴坚接任左丞相。德祐二年（1276年）初，元大将唆都攻陷衢州，留梦炎为保全性命，向元投降；忽必烈封他为吏部尚书、翰林学士承旨，并派他招降南宋亡臣。他与宋恭帝都曾先后劝降过文天祥，均不成功。后来，宋降臣王积翁等十人上书元廷请求释放文天祥为道士，留梦炎却坚决反对。留梦炎仕元近二十年，官至礼部尚书、翰林学士承旨，于元贞元年（1295年）致仕，不久卒。

留梦炎在国家危难之时保命脱逃，后又以首辅之位降元仕元，加上不肯解救文天祥等，历来受到人们的谴责。同样是状元，同样是宰相，人们往往将其与文天祥进行比较，连元朝统治者也鄙薄其行为。到了明代，连其后代也耻姓留。〔2〕

（三）两宋时期的能臣干吏

《宋史》记载了不少的衢州名臣，有父子皆入史的慎氏父子，有文武双全的边镇元帅毛渐、身列党籍的直言谏臣王涣之、恩封信安侯的四部侍郎王汉之、

〔1〕《留梦炎》，车吉心主编：《中国宰相全传》中卷，山东教育出版社1997年，第2997—2998页。

〔2〕周腊生：《宋代状元奇谈 · 宋代状元谱》，第329—330页。

弹劾奸相的刚正言官毛注、不改儒生习气的信安郡王赵希琯等。他们在各自的岗位上作出了各自的贡献,《宋史》也认真记录了他们的历史功绩,把他们的生平纳入其中。这些人是宋代衢州人的中坚力量。

1. 慎知礼、慎从吉父子

慎知礼(923—999年),衢州信安人,出身于衢州一个官宦世家。其父慎温其,精通词学,出仕吴越国,官至元帅府判官。慎知礼自幼聪敏好学,年仅十八即出仕为官,担任署理校书郎,负责吴越国官方典籍的编撰、校对。不久,出任掌书记;后来又担任营田副使,协助营田使负责军垦屯田事务。太平兴国三年(978年),慎知礼跟从吴越王钱俶(本名钱弘俶,因避宋帝讳而省弘字)归宋,授鸿胪卿,负责管理少数民族事务,后来又历任知陈州(今河南淮阳县)知州、知兴元府(今陕西汉中)。因其母已八十余岁,慎知礼上书恳求辞官归养;其后十年,慎知礼奉养、守孝,当地缙绅都称赞他的孝行。至道三年(997年),慎知礼以工部侍郎一职致仕。咸平二年(999年),慎知礼卒,终年七十一岁。

慎从吉(952—1022年),字庆之,是慎知礼的儿子,吴越王钱俶的女婿。归宋后,出任将作少监[1],后改任太子右庶子,作为太子东宫的属官。宋真宗做太子的时候,慎从吉出任卫尉少卿[2]。真宗即位后,慎从吉再次担任太子右庶子,不久迁太子詹事,总领东宫内外事务。据史书记载,慎从吉自归宋以后,担任闲散官职或副职前后达三十年,每天以诗文酒宴自娱自乐,当时许多士大夫与其有交游。景德(1004—1007年)初年,慎从吉上书请求管理具体事务,宋真宗面对这位自己做太子时候的老臣,很爽快地答应了,于是让他属理刑部事务。在任上,慎从吉留心律法,改判了许多刑部的错案。大中祥符(1008—1016年)初年,慎从吉改任卫尉卿,负责监察在京刑狱,后来又升右谏议大夫,在吏部负责官员的铨选。慎从吉遇事敏锐,办事快捷,对吏部各项事务十分了解,宋真宗时

---

〔1〕将作监是掌宫室、宗庙、陵寝及其他土木营建的机构,少监是这类机构的副长官。

〔2〕卫尉是宋代掌管仪卫兵械、甲胄的机构,少卿是这类机构的副长官。

常找他咨询。大中祥符八年(1015年),慎从吉升为开封知府,成为北宋京城的最高行政长官。不久,因儿子慎均收受贿赂,事发获罪,慎从吉被停职,另一个儿子慎锐参与其中,也被免职。慎从吉喜欢作诗,时常有警语,而且兼工医术,尤其善于做生意,可见慎氏子孙经商及医学才能就来源于此。[1]

慎知礼一生笃信经学,孝行可嘉;慎从吉勤于公务,却疏于教子,致使晚节不保,殊为可惜。后来,慎氏一族在宋代出仕为官的很多,中进士而做到高官的也有数人。慎氏一门称得上是五代至宋代时期衢州的望族,宋代以后慎氏式微。[2]

2. 边镇元帅毛渐

毛渐(1036—1094年),字正仲,江山县礼贤溪西人,是一位难得的治国全才。治平四年(1067年),毛渐中进士,出任宁乡县(今属湖南)知县。熙宁年间(1068—1077年),毛渐向朝廷提出治理沅江五条支流以及如何管理湘西地区的合理建议。于是朝廷在此新设新化、安化二县(今属湖南)加以管理,并任命毛渐为安化县第一任知县。也就是在这里,毛渐熟悉了少数民族事务,并为湘西开发作出了贡献。不久,因政绩卓著,毛渐升为司农丞,主管京西南路(治所在湖北襄阳)粮食仓储、平粜等事宜。元祐(1086—1094年)初年,毛渐出任知高邮军(今属江苏),后升任广东(广南东路)转运使判官。适逢少数民族"渠阳蛮"(指湖北渠阳县瑶族)滋扰边境,作为当时朝廷中少数通晓民族事务的官员,朝中大臣推荐了毛渐,升其为湖北(荆湖北路)转运判官。当时朝廷廷议建议弃守渠阳,独毛渐反对。其后果然被毛渐言中,当地少数民族数次暴乱,大

〔1〕《宋史》卷二百七十七《慎知礼传(子从吉附传)》。

〔2〕1999年,一批韩国客人来衢江区长柱乡庄底村寻根。他们来自韩国居昌慎氏大宗会,简称"慎宗会",是韩国慎姓人团体。据韩国方面的史料记载,宋天圣年间(1023—1030年),有位名叫慎修的信安(今衢江区)人随商船渡海至高丽,因有学识,且精通医术,被高丽国王封为守司徒左仆射参知政事。当时,高丽的官制也学习宋朝,因此"左仆射参知政事"为副宰相,"司徒"则属于三公之一,是正一品文官荣誉头衔。由此可见,慎修在高丽是相当风光的,其后子孙繁衍,至今已传至34代,7 000多户,有族人3.5万余。根据2005年韩国人口统计数据,总人口为4 600余万,而慎氏一族约占0.76‰。韩国慎氏根在衢州,而慎知礼、慎从吉父子就是其先祖。

败官军，为害地方。其后，毛渐又升任江东、两浙转运副使。当时，太湖地区水患成灾，朝廷下诏赐钱二百万缗（一缗即一千文）赈灾。毛渐却说："数州被害即捐二百万，傥仍岁如之，将何以继？"于是毛渐按照吴越国钱氏统治时期曾采用过的方法，通过在无锡、武进、常熟、昆山、嘉兴等地开浚港、浦和兴修吴淞江水利工程，排积涝于江海，将低洼积水之地改造为良田，从而建立起一套比较完备的历史上少见的排灌系统，为太湖地区的高产、稳产创造了良好的条件。因治水有功，毛渐入京升任吏部郎中，其后又出任陕西转运使，主管渭、秦、熙三州的财赋。不久，毛渐以文官的身份统帅渭州军队，乘西夏人侵犯边境实力空虚之际，派遣将领乘虚而入，大破没烟砦。因军功，升毛渐为直龙图阁、知渭州（今属陕西），任命刚下达，卒，年五十九。朝廷以毛渐功勋卓著，追赠龙图阁待制。[1]

毛渐是一个博闻古今的学者，文武兼备，通识时务。毛渐著有《地理五龙秘法》、《毛渐诗集》十卷、《毛渐表奏》十卷、清漾《毛氏世谱》一部等，均收入《宋史·艺文志》。作为学者，毛渐还整理过不少古籍。元丰三年（1080年），奉苏州太守晏知止之命还校正刊行过《李太白文集》，这是李白集的第一个刻本，世称"苏本"。北宋年间又有据苏本翻刻的蜀本。今苏本虽已不传，但国家图书馆藏本有北宋蜀刻本，后有《毛渐序》。《古三坟书》是古代一部研究易经的书，对于研究战国至汉魏以来的五行学说以及黄老思想和儒家思想具有重要价值。《三坟序》中云，北宋元丰七年（1084年），毛渐在泌阳民间发现《三坟书》古本。

3. 吏部侍郎王涣之

王涣之（1060—1124年），字彦舟，王介次子。元丰二年（1079年），虚岁二十的王涣之高中进士，因还没到铨选授官的年龄，特补授武胜军节度推官，做了节度使下负责诉讼断案的属官。适逢朝廷新设学官，王涣之被任命为杭州州学教授，元丰八年（1085年），改任颍上县（今属安徽）知县。元祐年间

[1]《宋史》卷三百四十八《毛渐传》。

（1086—1094年），王涣之出任北宋最高学府的太学博士，负责校对黄本秘书。元符元年（1098年），王涣之参与编修《两朝鲁卫信录》。

宋徽宗即位后，因发生日食这样的异常天象，按照惯例，朝廷下诏让百姓官员上书建言献策。王涣之因为大臣推荐也入朝参与讨论国事，提出了“求言非难，听之难；听之非难，察而用之难”等的观点。大意是说，求得建言献策并不难，难在听取意见；提取意见也不难，仔细审查并予以采纳才难。王涣之还谈及每次皇帝下求言诏，而大臣们所上之言，未必都是有益的。有的人指出朝廷的弊端，目的却是为了奉承上级；有的人阿谀佞谄，以表示其对君主的尊重；所谈论的内容都是为了迎合所谓潮流，并将这些内容视为国是，却将是否符合实际，是否能够实施的疑问视为异端邪说。这样做，那些“志士仁人”知道说了无益，也就不再上书言事了，而小人却利用机会肆意散布诡谲可怕的言论。王涣之建议宋徽宗虚心听取公众的意见，对所提建议、意见，选择对的听从；讨论国事没有现在过去，应以是否应该作为标准；人没有异同，唯有正直的人才得以任用。这样做，才能使那些“志士仁人”感到愉悦，国家治理之道才算大成，才能得到天意的眷顾。宋徽宗欣然采纳，想要任命他为御史谏官。王涣之推辞说：“臣由大臣荐，不可以居是官。”于是，任命王涣之为吏部员外郎。不久，王涣之又升迁为起居舍人，再擢升为中书舍人，掌管诏书起草。相传，王涣之相当有文采，第一次起草诏书就一挥而就。

崇宁元年（1102年），王涣之升任吏部侍郎，后又以宝文阁待制的荣誉职衔担任广州知州。有言官弹劾王涣之在元祐末年与陈瓘、龚夬、张庭坚等交好，曾反对宋徽宗对新法的恢复；如今重用他，有害于新法改革。王涣之因此被解职，改知舒州（今安徽潜山），与司马光、苏轼等同列入“元祐党籍”[1]。不久，王涣之改任福州知州，没到任，再次任广州知州。当时有外国客商杀死奴隶，广州市舶使（主管广州对外贸易事务的官员）按照旧例，仅判其杖笞之刑。王涣

[1] 所谓“元祐党人”，是指宋徽宗即位后，听信奸臣蔡京之言，将宋哲宗元祐年间任职、曾对王安石新法不满的大臣数百人列为“元祐奸党”。

之认为不行，依照宋法定罪。

宋徽宗曾欲下诏让王涣之诣见，但言官再次以其在党籍而阻挠；王涣之改任洪州（今江西南昌）知州，后又改滁州（今安徽滁州）、潭州（今湖南长沙）、杭州、扬州知州等职。大观四年（1110年），张商英任宰相，王涣之再次出任吏部侍郎。商英去职，王涣之又被外放出任地方官。重和元年（1118年），王涣之任中山府（今河北定州）知府，加宝文阁直学士，后因病提举明道宫——这是宋代带薪离职退养的闲职。宣和六年（1124年），王涣之卒，享年四十五岁。[1]

王涣之性格淡泊，常常说："乘车常以颠坠处之，乘舟常以覆溺处之，仕宦常以不遇处之，则无事矣。"大意是说：乘车，要时常怀有跌落下车时的心态；乘舟，要时常怀有翻船溺水时的心态；做官，要时常怀有怀才不遇时的心态；这样想就什么事也没有了。由此可见其达观向上的心态。宋徽宗不切实际地恢复王安石新法，却被奸臣蔡京等利用作为朝廷政治派别斗争的工具。大批正直的官员因为被纳入党籍，只能出任边远地区的地方官，不能参与国策的制定，而朝廷政局掌握在那些迎合皇帝心思的奸臣之手。王涣之就是这样一位党争的牺牲品。

4. 四部侍郎、信安侯王汉之

王汉之（1057—1132年），字彦昭，王介长子。宋熙宁六年（1073年），王汉之中进士，出任秀州（今浙江嘉兴）司户参军，作为知州的属官掌管户籍等事宜。其后，王汉之升任金华知县、渑池（今属河南）知县，再升真州（今江苏仪征）知州。当时，朝廷下诏令天下各路将"经画财用"等财政支出款项上报。王汉之上书言道："所在无都籍，是以不能周知而校其登耗以待用。愿令郡县先置籍，总之诸道，则天下如指诸掌矣。"王汉之建议各郡县先设置都籍，完善财务用度制度和户籍管理，再汇总到各路，这样朝廷才能真正对天下了如指掌。朝廷听从了这一建议，此后郡县的财物用度和户籍田地的管理得以进一步规范。

因在地方政绩良好，王汉之入京被任命为开封府推官，成为开封府尹的属

〔1〕《宋史》卷三百四十七《王涣之传》。

官，后来又先后担任工部、吏部、礼部三部员外郎，成为三部中层曹司的副职。当时，奸臣蔡京专权，借改革之名，设置讲议司，把持朝政，而王汉之是其门客，以主管礼仪的太常寺少卿的身份被引荐为参详官。不久，王汉之被擢升为礼部侍郎，后又转任户部。后来，王汉之出任瀛州（今河北河间）知州。在任上，他力主恢复当地的屯田，修复堤道，种植宜林树木，保持水土流失，并将这一政策视为“万世之利”，可见王汉之还是相当有远见的。王汉之任雄州（今河北保定）知州时，所属归信、容城等地受灾，百姓请求豁免赋税，一些官吏不听，王汉之却说：“雄州规小利，失大体，万一契丹蠲，为朝廷羞。”王汉之认为雄州地处宋辽边境，豁免赋税只是暂时损失一些小利，不豁免就会失大体，万一契丹（辽国）下令豁免，就会让朝廷蒙羞。于是，百姓获得豁免。这是士大夫们从礼仪的角度出发对百姓受灾豁免的认识，虽有偏颇，但实际效果是好的。这以后，王汉之又先后出任苏州、潭州（今湖南长沙）、洪州（今江西南昌）三地知州。其后，王汉之虽一度回京出任兵部侍郎，很快又外放出任成都知州，没到任就连徙五州。后来，王汉之又再次回京任工部侍郎，奉命出使辽国。回国后，王汉之对宋徽宗谈道，辽国国主不体恤民力，横征暴敛，荒淫无稽，距离灭国不远了。徽宗听后大悦，以王汉之知定州（今属河北）。方腊之乱，王汉之因“奏报御捕”有功，加封龙图阁直学士，又进为延康殿学士。南宋绍兴初年，王汉之卒，享年七十六，追赠尚书，封信安侯。[1]

王汉之一生，虽有依附蔡京的行为，但为地方官也颇有政绩，而其对辽国实力的判断是十分准确的：宋徽宗宣和七年（1125年），在宋金两国的夹击下，辽国灭亡。王汉之与王涣之兄弟两人，哥哥依附蔡京，留下骂名；弟弟被列入党籍，留下了清名。

5. 谏议大夫毛注

毛注（？—约1130年），字圣可，西安人，是衢州继赵抃之后又一位严正的御史言官。毛注进士及第后，曾先后担任南陵（今属安徽）、高苑（今山东

〔1〕《宋史》卷三百四十七《王汉之传》。

高青)、富阳(今属浙江)三县知县,都有政声。大观年间(1102—1110年),御史中丞吴执中推荐毛注为御史。按惯例,宋徽宗应召见,但还未见面,吴执中就被罢官了,因此毛注想推辞此项任命。宋徽宗却坚决要召见他,见面以后对毛注说:“今士大夫方寡廉鲜耻,而卿独知义命,故特召卿。”不久,升毛注为殿中侍御史,作为殿院长官,负责给百官挑毛病,是朝廷的高级言官。当时,奸臣蔡京被免除宰相之职,滞留京师。毛注上书弹劾其与叶梦得等人结党营私,动摇国本。宋徽宗驱逐了叶梦得,升毛注为侍御史,成为宋代最高监察机构御史台的副长官,却没有动蔡京。于是,毛注又进一步上书弹劾蔡京与奸人张怀素交游,在相位期间大肆任用亲信,把持朝政,“其门人播传,咸谓陛下恩眷不衰,行且复用”。于是一时之间,诸大臣纷纷为此上书,最终导致蔡京致仕。大观四年(1110年),彗星再次出现。毛注借此机会再次上书,论蔡京罪积恶大,天人交谴,“考京之罪,盖不可以缕数”:其对政见异已者施以重刑;以严刑峻法胁持朝廷内外,用高官重禄交结人心;屡次更迭钱钞,导致物价膨胀,商贾不行;数次与边境少数民族发生战争,导致国力大损;“声焰所震,中外愤疾”,应早日将其赶出京师,消弭灾祸。毛注还建议宋徽宗废除《党碑》(即《元祐党籍碑》),重开自新之路;颁发公开的明诏,让天下百姓士子都来建言献策。最终,宋徽宗将蔡京贬出京城,居钱塘县(今杭州)。

毛注还曾上书列数朝廷应该做的急务,主要有“省边事,足财用,收士心,禁技巧”。当时,宋徽宗不顾民力、军力疲惫,多次对边境地区少数民族用兵。为了扩大朝廷的统治,对于那些只进贡的少数民族,如今想要将其改为羁縻郡县(即由朝廷任命的本土少数民族官员管理);对原本为羁縻州县的,如今想方设法全权管理。用内地大量的金钱,花费在边远蛮荒之地,却往往徒劳无功。还有一些政策不合理,如运盐过去用漕运,如今却由其他部门管理;用于平抑物价的常平之粮过去囤积在外州,如今都输入京都。这些政策徒费经费,却一无是处。国家的财政如何能不匮乏?建议徽宗恢复元丰年间的旧制;废除东南地区劳民伤财的“花石纲”;后苑的修建、京城的维修等不必要的工程都要予以停止；加强农业发展。应该说，毛注所论都是切合时务的。张商英任宰相的时候，毛注与其有交往。商英去职后，毛注被罢官，改任提举洞霄宫，退居二线，居家数岁后病卒。南宋建炎末年，毛注被追赠为谏议大夫。[1]

宋徽宗在位期间，任用童贯、蔡京等奸臣，北宋朝已走向没落。蔡京一生先后四次被宋徽宗任命为宰相，前后长达17年之久，毛注的弹劾到头来仍是一场空。蔡京从杭州回京城后，毛注退居二线的命运是注定的。如果不是宋代有不杀御史言官的惯例，毛注的结果可能就更为悲惨。至于毛注的那些合理建议，只能束之高阁。

6. 信安郡王赵希琯

赵希琯（1176—1233年），《宋史》作"希錧"，字君锡，旧名"希哲"，宋太祖九世孙，其先人南渡后定居常山。赵希琯应该属于宗室后代的远支，年少时家贫无所依靠，借读于普和寺。据说，他为了能看到书，时常借书抄诵。赵希琯曾先后师从永嘉学派的代表人物、温州瑞安人陈傅良（止斋先生）和温州平阳籍儒学家徐谊，后肄业于著名的石鼓学院（在湖南衡阳）。

嘉定元年（1208年），赵希琯登进士第（《宋史》作庆元二年，即1196年），赐名希琯，出任汀州（今福建长汀）司户参军，管理户籍、赋税、仓库等事务。当地少数民族首领李元砺率领峒人起兵，攻打汀州，满城惊慌。赵希琯出谋献策，受命领兵扼守三十里外的"古城关"，先是示敌以弱，后又出奇兵击溃叛军，因功升任汀州判官。在任上，赵希琯公正地审理疑难和久拖不决的案件，很快平息了战后当地混乱的局面。离任之时，汀州百姓扶老携幼，哭着相送，送行的队伍长达数十里。赵希琯调到夔州路（治所在今四川奉节）转运司担任主管往来账目的账司，大胆上书谈论大宁井盐的利弊。后来宋宁宗亲自召见其询问国策，赵希琯认为当时民力受困于贪官污吏，军力受困于莽撞的统帅，国家之力在外被归附的少数民族所拖累（指每年给金国的岁币），在内

[1]《宋史》卷三百四十八《毛注传》。

又被大量官员的浮冗之费所拖累，导致整个国家财政紧张。此外赵希琯还论及蜀地科举的一些弊病以及大宁盐井生产销售等情况。为此赵希琯提出了很多合理化建议，宋宁宗均欣然采纳，并任命他为最高司法机构大理寺丞，不久又迁管理皇室事务、教导宗室子弟的大宗正丞、代理工部郎官等。其后赵希琯外放，特授吉州（今江西吉安）刺史之职。其后，赵希琯作为宗室子弟，连续出任重要地区的高级武官：最初任掌管成州（今甘肃成县）军务的团练使，并赐给金带；后又推恩晋升掌管和州（今安徽和县）军务的防御使。宋理宗即位后，升赵希琯为主管潭州（今湖南长沙）军务的观察使，再晋升为安德军（治在今四川阆中）承宣使。因贺慈明宫太后寿，擢升赵希琯为节度使，封信安郡公。赵希琯死后，宋理宗还为之停朝，御赐玉器作为含敛，赠以金币，追封信安郡王。

赵希琯一生胸怀坦荡，为人正直，生活俭朴。他为人和善，常赞扬别人的优点，而忘记别人的过失；能急人之难，也不会忘人之恩。其家训有“爵禄褒嘉，不改儒生之习；威仪谨饬，蔚为朝著之华”[1]等，很有富贵不能淫，威武不能屈的味道，始终保持一位儒士的君子风范。

（四）两宋时期衢州的忠勇义士

宋代衢州人不仅出能臣干吏，还涌现出不少忠勇之士。从宋初不顾个人安危、毅然沉籍的江景房，到誓死抗金的名将徐徽言，到两宋之交怒斥金军统帅的学生领袖徐揆，再到筑钓鱼城、令“上帝折鞭”的抗蒙名将余玠，最后是宋元之交慷慨赴死的正节先生徐应镳。他们或为官吏，或为将领，或为布衣儒生，但在王朝交替之际，在民族危亡的关头，始终保持了衢州人的忠勇之气，他们才是衢州人的“脊梁”。

1. 江景房沉籍

北宋太平兴国三年（978年），吴越忠懿王钱弘俶自知难以抵抗中央政权的力量，于是献图纳土向宋朝称臣，吴越国灭亡。在归宋的关键时刻，为解百姓

〔1〕《宋史》卷四百一十三《赵希錧传》。

承重的赋税之苦，江景房怒沉赋税图籍，留下了千古佳话。

江景房，字汉臣，常山人，官至吴越国镇海军节度使判官。宋乾德年间（963—968年），江景房追随吴越王钱弘俶至宋廷朝贡，宋皇授景房为殿中侍御史，充镇海、镇东两镇节度使判官。宋初，殿中侍御史只是一种表示官阶品级，用来确定俸禄标准的寄禄官。因此江景房的职务还是节度使判官。宋太平兴国三年（978年）五月，吴越国归宋，江景房再次随吴越王进京，向宋廷进呈《纳土表》，同时奉旨将吴越国所管辖的两浙赋税图籍等相关档案运往汴京。五代时期，吴越国凭借小小的两浙十三州的地盘周旋于南唐、后周等强邻之间，为确保必要的军备和统治阶层的享受，吴越国的赋税在整个五代十国来说都是最重的：每亩三斗。宋统一后，为确保对辽国战事的军费需要，朝廷想仍按旧籍征收两浙田赋。江景房受命将旧籍运往汴京，想到父老乡亲为重赋所累，十分感慨："吴越民困久矣，使有司视其籍，以悉其赋，是吴越之民重困无有已时也，吾宁以身任之。"江景房认识到如果让宋朝官员看到旧籍，并全部按照原样征收赋税，那么吴越百姓的困苦将会永无止境。为使百姓彻底摆脱重赋之苦，江景房决定以身试法，将旧有图籍全部沉入河中，并入朝请罪。宋太宗闻知后大怒，欲将其治以死罪。幸亏有大臣保奏，江景房方才得以幸免，贬到偏远山西沁水县做县尉。不久，江景房辞官归隐，居住在开化桂岩，自己耕田，直到去世。

宋廷失去两浙赋税的依据，于是任命王永（字方贽）为两浙转运使，主管两浙财税，重新厘定赋税，为每亩一斗，较之前足足减轻了三分之二。相传在赋税最后的厘定阶段还有一个小插曲。有个吴越国计院的小官吏来拜见王永，自称十三州的图籍虽然丢失了，但赋税杂科各项的名目却历历可考，请王永一起带回京师。王永虽然不愿意，但也没有办法阻止。不料没几天，这个小吏居然无病无灾的离奇死亡，此事也就不了了之了。新税制得以上报朝廷批准执行，百姓的负担减轻了，两浙经济也由此进入快速发展时期。这一切成果，作为两浙转运使的王永是有功的，但更应归功于江景房怒沉图籍之举。其后，江景房的后代在宋代屡中进士，江氏一族成为衢州望族，人们都说这是基于江景房沉籍的阴德。这种说法虽然有少许唯心主义，但体现了老百姓“善有善报”的衷心祝愿。江景房把百姓利益放在首位，以自身降职丢官的代价换来了两浙百姓的幸福，至今仍然值得我们纪念。[1]

2. 学生领袖徐揆

徐揆（？—1127年），衢州人，北宋末年游学京师，进入太学，成为一个普通的太学生。靖康元年（1126年），徐揆参加开封府进士科的初级考试，名列第一，为“举首”，可惜没等到省试、殿试。这一年的正月，金军进军汴京城下，逼宋议和后撤军。八月，金军又两路攻宋；闰十一月，金军会师攻克汴京。次年三月，金军大肆搜掠后，立张邦昌为楚帝，俘虏徽、钦二帝和宗室、后妃、教坊乐工、技艺工匠等数千人，携带大量文籍舆图、宝器法物等返回北方，北宋灭亡，史称“靖康之变”，或“靖康之难”“靖康之耻”。徐揆以其无畏的精神在这场变乱中展现了一位手无缚鸡之力的书生所具有的无与伦比的勇气。

当时宋钦宗到金营谈判未归，徐揆率领众太学生敲开南薰门，前往金军营帐，上书金兵统帅宗翰、宗望，要求让钦宗还朝。其书云：

> 昔楚庄王入陈，欲以为县，申叔时谏，复封之。后世君子，莫不多叔时之善谏，楚子之从谏，千百岁之下，犹想其风采。本朝失信大国，背盟致讨，元帅之职也；郡城失守，社稷几亡而存，元帅之德也；兵不血刃，市不易肆，生灵几死而活，元帅之仁也；虽楚子存陈之功，未能有过。我皇帝亲屈万乘，两造辕门，越在草莽，国中喁喁，跂望属车之尘者屡矣。道路之言，乃谓以金银未足，故天子未返，揆窃惑之。今国家帑藏既空，编民一妾妇之饰，一器用之微，无不输之公上。商贾绝迹，不来京邑，区区岂足以偿需索之数。有存社稷之德，活生灵之仁，而以金帛之故，留质君父。是犹爱人之子弟，而辱其父祖，与不爱无择，元帅必不为也。愿推恻隐之心，存始终

〔1〕张枢：《沉籍记》。

之惠，反其君父，班师振旅，缓以时日，使求之四方，然后遣使人奉献，则楚封陈之功不足道也。[1]

宗翰、宗望二人看到书信，用马车将徐揆载至金军大营。金军主帅召徐揆进去，怒言责难，就是不肯放还钦宗。徐揆也厉声抗论，与粘没喝争论起来，结果惹怒了金人，被杀害。建炎二年（1128年），宋高宗追录徐揆事迹，下诏追赠其从六品宣教郎的名誉官衔，并封徐揆的后代为官。[2]对于徐揆的事迹，《续资治通鉴·宋纪第七十九》也有类似的记载。

宋代虽然经济发达，但是军务荒废，对北方少数民族畏之如虎，常以"岁币"之类的物财作为赔偿，以保持一时的平安。面对亡国的危险，京城中的十余万禁军形同虚设，唐代那种尚武的精神在朝官心里早已荡然无存，京城上下不是奋力一战，就是和谈、赔款。尽管徐揆行事颇有些书生意气，但其精忠卫国，反对侵略，反抗强权的行为值得我们敬重。

---

〔1〕文中的大意是说：春秋时期，楚庄王率军进攻陈国，想要占领其地并设立郡县。楚国大夫申叔时规谏庄王，恢复了陈王的封号。后世的君子，没有不赞扬申叔时的善意劝诫和庄王听从劝诫的行为。千百年后，人们仍然想念其当年的风采。本朝（指宋朝）对金国失信，背弃盟约招致讨伐，这是元帅你的职责；郡城失守，国家社稷几乎不保但依然能够留存，这是元帅的恩德；兵不血刃，集市也没有停止贸易，百姓面临死亡却依然还活着，这是元帅你的仁慈；即使是当年楚国保存陈国的功劳也不能超过元帅你今天的恩德。我钦宗皇帝委屈自己万乘之躯，两次造访军营（指钦宗两次到金军营帐谈和），流连于旷野草莽之中，京城中的百姓十分不忍，许多百姓在路上踮着脚企盼皇帝陛下的车骑能够安然返回。百姓们传言，皇帝陛下之所以被扣留是因为赔偿给金国的金银还没有凑足。对于这一理由，我徐揆私下里想想十分费解。如今国库的珍藏已经空虚，就连普通老百姓家里媳妇头上的首饰这样的小东西都上缴了，而且商贾绝迹，再也不会来京城了，实在是难以承受偿还金国所需的大笔金额。元帅既然有保存社稷的恩德，有让百姓活命的仁慈，为什么要以金银财物不足的原因，扣留我们的"君父"（指钦宗）？这就像爱护别人家的子弟，却侮辱他的父亲、祖父，元帅你应该不会这样吧。请元帅把你的恻隐之心推己及人，从始至终保留你的恩惠，让"君父"还朝，而元帅你也重整军队班师回去，缓以时日，耐心等待，我们一定派人到各地去筹集财物，然后派出使节奉献给元帅。这样，楚国封陈国的功劳比起元帅你的功劳真是不值得一提。

〔2〕《宋史》卷四百四十七《徐揆传》。

3. 抗金名将、忠壮公徐徽言

徐徽言(1093—1129年),字彦猷,出身于衢州西安(今衢江区全旺镇官堂村)一个大家族。年轻时候的徐徽言喜欢谈论一些建功立业的事情,常常看那些书传中的英雄人物,因此养成了豪迈的气概和英勇的志向。宋元符三年(1100年),徐徽言考中进士,出任御史言官。大观二年(1108年),宋徽宗下诏寻求军事人才,韩忠彦、范纯粹、刘仲武等举荐徐徽言应诏。徽宗在崇德殿召见众人,徐徽言以武举绝伦及第,获武进士身份。徐徽言是宋朝少有的一个以武举出身而为一代名将的人。

徐徽言曾担任过保德军(今山西保德)兵马监押,负责捕捉盗贼。后来,因为参与边境战事,凭军功,徐徽言被授予阁门祗候的武官荣誉职衔(相当于文官的馆职),并出任平阳府(今山西临汾)军马钤辖,掌管一府的军队。其后,徐徽言又改任保德军知州、总领河西路军马等职务,参与对西夏的战争。宣和四年(1122年),北宋对燕云之地用兵,命统帅张孝纯招揽"河西帐族"(河西少数民族)。张孝纯派遣徐徽言前往其境内招降,却被拒绝;徐徽言率军迎战,大破之,平定天德、云内两城。宣抚使童贯嫉妒徐徽言的功劳,两城又再次弃守,结果张孝纯先前攻克的朔州(今属山西)、武州(今河北宣化)也未能守住。靖康元年(1126年),徐徽言迁从七品阁门宣赞舍人的荣誉职衔。金人围困太原,分兵断绝宋军粮道,吕梁山以北宋军命令不通达一个多月。徐徽言率30人渡河,一战破之,升任晋宁军(今陕西佳县)知州兼岚石路沿边安抚使,掌握吕梁山一带的宋军。同年,金人再犯京师,陕西地区最高军政长官制置使范致虚传令徐徽言驻守河西。宋钦宗割让河西三州给西夏,徐徽言率兵复取三州,西夏人所设置的地方官都投降了,又并取岚、石等州(今属山西吕梁)。徐徽言私下联络山西汾、晋一代民间勇士数十万,相约收复故地,然而大好机会却被朝廷放弃。

金人十分忌惮徐徽言,想迅速占领晋宁以除后患。建炎二年(1128年)冬,金军自蒲津渡过黄河,包围晋宁。金将娄宿派徐徽言妻舅折可求到城下劝降。徐徽言手拿弓箭厉声说道:"尔于国无情,我与尔有何情?不独我无情,此箭矢更无情!”[1]说完一箭射中,折可求逃跑,徐徽言果断率兵出击,斩杀了金将娄宿的儿子。当时,整个河东地区都已陷落,唯独晋宁孤城屹然巍立。徐徽言派人渡过黄河,召集逃至山中的百姓数万人,乘木筏西渡,与金人在黄河上打了大大小小数十战,俘杀金兵无数。金人数次进攻失败,加紧了对城池的围攻。晋宁民俗不饮用井水,而用黄河水。金人用石头填塞黄河支流,使城中饮水断绝。征战多日之后,城内粮食也将耗尽,外又无援兵,徐徽言率领众人以死固守。后来,估计城池实在难以守住,徐徽言下令将炮机等所有作战物资全部放火烧毁。徐徽言下属军官裨校李位、石赟等人私自打开外城门,让金兵入城。徐徽言与太原路宋军的长官兵马都监孙昂在城门中与金兵决战,杀了不少人后退守内城。徐徽言见城破,拔佩刀欲自刎,被手下救下,这时金兵刚好攻入,徐徽言因伤不幸被俘。金将娄宿亲自劝说徐徽言投降,并以高官厚禄相诱,又举兵器威吓。徐徽言整整衣襟,直面刀刃,神态自若。娄宿想请徐徽言喝酒,徽言把酒杯扔向娄宿,谩骂不已。金人知道徐徽言不可能屈服,于是用箭射杀了他。

当时的名将张浚与北方各路使者相继把徐徽言战死的事迹传报给南宋朝廷。宋高宗感叹地说:“徐徽言报国死封疆,临难不屈,忠贯日月,过于颜真卿、段秀实远矣,不有以宠之,何以劝忠,昭示来世。”于是,高宗皇帝追赠徐徽言为晋州(今属河北)观察使,谥号“忠壮”,不久又再次追赠为彰化军(今甘肃泾川)节度使。[2]

4. 抗蒙名将、兵部尚书余玠

余玠(? —1252年),字义夫,号樵隐,生年不详,世居开化县金水乡芳山村(一说蕲州广济县,在今湖北武穴),是南宋末期著名的抗蒙名将。余玠幼时家贫,后一度就读于著名的白鹿书院。失学后,余玠投奔主管淮东军务的制置使赵葵做幕僚,不久就以军功补授低级武官进义副尉,后又擢升为负责军械制

---

〔1〕大意是:你对国家没有感情,我对你还会有什么情谊?不只是我无情,此箭更无情。

〔2〕《宋史》卷四百四十七《徐徽言传》。

造的将作监主簿。端平三年（1236年）二月，蒙古军侵入蕲州（今湖北蕲春）、黄州（今湖北黄冈）等地。余玠应蕲州守臣征召，协助组织军民守城，配合援兵击退了蒙古军。嘉熙元年（1237年）十月，余玠在赵葵领导下率部应援安丰军（今安徽寿县）杜皋，击溃蒙古军，使淮南得以平安。次年，朝廷论功行赏，余玠进官三秩，被任命为知招信军（治在今江苏盱眙）兼淮东制置司参议官，晋升工部郎官。同年九月，蒙古大帅察罕进攻滁州（今属安徽），余玠率精兵应援，大获全胜。嘉熙四年（1240年）九月，余玠被提升为淮东提点刑狱兼淮安（今属安徽）知州，主持濠州（治在今安徽凤阳东）以东、淮河南北一带防务。次年秋，察罕率蒙古军出兵安徽寿县，余玠率水师进击察罕军，双方激战四十余天，蒙古军溃退。余玠也因功拜大理寺少卿，升淮东制置副使，协助制置使防守淮东地区。

见两淮一时难以攻克，从淳祐元年（1141年）开始，蒙古军队改变策略，以主力进攻四川，想从四川取道云南、两广进攻南宋的腹地。由此，四川的局面日益紧张。淳祐二年（1142年）十二月，宋理宗任余玠为兵部侍郎、主管四川军政大权的四川安抚制置使兼重庆知府。余玠受命于四川危亡之际，表示愿意以十年的功夫夺回蒙古军所占之地，把整个蜀地还给朝廷。余玠抵重庆后，立即大刀阔斧地改革，革除军事及用人制度上的弊端。在政治上，余玠整顿吏治，健全官僚机构，明令凡流寓内地的官员，不再列入四川范围，缺员另选填补；军事上，审功赏兵，贯彻军功补官制度，赏功罚过，追功抚恤；同时选贤任能，随才任用，严肃纲纪，惩治贪残将吏，恢复经济，安抚民心。余玠还听从冉氏兄弟的建议，统率十万军民在合州（今四川合川）修筑钓鱼山城，又在三江沿岸山险处筑城十余座，各城都依山为垒，棋布星分，屯兵聚粮，形成坚固的山城防御体系。余玠入蜀当年，便在资州（治在今四川资阳）、嘉定军（今四川乐山）、泸州（今属四川）等地，赢得了与蒙古军大小36战的初步胜利。淳祐六年（1246年）春，蒙古军大将塔塔歹贴赤分兵四路入侵四川，余玠率军抗击，以新筑之山城为屏障，重创蒙古军。淳祐十二年（1252年）十月，蒙古军汪德臣、火鲁赤部大规模入侵，进抵嘉定军，余玠调集蜀中精锐部队，组织大规模会战，将蒙古军击退。同年，因抗蒙治蜀有功，余玠晋升为兵部尚书，仍驻四川。

淳祐十年（1250年），余玠原来的上司赵葵被罢免宰相和掌管最高军事大权的枢密使一职，朝廷主和派再次占了上风。次年，反战派谢方叔出任左相兼枢密使。面对余玠一次又一次的胜利，谢方叔很是不满。宝祐元年（1253年），谢方叔勾结参知政事徐清叟诬告余玠掌握四川大权，不知“事君之礼”。[1]宋理宗听信谗言，召余玠还朝。余玠知有变故，愤懑成疾，于是年七月因箭伤发作而死（《宋史》作服毒而死），葬于常山。

余玠死后，蜀人悲切如失父母，原本四川抗蒙的大好局面再次丧失。次年，朝廷权奸削去余玠生前职务，还迫害其家属和亲信，余玠部下王惟忠就被诬告私通蒙古，被处死。后来，南宋朝为维系蜀中军民之心，于宝祐六年（1258年）追复余玠官职。余玠是南宋末年一位战功卓著的将领，堪称一代名将，最后却死于小人诬告之口，诚为可惜。[2]他修建的钓鱼城后来发挥了巨大的作用。1259年，蒙古蒙哥汗丧命于钓鱼城下，客观上起到了延续宋室王朝、缓解欧亚战局、阻止蒙古大军的作用。钓鱼城也由此被欧洲人称为“东方的麦加城”“上帝折鞭处”。钓鱼城攻防战一直持续到1279年，此时距南宋朝灭亡已有三年了。

5. 正节先生徐应镳

徐应镳（？—1276年），字巨翁，江山县城人，其家族世代为衢州望族。宋咸淳（1265—1274年）末年，徐应镳来到临安成为一名太学生。德祐二年（1276年）春，元军攻破临安府，掳走宋太后与宋恭帝北返，百余名太学生随行，唯独徐应镳没有跟从。

南宋太学“本岳飞故第”，故以岳飞为土地神，有岳飞祠。徐应镳准备了酒肉祭祀岳飞，说：“天不祐宋，社稷为墟，应镳死以报国，誓不与诸生俱北。死已，将魂魄累王，作配神主，与王英灵，永永无斁。”大意是说，上天不保佑

[1]《宋史》卷四百一十六《余玠传》。

[2] 余炳松：《余玠神道碑评传》，《历史文化研究》第7辑，第69—76页。

宋王朝，国家灭亡了，用来祭祀的社稷成为一片废墟，我徐应镳誓以死报国，绝不会与诸位太学生一样北去，服侍蒙古人。我死后，愿我的灵魂能够常伴岳王神主，与岳王的英灵在一起，永远不败。祭奠完毕后，徐应镳以酒食招待了家中的众仆人，等众仆酣睡后，自题绝命诗："二男并一女，随我上梯云。烈士甘焚死，丹心照紫雯。"徐应镳的两个儿子徐琦、徐崧以及十六岁的女儿元娘都写了绝命诗句。四人同登住所梯云楼，纵火自焚。一个小仆人半夜里被火烧的噼啪声惊醒了，看见徐应镳父子俨然端坐在火中，于是大声呼救，众仆人打破墙壁才把父子四人解救了出来。徐应镳父子求死不得，只好悻悻出门而去。第二天，人们在岳飞祠前的井中发现了他们的尸体，每个人都是"僵立瞠目"，面色犹如生时。众仆人买来了棺木将他们收敛起来，安放在西湖边金牛僧舍。

同年，益王在福州被拥立，即位为宋端宗，在听闻徐应镳一家的事迹后，为保褒其忠君爱国的气节，封赠徐应镳正六品朝奉郎、秘阁修撰的荣誉职衔。十年后，徐应镳的同窗、太学生刘汝钧率五十余位儒生将其葬于湖滨方家峪，私谥"正节先生"。[1]苟且偷生易，慷慨赴死难。南宋即将灭亡，国家再也没有希望了，徐应镳以死报国，在今人看来人仍有消极性，但其义无反顾的求死之心所包含的对国家的爱仍然值得我们敬佩。

六、诗词书画创作的兴盛

经济的繁荣、市镇的发展、教育和科举的发达必然带动衢州各项文化事业的发展。而其中最突出的表现就在于诗词曲创作的繁盛。宋元时期是中国历史上继唐代之后又一个诗歌创作的大发展时期，衢州也不会例外。特别是在宋代，不仅衢州本地籍的诗词作家辈出，客籍力量也十分强大。赵湘诗的清秀美曾深受大文豪欧阳修的赞赏；词人毛滂被誉为词坛的潇洒派宗主而自成一家；毛幵的词高雅而豪放，在南宋的雅词风气形成过程中有重要贡献；张道洽

〔1〕《宋史》卷四百五十一《徐应镳传》。

的梅花诗和南宋遗老柴望四兄弟的诗，凭借他们各自的特色而备受后人推崇；王介、毛维瞻、赵抃等人则以诗文结好王安石、苏轼、苏辙等名家；祝允哲的词更是深深影响了岳飞名作《满江红·叙怀》的创作。就客籍而言，大诗人陆游为衢州留下了不少诗篇，而曾幾的《三衢道中》到现在依然在人们耳边萦绕。

（一）诗人赵湘

赵湘（959—993年），字叔灵，西安县人，赵抃的祖父，淳化三年（992年）孙何榜进士。赵湘曾经在庐州庐江县（今属安徽巢湖）担任县尉，掌管训练兵丁、防暴、查缉走私等治安事。后官至秘书省校书郎，此官自古由文学之士充任，为当世所重，主要负责国家典籍的整理、编撰、校对。淳化四年（993年），年仅四十五的赵湘去世，其后因赵抃的原因被追赠正一品荣誉头衔“司徒”。

赵湘是太宗朝颇有名气的诗人，著有《南阳集》六卷，为《四库全书》集部别集类著录，前五卷为诗文，六卷为后跋。其原本久佚，今四库传本是从《永乐大典》辑录出来的，有聚珍版等多种刊本。[1]据史书记载，这位江南寒士生活清苦，为人清高，他的诗“运意清新，而风骨不失苍秀”；他的文章受唐代古文运动的影响，扫除对偶排比的呆板模式，与唐代文学家皇甫湜和孙樵颇作品近似。他对诗有着崇高的看法，《南阳集》卷四《王象支使甬上诗集序》中记载：“诗者，文之精气”，古代圣人可以用它来威慑“天下邪心”，因此诗绝不是“细故”一样微小不值得提的东西。把诗和诗人的地位提高到文学的顶层，这在今人看来是偏颇之见，但在古代却是正常之论，反映了古人以诗为主流文学之首的观念。赵湘还提出每个好诗人都是因为上天赐予“精气”的观点。由于上天珍惜其精气，不会把它给平常人，因此即使同样在圣门之中也是有偏向的，所以文人士大夫不一定个个擅长诗。近世以来写诗的人很多，但其中的一章一句能够称得上是诗中“君子”的很少。至于怎样的诗才能称为“君子”，赵湘也作了回答，要求“温而正，峭而容，淡而味，贞而润，美而不淫，刺而不怒”。具体地说，就是诗要温文尔雅富有正气，用词求精而内涵丰富，语境平淡却富有

---

〔1〕毛冬青：《四库全书三衢先正著述考》，《历史文化研究》第1辑，第36页。

味道，语义坚贞而内容丰润，辞藻华美却不低俗，言语讽刺却不嬉笑怒骂，这才是君子之诗。赵湘作诗务求清美工巧，喜为五言律诗，多写山水清境和清人雅怀。其《寄杨坦明府》一诗中有“春禽鸣别树，夜雨入空城”两句，从中我们可以看出类似于唐代苦吟诗人贾岛的风格。著名诗人文同在为赵湘所撰写的墓志《试秘书省校书郎赵君墓志铭》中也说，赵湘善吟诗，用语“清深险峭”，不像近世作者。当时人非常看重赵湘诗的清秀美。宋代著名政治家、大文豪欧阳修曾评价说，赵湘的诗“清淑粹美”；儒学家吴传评价说，他的诗“清澄蠲洁，淡雅夷旷”；文学家蔡戡赞称赵湘的诗继承先辈风格，“清芬不坠”。

（二）潇洒派宗主、一代词人毛滂

毛滂（1060—1124年），字泽民，出身江山镇书香门第，属清漾毛氏第二十七世。据家谱记载，毛滂的太祖父毛文典官至刑部尚书，祖父毛德专担任过工部侍郎，父亲维瞻、伯父维甫、堂伯父维藩都是北宋时期的进士。毛滂家里藏书甚丰，几乎接近万卷。少年时候的毛滂在诵读之余，常放怀踏遍江郎山的山水，与樵父对咏、听渔夫遥唱，养就了潇洒倜傥、豪放不羁的性格。年纪稍长，毛滂随着父亲官职的变迁四处游历，并与父亲的好友赵抃、苏辙等相交往，还跟从苏辙学诗。家学的渊源，名师的教导，奠定了毛滂深厚的文学根底。元丰二年（1079年），二十岁的毛滂迎娶赵抃的外孙女赵英为妻，并于此前后正式步入词坛。

宋代，中高级官员的子弟可以以恩荫的方式直接授予官职。元丰四年（1081年），毛滂因为父亲的恩荫自筠州（江西高安）入京参与铨选，开始了并不得意的仕途之旅。此时的毛滂诗词深情婉致，清隽动人。元祐四年（1089年），毛滂担任杭州法曹，作为知州的属官主管议法断刑。任满之时，爱妻赵英病笃，毛滂情深不舍，黯然泪下。也就在此时，毛滂写下成名之篇《惜分飞·富阳僧舍代作别语》：“泪湿阑干花著露，愁到眉峰碧聚。此恨平分取，更无言语，空相觑。短雨残云无意绪，寂寞朝朝暮暮。今夜山深处，断魂分付，潮回去。”此词甫出，迅即风传四方，诵咏不歇，名垂词史，竟为千古绝唱。毛滂也因此词而被苏轼所赞赏。据《四库全书总目提要》记载，元祐年间（1086—1094年），苏轼任杭州知州，毛滂为法曹。毛滂任满离去，行至富阳时，苏轼闻知其《惜分飞》一词，十分感动，连忙写信派人将其追还，流连数月之久。毛滂也由此知名。

元祐五年至七年间（1090—1092年），毛滂出任饶州（今江西鄱阳）法曹，不久居家赋闲。绍圣四年（1097年）至建中靖国元年（1101年），毛滂署理武康（今属德清）县令。当时，北宋朝廷党争愈烈，新党得势，把持朝政，旧党人物毛滂师友苏轼、苏辙等纷纷贬职；旧党弟子毛滂只能僻居山城小县武康，寄情诗词。武康县衙有尽心堂，毛滂改为东堂，在此创作了许多名篇佳章。建中靖国元年，词名日盛的毛滂为宰相曾布赏识，升入馆阁担任删定官，负责图书典籍编撰。崇宁元年（1102年），曾布因为蔡京的陷害出贬润州（今江苏镇江），毛滂被视为曾布党羽被下狱受审，后被释放。据蔡京之子蔡绦所著《铁围山丛谈》记载，此后数年，毛滂流落京城，生计艰难，家里妻子儿女奴仆三十余口连糟糠都吃不饱。为生计逼迫，毛滂投书蔡京上谀词奉颂被重新起用。最初，毛滂任职登闻鼓院，后来又以词部员外郎的身份出任秀州（今嘉兴）知州。然而，毛滂终究难改书生禀性，骨子里不时生出狷傲不屑之气，给蔡京的信中屡有“相公有草芥天下士心”之类直言指责，终不为蔡氏信任，屡遭陷害，身后更付出了惨痛的代价。[1]

毛滂以词著称，其词受苏轼、柳永影响，清圆明润，别具一格，没有浓艳词语，自然深挚、秀雅飘逸，流传至今的著作主要有《东堂集》和《东堂词》。据《宋史·艺文志》记载，《东堂集》有十五卷，今已不存；如今《四库全书》集部别集类著录的版本是从《永乐大典》中辑录出来的，有诗四卷，文六卷。《清漾毛氏族谱·艺文卷》存《东堂集》未录毛滂佚诗数首。《东堂词》又名《东堂乐府》，原有二卷，今存一卷词200首。对于毛滂创作成就，《四库总目》仍有客观评价。平心而论，毛滂的诗颇为豪放不羁，让人有“风发泉涌”之感，他的文章也大气磅礴、汪洋恣肆，在北宋之末，足以自成一家。薛砺若所著《宋词通论》将毛滂列为元祐词坛的潇洒派宗主，认为毛滂的诗词具有无与伦比的潇洒明

---

〔1〕毛永国：《知名词人毛滂》，《衢州名人》，第47—53页。

净，可以“补柳（永）、苏（轼）、秦（观）三家所未有的境界”。他对于后世词作家的影响，虽不如苏轼那样显著，像柳永、秦观、贺铸那样普遍，但像谢逸、苏庠、僧仲殊、陈与义、朱敦儒、范成大、杨万里等人。“潇洒清旷，不沾世态”的词风，毛滂是开先河的。毛滂的词既无豪壮之语，又不为冶荡之声，的确是自成一个系统，以清逸放达入胜。

（三）毛幵与《樵隐词》

毛幵（？—1180年），字平仲，号樵隐居士，尚书毛友之子。毛幵曾担任过宣州（今安徽宣城）、婺州（今金华）通判，辞官后也隐居烂柯山，继承父业，继续在梅岩精舍著书讲学。

毛幵与陆游友善，工于词，诗文也很著名，著有《樵隐词》。词是从诗分化出来的，逐渐发展成为一种脱离了诗的领域的独立的文学形式，其过程从盛唐到北宋，几乎有二三百年的时间，而最后把这种文学形式定名为“词”，则一直迟到毛幵生活的南宋中期。“词”，又称“诗余”，永嘉人王木叔在《樵隐词》序言中称其为《樵隐诗余》，这也是宋人用“诗余”这个名词最早的记录之一。王木叔称毛幵为人傲世自高，与时代格格不入，唯独与尤袤交情深厚。尤袤（1124—1193年），江苏无锡人，南宋时著名诗人，官至礼部尚书。尤袤诗写得温婉和平、自然浑成，与杨万里、范成大、陆游齐名，并称“南宋四大家”。尤袤曾任衢州通判，也就是在这一时期，与毛幵结下了深厚的友情。毛幵临终前还特意留书告别，嘱托尤袤为其撰写墓志。据毛晋《樵隐词》跋记载，毛幵撰《樵隐集》十五卷，尤袤为之作序，可惜不传扬。今本《樵隐词》仅存一卷，《四库全书》集部词曲类词集之属著录，存词四十二首，调名二十有三。

读毛幵词，给人最深刻的印象就是“雅”。毛幵出身于名臣之家，本人又有较高的文化素质，过的是士大夫的优雅生活，追求的是高雅、儒雅和闲雅的情趣。中国诗歌从《诗经》开始就有“雅”的传统，而北宋柳永的“俚词”一问世就引起文人士大夫的强烈不满，进而有周邦彦的“雅词”与之对抗。到了南宋，浮艳浅薄的“淫词”“鄙词”仍较多，而像毛幵这样的高雅文人对此是反对的，于是他们用自己的创作提倡雅词，进而形成一种“雅”的风气。毛幵在形成南宋的雅词风气上是有贡献的。毛幵词可以说无一俚语，无一鄙词，全是“雅音”，清美雅逸是他最显著的特点。毛幵词集中也有不少豪放词，以其豪壮刚烈的气魄和恣肆奔放的气势，让读者读后精神为之振奋，给人以鼓舞和力量。毛幵词再一个特点就是抒发苦闷离愁和相思别恨的伤感。毛幵进士出身，才华横溢，父亲贵为朝中显官，他本可仕途通达，然而因为性格傲世，仅早年担任过知州的副手，后来不得已隐居山林，其苦闷离愁和相思别恨之伤感很深。明代杨慎在《词品》中十分赏识他《满江红》(泼火初收）一阕，其中“伤别恨，闲情作。十载事，惊如昨。向花前月下，共谁行乐”等句刻画悲情，极为传神。[1]

（四）诗人张道洽与其梅花诗

宋代爱梅咏梅的诗人很多，开化诗人张道洽一辈子爱的就是梅花，咏梅诗之多之精，远远超过以“梅妻鹤子”著称的林逋。张道洽一生所写的梅诗不下三百首，流传至今的《宋百家诗存》中还保存其诗近百首，称他为“梅花诗人”更当之无愧。

张道洽（1205—1268年)，字泽民，号实斋，端平二年（1235年）进士，初授广州参军。景定五年（1264年)，张道洽升任池州（今属安徽）签书判官厅公事，晚年任襄阳府（今属湖北）负责刑狱的推官。张道洽虽然年过三十即中进士，出道较早，人也很随和，但不知溜须拍马，所以一直担任属官。即使同乡也不照顾他，龙游人、执政马天骥还曾戏弄他一回。因此，张道洽长期抑郁寡欢，寄情于梅花，最终因饮酒过量，一醉而逝。不过正像他神往的梅花一样“吹落风檐过死香”，一生有所爱好，有所寄托，有所发现，有所感悟。

元代文学家方回对张道洽梅花诗非常推崇，在所著《瀛奎律髓》中收录张道洽的梅花诗36首，并在序言中称赞张道洽的诗“圆美精熟”，看上去似乎都很平淡，然而诗中的豪放之气，难以掩盖，其诗境“至清洁而无埃，至和平而不怨”。方回还认为其诗纵说横说，往往是信口信手写就，非常洒脱清楚，其他人

[1] 毛炳汉：《论南宋毛幵家世及其词作》,《求索》,2005年第3期。

即使是学诗三五十年也未必能轻易及得上。五言诗句如“一白雪相似，独清春不知”、“有月色逾淡，无风香自生”等，七言诗句如“绝知南雪羞相并，欲嫁东风耻自媒”、“压尽园林千万蕊，只消篱落两三花”等，都可圈可点，即使当时著名的诗人陆游、刘克庄也甘拜下风。北京师范大学出版社曾经出版过一本《历代四季风景诗三百首》，其中就有张道洽的《岭梅》[1]一诗：

到处皆诗境，随时有物华。
应接都不暇，一岭是梅花。

（五）王介与王安石的交往

王介（1015—1087年），字中甫，出身于常山章舍一个书香门第。庆历六年（1046年），王介高中进士，其后历任秘书丞（负责经籍图书编撰）、静海知县、湖州知州等职。

《石林诗话》记载了王介与王安石的一段交往。宋英宗时，王安石在江宁（今南京）守孝，数年间朝廷屡次征召不出山，许多人认为他因为轻富贵、重隐逸而不愿出仕。熙宁（1068—1077年）初年，王安石应召出任翰林学士，做起了待遇优厚的皇帝顾问，他的老友王介为此作了一首诗，其中有“草庐三顾动春蛰，蕙帐一空生晓寒”两句，有所嘲讽。对此，王安石以《松间》一诗还击，其中有“丈夫出处非无意，猿鹤从来不自知”两句，表达了自己变法的志向，不是“猿鹤”这样的一般人所能理解的。可见当时两人为挚友，交往密切，相互嘲讽而不见怪。后来王介因不满变法，上书神宗“师心勿师人”。王安石是当时的经学大家，因此王介建议神宗以他的学问为师，而不要任用他这个人。宋神宗将奏章给王安石看，自此两人交恶。不久，王介被免除京职，后来被外放，任湖州知州。王安石写下了《送王介学士知湖州》，其中有“吴兴太守美如何，柳恽诗才未足多”两句。言下之意，湖州是个好地方，王介你就在那里养养老、写写

---

〔1〕高汉：《梅花诗人张道洽》，见新华网浙江频道。

诗，朝廷的事就不要管了。晚年的王介由此无心仕途，只是爱好读书，不治他事，元祐二年（1087年），卒于家，留有《王中甫集》。后人为纪念乡贤，将其早年结庐读书的绣溪山改名为贤良峰。

（六）毛维瞻与苏辙的交往

毛维瞻（1011—？年），毛滂父，字国镇，别号溪庵，祖籍江山，为清漾毛氏后裔；天禧年间（1017—1021年），随其父毛文琠徙居西安，于是落籍于此。庆历二年（1042年）杨寘榜，毛维瞻高中进士，出仕为官。元丰三年（1080年），毛维瞻出任筠州（今江西高安）知州，毛滂随父前往。在筠州任上，毛维瞻善理政事，政平讼理，深得当地民众尊敬。这一年，刚好苏轼胞弟苏辙被贬为监筠州酒税（征收水酒专卖税的小官）。两人性格相随，志趣相投，时常在一起饮酒作诗，相与唱和，惺惺相惜中逐成挚友。

据统计，苏辙在筠州期间与毛维瞻的唱和诗竟多达29篇共70首，而苏辙与任何别的地方长官的唱酬从没有这样多。他们时常是晚上有诗作，第二天清晨就互送诗筒。苏辙的《次韵毛君见赠》一诗中就有“江国骚人不耐秋，夜吟清句晓相投”句。偶尔苏辙和诗稍晚，毛维瞻就会催促。苏辙在其《次韵毛君见督和诗》中写道：“新诗落纸一城传，顾我疏玩岂足编？他日杜陵诗集里，韦迢略见两三篇。”唐代韦迢任岭南节度使的属官行军司马，正值杜甫流落湖湘期间，韦迢当时写给杜甫的几首诗后来收入杜甫诗集中。苏辙以杜甫比毛维瞻，以韦迢自喻，甚赞毛维瞻的诗近日满城传送，日后必定流传千古。但历史的发展却恰恰相反，毛维瞻的诗至今流传甚少。毛滂生性倜傥不羁，既能豪饮，又喜吟诗。后来，毛滂初出仕，苏辙还写下了《送毛滂斋郎》一诗以壮行色，其中“酒肠天与浑无敌，诗律家传便出人”两句，称赞毛滂大有父风，毛家后继有人。之后，毛、苏两家遂成挚交，苏轼也有散文《与毛维瞻》传世。[1]

元丰四年（1081年），七十一岁高龄的毛维瞻辞官归隐乡里，后在衢州城西

---

〔1〕曾枣庄：《微官终日守糟缸》，《三苏传》三十二，台湾学海出版社1995年。

白云山麓、石梁溪边结庵而居，筑山房，名曰“白云房”，亦称白云山庄。山庄内筑有掬泉轩、平溪堂、懒归阁、眺望台等建筑。这种桃花源式的田园之乐在赵抃的《次毛维瞻溪庵》诗中有生动描写，“曲肱饮水真贤乐，何用渊明洒酒巾”，曲肱饮水，乐在其中；结庵溪滨，亦乐在其中。元丰五年(1082年)，苏辙造访三衢，挚友相聚，不亦乐乎。苏辙与毛维瞻相聚衢州，吟诗唱和雅聚在白云山房。苏辙《栾城集》留有《次韵毛君山房即事十首》等诗歌，描绘了当时的盛况。这些交往诗歌，是留给我们的宝贵精神财富。[1]

(七)“三苏”与赵抃的交往(1084年前)

“三苏”指苏洵与苏轼、苏辙父子三人，是北宋时期著名的文学家，均被列入“唐宋八大家”。当时父子三人以文名满天下，一时传为佳话。苏洵(1009—1066年)，号老泉，是中国古代大器晚成的代表人物之一。相传他二十七岁才开始发奋苦读，经十余年方有大成。苏洵虽有满腹文章，却屡试不第。当时任益州路转运使的赵抃郑重地向朝廷推荐了苏洵。苏洵是四川眉山人，属益州路管辖。正是由于本路转运使的推荐，加上翰林学士欧阳修的帮忙，嘉祐五年(1060年)，宋仁宗直接任命苏洵为校书郎，负责朝廷典籍的编撰、校对。[2]此后，苏洵一家与同样精通诗文的赵抃结为莫逆。

据史书记载，赵抃工诗善书，写诗常“触口而成”，而且“工拙随意”。苏辙曾称赞他的诗语意“清新”，切合诗律，笔迹劲丽，潇潇洒洒就像其为人(也有学者评价赵抃的诗“谐婉多姿”，不像其为人)。熙宁十年(1077年)，赵抃任杭州知州之时，苏轼还担任过杭州通判。在任上，赵抃为表彰吴越国主钱镠保卫两浙之功，特意为他建了表忠观，亲撰《表忠观碑记》，并由苏轼书写，现仍立于杭州钱王祠内。神宗元丰二年(1079年)二月，赵抃以太子太保的头衔告老归乡。苏轼曾为赵抃致仕写过一篇祝贺的文章，名曰《贺赵大资政致仕书》。苏轼盛赞赵抃为官的功绩，做御史“高台谏讽”，尽心尽责；做地方官“所临有声”，

〔1〕汪筱联:《石梁白云山历史文化遗存》,《历史文化研究》第3辑。

〔2〕《续资治通鉴》卷五十九“仁宗嘉祐五年八月甲子”条。

很有政绩。[1]苏辙也曾撰《贺赵少保启》，称赞赵抃的品行“德侔金玉，节贯冰霜”；其高风亮节不仅深为当时的士大夫们所景仰，也使那些贪官污吏们闻知深愧。

晚年的赵抃居住在浮石潭南岸孝悌里的故居高斋（今北门书院村），那里还建有濯缨亭、逸老亭、水月亭等建筑，成为当时文人雅聚，吟诗作赋之场所，一时名闻遐迩。元丰五年（1082年），苏辙造访三衢，不仅去拜访了毛维瞻，也去了长辈赵抃的家拜访，苏辙《栾城集》有《衢州赵阅道少师濯缨亭》诗存世。[2]元丰七年（1084年）八月，赵抃逝于衢州故里，墓葬位于今衢江区莲花镇东山边村。墓地古木参天，宋神宗名其神道碑曰“爱直”。大文豪苏轼又亲撰《赵清献公神道碑》，全文洋洋洒洒三千字，实属罕见。可惜，如今此碑已毁，幸留碑文在民国《衢县志》《浙江通志》《东坡集》等书中。元代修《宋史》，其中《赵抃传》内容基本都出自这块神道碑，为赵抃研究提供了最原始的资料。

（八）祝允哲对岳飞《满江红》创作的影响（1133年）

岳飞是著名的抗金将领、民族英雄。他曾经留下一首题为《满江红·写怀》的词，抒发了其报国壮志：

> 怒发冲冠，凭栏处、潇潇雨歇。抬望眼、仰天长啸，壮怀激烈。
> 三十功名尘与土，八千里路云和月。莫等闲、白了少年头，空悲切！
> 靖康耻，犹未雪；臣子恨，何时灭？驾长车，踏破贺兰山阙。
> 壮志饥餐胡虏肉，笑谈渴饮匈奴血。待从头、收拾旧山河，朝天阙。

由于这首词没有被收入岳飞后裔所编撰的文集中，因此历代不少人将其视为伪作。1986年，在浙西江山县收集到一部《须江郎峰祝氏族谱》，从其卷十四

---

〔1〕《贺赵大资政致仕书》，见苏轼：《东坡集》。

〔2〕《贺赵少保启》，见苏辙：《栾城集·启事二十二首》卷五十；《衢州赵阅道少师濯缨亭》，《栾城集》卷十。

《诗词歌赋》集中发现了岳飞在绍兴三年（1133年）赠祝允哲的《满江红》及祝的和作。由此可以证明，这首气贯如虹、慷慨激昂的《满江红》确为岳飞原作。

祝允哲（1069—1142年），字明卿，属郎峰祝氏，出身于江山（古名须江）一个世家大族。其父亲祝臣是北宋嘉祐六年（1061年）进士，绍圣年间（1094—1097年）曾任户部侍郎、兵部尚书，后因为率军防御西夏有功，赠太子少师上柱国，封任宣国公，是北宋末年一位高级将领。元符三年（1100年），祝允哲高中进士。宋徽宗御驾亲征时，祝允哲曾随侍在侧。靖康元年（1126年），宋钦宗授予祝允哲武翊卫大制参，督理江广粮饷，提督荆襄军务，成为当时湖北襄阳地区军方的高级将领。建炎元年（1127年），祝允哲曾受韩世忠之命屯兵西宁，一度与岳飞并肩抗金。据《江山县志》记载，绍兴十一年（1141年），祝允哲闻知岳飞受冤下狱，曾上《乞保良将疏》，以全家七十余口的性命入大理寺力保岳飞父子无罪，并请宋高宗处斩误国奸臣秦桧。结果未成，祝允哲自己也被贬为潮州（今属广东）推官，途经富阳时，听闻岳飞父子遇害，昏厥于地，不数日悲愤而死，葬富阳白升山。祝允哲不畏强权，迄今仍为世人所称道。

据《须江郎峰祝氏族谱》记载，岳飞《与祝允哲述怀》（调寄《满江红》）是这样写的：

怒发冲冠，想当日、身亲行列。实能是、南征北战，军声激烈。
百里山河归掌握，一统士卒捣巢穴。莫等闲、白了少年头，励臣节。
靖康耻，犹未雪；臣子恨，何时灭？驾长车，踏破金城门阙。
本欲饥餐胡虏肉，常怀渴饮匈奴血。偕君行、依旧奠家邦，解郁结。

祝允哲《和岳元帅述怀》（原调）如下：

仗尔雄威，鼓劲气、震惊胡羯。披金甲、鹰扬虎奋，耿忠炳节。
五国城中迎二帝，雁门关外捉金兀。恨我生、手无缚鸡力，徒劳说。

伤往事，心难歇；念异日，情应竭。握神矛、闯入贺兰山窟。
万世功名归河汉，半生心志付云月。望将军、扫荡登金銮，朝天阙。

通过对比两首词，我们可以清晰地看到它们与流传至今的那首《满江红·写怀》的渊源关系。如果《须江郎峰祝氏族谱》记载无误，那么今天我们所读到的那首脍炙人口的《满江红》正是岳飞在与祝允哲的唱和过程中，受祝词的影响修改完善而成的。不少学者认为，也只有岳飞这样心怀精忠报国思想的人，才能写出如此豪迈、如此激烈的词句。[1]

（九）曾幾的《三衢道中》

在描写衢州景色的诗句中，最脍炙人口、流传最广的莫过于曾幾的《三衢道中》了：

梅子黄时日日晴，小溪泛尽却山行。
绿阴不减来时路，添得黄鹂四五声。

曾幾（1084—1166年）字吉甫，自号茶山居士，赣州（今属江西）人，著有《茶山集》。曾幾是南宋初年一个坚决的抗金派人士，曾受到秦桧的排斥，因此仕途不顺。对于诗词，他十分推崇北宋著名词人黄庭坚，受江西诗派影响也很深，常有些写得轻快清新的诗作，也很讲究对仗和用典，不少诗中满溢了悲愤之气，使诗的感情力度大为增强，显得深沉而又苍凉。这对他的学生陆游有很大影响。

《三衢道中》这首小诗，看上去似乎只是写归途的景色，其实却用一副笔墨，写了两样景物，诗中只用“不减”“添得”四个字，就把归途与来时路上的景物都写出来了。山路之上，绿荫夹道，似乎和来时没有什么两样；但绿荫丛中，不时地传来几声黄鹂婉转的啼鸣，这却是来时路上所没有听到的。这种对照，

---

〔1〕李庄临、毛永国：《岳飞〈满江红·写怀〉新证》，《南开大学学报（哲社版）》，1986年第6期。

使景物特点显得十分鲜明，也暗示了在诗人往返期间季节已经发生了变化，即已从春末进入了夏初；同时，还极其细微地表现了诗人在归途中的喜悦情怀，笔墨可谓精练，十分讲究谋篇布局的功夫。此诗收入《宋诗一百首》《千家诗》等诗集。

（十）爱国诗人陆游与衢州

陆游（1125—1210年），字务观，号放翁，浙江山阴人（今绍兴），南宋时期著名的爱国诗人，官至宝章阁待制。陆游一生勤于写作，留下了9 300多首诗词，其中包括《示儿》《十一月四日风雨大作》等大量优秀作品，其作品充满了爱国主义的激情和壮志未酬的抑郁。

陆游一生不止一次到衢州观光，龙游、江山、常山和烂柯山等都曾留下他的足迹。陆游离开杭州，南下衢州写下了《衢州道中作》一诗，其中有“耿耿孤忠不自胜，南来清梦绕觚棱”两句，寄托了诗人梦中不忘国事的忧国情怀。诗中最后两句为“无情最恨寒沙雁，不为愁人说杜陵”。所谓杜陵，即杜甫墓，这里代指长安。诗人在旅途中仍然牵挂着北方的故土，不愿提起它，又忘不了它。

诗人驻足衢州，以文会友。他与衢州籍诗人毛幵交情深厚，特意去烂柯山拜访。当时毛幵正生病，于是让儿子毛适陪同陆游游览了烂柯山。陆游为此写下了《访毛平仲问疾与其子适同游烂柯山观王质烂柯遗迹》一诗。诗中有“篮舆访客过仙村，千载空余一局存”等句，寄托了诗人对人世变化沧桑，仙村已过千载，空余围棋残局的感叹。诗末“酒美鱼肥吾事毕，一庵那得住云根”两句，则表现了诗人观仙景后不由自主地萌发了一种出世的情怀。

嘉定元年（1208年），友人徐载叔寓居烂柯山，建城南书院。这里虽地处偏僻但风景独胜，清流美竹，秀木芳草；房屋虽简陋但往来学子众多，客人日盛，可谓地灵人杰。陆游最后一次来到衢州，写下了《桥南书院记》，盛赞徐载叔创办书院的功绩。陆游留下的这些宝贵诗文，为三衢大地的锦绣河山，增添了一份瑰丽的人文景观。[1]

---

〔1〕朱孝和：《陆游赋诗寄情怀》，《衢州掌故》，第131—133页。

（十一）柴望四兄弟与所著《柴氏四隐集》等

柴望（1212—1280年），字仲山，号秋堂，又号归田，江山嵩高（今长台）人。嘉熙年间（1237—1240年），柴望进入太学，很快就成为上舍生，被中书省推荐给朝廷。淳祐六年（1246年），柴望因为日食上书言事，得罪了权贵，被逮，下诏狱。不久，柴望被放归，隐居故里三十余年。景炎二年（1277年），柴望被推荐授予最低阶的从九品迪功郎，任国史编校。南宋灭亡以后，柴望与其堂弟随亨、元亨、元彪四人都遁迹不仕，时称“柴氏四隐”。柴随亨，字刚中，号瞻岵，柴望的堂弟，宝祐四年（1256年）登文天祥榜进士，历任从五品朝散大夫、知建昌军（治在今江西南城）等。柴元亨，字吉甫，随亨胞弟，宝祐四年与随亨同登进士，官至朝散大夫、荆湖制参。柴元彪，字炳中，号泽耀居士，随亨弟，曾任掌管刑狱的建宁府（今福建建瓯）推官。

兄弟四人著述颇多，明万历中，其十一世孙柴复贞等辑有《柴氏四隐集》三卷，为《四库全书》集部总集类著录。卷一为柴望诗文。卷二为柴随亨诗文，共二十七篇（首），末附墓志。柴元彪著有《袜线集》，《柴氏四隐集》卷三所录即其著作。柴元亨诗文早在明万历年间便已搜罗不获，故此书不存。因此，此书虽名为《柴氏四隐集》，其实只有三人的作品，仍然以四隐命名，只是保存了旧的称呼而已。《四库全书总目提要》认为柴望等人的诗，风格接近晚唐，没有宋人“杈枒之习”，主题很鲜明。柴随亨、柴元彪两人的作品虽然比其兄稍有逊色，然而亮节高风，集于一门。尽管现存的篇目很零乱，但他们将亡国后幽忧悲切的情感寄托于诗歌之中，至今仍然清晰可见。保存这些诗，目的是对社会风气有所激励，而不仅仅因为其文章重要。

四人中以柴望著述最丰，其还著有诗集《道州台衣集》《咏史诗》、词集《凉州鼓吹》等，都久佚不存。柴望还著有《秋堂集》二卷（附《附录》一卷），为《四库全书》集部别集类著录。此书也是后人编辑而成，卷一收五言、七言诗词；卷二收《丙丁龟鉴表》等文类五篇；《附录》收望《墓志铭》及《道州台衣集序》。柴望另著有《丙丁龟鉴》五卷（今本附《续录》二卷，分别为元人、明人续编），为《四库全书》子部术数类存目，主要是关于阴阳五行的学说。

此书以五行配干支，认为丙丁属火，遇午未而盛，故丙午、丁未年为国家灾厄之会，凡六十年为一周期；于是摘录自秦庄襄王（公元前249年）至后汉高祖刘知远天福十二年（947年）之间，逢丙午、丁未之年共二十一次天灾人祸，给后人以警示，也为实现"人胜天"提供借鉴。在今人看来，此书的解释虽然荒谬，但对缺乏科学知识的古人来说，产生这种"灾难六十年一循环"的观念也是可以理解的，而且书中所透露的"人能胜天"的气概在一定程度上还是值得肯定的。[1]

（十二）其他名臣的作品

绍兴十一年（1141年），参知政事郑仲熊曾为江苏吴县文庙撰《孔子庙大成殿碑》，当时著名的书法家米友仁（米芾子）行书碑文，今存有拓本。《全宋诗》中有郑仲熊《岩桂花》诗一首，从中可见其文采：

天公怜我太岑寂，每岁殷勤两度开。
收拾落英将底用，博山香裹荐清杯。

执政马天骥善于作词，《城头月》词牌就是其创立的，今仅存其《赠梁弥仙》一首：

城头月色明如昼，总是青霞有。
酒醉茶醒，饥餐困睡，不把双眉皱。
坎离龙虎勤交媾，炼得丹将就。
借问罗浮鹤侣，还似先生否。

七、经典著作的大量涌现

除了诗词之外，两宋时期的衢州先贤们纷纷著书立说，编撰了大量的经典

〔1〕毛冬青：《四库全书三衢先正著述考》，《历史文化研究》第1辑。

著作。据有关学者统计，其中被《四库全书》收录的就多达20多部，占了所有衢州入《四库全书》著作的近一半。这些著作涉及典章制度、杂史典故、字韵考究、家训示范、经义注解、诗文典籍、物理数学等多个方面，对于研究古代文学、历史、经学、篆刻学、音韵学、文字学、地理学、修辞学、民俗学，乃至自然科学等均有重要参考价值。《东家杂记》《易数钩隐图》《麟台故事》《宋朝事实类苑》《增修互注礼部韵略》《袁氏世范》《尚书详解》等，都是其中的经典。还有《郡斋读书志》，虽然不是衢州人写的，但是这部著作是经过衢州人之手才保存下来的。两宋时期，衢州还编撰了多部地方志，充分说明了衢州人对文献资料整理的重视，可惜到如今，这些珍贵的方志均已失传了。

（一）孔传与《东家杂记》《孔六帖》

孔传，原名若古，字世文，晚号杉溪，是孔子四十七代孙。南宋建炎年间（1128—1130年），孔传随衍圣公孔端友赴扬州陪祀郊祭，其后扈跸南渡，寓居衢州。

孔传著《东家杂记》二卷，为《四库全书》史部传记类圣贤之属著录。此书上卷分《姓谱》《先圣诞辰讳日》等九类，下卷分《先圣庙》《手植桧》等十二类，记载了大量关于曲阜古迹的内容，是研究北宋时期曲阜孔庙以及孔氏家族情况的第一手资料。今国家图书馆藏有南宋末年孔氏南宗家庙刻本，内有《杏坛图说》，堪称宋刻精品。

《白孔六帖》一百卷，《四库全书》子部类书类类事属著录。据《文献通考》记载，唐代时白居易撰有《六帖》三十卷，称《白六帖》；宋代孔传撰有《后六帖》三十卷。后人“合两书”为一书，作一百卷。据杨亿《谈苑》记载，白居易编《六帖》时，制作了数十个陶瓶，各题上门类，并在书房内制作了七层的架子以摆放这些陶瓶。又令诸学生四处收集事类，投入相应的瓶中。白居易将瓶中的材料倒取出来，抄录成册，因此所记录的多无次序。胡仔《苕溪渔隐丛话》称孔传取唐至宋代的各种史料，包括诗、颂、铭、赞等，选择其有益于世的内容进行分类汇总，续接唐代白居易《六帖》，而称之为《续六帖》。时人韩子苍在序言中认为孔传的这本书就像是富人家储存的各种材料，“栋榱枅栱，云委山积”,如果是工匠得到了,作用无穷。可见,宋人对此书也颇为重视。

（二）刘牧与《易数钩隐图》

刘牧(1011—1064年),字牧之,又字先之,又字长民,出身于衢州一个官宦世家。刘牧的曾祖父刘彦琛,原籍临安,官至衢州刺史,死后葬于西安县,于是后代就在西安县居下来,并落籍于此。

据记载,刘牧自小就聪明敏捷,年方十六就参加了进士考试,结果没有考中。对于这次挫折,刘牧并未怨天尤人,而是从自己身上去寻找失败的原因:未考中只能说明自己的才学还不够。于是,他买了大量的书籍,专心闭门读书,一读就是九年。景祐三年(1036年),二十五岁的刘牧高中进士,历任饶州(今江西鄱阳)军事推官、大理寺丞、建州(今福建建瓯)通判、广南西路(辖今广西大部及海南)转运使判官。治平元年(1064年)五月,刘牧病故于荆湖北路(辖今湖北大部分,湖南一部)转运使判官任上,享年五十四岁。北宋著名政治家王安石曾撰有《荆湖北路转运判官尚书屯田郎中刘君墓志铭并序》,这也是王安石仅有的几个墓志之一。[1]

刘牧一生不仅勤于政事,而且是当世易学大家。清代黄宗羲《宋元学案·泰山学案》记载了刘牧易学的渊源:刘牧的易学师从范谔昌,而范谔昌又师从许坚,许坚师从李溉,李溉师从种放。因此,刘牧其实与绍雍(字康节)均自种放再传门下,不同的是刘牧是范谔昌南传的门人。这里的种放、李溉、许坚、范谔昌、邵雍都是北宋时期著名的易学家。刘牧还擅长“古文”,当时士大夫都十分赞誉其才能。刘牧著作颇多,有《新注周易》十一卷、《卦德通论》一卷以及《平戎策》等,均已散佚,唯有《易数钩隐图》三卷,附《遗论九事》一卷收入《四库全书》经部传世,今所见传本为南宋时期刘牧后人刘敏士刻的三卷本。《易数钩隐图》以九数为河图,十数为洛书,《四库全书总目提要》评价此书:“宋人易数当以此书为首。”此书在中国图书学史上也占有重要地位。刘牧在书中发展了先秦以来“以(易)数明理”的传统,建构了一个先天象数学体

〔1〕詹剑:《转运判官刘牧》,《衢州名人》,第34—40页。

系，并在此基础上终结了“天降祥瑞”观念主导的历史，开创了“以（易）数明理”观念独步天下的时代。[1]

（三）程俱与《麟台故事》

馆阁是宋代国家藏书机构的别称，也是一个国家整理颁印图书典籍的重要部门，主要有弘文馆、史馆、秘阁、架阁、龙图阁，等等。宋代的馆阁具有图书文献中心和人才培养中心的主要职能，因此这种馆阁制度在宋代官制和政治文化生活中有极其重要的地位，并为宋代国家藏书事业作出了重要贡献。对于宋代馆阁制度，乃至中国官方藏书制度的研究，程俱所著《麟台故事》是一部必不可少的著作。

程俱（1077—1144年），字致道，号北山，状元程宿的曾孙，开化北源人。九岁时，程俱丧父，随母亲寄居外祖父家。绍圣四年（1097年），以外祖父尚书左丞邓润甫的恩荫，授予苏州吴江县主簿一职。建中靖国元年（1101年），程俱因上书触怒当权者被罢官，后又被重新起用。政和二年（1112年），程俱升将作监丞，负责朝廷的一些土木工程。后来因为著述被推荐，程俱升任正八品的著作佐郎，辅助著作郎掌修日历，作为修国史的依据。政和七年（1117年），程俱因病乞求归养。宣和六年（1124年），四十八岁的程俱考中进士，赐上舍出身，出任礼部员外郎，后来又出任负责朝廷礼仪事务的太常寺少卿。南宋建立后，建炎三年（1129年），程俱再次被起用，被任命为知秀州（今嘉兴）。金兵南下，程俱率官属退保华亭（今属上海）。绍兴初年，程俱担任秘书少监，负责图书典籍的编撰。也就是在这一时期，程俱广泛搜集北宋馆阁的资料，编撰成《麟台故事》，进呈给朝廷。因功，升程俱为中书舍人兼侍讲，负责诏书起草及做皇帝的顾问，后又授予徽猷阁待制的荣誉职衔、封新安县伯。秦桧推荐程俱掌领官修史书，程俱不满秦桧所为，坚决不受，辞官回家，死后追赠太子少师。[2]

《麟台故事》五卷，为《四库全书》史部职官类官制之属著录，原作早已散

---

〔1〕王风：《刘牧的学术渊源和学术创新》，詹石窗先生主编，香港蓬瀛仙馆主办：《道学研究》第2辑。

〔2〕《宋史》卷四百四十五《程俱传》。

失，今本是从《永乐大典》中整理出来的。此书多记宋初翰林之事，内容涉及馆阁历史沿革、图书储藏、修纂，官员职掌、选任、恩荣、俸禄等，“典章文物，灿然可观”，是研究宋代馆阁各项制度的最基本的参考文献。[1]程俱另有《北山小集》四十卷，为《四库全书》集部别集类著录。此集共有诗十一卷，赋及杂文二十九卷。程俱的诗则学唐代诗人韦（应物）柳（宗元），“萧散古澹”，颇有自得之乐；其文章主要是制诰诸作，典雅而深奥。还有《北山律式》二卷，为《四库全书》集部别集类存目，是南宋词人叶梦得所编程俱诗选。在序言中，叶梦得十分赞许程俱的诗既有古风，也有近人律诗之妙。

（四）江少虞和《事实类苑》（1145年）

江少虞，字虞仲，常山县人，两宋之交时人，其生卒年不详。政和四年（1114年），江少虞中进士，出任天台县学学官。当时，天台县来了一批强盗，守城士卒纷纷逃走，只留下江少虞率领老弱残兵坚守。江少虞临危不惧，用箭射杀了匪首，贼人狼狈逃窜。后来，江少虞又历任建州（今福建建阳）、饶州（今江西鄱阳）、吉州（今江西吉安）三州知州，吏部考核均名列第一。江少虞一生著作颇丰，有《事实类苑》《经说》《宋朝类诏》《奏议》等百余卷，而以《事实类苑》最为有名。

《宋朝事实类苑》七十八卷为宋代史料辑集，原名《事实类苑》，成书于绍兴十五年（1145年），记录了宋太祖至宋神宗120多年间的史实。全书分祖宗圣训、群臣知遇、名臣事迹、德量知识、顾问奏对、忠言说论、典礼音律、官政治绩、典故沿革、诗赋歌咏、文章四六、旷达隐逸、仙释僧道、休祥梦兆、占相医药、书画技艺、忠孝节义、将相才略、知人荐举、广知博识、风俗杂志，共计二十四个门类。《四库全书总目提要》称江少虞自序中作二十八门，检查其目录，尚有“谈谐戏谑、神异幽怪、诈妄谬误、安边御寇”四个门类，可惜其内容今已无存。《事实类苑》将所引之书全部按类别编排，全录原文不加增减，并在每条之下注明书名。全书共引各类书六十余家，前后花了十四年时间方编成，因此征集采用的内容极为广博，

---

〔1〕真理：《蓄图籍育俊才的宋代馆阁》，《江西图书馆学刊》，2004年第4期。

其中半数以上现已失传或残缺，幸赖此书得以保存部分内容。而所引之书，今有传本者，也可以互相参校脱字错字，补他书记载之不足。如所记宋与朝鲜、日本间文化交流等条目，足可补史。此书因引用诸家记录甚多，偶尔也有引书误注的情况，但仍不失为宋人杂史中的宏篇巨著，对于研究中国古代文学、历史，尤其是宋史，具有重大价值。《事实类苑》成书后，绍兴二十三年（1153年），麻沙书坊曾刻板印行四十卷本，修《四库全书》时得传抄本为六十三卷。1981年，上海古籍出版社据1911年江苏武进人董康七十八卷刻本为底本，由瞿济苍先生校以日本木活字本（元和七年本）和文澜阁钞本等，标点出版，是最为流行版本。[1]

（五）毛晃、毛居正与《增修互注礼部韵略》

毛晃（1084—1162年），字明叔，江山华峰沙村人，毛滂的族侄，绍兴二十一年（1151年）朱熹同榜进士。南宋初年，毛晃曾任县主簿，后长期闭户著书，并将其著书处命名为“高斋”，创办高斋书院。宋高宗末年，辞官归衢，居衢州柯山（柯城石室）。毛晃一生专治学术，勤奋过人，精于文字音韵、训诂之学，著有《小学考》，是南宋著名小学（训诂学）家。因为考订详细慎重，用功勤苦，连砚台都磨穿了，学者称其为“铁砚先生”。毛居正，一名万全，字谊父（或作义甫），毛晃子，与父亲是同科进士，生卒年不详。毛居正家学渊源，继承父业续修韵书。父子合作完成《增修互注礼部韵略》五卷，由毛晃增注，毛居正校勘重增，历代诸学者又简称《增韵》，为《四库全书》经部书类韵书之属著录。

因为丁度、李淑所著《礼部韵略》收字范围太过狭窄，虽有前代学者数次添收补辑，然而还是不够完备。于是，毛晃广泛搜集典籍，依音韵增附，又按照《礼部韵略》的体例，凡字有别体、别音以及音义字画有误者，都一一予以辨正。毛晃共增收2 655字，增注1 691字，订正485字。此书在辨证训诂、考正点划方面颇有贡献，享誉甚高，历代字书、韵书多有征引。据《四库全书总目提要》记载，毛居正在其父遗稿基础上复增1 402字，方完成此书。绍兴三十二年（1162年），毛居正将此书进呈给宋高宗，后刊行全国。明初，乐韵风、宋濂、王僎等学

---

〔1〕毛冬青：《四库全书三衢先正著述考》，《历史文化研究》第1辑，第42—43页。

者所著《洪武正韵》的注释引据此书的地方有很多。此书的明代刊本错误很多,《四库全书》著录的是宋宝祐四年(1256年)蜀中刊本。

毛晃还著有《禹贡指南》四卷传世,为《四库全书》经部书类著录。《禹贡》是《尚书》重要篇目,约成于周秦之际,篇中记述当时各域之山川分布、交通物产、水土治理及贡赋等级等情况,是我国现存最早的最有价值的地理文献,影响极为深远。毛晃《禹贡指南》博引《尔雅》《周礼》《汉志》《水经注》《九域志》诸书,在旁引前人成说的基础上,以证古今山水的变迁,言之有据,持之有故,颇为简明。《四库全书总目提要》评价,毛晃虽生于南渡之后,僻居一隅,看不到中原、西北的古迹,不能一一考核其真,却通过援据考证,并不拘泥于前代人的附会之说。因此,后来朱熹的弟子蔡沈编撰《尚书集传》,也多处引用毛晃的考证。

毛居正另著有《六经正误》六卷传世,为《四库全书》经部五经总义类著录。嘉定十六年(1223年),下诏国子监刊正经籍,毛居正曾被聘为校对。校对完四经以后,毛居正因眼病辞官回乡,因此《礼记》及《春秋三传》未能完成。已校定的四经又因雕刻匠敷衍官府,使所刻雕版误字和未改之处达十分之二三。毛居正于是重新校正补成刊行,宋代著名学者杨万里为其作序,详细记述了此事的原委始末。《四库全书总目提要》认为此书校勘异同,订正讹谬,对于经学研究颇有补充。

(六)袁采与《袁氏世范》

袁采,字君载,又或作启载,衢州人。隆兴元年(1163年),袁采高中进士,初为县令,后官至监登闻鼓院,掌管军民上书鸣冤等事宜。袁采自小受儒家之道影响,以儒家的“修身、齐家、治国、平天下”等信条来激励自己,因此为人才德并佳。当时人称赞袁采“德足而行成,学博而文富”。步入仕途以后,袁采颇能以儒家之道理政,以廉明刚直著称于世,而且为官一任,很重视教化一方,当时人称赞他治理地方,即使是“武城弦歌”[1]也不过如此。袁采在任温州乐清

---

〔1〕“武城弦歌”典故语出《论语·阳货》,说的是孔子弟子言偃(字子游),在鲁国一个叫“武城”的小城做官,他把那里管理得井井有条,户户弦歌,后来以此比喻为政者重视礼乐教化,为政得法。

县县令时，感慨当年子思在百姓中宣传中庸之道，即使是愚笨的夫妇也教导他们知晓，再不肖的夫妇也可以让他们去执行，于是撰写《袁氏世范》一书用来推广当地的伦理教育，美化风俗习惯。[1]

《袁氏世范》是中国家训史上与南北朝颜之推的《颜氏家训》相提并论的一部家训著作，为《四库全书》子部儒家类著录。该书原名《训俗》，作于淳熙五年（1178年），当年刚刚上任的隆兴府（今江西南昌）通判刘镇为此书作序。刘镇通读此书后，发现此书义理精微，按照书中的内容去学习推广，确实可以达成孝悌、忠恕、善良这些君子的品行。因此，刘镇认为此书不仅可以在乐清县，而且可以在全国各地推行；不仅可以推行一时，而且应该永垂后世，于是建议将此书改为“世范”，《袁氏世范》由此而得名。从此，《袁氏世范》声名鹊起，而其内容亦诚如刘氏所言，于国于民确有大益，成为放之四海皆准的“淳风俗”“美教化”“达人情”的家训经典。《四库全书》加按语评论说：“其书于立身处世之道反复详尽，所以砥砺末俗者极为笃挚，明白切要览者易知易从，固不失为《颜氏家训》之亚也。”

《袁氏世范》共分三卷，即睦亲、处己、治家。内容多涉及读书修身、敬业、重贤、尊老爱幼、治家理财、人伦之道、处世之道等多方面，娓娓道来，如话家常，其目的是营造一种和睦安宁的家庭氛围和社会氛围。其实，能做到这一点天下也就承平无事了，因而《袁氏世范》虽不大谈为政治国之道，只就和睦亲属关系、个人修养、治家处事等小事情进行论述，却对为政治国等有大补作用。全书虽然以儒家之道为依据，却也思想开明，富于哲理。《袁氏世范》包含丰富的家庭伦理教化和社会教化思想，在许多方面都将中国古代家庭教育和训俗的内容、方法提高到一个新的高度，研究《袁氏世范》，对我们今天的建设和谐社会有很好的借鉴意义。[2]

---

〔1〕陈延斌：《〈袁氏世范〉的伦理教化思想及其特色》，《道德文明》，2000年5期。

〔2〕赵忠祥、方海茹：《〈袁氏世范〉的家庭教育思想及现代价值》，《河北师范大学学报（教育科学版）》，2005年1期。

（七）夏僎与《尚书详解》

夏僎，字元肃，号柯山，龙游模环人，生平不详，著有《尚书详解》二十六卷，为《四库全书》经部书类著录。据时澜在《序文》称，夏僎曾中进士，参考《龙游县志》的记载，时间在南宋淳熙五年（1178年）。夏僎师从南宋律学家、理学家、朱子闽学一派的重要学者蔡元定（字季通，今福建建阳人），与周升、缪景仁为友，皆以明经教授，时称“三俊”。

相传，夏僎自少年时代就开始学习《尚书》，到老学问日益精到，最后博采众说完成了《尚书详解》。实际上这部书对《尚书》进行了注疏，系统总结了宋代诸家的说法，特别是引用福建侯官人林之奇[1]的《尚书全解》中的内容特多。但是夏僎为阐明《尚书》的义理，对经文反复梳理，“深究详译”，确有其独到之处。时澜在《序文》称赞这本书“议论渊深，词气超迈”。这部书与南宋另一位儒学家蔡沈的《尚书集传》相比，虽略显冗杂，但仍不失为宋人《尚书》说本中善本之一。

明洪武年间，朱元璋诏令夏氏、蔡氏两人的注解版本都是官方指定的版本，所有学习《尚书》的学子可以并用。后来，《书经大全》问世后，才开始单独用蔡沈《尚书集传》的说法，夏僎这部书的影响才逐渐衰微。《尚书详解》最早于淳熙年间由麻沙书坊刘氏刊板印行，但此本久佚，修《四库全书》时，因为浙江采进本残缺，因此与《永乐大典》参校补辑后，方形成如今的版本，原本十六卷也刊定作二十六卷。

（八）知州游钧与衢州本《郡斋读书志》

《郡斋读书志》是中国现存最早的一部附有提要的私家藏书目录，其中对宋以前的一些史部要籍的提要和评述寓含丰富的治史见解和思想。作者晁公武（约1105—1180年），字子止，山东巨野人，世居汴京昭德坊，遂称“昭德先生”。金人南侵，晁公武举家避乱入蜀，定居嘉定（今四川乐山），曾担任四川转运使井度的属官。井度喜好藏书，将之后全部赠送给晁公武，这样加上晁公武

[1] 林之奇，字少颖，号拙斋，绍兴年间进士，为校书郎，有《拙斋文集》。

原有家藏，除去重复的，共计有书二万四千五百多卷。于是，晁公武亲自校雠，撰写提要。当时，晁公武正镇守荣州和义郡（今重庆荣县），因此将该书命名为《郡斋读书志》。此书分经、史、子、集四部，部下有类，每部有总论，即大序，每类有小序，列在每类第一部书的提要中；每书有提要，对作者、注疏者的籍贯、家世、时代、官职，均有详细的介绍。对书中内容的优劣得失，晁公武也有公正的评语，对于其中学术源流的考订，更有不少精到的论述，为后世整理古籍，考辨存佚提供了重要依据。〔1〕

原书四卷，最初刊于四川，后晁氏门人姚应绩编二十卷本流行，并对原书有所增益。宋理宗淳祐九年（1249年），游钧任衢州知州时传刻姚本于信安郡（即衢州），被史家称为“衢州本”。次年，黎安朝摘录衢州本中姚氏所增为《后志》二卷，又取赵希弁藏书为《附志》一卷，重新增订考异，合刊于袁州宜春郡，称为“袁州本”。衢州本收晁公武所撰书目提要比后者多得多，是全本，因而流传较广。清末大藏书家和出版家王先谦即校袁州本于衢州本，依衢州二十卷本编印该书。中华人民共和国成立后，中华书局和上海古籍出版社重新校印该书，也是以二十卷本为主本。衢州本《郡斋读书志》的刊行是衢州宋代刻书业的重要成就，对中国古代图书版本目录研究具有极其重要的意义。〔2〕

（九）两宋地方志的兴起

两宋时期，方志学盛兴。不仅官修方志，私家著述也相当发达，成就十分显著。这与当时统治者的倡导和战争频繁是分不开的。赵匡胤建立北宋后，曾三令五申，要各个州郡编造图经，纂修志书。后来，他又命令卢多逊等人重修天下图经。宋徽宗时，朝廷还设置了“九域图志局”，开了官方修志的先河。南宋时期，虽然偏安于一方，政治上没有什么建树，军事上也为金人所迫，但在纂修地方志方面却做出了成绩。由于宋金对峙，许多有识之士借纂修方志来表达对邦国之爱，纷纷私家修志，产生了大量的私人著述。因此，整个两宋时期，无论

〔1〕“郡斋读书志”条，蒋大椿、陈启能主编：《史学理论大辞典》，安徽教育出版社。

〔2〕崔国光：《晁公武〈郡斋读书志〉的版本源流和解题特点》，《山东社会科学》，2001年第4期。

修志的组织、规模，还是体例、内容和理论等，都超过了之前任何一个朝代，为后世的方志编纂和方志学的形成打下了良好的基础，发挥了继往开来的作用。自南宋以降，修志已成地方士绅的一种文化传统。衢州修志源远流长，自南宋以后修撰不辍。

关于北宋时期衢州方志（含图经）的修撰不见于史载，目前我们所知的只有南宋末年两次次官修志书。据元代马端临《文献通考》记载，嘉定十二年（1219年），由衢州知州宁波人刘扆主持，州学教授卫玠撰《信安志》十六卷。绍定（1228—1233年）初年，由衢州知州宁波人袁甫主持，州学教授叶汝明撰《信安续志》二卷。袁甫是宋宁宗嘉定七年（1214年）甲戌科的状元。此外，还有私人修撰的衢州地方志，《宋史・艺文志》载毛自知父毛宪著有《信安志》十六卷。另据康熙《衢州府志》记载，宋代张元成撰《衢州图经》一卷，《宋史・艺文志》也有著录。可惜，这些书在历次战乱中均毁失殆尽。

八、理学、琴学、书画、围棋及其他

两宋时期的衢州，在诗词曲赋、著书立说之外，还涌现出一大批各类文化人才。在理学上有对朱熹理学有过一定影响的宿儒徐存、不喜欢做官的隐士刘愚以及掀起心学先声的徐霖；在浙派琴学上有名家毛逊和徐宇；在书画上有赵抃、刘正夫、江参等名家；在竞技体育上有围棋高手祝不疑等，他们在各自的领域均有重大贡献。特别在理学方面，徐存等三位衢州人各有特色，其思想各有千秋，体现了衢州儒学文化传承的复杂性。衢州儒学氛围是浓郁的，因此在理学形成史上具有划时代意义的"朱熹三会吕祖谦"，其中一次就是在衢州开化举行的。此外，死于衢江上的行商周雄，从一位孝子演变为"水神"，则体现了衢州人对孝道的崇敬以及对水势无情的畏惧、迷茫和祈愿。

（一）衢州的理学传承

1. 徐存及其对朱熹的影响

徐存，字诚叟，号逸平，江山人，理学大师，生活在两宋之交。北宋宣和（1119—1125年）年间，徐存曾拜在理学家杨时（龟山先生）门下，成为程颐的再传弟子。南宋初年，徐存多次拒绝秦桧的征召，隐居于江山南塘，设书院讲学，门下弟子前后达千余人。其中比较有名的有江山周贲、柴卫、郑升之，西安郑雍、陆律及常山江泳，后来都成为南宋理学名士。徐存一生著作颇多，主要有《六经讲义》《书籍义》《中庸解》《论语解》《孟子解》等，可惜如今均已不传。

《孟子》中有这样一段话："仁，人心也；义，人路也。舍其路而弗由，放其心而不知求，哀哉！人有鸡犬放，则知求之；有放心而不知求。学问之道无他，求其放心而已矣。"[1]徐存对于《孟子》"放心"一词的解释对朱熹"存天理，去人欲"的理学主张有着极大的影响。[2]绍兴二十一年（1151年），朱熹殿试后离开临安途经江山时，亲自上门求教于徐存；朱熹认为徐存是程氏理学的再传门人，得到杨时的真传，形成了自己的一套理学理论，并能将这些理论加以推广，传播给诸多学子。朱熹还从徐存那里从中体悟了刑名之学，后来朱熹任福建泉州同安县主簿时，途经江山又多次登门拜访求教，还曾讲道于南塘书院。

淳熙年间（1174—1189年），朱熹再来到江山，而徐存已卒，书院圮塌。朱熹感慨万分，写下《重过南塘吊徐逸平先生》，诗云：

不到南塘久，重来二十年。山如龟背厚，地与马鞍连。
徐子旧书址，毛公新墓田。青松似相识，无语独凄然。

明嘉靖二十二年（1543年），江山知县黄纶重修徐存坟墓，立石碑，上书"宋大儒徐逸平先生之墓"。

2. 朱熹三会吕祖谦（1175—1176年）

南宋淳熙二年（1175年）四月至次年四月，在短短一年时间内，著名的理学

〔1〕大意是说：仁是人的本心；义是人的大道。放弃了大道不走，失去了本心而不知道寻求，真是悲哀啊！有的人，鸡狗丢失了倒晓得去找回来，本心失去了却不晓得去寻求。学问之道没有别的什么，不过就是把那失去了的本心找回来罢了。

〔2〕《朱熹全集》卷七十九《景行堂记》。

大师朱熹和吕祖谦举行了三次盛会，进行了三次辩论，求同存异，各自阐发了自己的主张，而又相互影响。这三次盛会奠定了理学的理论基础，在理学的发展史上，乃至中国文化史上有重要地位。

根据陈道南先生的研究，第一次盛会是淳熙二年（1175年）四月，在福建崇安县（今武夷山市）的寒泉之会。当时，朱熹和吕祖谦相会四十多日，共同编定了《近思录》一书。朱熹将《礼记》中《大学》《中庸》两篇拿出来单独成书，和《论语》《孟子》合为《四书》。《四书》分别出于早期儒家的四位代表性人物曾参、子思、孔子、孟子，也被称为《四子书》或者《四子》；当时以《诗经》、《尚书》（《书经》）、《礼记》（《礼经》）、《易经》、《春秋》（《春秋经》）、《乐经》等六种儒家经典为《六经》，因为《乐经》早已散失，故通常又称为《五经》。朱熹认为《四子》是《六经》的基础，而他与吕祖谦合编的《近思录》又是《四子》的基础。《近思录》第一卷论述太极原理的本体论与性论；第二到第四卷论述"敬知双修"的认识论和修养论（格物穷理、操存涵养）；第五至第八卷论述大学之道；第九到第十四卷论述儒家之学。全书十四卷概括了四子的政治观、人生观、教育观和反佛老异端等思想，建立了以实用伦理人生哲学为核心的二程理学体系。此书充分体现了两人在理学基本思想上的一致性。

第二次盛会是同年五六月间在江西上饶铅山县的鹅湖之会。当时，朱熹、吕祖谦和二陆（陆九渊、陆九龄）四人论辩讲学十日。朱熹认为程颐、程颢两人学说传于谢良佐（上蔡先生）与杨时（龟山先生），谢良佐的学说又为杨时的弟子张九成（子韶先生）继承和发扬，而陆九渊受张九成的影响很大。而学术界一贯认为朱熹是二程的嫡系传人，可见与陆九渊在师承上有一定的渊源关系。然而在具体问题上，两人是有明显分歧的。朱熹认为心与理是分开来的，理是本体，心是认识的主体；陆九渊则认为心与理是一体的，以心统贯主体与客体。朱熹认为"理生万物"，心中就有众理而生成万物，因此主张"即事穷理"；陆九渊认为心包涵万物，心就是众理而自成宇宙，故主张"离事自悟"。

第三次盛会是次年三月二十八日至四月十二日间在开化县北汪观国、汪杞兄弟听雨轩内的三衢之会。三衢之会时，朱熹和吕祖谦相会的具体天数不详，主要讨论对四书五经的认识。对于《诗》学，两人都认为当时的学界不通过《诗》本身来研究《诗》，却以《序》来解释诗，是委曲牵合；只求了解《序》的意义，却宁可失去诗人的本意而不去体会，这是《序》的大害处。对于《尚书》学，朱熹反对为《尚书》全书作注解，因为《尚书》中有伪篇。对于《易》学，朱熹开始认为《易经》是卜筮之书。朱熹认为历史的作用在于讲明义理而不在于述说具体事件，因此推崇“微言大义”的《春秋》，以褒贬的方式来记录历史；吕祖谦却推崇《左传》《史记》，讲究“事功致用”，以客观记述是非功过从而给人以启迪作为治史的目的，体现了两人的经学对立。

3. 谦请先生刘愚

刘愚（1163？—1215年），字必明，是南宋龙游颇有魏晋隐士风范名士。刘愚自幼聪慧好学，家里很穷，仅靠在私塾授课赚取的一点微薄薪水度日。二十岁不到，刘愚就考入当时的最高学府太学，由于他勤奋好学，很快就在同学间有了很高声誉。当时跟从他学习的人很多，侍御史柴瑾、国子监祭酒颜师鲁、博士林光朝等都非常器重他，多次向朝廷推荐。

淳熙十一年（1184年），刘愚参加太学的上舍考试，名列第一，赐进士出身。最初担任江陵府（今属湖北）府学教授，他每天早晚为诸学子讲课，不少同僚也相约一起来听。刘愚与著名哲学家、永嘉学派的代表人物叶适及经史学家项安世（江陵人）交好，常在一起讲论不倦，以隐居学道为乐事。任期满，帅王蔺写信想延聘他，刘愚坚决推辞。由于贫穷难以返乡，于是只得再次为官，出任安乡县（今属湖南）知县。当地百姓欠赋税数以万计，刘愚仔细核实数目，宽限期限。结果到收税的时候，百姓并没有看见催逼赋税的小吏，却自动将赋税交足了。适逢灾荒歉收，刘愚提出以官府存银购买粮食来调节米价，赈济灾民，属下认为不可，刘愚却说：“有罪不以相累。”于是筹集资金数万贯，召集商人从其他州郡购置粮食，以原价售给灾民，米价顿时平稳，还积存了数千石以备饥荒。安乡县有著名政治家范仲淹读书地，刘愚为其绘像立祠，兴办学校，大力发展教育。

任满后，上级推荐改任他官，刘愚却再也不愿做官，于是提前致仕退休。丞相余端礼与刘愚是同乡，又有旧交，召刘愚出山，也推辞不去。回乡后，刘愚定居于龙游城南。尽管条件很差，“颓坦败壁”，茅草丛生，但刘愚却怡然自得，“著书自适”，对《尚书》《礼记》《论语》《孟子》均有注解文章。嘉定八年（1215年），刘愚年八十三而卒，故友与其门人私谥曰“谦靖先生”，后更谥曰“靖君”。

相传，刘愚的妻子徐氏未嫁时，其母亲本打算将其嫁给富家子弟，徐氏却哭泣着说：“为富人妻，不愿也。”后来徐氏嫁给刘愚，尽管居住在破屋中，自己织布，生活清苦，却也甜甜美美。一次刘愚怀里揣着银子回家，徐氏生气地说：“我以子为贤而若是，亟具归。”刘愚赶紧解释那是教书的报酬“束修”，徐氏这才满意。《宋史》称赞徐氏颇有汉代诗人梁鸿孟光夫妇举案齐眉的风范。[1]

4. 径畈先生徐霖及其理学思想

徐霖（1214—1261年），字景说，西安县人，南宋末年著名的理学家。据说徐霖十三岁时就有志于钻研儒学，领悟圣人之道，因此将过去所作的文章全部焚毁，精研儒家《六经》奥义以及历代先儒的心得要义。淳祐四年（1244年），徐霖在礼部省试中会元，名列第一，可惜殿试时成绩不算上佳，只授予沅州（治在今湖南芷江）州学教授，因此并未赴任。当时宰相史嵩之自恃军功胁迫宋理宗，扶植私党，专权朝政。徐霖大胆上书揭发，直言史嵩之奸邪擅权，义正词严。同僚闻知，无不为之瞠目。适逢史嵩之父母亡故，回家守丧，丧期未满，竟要求复职，太学生144人群起而攻之。宋理宗由此感悟徐霖的忠诚，升其为秘书省正字，后任校书郎等职，负责国家典籍的编撰。淳祐八年（1248年），因宋理宗没有采用徐霖的政见，特改徐霖宣教郎、主管云台观，早早退居二线。不久，徐霖辞职回衢，一边读书一边奉养双亲，怡然自得。知州游钧买田筑柯山书院，请徐霖来讲学。柯山书院由此名声大振，远近前来求教的学子前后达三千多人。因为徐霖的故居在华墅坂，学者称其为“径畈先生”。

淳祐十二年（1252年），徐霖被起复，任秘书省著作郎，兼国史编修、实录院检讨，负责修撰国史及帝王实录，后又兼任左司郎中，管理尚书省所属吏、户、礼三部事务，兼崇政殿说书，作为宋理宗的文学侍从官。徐霖习性难改，再次

[1]《宋史》卷四百五十九《刘愚传》。

上书直言不讳，结果谗言诽谤并起，不得已只好请求外放，改任抚州（今属江西）知州。在任内，徐霖勤政爱民，宽免租赋，赈济穷人，诛杀悍将，祠祭先贤，建立营寨，颇有政绩。但是，朝廷中的奸臣并没有放过他，后来，徐霖还是因为谗言离职。徐霖离开的那一天，抚州士绅百姓纷纷拦阻，把道路都给堵住了，不得行，只好等到天黑才从小路走出来。景定元年（1260年），徐霖改任汀州（今属福建）知州，次年死于任所。徐霖临终前对长子徐心亨说："有生就一定会有死，自古圣贤也都是这样。吾今天死了，再也没有遗憾了。"尚书省闻知徐霖的死讯，请求宋理宗给予优待，下诏允许徐霖的一个儿子享受恩荫，即直接赐予官职。后来，宋度宗又赐祭田百亩，以表彰徐霖这位"直臣"。[1]

在理学上，徐霖总结了南宋时朱熹和陆九渊两人争端的教训，认为朱学过于"支离"，而陆学过于"空谈"，各走极端，这种学统难以为继。徐霖主张打破门户之见，兼取各家之长，如朱学的笃实"下学"，陆学"简易"本心论，互相补充。这种"和会"趋向，正是明代王学的先声。徐霖待人谦和，处事公正，人们赞誉他是"忠肝义胆"，再强横的暴力都不能"夺其志"。[2]徐霖著有《太极图说遗稿》五十卷、《春山文集》二十卷等。徐霖的词作留存至今的不多，其中有《长相思》一首：

听莺声，惜莺声，客里莺声最有情，家山何处青。
问归程，数归程，行尽长亭又短亭，征衫脱未成。

短短36个字，道尽了离愁别意，颇显文采。

（二）琴学家毛逊、徐宇及其创作（南宋末年元初）

毛逊，字敏仲，衢州人（一说严陵人），生卒年不详，主要生活在南宋后期至元初。他年少时曾学琴于江西派，后从天台籍琴学家刘志方改习浙派。南宋淳祐、宝祐年间（1241—1258年），他投入皇室贵戚杨缵的门下做清客。杨缵，

〔1〕《徐霖墓志》，《衢州墓志碑刻记录》，第34—41页。

〔2〕《宋史》卷四百二十五《徐霖传》。

字嗣翁，号守斋，又称紫霞，出身官宦世家，是南宋宁宗皇后的侄孙，他女儿又是宋度宗的淑妃。杨缵洞晓音律，常倚调制曲，以琴著称于当时，著有《紫霞洞谱》传世。当时与杨缵交游或跟从其学习的人，大都是精通乐律的，譬如毛逊、张枢、徐理（号南溪）、施岳、周密等。他们曾在西湖结成词社，经常商榷乐律。南宋词人张炎在《词源·序》中曾这样记录自己成长的经过："余疏陋谫才，昔在先人（指其父张枢）侍侧，闻杨守斋（杨缵）、毛敏仲、徐南溪（徐理）诸公商榷音律，尝知绪余。"至元十三年（1276年），元兵攻破临安后，南宋恭帝随太后及太皇太后被押离临安北上，曾供事于南宋内廷的毛敏仲和徐宇、叶兰坡等也随三宫去了大都（北京）。在大都期间，毛逊将旧作《禹会涂山》修改成歌颂元代统治者的《观光操》，但是还没有等到忽必烈召见，却客死于馆舍。[1]

毛逊一生创作琴曲甚多，有《樵歌》《渔歌》《山居吟》《列子御风》《禹会涂山》《广寒吟》《庄周梦蝶》《幽人折桂》《佩兰》等。从他晚年的行为来看，他始终没有忘情于功名，只不过由于他在宋代未曾得到统治者的赏识，才对现实有所不满，后来别无出路，便把自己置身于虚无的境界之中去寻求超然之乐。他的《列子御风》《广寒游》等曲就是这种思想的反映。然而他毕竟还是要回到现实中来，那么又只好寄情于渔樵，在高山清流之间找到一点安慰，这也就是《渔歌》《樵歌》《山居吟》等曲的创作动机。其中《樵歌》被收入现存最早的琴曲谱集《神奇秘谱》，是毛逊较好的作品。虽然作者借放情山水来解脱精神上的苦闷，但它是通过动人的形象来体现的。乐曲的基本旋律可能原是一首民歌，所以给人一个樵者伐木而歌的鲜明印象，曲调乐观、明朗。此曲在艺术上有较高的成就，作者以一个给人以深刻印象的基本旋律作为贯穿全曲的主题，随着感情的发展，每次出现时总有不同的变化。另据顾梅羹先生在其《琴学备要》中考证，著名的琴曲《平沙落雁》也是毛逊所作。[2]

与毛逊同时代的徐宇，字天民，号雪江，浙江三衢人，生平不详。他是元明

〔1〕刘国庆：《一代琴师毛敏仲》，《衢州掌故》，第139—141页。

〔2〕简言：《高山流水说毛逊》，《衢州日报》，2003年9月12日。

时代浙派中徐门琴派的创始人，其演奏风格自成一家，作有《泽畔吟》等曲。《泽畔吟》共分四段，其内容写屈原被楚怀王放逐以后，在江边遇一渔父，便向其倾诉自己幽愤不平的衷怀，没想到渔父却对他不以为然，敲着船桨飘然而去。其实，这里的渔父只是隐士的乔装，因政治上失意而不满现实的屈原正是作者的化身。此曲在艺术上采用了以故事情节为主要线索而以内心刻画为主要表现手段的艺术手法，例如第一段就凸显了一个因政治上受到严重打击而“形容枯悴”的诗人形象；第二、三两段则抒写了他的满腔义愤；最后一段用模拟的桨声象征渔父的离去，描写屈原无所控诉的失望情绪。这首琴曲充分体现了我国音乐抒情与叙事相结合的传统特点。

封建时代，毛逊、徐宇作为琴师，没有什么政治地位可言，史籍对他们的生平记载也是一鳞半爪。正是毛逊、徐宇这些琴学家把一向沉寂而不易听到时代声音的南宋琴坛引向敢于创作并反映现实的道路，对于浙派琴学的发展具有重要的贡献。他们在艺术上的成就足以奠定其在中国音乐史上的地位。〔1〕

（三）衢州的书法与绘画

衢州书画源远流长。南齐时，徐伯珍以笋箬学书而工楷隶，名载史册。唐代徐安贞书法为李北海（邕）所赏识。两宋时期，衢州书画艺术的发展进入鼎盛时期。

北宋赵抃官至参知政事，政声显赫，被誉为“世人标表”。赵抃的书法作品传世不多，今故宫博物院收藏两件，都称得上是劲丽之作。不同的是，第一件《致知府阁下尺牍》，用笔端正严谨，点画润泽，取法北宋初期书坛所流行的颜体，是偏向“丽”的书风；另一件《致知郡公明大夫尺牍》中，结字则较宽散，用笔也质朴得多，细韧的笔画加上倾侧的字态，显得清劲而古雅，可说是偏向“劲”的书风。宋徽宗宰相刘正夫平时喜爱书法，是北宋时期著名的书法家，他尤其善行书，有尺牍流传至今。而且刘正夫喜好与别人谈论字，著有《书法钩玄》。他对宋代的书法自有见解，认为当时的书法美观但不够古朴，因此看宋

---

〔1〕《郭沔与宋末浙派琴家》，吴钊、刘东升：《中国音乐史书略》，人民音乐出版社1993年，第四章第七节。

代人的书法（今字）就像看绣有花纹的丝织品，而看宋以前的书法（古字）就像看钟鼎。刘正夫的书法结体宽博，用笔深厚而流畅，颇有特色，有《佳履帖》等作品现藏于台北故宫博物院。赵抃的这两件书法作品与宰相刘正夫的《佳履帖》均秘藏清宫“三希堂”，深得乾隆赞赏。

建炎南渡后，擅书的皇商赵子昼流寓衢州，筑崇兰馆，一时聚集了三衢的诸多名流。程俱、江褒、江袤、江参等与赵氏相从林壑间，或吟咏，或书画。[1]这其中，成就最为突出的首推江参。江参，字贯道，长期以士的身份游历江湖，唯耽画道。画学董源、巨然，善用水墨画，曾为赵子昼绘《崇兰馆图》，并作《潇湘八景图》《清江泛月图》《摹范宽庐山图》等，亦擅画牛。其代表作是现藏于台北故宫博物院的《千里江山图卷》。此图为绢本，纵46.3厘米，横546.5厘米。平远构图，墨笔画林峦、溪壑，重山复岭，连绵无绝，境界阔大，气势非凡，苍苍莽莽，气象万千。此画构图较董源、巨然之画复杂，气派之大，苍茫之趣，亦与董、巨相异。江参在北宋、南宋之际是继承董源而成就突出的一家。当时有诗赞之：“即今海内丹青妙，只有南徐江贯道。”并评价其画超过米芾、米友仁父子，而与王维、董源相颉颃。江参殁后，一时访求遗墨者，几与隋珠赵璧争价。传世作品尚有《林峦积翠图》《日暮归渔图》等。[2]

（四）围棋高手祝不疑与刘仲甫的较量

哲宗、徽宗时期，棋手刘仲甫独霸棋坛足有二十年。但是人终老，棋终衰，不断涌现的新棋手，不少人跃跃欲试，想压倒刘仲甫的棋霸地位。当时敢于和刘仲甫一争高低的棋手有三位，除晋士明、王憨之外，另一位就是衢州人祝不疑。

祝不疑，生平不详。宋代何薳所著《春渚纪闻》中记载了祝不疑与刘仲甫交手的经历。绍圣（1094—1097年）初年，祝不疑进京去礼部试官，同乡把他拉到寺庙里观看国手下棋，正巧这天刘仲甫也在。在人们的怂恿下，祝不疑与他

〔1〕当时他们鉴赏并题跋的《澄清堂帖》今被中国历史博物馆珍藏。

〔2〕刘国庆：《书画金石传千古》，作家笔下的海峡二十七城丛书编委会编：《作家笔下的衢州》，海峡文艺出版社2010年，第23—24页。

下了一盘。一上来，祝不疑就请仲甫让子。刘仲甫说："士大夫非高品不复能至此，对手且当争先。"最后，还是刘仲甫让先，由祝不疑先走。这盘棋下到终局，祝不疑败三目棋。他又问刘仲甫："此可受子矣？"刘仲甫说："吾观官人之棋，若初分布，仲甫不能加也，但未尽著耳。若如前局，虽五子可饶，况先手乎？"祝不疑笑而不答，他们又下了第二盘。这盘棋不是让先而是通过猜单双来分先。下到三十余子，刘仲甫突然停下，拱手问道："敢率请官人姓氏与乡里否？"祝不疑的同乡忙回答道，他是"信州（今江西上饶）李子明"。刘仲甫说："仲甫贱艺，备乏翰林。虽不出国门，而天下名棋，无不知其名氏者。数年来，独闻衢州祝不疑先辈，名品高著，人传今秋被州荐来试南省，若审其人，则仲甫今日适有客集，不获终局，当俟朝夕，亲诣行馆，尽艺祗应也。"这时，众人向其告知，刚才和他下棋的不是别人，正是大名鼎鼎的祝不疑，刘仲甫感叹地说："名下无虚士也。"[1]

从记载来看，刘仲甫对祝不疑的名号是有所耳闻的。对于两人第二盘的胜负，自古争论很多。然而刘仲甫下了不久就找了个与客人有约的借口开溜也是事实。后来，刘仲甫去看望过祝不疑数次，奇怪的是，从来不谈棋。也许刘仲甫已看出祝不疑棋力不凡，怕下不过他，使自己国手之名蒙羞。《春渚纪闻》中就有这样的评价："近世士大夫棋，无出三衢祝不疑之右者。"这是以祝不疑为胜。

（五）孝子周雄与周宣灵王庙

周雄（1188—1211年），字仲伟，杭州新城县（今富阳）渌渚人，生于淳熙十五年（1188年）三月初四，相传其母梦到金龙在盆里游后生了他。幼年时，周雄随做生意的父亲来到衢州，与孔子第五十一世孙、衍圣公孔文远同窗读书，相交甚密。相传，周雄长大后继承父业，常行商于浙赣间，也许是因为父亲的早逝，他对母亲非常孝顺。嘉定四年（1211年），因母亲重病，二十四岁的周雄前往江西婺源县五显圣王庙祈祷。归途乘船经过衢州，闻知母亲的死讯，当即仰天捶胸，一恸而绝，其尸僵立舟中不倒。孔文远感其诚孝，于是为他漆身塑像、捐地立庙祭祀，四方百姓前来祈祷，无不应验。周雄死后，历代屡有封赠，到了

---

〔1〕衢州市体育局编：《柯山棋话》，杭州出版社2005年，第94—95页。

明代还加封之为“宣灵王”。此后，其庙宇遍及钱塘江两岸，成为水上人家的保护神。到了清代，周雄又作为“潮神”陪祭海宁海神庙，其后浙、皖、赣、苏的许多城市先后建有周王庙。

衢州周宣灵王庙（明时称“孝子祠”）位于下营街，是全国难得的孝庙，经历朝修葺，保护至今，现列为浙江省重点文物保护单位。该庙原有建筑面积为1 850平方米，现存建筑仅853平方米，按一条纵轴分布，呈不规则纵长方形。建筑坐东朝西，大门进去为门厅（戏台），门厅后即为天井，天井两侧为厢楼，之后是正殿，再进为一小天井，最后是后殿。整座建筑用材粗大，其中有一根跨度12.7米、直径70厘米的横梁（撩檐枋），在国内古建筑中也是相当罕见的。横梁上人物、花草等的雕刻巧夺天工。庙内塑有孝子周雄立像。每年三月初三始至四月初八为“周王庙”会，为衢州旧城最负盛名的庙会，俗称“三月三”，至今仍兴盛不衰。[1]

九、孔氏大宗南渡与六代衍圣公

建炎二年（1128年），由于金兵对曲阜的进攻，孔氏部分族人在衍圣公孔端友及堂叔父孔传的带领下，长途跋涉数千里，于建炎四年（1130年）来到浙西衢州。孔氏大宗的南迁不仅是衢州历史上的一件大事，也是中国文化史上的一件大事。他们在衢州祭祀先师，修建家庙，诗礼相承，慢慢地以衢州为中心，先后在浙、闽、苏、皖、赣、鄂等省衍生出众多支脉，世世代代在江南生息、发展。孔端友无子，以弟端操子玠为嗣，玠生搢，搢生文远，文远生万春，万春生洙。从孔端友到孔洙，衢州衍圣公共承袭了六代。

（一）大宗南渡，孔氏分南北两宗

北宋末年，金兵入侵中原，宋都汴京陷入敌手，徽宗、钦宗两帝被俘北去。靖康二年（1127年），康王赵构建立南宋，改元建炎。建炎二年（1128年）十一月，赵构在扬州行宫举行继统后首次祀天大典，衍圣公孔端友与堂叔父孔传奉诏陪祭。

〔1〕汪萍：《弘扬孝行的典范——南宋大孝子周雄》，《历史文化研究》第6辑，第86—88页。

孔端友返回曲阜不久，金兵再次大举南下，因济南知州刘豫叛宋，形势急转直下。金兵破北京，占兖州，势不可当。孔端友在孔传的支持下，除胞弟孔端操留守阙里林庙外，带着传家至宝“孔子及亓官夫人楷木像”“唐吴道子绘孔子行教像”等，率领近支族人孔端问、孔端朝等南下。建炎三年（1129年）春，金兵前锋直逼扬州，宋高宗君臣仓皇渡江东奔杭州。孔端友率族人从跸渡江，到达杭州。

其后，金兵分两路对南宋发动了全面进攻，东路追击隆祐太后，西路追击宋高宗，当时的衢州刚好处在两路追兵的夹缝中。为保护孔氏家族，孔端友率族人沿钱塘江而上，来到衢州。其后，金兵虽北撤，但曲阜一带仍为金人占领，孔端友等有家不能回，遂于建炎四年（1130年）初上书宋高宗，叙述家门旧典及离祖丧家之苦，请求赐家安居。宋高宗感念其随驾“扈跸南渡”之情，特赐孔端友及南渡孔氏族人定居衢州。于是，这支孔氏族人就在衢州住下，衢州便成孔子后裔的第二故乡，史称“东南阙里”。而差不多在同时，在金人占领的曲阜，金太宗则封孔端友之弟孔端操为衍圣公，主持曲阜孔庙祀事。这样，孔氏宗室就分裂为南北两宗，衢州的这一支世称南宗，曲阜的一支称为北宗。孔端友成为孔氏南宗的始祖。[1]

绍兴二年（1132年），孔端友死后，儿子孔玠袭封南宗第二任衍圣公。绍兴六年（1136年），宋高宗下诏“权以州学为家庙”，即以衢州州学作为孔氏家庙；同时，按照来衢人口赏赐田地，其产出除用于祭祀活动外，均用来赡养族人，并免除这些土地的租税，并向衍圣公颁发袭封至圣文宣王庙宅铜印。绍兴八年（1138年）六月，宋高宗又下诏衢州赐官田五顷。这五顷祭田，以后再未追加，除明代一度丧失外，始终掌握在孔氏南宗之手，历代朝廷乃至后来的民国时期政府均给予极其优惠的赋税。

孔氏大宗的南迁不仅是衢州历史上的一件大事，也是中国文化史上的一件大事。此后的儒学，从高高在上的庙堂之学逐渐成为深入民间的百姓之学。孔氏大宗的南迁为中国儒学的南渐以及南宋理学思想的兴起奠定了基础，为

---

〔1〕《衢州孔氏南宗家庙志》，浙江人民出版社2001年，第1—3、46—51页。

传统儒学的发展作出了贡献。

（二）南宋对孔氏南宗的恩例

作为孔子的嫡系后裔，南宋朝还给予孔氏其他优免政策。除优免赋役外，包括“差、盐、酒、醋杂泛科差”，即免除“差、盐、酒、醋”等附加税，免除差派的府、州、县吏和杂役，等等。为保证优免政策的实施，官府还颁发给孔氏一宗优免赋役文帖作为凭证，详细开列优免对象的姓名、户数等于文帖之后，以杜绝假冒逃避赋役。

除免差特权外，影响较大的特权就是恩授官职。如四十九世孙孔莘夫，以孔氏最长者，恩授迪功郎，监南岳庙，兼庙学教谕。五十世孙孔持为第三任衍圣公孔揩之弟，恩例授迪功郎，监温州天富盐场等。虽然南宋时期南宗恩例授官一般都从最低一级的迪功郎（从九品）起，官职不大，差遣也是些监庙、监场等官职，但毕竟给南宗孔氏族人提供了一个出仕的机会。这种恩例一直沿用到元代，影响深远。

（三）南渡始祖、衍圣公孔端友

孔端友（1078—1132年），字子交，北宋仙源县（今山东曲阜）人，孔子第四十八世孙。孔端友少年时秉性颖异，精通四书，尤工书画。元祐元年（1086年），年仅九岁的孔端友接任衍圣公，当时承袭的诰书云：

> 至圣文宣王四十八代孙端友。自书契以还爵于朝者多矣，未有传世四十有八而不绝者也。惟尔文宣王之后，次当承袭，宜锡文阶，并示宠渥，往加恪慎，务保厥荣。

绍圣十年（1095年），父亲孔若蒙主持修葺家庙，年仅十八的孔端友在家庙石壁上摹勒晋代大画家顾恺之的“夫子小影”（孔子像），至今仍保存在曲阜孔庙第九进的“圣迹殿”中。崇宁三年（1104年），二十六岁的孔端友被授予从八品的承奉郎之职。大观四年（1110年），孔端友“奉敕管勾祀事”，正式开始负责曲阜孔庙的祭孔大典。由于忠于职守，宣和三年（1121年），升孔端友为从六品通直郎，直秘阁的荣誉职衔，还赐穿绯色官服。宋制，七品以上官员的官服是绿色的，五品以上官员才能穿红色官服，因此赐绯色官服是给予孔端友超品待遇。当时的诰书[1]如下：

> 先圣古今之师也。由百世之后，等百世之王，殆未有能违之者。朕既法其言，尊其道，举以为治，犹以为未也。又录其后裔以褒大之。尔先圣之系官东鲁，积有年矣。通籍金闺，升华芸阁，以示崇奖。汝尚勉哉。

也许正是因为宋室的优待，加上作为孔子后代的气节，南宋建炎二年（1128年），孔端友在堂叔父孔传的支持下扈跸南渡，赐家于衢州。相传，孔端友在渡长江时曾夜宿江舟，忽遇狂风掀翻小船，在这紧要关头，有三位神人托着他来到了南岸。登岸后，众人焚香祷谢，香火缭绕处幻写出“鲁阜山神”四个篆字。为纪念此事，孔端友寓衢后，曾在衢州城四隅建了四座“鲁阜山神庙”。绍兴二年（1132年），孔端友任湖南郴州知州，同年夏逝世，享年五十五，归葬衢州西安下方村（今属柯城区）。

（四）仙源县开国男孔传

孔传（约1069—约1144年），原名若古，字世文，晚号杉溪，孔舜亮之子，是孔子四十七代孙，孔氏大宗南渡的有功之臣。哲宗元祐四年（1089年），孔传出任仙源县主簿，四年后又升任县尉。政和五年（1115年），孔传以正六品朝奉郎的身份负责京东路转运使司的文书档案。南宋高宗建炎年间（1128—1130年），孔传随衍圣公孔端友赴扬州陪祀郊祭，其后扈跸南渡，寓居衢州。

绍兴二年（1132年），孔传出任邠州（今陕西彬县）知州，在任上以锄强扶贫，治理有方闻名。后移知陕州（今河南陕县），孔传平定了鼎沣农民暴动，因功进升兵部尚书；随后，改知抚州（今属江西），兼管内劝农使，在当地极力推广农垦。当时建昌军（今江西南城）士兵发生叛乱，孔传单车前往，向军士们晓谕

---

〔1〕《制诰记》，见沈杰：《三衢孔氏家庙志》（内部资料），衢州政协文史委编印。

利害，叛乱得以平息。孔传官至正五品中散大夫，封仙源县开国男，终年七十五岁，葬衢城西北五十九都孝悌里（今柯城区柯城乡周庄村）。孔传一生有七子：端问、端己、端守、端位、端植、端隐、端惟，其子孙繁衍，今浙江、安徽、江西、湖北等省都有其后代，成为孔氏南宗最大的一个支派。

孔传一生严谨好学、博览群书、博学多闻，尤精于《易》学。相传，晚年家居时，孔传曾授徒千人，开创了孔氏南宗家塾的滥觞。在孔氏南宗历史上，孔传也算是一个著作颇多的人，著有《东家杂记》《后六帖》《杉溪集》《续尹植文枢纪要》《洙南野史》等书，其中《东家杂记》《后六帖》三十卷被收入《四库全书》。[1]

（五）南宗族人的著作与功绩

南宋时期，除授高官显爵者外，或兼任或专职担任学官、山长的南宗族人不乏其人，如孔莘夫、孔元龙、孔应得等。他们一方面主持着各地的教育机构，一方面勤奋著述。从文献记载来看，他们的著述非常丰富，据统计，关于儒学方面的有22部之多。[2]孔元龙的《洙泗言学》四十篇使学者“知所以为学”，获得宋理宗嘉许。还有孔端朝的《续阙里世系》，孔端问的《沂川集》，孔行可的《景从集》，孔元龙的《诲忠集》《论语集说》《鲁樵集》，孔拱的《锡山草堂集》《习经》，孔应得的《家谱正误》以及孔洙所著《承斋集》，在当时都很有影响。

南宋一代，衢州作为都城临安的辅郡，以它得天独厚的地理位置，又是东南未遭兵灾的中心地带，使得宋室宗亲、达官名宦、世家望族、理学硕儒纷至沓来。衢州成为当时儒学的研究中心，并为儒学的南渐和理学的发展传播作出了贡献，也由此确立了“东南阙里”的地位。

（六）孔氏南宗第一座正式家庙的建设

从南宋初年开始，孔氏南宗家庙长期借用衢州州学，难以开展祭祀活动，

〔1〕《衢州孔氏南宗家庙志》，第132—133页。

〔2〕《孔氏南宗略传——南宋至民国·衢州孔氏世家》，曹月堂、吴光主编：《中国文化世家》（吴越卷），湖北教育出版社2004年，第756页。

这已经成为困扰孔氏南宗族人一百多年的大问题。宝祐元年(1253年),孔子第五十三代孙、袭封衍圣公孔洙出任衢州通判,成为新任衢州知州孙子秀的搭档。为解决孔氏南宗祭祀场所的问题,知州孙子秀上书朝廷,选址城东芙蓉堤东侧原来一座寺庙的遗址新建家庙,为此朝廷还专门拨款三十六万贯。该项工程由孔子第五十代孙孔元龙等具体负责,于宝祐元年仲夏开工,至次年仲春朔完工,历时九9个月。如今其址已废,今人只能从龙图阁大学士、户部尚书赵汝腾所撰写的《南渡家庙碑记》中一窥其面貌。

菱湖家庙,背靠平湖,象征曲阜的洙水、泗水;面对着龟峰,象征着曲阜东面的尼山;整个建筑规格略似于北宋曲阜家庙。除庙门外,主轴线上居中的是玄圣殿,即后来的大成殿,是祭祀孔子的地方。玄圣殿前东西两庑,东侧设有沂水侯祠,西侧设有泗水侯祠,分别祭祀孔子的儿子孔鲤和孙子孔伋。两庑还分为许多室,用来祭祀历代受袭封的孔子嫡裔,成为后世设置六代公爵祠、袭封祠的起源。玄圣殿后为郓国夫人殿,即寝殿,是祭祀孔子夫人亓官氏的地方。寝殿之后为思鲁堂,为孔氏南宗合族讲学之地,充分体现了南宗诗礼之风。思鲁堂东侧有咏春亭,供四方拜谒之士休憩之用。西轴线上有齐国公、鲁国太夫人祠,分别祭祀孔子父母。全部建筑总共二百二十五间,四周围以高墙,肃穆壮观。可惜,如此美观的菱湖家庙仅存在了22年。至元十三年(1276年)四月,兰溪人章焴率义军攻破衢城,毁去菱湖、峥嵘山一带大部分建筑,家庙也未能幸免。[1]

---

〔1〕《菱湖家庙》,《衢州孔氏南宗家庙志》,第23—24页。

第六章　历史发展的短暂过渡

——元朝时期的衢州（1279—1359年）

一、元朝对衢州的统治

元代，在外国人马可·波罗的眼里，衢州仍称得上是一个繁华的大城镇。由于元朝执行带有歧视性的民族政策，因此它的统治并没能长久。反元的红巾军兴起后，到1359年，元朝对衢州的统治彻底结束了。特别值得一提的是元代三位少数民族官员对衢州的功绩，更是难能可贵。有学者考证了元代衢州历任的达鲁花赤和总管两大行政长官，发现其中大多数人文化程度相当高，不少少数民族官员要么是蒙古进士出身，要么本身就是学者、文学家。这也许正是元代衢州的经济文化还能保持一定发展的重要原因吧。

（一）蒙古军入侵与衢境的抗蒙战事

康熙《西安县志》记载，宋末恭帝显德祐二年，即元至元十三年（1276年），元兵侵至衢州，百姓们深受其害，史称“丙子战祸”。诗人韦居安当时在衢州任职，亲历了改朝换代的变迁。晚年他退居故乡，撰成《梅磵诗话》三卷，其中有不少内容关于这场战祸，却稍有差异。这一年，元军攻破杭州城，宋太后及恭帝投降。二月十一日，宋太后诏谕各州县“归附”元，其后浙江境内各州县大部投降，官员百姓平安如故。当时，衢州、婺州（今金华）均已表示降元。然而，官府降了，并不表示所有人都答应。以兰溪人章焴为首，很快组织起一支反元武装。四月二十三日，章焴率军在衢州城下云集，猛攻衢州城。守将孟茂借口寡不敌众，望风而遁。午后，衢州城破，西安县令赵若镃被杀，韦居安一家到城北菱塘孔家避难。当晚，“草寇”放火烧城；次日，又挨家挨户剽掠，韦居安的女儿也被掳走；第三天，韦居安和他的次子、外孙冒险出城逃避，历尽磨难艰辛。归来之际，韦居安听说女儿因不从“草寇”，已遭毒手，痛哭流涕，以极度悲哀的心，写下了描写乱世中一家凄苦的诗歌：

视死如归不受污，今无彤管为伊书。
仓皇父子终于诀，菱角塘边孔氏居。

章焴四处扩张、抢掠，很快占领了金衢地区。据《元史》记载，当时，章焴自称婺州太守，反攻元军。元将高兴率五千人讨伐章焴，双方相持四十余日。高兴兵少不敌，力战突围，至建德境内与援兵会合。其后，高兴率军转战兰溪，斩首三千级，再攻取婺州，擒杀了章焴，随后兵临衢州城下，斩首五百级。在衢州境内，高兴又先后与反元军接连战于赤山、陈家山、江山县等地，斩首三千级，俘虏五百人，俘虏魏福兴等七人献于浙江行省政府，衢州自此平定。[1]又据《资治通鉴》载，同年夏五月，当时衢、婺诸州起兵反元，元军统帅建康安抚使索多与其连战三月，元军攻克婺州。当时衢州守备甚严，正当索多率总管高兴等人准备击鼓率军攻城，宋朝宰相留梦炎却率众投降。

同年，临安城陷落后，抗元大臣陆秀夫护卫宋宗室益王、广王二人前往福建；江山义士毛附凤、柴希圣率义军占据仙霞关拒击元军，掩护二王入闽。又据康熙《建宁府志》记载，当时，元兵南下江南，浦城人徐梦发率军驻守仙霞关。五月十一日，元兵突然出现，宋军四散，独徐梦发踞坐大骂，遂遇害。元军占领仙霞岭后，很快就攻陷浦城。徐梦发是嘉熙二年（1238年）进士，官至主管广东地区军政的招讨使，居官二十八年，平恕仁慈，颇受人尊重。元将唆都听闻其遇害，诛杀了数位凶手，并授其子平安军（今福建泉州）同知，徐梦发入乡贤祠祭祀。

---

〔1〕《元史》卷一百六十二《高兴传》。

（二）元代对衢州路的统治

至元十三年（1276年），元政府设衢州路总管府，隶属江浙等处行中书省。元制规定十万户以上者为上路，据《元史》记载，衢州路有户108 567，人口543 660，属于上路。[1]当时，衢州总官府仍驻峥嵘山（府山），置达鲁花赤一员，由蒙古人充任，掌握实权；总管一员，负责行政事务。总管以下属官有同知、治中、判官、推官、经历、知事、照磨、译史、通事，等等。

总管府下设主要机构有：录事司，掌管城中民事，设录事一员，驻衢城新桥街；司狱司，负责监狱等事务，设司狱、狱丞各一员；平准库，相当于宋代的常平仓，设提领大使、副大使各一员；织染局，负责官方织造事宜，设大使、副使各一员；宝钞局，管理元代纸币宝钞的机构，设提领一员。此外还有杂造局、州医学、阴阳学、僧录司、道录司等机构以及医学教授、阴阳教授、府仓务提领、巡检、惠民药局提领、税务提领等官员。

元代依户数多寡而分上、中、下县，衢州路下设五县：西安县，中县；龙游县，上县；江山县，下县；常山县，下县；开化县，中县。各县设县尹、县丞、主簿、县尉、典史、巡检等官。县以下又分乡、都，设里正、主首，负责催办钱粮，供应杂事。元朝政府还把五十家编为一社，社有社长，名义上负责劝导本社百姓勤于农业，实则是加强对人民的控制。

雍正《浙江通志》载，元代衢州府还设有镇守保甲万户府，设达鲁花赤一员，万户一员，副万户一员，由蒙古人或色目人为长官，对辖地进行严密的武装统治。驻守衢州的是镇戍军，以蒙古军、汉军（金朝降军和蒙古政权、元廷在华北的军队）和新附军（南宋降军）相参驻戍。当时，各县设有千户所，每个千户所有千户、百户等若干。

（三）马可·波罗笔下的衢州

元代的衢州还是相当繁华的。著名的旅行家意大利人马可·波罗曾以枢密院副使之职到过南方的江苏、浙江、福建等地，一度路过衢州。在其名著《马

---

〔1〕《元史》卷六十二《地理志五》“衢州路”条。

可·波罗行纪》中记叙了经过衢州的情况，从中可以了解元代初年衢州城乡的景象。“离开杭州，向东南方向骑行一天。再沿着同一方向，骑行三天，到达衢州镇。”按衢州至杭州为250千米左右，骑行四天，每天行程60多千米，应当说已比较快。“一路上，总会看到许多人烟稠密的城镇。他们经商务农”，可见当时衢州城镇的繁荣。“在蛮子（当时蒙古人对江南蔑称为南蛮）省这个地区，看不到绵羊，但有许多公牛、母牛、水牛和山羊，至于猪的数目特别多”，可见当时衢州农村的富庶。“这一地区的乡间，有丰富的飞禽走兽等猎物”，说明衢州当时生态环境良好，山区动植物自然资源丰富。[1]

（四）农学家鲁明善任衢州达鲁花赤

鲁明善，即铁柱，汉姓鲁，字明善，高昌（今新疆吐鲁番东哈拉和卓堡）人，出身于维吾尔族官宦世家，生卒年不详，是元代著名的农学家。其父亲伽鲁纳答思是元代著名的翻译家、外交家和学者，官至开府仪同三司、大司徒，位居极品。鲁明善从小受到良好的文化教育，曾长期跟随父亲居住在汉族地区，系统学习过儒家理论。他以父亲名字中的“鲁”字为汉姓，并取名明善，足见受儒家文化影响之深。

延祐元年（1314年），鲁明善被任命为中顺大夫安丰路（今安徽寿县）肃政廉访使。在任职期间，鲁明善编著了《农桑衣食撮要》二卷。这是我国完整保存至今的最古老的一本月令体裁的农书。该书按月列举所应从事的农事活动，可以说是一部集气象、水利、畜牧、耕作、园艺、蚕桑等各种内容的农学专著。全书文字通畅，简明扼要，切合实际。如正月农事“教牛”条下是这样写的：“牛者农之本，为家长者须当留心提调，每日水草不可失时。水牛夏间下水坑，不可触热；冬间要温暖，切忌雪霜冻饿。家有一牛可代七人力，虽然畜类，性与人同，切宜爱惜保养。”作者还收集了一些民间农谚，如“移树无时，莫叫树知；多留宿土，巧取南枝”、“十耕萝卜九耕麻”等。书中不仅记载点豆、种瓜、割麦、插秧等农家事，而且还有做笋干、豆豉、腌萝卜、豆酱等居家生活的小技巧，蔚

---

〔1〕王晓莉：《马可·波罗过浙西》，《衢州掌故》，第49—51页。

然大观，无不具备。[1]

泰定四年（1327年），鲁明善出任衢州达鲁花赤。元代地方官中掌实权的称作达鲁花赤，意为镇守官。因缺少记载，鲁明善在衢的事迹鲜为人知，而其农学家的身份，又是衢州路最高行政长官，对衢州农业的发展应该有所助益。

（五）徐寿辉部下攻入衢州（1352年）

元朝后期，以蒙古贵族为主的统治阶级对各族，特别是汉族百姓的掠夺和奴役十分残酷。他们疯狂地兼并土地，把广阔的良田变为牧场，许多大地主也纷纷广占土地，驱役佃户，大批农民失去土地沦为奴婢。官府横征暴敛，苛捐杂税名目繁多，全国税额比元初增加二十倍。统治者挥霍无度，到处搜罗民间美女，天天供佛炼丹。政府财政入不敷出，滥发货币，祸国殃民。反抗的烈火逐渐在百姓的心中燃起。在这种情况下，刘福通、韩山童等人利用白莲教和弥勒教暗中联系穷人，于至正十一年（1351年）发动起义，因起义军头裹红巾，故称"红巾军"，又因其烧香聚众，也称"香军"。红巾军所到之处，开仓散米，赈济贫农，深得人民拥护。群众纷纷加入红巾军，队伍迅速扩大到几十万人。在红巾军的影响下，全国各地农民纷起响应。人数较多的有蕲水（今湖北浠水）的徐寿辉部、濠州（今安徽凤阳东）的郭子兴部等。

徐寿辉（？—1360年），一名真一，又作真逸，罗田县（今属湖北）人，元末天完红巾军领导人。徐寿辉原是贩卖土布的小商贩，他身材魁梧，相貌非凡，为人正直，乐于见义勇为，在群众中享有很高威信。因不满元朝的统治，至正十一年（1351年）八月，他与湖北宜春的彭莹玉、麻城邹普胜等利用白莲教组织起义，也称红巾军。同年十月，徐寿辉被拥立为帝，国号天完，建都蕲水（今湖北浠水），定年号为"治平"，设置统军元帅府、中书省、枢密院以及中央六部等军政机构，发行钱币。据说之所以取名天完政权，还是有一番说道的："大"上加"一"为"天"，"元"上加"宀"是"完"，"天完"表示压倒"大元"。

据民国《衢县志》记载，至正十二年（1352年）冬，徐寿辉红巾军一部攻入

〔1〕赵斌、张睿丽：《译经传道，心系农桑——元代农学家鲁明善》，《华夏文化》，2000年第2期。

衢州城，克路总管府，路学训导郑汝厚被俘死难。天完红巾军所到之处，以“摧富益贫”为口号，得到贫苦人民的广泛响应。但因兵力分散，流寇主义严重，得到的土地大多不能坚守，因此逐渐被元军和地主武装击败。不久，衢州再次落入元朝的统治。至正十三年（1353年），元朝任命伯颜忽都为衢州路达鲁花赤，高存诚为衢州路总管。至正二十年（1360年），徐寿辉为部将陈友谅所杀，天完政权落入陈友谅之手。

（六）衢州达鲁花赤伯颜不花的斤

伯颜不花的斤（？—1359年），字苍崖，维吾尔族人，出身豪门。他的祖父雪雪的斤官至驸马都尉、中书丞相，受封高昌王，他的父亲朵尔的斤官至驸马都尉、江浙行省丞相，受封荆南王。伯颜不花的斤自幼勤奋好学，风流倜傥。因为父亲的恩荫，年轻的伯颜不花的斤出任信州路（今江西上饶）同知，这是当时路一级总管府的重要属官，其后又调任建德路（今属浙江）同知。适逢徽州反元义军进犯遂安，伯颜不花的斤率兵平定，又擒获淳安义军首领方清之，因功升任建德路总管。至正十六年（1356年），伯颜不花的斤升任正三品衢州路达鲁花赤，成为衢州最高行政长官。次年，行枢密院判官阿鲁灰率兵经过衢州。由于军无纪律，所过之处大肆抢掠。伯颜不花的斤认为：“阿鲁灰以官军而为民患，此国贼也，可纵之乎！”于是，伯颜不花的斤亲自率兵将其驱逐出境，衢州城赖以得安。不久，升伯颜不花的斤为浙东都元帅，统率浙东地区的元军，仍然镇守衢州。后来，又擢升伯颜不花的斤为江东道肃政廉访副使，阶中大夫。

尽管还有不少像伯颜不花的斤这样的人在苦苦支撑着日益没落的元朝，但是历史的脚步是谁也阻挡不了的。伯颜不花的斤虽然占据衢州这一战略要地，但他改变不了周边地区局势的恶化。至正十年（1350年）八月，湖北洪湖人陈友谅率渔民千余人起义，三年后已发展到两万余人。后来，他投靠徐寿辉，被封为中书省平章政事兼都元帅。至正十八年（1358年），陈友谅利用元军主力在北方与红巾军作战之机，加紧扩充地盘。同年二月，已占据湖南、湖北、江西大部的陈友谅命部将王奉国等率军进攻信州（今江西上饶）。当时，陈友谅军伍浩浩荡荡，号称二十万。次年正月，伯颜不花的斤自衢州率兵援救信州孤城。至正十九年（1359年）六月，在坚守信州孤城六个月后，伯颜不花的斤力战不胜，城破，遂自缢而死。[1]

人的好坏有时候是很复杂的，伯颜不花的斤无疑就是这样一个人。作为元朝的既得利益者，他对元朝无疑是誓死效忠，这必然阻碍普通老百姓对元朝暴政的反抗；然而，其对于乱兵阿鲁灰军队的驱逐，可以看出其为人是正直的。也许只有后人才能超越历史的局限去看待问题，但是对于伯颜不花的斤来说，他的命运已经注定，成为元朝的殉道者。伯颜不花的斤擅长诗歌，通晓音律，工于书画，他的《古壑云松图》今藏于台北故宫博物院。

（七）元曲家薛昂夫治衢

薛昂夫（约1270—1359年），本名薛超兀儿，一作超吾，字昂夫，以字行。其汉姓马，字九皋，又称马昂夫、马浩。薛昂夫祖籍西域（今新疆），出生于江苏南京，是元代维吾尔族著名散曲家、文学家。他出身名门，青年时曾拜汉学家刘辰翁为师，研习中国诗歌创作，以散曲名显一时，与戏曲家马致远齐名，合称“二马”。[2]

至顺三年（1332年），薛昂夫任衢州路达鲁花赤。至元统三年（1335年），他尚在任，同年改年号为至元，大约于此际去职。据其友人王都中所作《华丰楼记》称，薛昂夫在衢任内不尚虚华，修水利，均税赋，兴土木，以仁恤民，以勤励民，以均裕民，遂使衢州五谷丰登，商业繁盛，政治清简，百业兴旺，把原来民生凋敝的郡治，变得一派繁华。薛昂夫似与衢州特别有缘，他后来又分别于至正九年（1349年）和十九年（1359年）两度出任衢州路总管。在第一次总管任内，达鲁花赤燕只吉台肆虐残民，郡无宁日。第二任总管任内，朱元璋大军压境，形势紧迫。其后，名将常遇春攻克衢州城，薛昂夫赴水而死，成了元朝的殉葬品。[3]

---

〔1〕《元史》卷一百九十四《伯颜不花的斤传》。

〔2〕栾睿：《元代维吾尔散曲家薛昂夫》，《文史知识》，2005年10期。

〔3〕桂栖鹏：《薛昂夫事迹补正》，《绍兴文理学院学报（哲社版）》，2001年第4期。

(八)巨商陈庆甫与达鲁花赤伯颜忽都两修衢城(1311、1353年)

2001年,在衢州府城大南门的考古发掘中,发现了宋元时期的城墙建筑基址,出土了不少带有年代的铭文砖,其中有两种就是元代的。其中一种上有“弟陈嗣宗……至大辛亥”等字,另一种有“至正十三年三月十一日念了然题”等字。结合最新的考古发掘以及文献记载来看,元代对衢州城墙的大规模修复主要有两次,一次是在至大四年(1311年),一次是在至正十三年(1353年)[1]。

由于缺乏文献记载,关于至大四年这次大规模的修城,我们还没有具体的了解,但一定与陈嗣宗有关。据民国《衢县志》记载,至大二年(1309年),释兰都出任衢州路达鲁花赤。两年后,柴奎、买住先后出任衢州路总管。可能就是这三人主持了衢州城墙这次修复,这其中也离不开元代衢州巨富陈庆甫(字嗣宗)的巨额捐助。陈庆甫是个大商人,而且是一个做进出口生意的大商人。据《万川陈氏家谱》记载:“陈庆甫,字嗣宗,生于南宋咸淳六年(1270年),卒于元至元四年(1338年)。”陈氏始祖陈康诚携子随宋室南迁,后定居浙西衢州府信安县万川村(今柯城区航埠镇万川村)。至四世孙陈庆甫,万川陈氏已成衢州巨富,陈氏商店货栈遍布衢州城。据说,陈庆甫还曾率船队从泉州通商海外。至元年间,陈庆甫还曾助修福建泉州洛阳桥。可见,早在元代衢州就有这么一批人具有强烈的开放意识和商品意识,同时也蓄积了大量的财富。陈庆甫捐银五万余两修衢州城垣,据说当时有一半城墙的修复是靠其财力的支持,故号称“陈半州”。

由于天完红巾军徐寿辉部攻城的破坏,衢州城已破败不堪。至正十三年(1353年),伯颜忽都与高存诚先后出任衢州路达鲁花赤、衢州路总管。为尽快恢复元朝对衢州的统治,防止反元起义军的再次进攻,两人协力重建衢州城。据明代天启《衢州府志》记载,至正末年(1353—1355年),伯颜忽都在旧城址上筑新城墙,周十里三十步;在大南门、小南门、东门以及北门等四个城门外再建月城,又叫瓮城,就是在原有城门外再加一道城墙和城门,并在护城河上设

[1] 柴福有等:《衢州府城大南门遗址清理简报》,《衢州探古》,第135—141页。

置吊桥，目的是为了强化对原有城门的保护，而大西门和小西门因为直面宽阔的衢江，相对安全系数较高，因此没有设月城；又在六个城门上重建城楼，以加强军事眺望的能力。

二、经济的继续发展

对于元代的衢州经济我们了解的并不多。除了农学家鲁明善，衢州的农业经济基本乏善可陈，马可·波罗特别提到了这里的猪比较多。畲族的迁入增加了衢州地区的人口，衢州的发展又增添了新的力量。制瓷、制墨、刻书、矿物开采及冶炼业等手工业的发展继续带动商品贸易的发展。正是因为商品贸易的发展，使衢州人充分认识到纸币、铜钱在国民经济中的地位和作用。元代开化人郑介夫在《太平策》中对货币的先进认识也就不足为怪了。

（一）畲族迁入衢州

畲族早在唐代就在闽、粤、赣交界地区繁衍生息，如今是中国56个民族中的一个，主要居住在福建、浙江两省的广大山区，其余分布在江西、广东和安徽省境内。畲族自称“山哈”或“山达”，意为“山里的客人”。南宋时期“畲民”的族称始见于史书。中华人民共和国成立后，将之统称为畲族。

畲族有自己的民族语言，属汉藏语系，大部人讲当地方言，没有本民族文字，通用汉字。畲族的聚居点多为数十户人家组成的自然村寨，因而形成典型的散居与杂居特点。畲族人喜爱山歌，尤其喜欢盘歌（又称对唱或盘诗）。由于这种歌唱习俗，在畲族民间产生了许多长篇的史诗、叙事诗、说唱文学和民歌。史诗的主要作品有《盘古歌》（又名《盘瓠王歌》《高皇歌》）和《麟豹王歌》，叙述了畲族起源、迁徙、婚姻和狩猎生活等民族风俗。畲族崇拜祖先，重视祭祖。畲人称自己的祖先为狗头人身像的盘瓠，还把传说中的盘瓠绘成画像，虔诚相奉，顶礼膜拜。传统节日是“三月三”（又名“乌饭节”），每年农历三月初三这天，家家户户都要蒸乌米饭，合家聚餐，祭祀祖先。每年春节，家家户户或在宗祠，或在家中关上大门，挂上“狗头太公”像，进行祭祀，乞求祖先保佑。

衢州的畲族主要有蓝、钟、雷等姓氏，分布在今龙游沐尘、柯城区、衢江区及开化等地。最早来衢的畲族是今柯城区航埠镇北淤的一支，元代由福建迁来。在北淤二村有一座畲族祠堂——兰氏宗祠，重建于清嘉庆十四年（1809年），占地550平方米，至今保存完整。有门厅、正厅带二厢房、后楼带二厢房。门厅三间，明间正面作三重檐门楼，后檐设戏台；正厅三间，雕梁画栋，粉壁金匾，两厢为看楼；后楼亦三间，明间供神龛。兰氏宗祠建筑布局及结构与汉族祠堂已没有大的区别，但其内部木雕装饰的内容有明显的民族特征，1997年被公布为浙江省级重点文物保护单位。

（二）元代衢州制瓷业

元代衢州制瓷业在烧造青瓷的基础上继续烧造乳浊釉瓷器。1982年，在文物普查中采集到一件高圈足残器，内壁有“至大二年”（1309年）四字刻划铭文，字体工整，这也是衢州最早的陶瓷年号铭文。元代瓷器大部分产品釉色呈天青色，少部分呈天蓝色、月白色，光洁素面，在少数器物上有捏压鸡冠花纹、模印兽头、兽足、划弦纹等。在衢江区两弓塘窑址群还发现了一种彩绘瓷，在器表大量运用缠枝纹、花草纹，体现了一种独特的异族风格。整个窑址群面积约1万平方米，充分显示这里在宋元时期是衢州地区重要的瓷业生产基地。主要产品有盆、罐、瓶、钵、壶、盘等，其中一些造型如扁壶、敞口罐等，充满了游牧民族的风格。1989年，两弓塘窑址群被公布为浙江省重点文物保护单位。[1]

此外，宋元时期江山地区还烧制一种出口外销的黑釉瓷。当时，这种产品主要是通过明州港（今宁波）运往东南亚各地。20世纪80年代，宁波市在港口码头扩建时，发现了大批宋元古瓷碎片，其中一种胎骨砖红色的黑釉束口碗产地就在江山。元末，江山人还利用本地所产的青花钴料生产青花瓷器。[2]

---

〔1〕张云土、占剑：《论婺州窑制瓷工艺》，《东方博物》第20辑，第44—50页。

〔2〕毛兆廷：《琐谈江山陶瓷文化及其对外影响》，《历史文化研究》第7辑，第39—40页。

（三）元代衢州矿产开采和利用

元代在全国设有44处冶铁业中心，分布于浙江地区的就有庆元、台州、处州和衢州四处。当时，整个江浙行省每年的课铁量达24万斤，占全国总额近三分之一。[1]

（四）元代衢州制墨业

宋代制墨手工艺进入成熟阶段。河北、河南、山西、山东、安徽、四川、浙江等地均有制墨，涌现诸多制墨名家。南宋至元代，衢州的制墨业在江浙一带享有盛名，不仅制作技术高超，而且产品远销全国各地。元代，衢州又出了一个叫沈裕的制墨高手。杨维桢在《送沈裕序》中称，衢州沈裕从其祖父东皋子那里开始，世代制墨，其墨的颜色、工艺都继承古代，远近闻名。沈裕所获传授的制墨心法秘诀不是平常人能够了解的。

明初，苏州人沈继孙撰写了一部叫《墨法集要》的书，其内容主要论述油烟制墨之法。在中国历代古籍中，有关制墨的文献，虽然为数众多，但沈继孙的《墨法集要》可谓是最为翔实的。书中谈到沈继孙自己的制墨经历："余初制墨时，诸方并试之。用药愈多而墨愈下，其后受教于三衢之墨师。"由此可见，元朝衢州制墨业一直影响到明初。

（五）元代衢州刻书业

近代图书专家毛春翔在所著《古书版本常谈》中谈到，元代三衢石林叶敦刻书相当有名。叶敦是元至正间衢州人，刻印过释惠洪《冷斋夜话》十卷，半页九行，行十七字。[2]刊语后有牌记两行"至正癸未春孟新刊／三衢石林叶敦印"。南宋乾道八年（1171年），衢州知州施元之刻《三国志》二十六卷，现存为宋刻元明递修本，可见元代又有续修。

元代衢州刻书业持续两宋阶段的强劲后劲，仍然发达。刻书业不仅对经济有利，更主要的是推动了文化的交流与发展，对于衢州教育、科举也有不小

---

〔1〕转引自陈国灿、奚建华：《浙江古代城镇史》，安徽大学出版社2000年，第205页。

〔2〕"叶敦"条，瞿冕良：《中国古籍版刻辞典》，苏州大学出版社2009年，第154页。

的推动作用。

(六)郑介夫与货币著作《太平策》

元代是中国古代纸币制度最为盛行的一个朝代。当时的纸币不但是基本的货币形式,而且政府还禁止民间私自流通铜钱和金银货币,“钞”实际上成了唯一通用的法定货币。为了维护钞币的信用,保证它能够长期流通,元政府制定了一整套较完善的管理机构和政策。但是,面对平定江南军费剧增所带来的财政压力,朝廷不顾违背经济规律,盲目大量增发纸币,最终导致钞法的败坏。

由于禁止使用铜钱,小钞的缺乏引发了百姓日用低廉物品价格的上涨,由此引发连锁反应的必然结果就是整体的通货膨胀。开放铜钱的呼声日益高涨,其中最著名的就是《太平策》。大德七年(1303年),开化人郑介夫上奏《太平策》“一纲二十目”,奏折中对钞法的诸多弊端有许多鞭辟入里的分析。郑介夫谈道:

> 农家终岁勤动,仅食其力。所出者谷粟、丝绵、布帛、油漆、麻苎、豚、畜产等物,所值几何?若得铜钱通行,则所出物产可以畸零交易,不致物价消折。得钱在手,随意所用,入多而出少,民安得而不富?今穷山僻壤,钞既艰得,或得十贯一张,扯拽不开,若肯物还钞,则零不肯贴,欲尽钞买物,则多无所用,展转较量,生受百端。[1]

为解决小钞不足的问题,他极力建议开放铜钱,并详细论证了用铜钱有“三便”,不用铜钱就有“三不便”。郑介夫尤其强调江浙衢州等地散在民间的

---

〔1〕大意是:农民终年勤劳,仅仅能够自食其力。农家所出产的,像谷、粟、丝、绵、布、帛、油、漆、麻布以及鸡、鸭、猪等畜产能值得了多少钱?如果铜钱能够通行,那么农家的物产就可以零散交易,不至于因为物产价值低廉难以卖出而浪费。农民有铜钱在手里,就可以随意使用,这样收入多而支出少,百姓怎么会不富裕?而如今那些居住在穷乡僻壤的百姓,本身就很难得到纸钞,即使得到了也是十贯(一万钱)一张的大钞,很难使用。用大钞去买东西,如果买得少,卖家收了大钞却没有零钱找;如果买得多,把大钞全部花光,东西多得又用不掉。就这样辗转反复,百姓们深受其害。

铜钱还很多，如果实行铜钱和纸钞并行的政策，民间零散物产的交易就可以使用铜钱，而国家发行的大额纸钞也能够自然流通。这对于国家和百姓来说都是有利的。

郑介夫把铜钱兴废的问题提到关系国计民生，关系百姓贫富的高度。这种认识出现在700多年前的元代是难能可贵的。历代对《太平策》的一些观点和主张也十分重视，明代名相杨士奇等人在编辑《历代名臣奏议》时特意将《太平策》收入其中。

三、学校教育和科举

蒙古贵族凭借强大的铁骑，建立了疆土横跨欧亚大陆的庞大帝国。作为第一个在全国范围内建立政权的少数民族，蒙古人依靠的是蒙古贵族和军功吏才，因而最初对科举取士制度并不在意。经过许多儒臣的竭力倡议，才在元皇庆二年（1313年）重新建立了科举制度，此时距元世祖忽必烈攻灭南宋（1279年）已有34年之久了，这也是中国科举史上中断时间最长的一次。即使这样，由于一贯对官学教育的重视，衢州的进士数在浙江省内依然名列前茅。

（一）元代衢州路的科举成就

尽管由于元代中期才采行科举，由进士担任的地方官仅占整个元代地方官吏中的极小部分，但元代进士治理地方的政绩是比较突出的，这一点已为人所共识。总体而言，元代进士在元代地方官队伍中是出类拔萃的，他们的政治素质要远远高于元代地方官的平均水平。

据统计，元代衢州文科进士共19人，以清雍正《浙江通志》中所载的同时期全部浙江进士138人算起，也占了13.77%，接近1/7，远高于全省平均水平。其中泰定元年（1324年），衢州有5人高中，占全国录取总数的5.81%，占浙江进士数的41.67%，比例是相当高的。[1]

元代衢州科举之所以能够取得如此成就，与元代衢州地方官重视教育，不

〔1〕占剑：《元代的衢州进士》，《历史文化研究》第6辑，第70—75页。

断修复儒学有很大关系。

（二）衢州路儒学的修复及其影响

至元十三年（1276年），衢州州学毁于战火，新任衢州路学教授吴安朝在原州文庙以北草创祠庙，祭祀孔子，其后又在州学故址草建了礼殿三间，作为讲学之所。除教授外，当时衢州路学还设有学正、学录等教官。

至元二十年（1283年），江西上饶人徐梦龙出任衢州路儒学教授。次年，他在府山西麓原州学内开始重建路儒学，到至元二十二年（1285年）工程完工。以三开间轩庭为正殿，悬挂孔子及孟子、颜子、子思等十位先哲的画像；正殿两侧建东西两庑，各有十三间，祭祀历代从祀的诸贤；外建七开间大门和棂星门；正殿后有寝殿，作为讲堂，堂东西两侧有宿舍、食堂等附属建筑各两间；四周围上围墙，形成一个完整的封闭性建筑群落。前朝状元方逢辰撰有《重建路总管府记》，详细记载了此事。

衢学自至元年间重建后，至大德年间（1297—1307年）又再次缮修。据嘉靖《衢州府志》载，延祐七年（1320年），洪炎祖由绍兴迁调衢州路儒学教授，又重修路学。整个修缮工作由录事（掌管衢州民事）孙升具体负责，将正殿南侧三间屋以及棂星门修缮一新。整座建筑合文庙与路学为一体，总共有屋九十间，并筑围墙百余丈，祭祀器用添置完备。整个工程从当年十月开工，前后三个月完工，洪炎祖亲自撰写《修衢学记》，以纪此事。

至正六年（1346年），白景亮出任衢州路总管。他亲自谒拜学宫，看到学舍有些残破，于是命衢州路学正善才双重修，并绘制了孔子弟子澹台灭明以下105位从祀者画像。不久，白景亮告老还乡，工程尚未完工。次年夏，路同知崔思诚命郡使祝应奎总负责，生员毛宪祖具体操作，最终完成了对衢州路学的修复。儒学训导郑汝厚撰《重修衢学记》。

（三）历史学家马端临出任柯山书院山长（1318—1321年）

马端临（1254—1323年），字贵舆，饶州乐平（今江西乐平）人，宋末宰相马廷鸾之子，宋元之际著名的史学家。宋亡后马端临绝意仕进，深居简出，在父亲的指导下，从事历史资料的整理和研究。马端临一度曾被元统治者强行起用为慈湖、柯山二书院的山长，后来仅仅当了三个月左右的台州教授，马端临就告老辞归，从此著书以终。

《文献通考》是马端临以毕生精力完成的一部记载上古到宋宁宗时期典章制度沿革的文化通史。他从咸淳九年（1273年）开始准备，至元二十七年（1290年）开始撰写，直至元英宗至治二年（1322年）始告完成。据史料记载，马端临担任柯山书院山长的时间在1318—1321年，正是《文献通考》即将完成的最后重要阶段。也正是由于马端临的这段经历，在《文献通考》中保留了不少有关衢州的史料。

全书包括二十四门，三百四十八卷，其中田赋、钱币、户口、职役、征榷、市籴、土贡、国用、选举、学校、职官、郊社、宗庙、礼、乐、兵、刑、舆地、四裔等十九个门类按《通典》体例的编排。因为唐代杜佑编纂的《通典》终于天宝年间，天宝以前的内容，马端临就《通典》已有的材料加以补充；天宝以后至宋嘉定末年，则另行续写。其余经籍、帝系、封建、象纬、物异等五门为《通典》所无，全部是马端临搜集新材料写成的。[1]司马光的《资治通鉴》详于政治而略于文物典章制度，马端临的《文献通考》可与《资治通鉴》相配，使我们对上下数千年的政治情况和社会制度有全面的认识。《四库全书总目提要》评论此书："其条分缕析，使稽古者可以案类而考。又其所载宋制最详。多《宋史》各志所未备。案语亦多能贯穿古今，折衷至当。虽稍逊《通典》之简严，而详赡实为过之。非郑樵《通志》所及也。"[2]

四、诗文与元曲创作的兴盛

宋元时期是中国历史上继唐代之后又一个诗歌创作的大发展时期，衢州也不会例外。元代衢州文坛上客籍的阵容十分庞大，张可久、柳贯、薛昂夫等名家纷至沓来，为衢州留下了不少绚丽的诗篇。而同时期衢州本土文人却很少，

〔1〕傅广荣：《马端临"文献"考》，《图书馆理论与实践》，2006年2期。

〔2〕王瑞明：《马端临的史学造诣与比较法》，《井冈山师范学院报》，2003年3期。

除了散曲家曹德之外，唯有鲁贞以诗文入《四库全书》，也算难能可贵。

（一）张可久的衢州散曲

张可久（约1270—1348年），一说名久可，号小山，庆元（今浙江宁波）人。其生平不可详考，颇为长寿，至正年间尚在世。他时官时隐，均为路吏、典史、幕僚、监税等小官，足迹遍及江、浙、皖、闽、湘、赣等地，一生奔波，不太得志。张可久毕生致力于词曲的创作，是元代最为多产的散曲大家，也是元曲的集大成者之一，流传至今的有小令855首，套数9首，数量首屈一指。他的散曲以练句为工，对仗见巧，多选用诗词名句，而且作品风格多样，取材广泛，举凡写景抒怀、男女恋情、叹世归隐、酬唱赠答等文人生活的各方面几乎都有涉及，其中不乏愤世嫉俗的悲叹恨之作，是元代散曲中“清丽派”的代表作家。

从泰定元年（1324年）至至顺三年（1332年），张可久任衢州路吏。张可久散曲中一再提及两位“使君”，一是赵仲礼（肃斋），一是卢景（彦远）。他们均做过衢州路总管，赵仲礼任期为泰定元年至泰定四年，卢景任期为泰定四年至至顺三年。张可久有《青霞洞赵肃斋索赋》《肃斋赵使君致仕归》等为赵使君而作；另有《郊行卢使君索赋》《寿卢彦远使君》为卢使君而作。在任职期间，张可久为衢州留下了一笔珍贵的元曲文化遗产，民国《衢县志》收录了其中八首[1]散曲。其中《中吕·红绣鞋·三衢道中》一曲，有“白酒黄柑山郡，短衣瘦马诗人，袖手观棋度青春”等句，提到了衢州的特产白酒和黄柑。白酒是元代衢州一种以白糯米制成的黄酒，在当时颇为流行，而黄柑自然是指衢州的橘子了。张可久在这里虽然“短衣瘦马”，生活简朴，但是有酒有桔，还可“袖手观棋”，真是自得其乐。

（二）柳贯的衢州散曲

柳贯（1270—1342年），字道传，号乌蜀山人，金华浦江人，元代著名文学家。柳贯师从南宋理学大师金履祥，又是明代开国文臣之首宋濂的老师，一生好学不倦，博古通今，礼乐、兵刑、阴阳、律历、地志、字学、族谱及佛家经典无所

〔1〕衢州地方学者按人事、景物等辨析，搜索张可久的衢州散曲，总计超过二十首。

不通，工书法，尤擅长文学。他与黄缙、虞集、揭奚斯等并称“儒林四杰”，其散文长于议论，其诗善写景物变化之态。柳贯为人品行端庄凝重，为官廉正不阿，大德年间（1297—1307年）为江山县教谕，后官至翰林待制兼国史院编修官，著有《柳待制文集》。[1]

泰定年间（1324—1328年），卢景（字彦远）为衢州路总管。泰定三年（1326年），卢景任仲安同知，在峥嵘山平山堂设宴，柳贯亦来作客。《柳待制文集》中有《次衢州卢彦远总管任仲安同知留宴平山堂上，慨想旧游，席间为赋》一曲，描绘了平山堂所见所思，追忆旧游，感慨岁月流逝：

山如雉堞水如障，堂槛凭空直下窥。
指似云鸿留迹处，看成辽鹤返家时。
使君延劳承终宴，倦客追欢惜早衰。
为向青霞仙者说，吾游未了一杆棋。

（三）达鲁花赤薛昂夫与衢州元统雅集（1332—1335年）

薛昂夫（约1270—1359年），本名薛超兀儿，其汉姓马，又称马昂夫、马浩，是元代维吾尔族著名散曲家、文学家，以散曲名显一时，与戏曲家马致远齐名，合称“二马”。薛昂夫一生著作颇丰，有《九皋诗集》《太平乐府》等传世。另有小令和套曲60余首，其内容丰富，意境宽阔，风格豪放诙谐。《南曲九宫正始》序称薛昂夫词句潇洒，“自命千古一人”。至顺三年（1332年），薛昂夫任衢州路达鲁花赤，把原来民生凋敝的郡治变得一派繁华。这为薛昂夫举办文人雅集（集会），创下了良好的社会环境和物质基础。

元代元统年间，衢州曾有过盛况空前的文人雅集，骚人墨客，汇聚一堂，纷纷题诗赋曲撰文，有如三春繁花，绽红吐紫，迭现异彩。衢州烂柯山景色非常幽美，又在薛昂夫的辖区之内，近水楼台，当然是他举办雅集的胜地。当年的烂

[1]《元后期散曲创作》，袁行霈主编：《中国文学史・元代文学》，高等教育出版社2003年。

柯山之游似乎相当热闹，萨都剌有《三衢守马昂夫索题烂柯山石桥》诗，三衢路吏曹明善有《侍马昂夫相公游柯山》的《小梁州》曲，都是同时唱和的作品，可谓盛况空前。正如著名文学家虞集在《寄三衢守马九皋》所写的那样："闻道三衢守，年丰郡事稀。诗成花覆帽，酒列锦成围。鹤发明春雪，貂裘对夕晖。扁舟应载客，闲听洞箫归。"从虞集的这番描写看，当时的雅集除了鲜花美酒而外，这位衢州最高的行政长官可能还吹着悠悠洞箫助兴。经陈定謇先生的初步检索整理，以有作品传世为准，就牵连作家十余人，作品二十多篇，诗、曲、文俱全。其中高官如王都中、王士熙，名流如刘致、李孝光、萨都剌、吴师道，还有高僧大欣，道士张雨，薛昂夫和曹明善当尽地主之谊，而虞集虽致仕在家，远在异乡，也寄诗凑趣。衢州这样的偏远城市，却吸引众多英才俊杰盘桓吟唱，薛昂夫的感召力和影响力当推首功，而衢州元统雅集作为一次盛况空前的文人聚会，也在元代文学史上留下了重重一笔。[1]

（四）曹德的散曲创作

曹德，字明善，衢州（今衢州柯城区）人，曾任衢州路吏、山东宪吏。其后，甘于自适，常寓居大都（今北京）。当时有权臣伯颜擅政跋扈，妄杀忠良，排斥异己，剡王徹都、高昌王帖木儿不花皆以无罪被杀。曹明善于是在大都作《清江引》（又名《岷江录》）二曲，大书并张贴在京城五门之上，以揭露伯颜之恶，因此名声大噪。明贾仲明称他"神京独赋《长门柳》（即《清江引》首句），士林中逞俊流，万人内占了鳌头"。为避伯颜，曹明善居吴地一僧舍中长达数年。至元六年（1340年），伯颜死，曹明善复入大都。

曹明善平生工曲，作品风格华丽自然，以《长门柳》二词最有名。元人钟嗣成认为曹明善这种风格的作品不在小山（张可久）之下。其作品多失传，尚有小令十余首存世，见《乐府群玉》。他与任则明、马昂夫等相交莫逆，任作有《清江引·曹明善北回》曲，曹则有《喜春来·和则明韵》曲、《小梁州·侍马

〔1〕陈定謇：《诗成花覆帽·酒列锦成围——薛昂夫和衢州元统雅集》，《历史文化研究》第1辑，第21—24页。

昂夫相公游柯山》曲等传世。

> ［双调］清江引：长门柳丝千万结，风起花如雪。离别复离别，攀折复攀折，苦无多旧时枝叶也。长门柳丝千万缕，总是伤心树。行人折嫩条，燕子衔轻絮，都不由凤城春作主。

（五）鲁贞与其《桐山老农文集》

鲁贞，字起元，自号桐山老农，开化坝头人，祖贯山东曲阜，生平不详。元统二年（1334年），鲁贞中举人。原本可凭借举人的身份被举荐授官，但当时元朝政府已相当腐败，因此，鲁贞无意仕途，归隐家乡。其后，鲁贞一面穷研理学，躬行实践，一面写诗著述，著有《春秋案断》《中庸解》《易注》《古今文典》《起元文集》等，可惜俱不传。唯有《桐山老农文集》四卷传世，为《四库全书》集部别集类著录。

此集有各类文章三卷，诗一卷。凡是元代所作都题至正年号（1341—1359年），衢州归明以后，只题甲子年。《四库全书》所传的是宁波天一阁的藏本。《四库全书总目提要》这样评论鲁贞：

> 诗不出元末之格，且间有累句，殊非所长。其文亦闻见颇狭，或失考。正如《武安王庙记·迎神词》中有"兰佩下兮桂旗扬，乘赤兔兮从周仓"句。考周仓之名不见史传，是直以委巷俚语镌刻金石，殊乖大雅。然人品既高，胸怀夷旷，一切尘容俗状，无由入其笔端。故称臆而谈，自饶清韵，譬诸深山幽谷，老柏苍松，虽不中绳规，而天然有出尘之意。其故正不在语言文字间矣。[1]

---

［1］大意是：（鲁贞）诗没有能超脱元末的风格，而且还有一些有芜辞累句，写诗并非其所长；他的文章中的所见所闻也显得颇为狭窄，有的失于考证。……然而鲁贞人品既高，胸怀宽广，一切尘世俗状，没有能纳入其笔端的。他的文章随意而谈，自有情韵，就好比是深山幽谷，老柏苍松，没有刻意的中规中矩，却有天然出尘之意。因此，他的文章主要在意境，而不在语言文字间。

按照现代的说法，鲁贞的文章大体都是一些出尘的美文，对现实的感悟和批判则很少涉及。[1]

五、方志、印学、书画、医学及其他科学

宋元时期，衢州还编撰了多部地方志，充分说明了衢州人对文献资料整理的重视。可惜到如今，这些珍贵的方志均已失传了。元代衢州人朱宗文还曾编撰《蒙文字韵》一书，以汉字注音蒙古文，为民族融合、文化交流作出了一定贡献。可惜由于种种原因，此书也久已失传。留存至今的只有吾丘衍与其经典印学著作《学古编》《周秦刻石释音》《竹素山房诗集》；还有《革象新书》，虽然不是衢州人写的，但是这部著作却是经过衢州人之手才保存下来的。这一时期，以刘广大、郑礼之为代表的医学名家，进入我们的视线，掀开衢州医学新的一页。

（一）衢州方志的编撰

元代是中国历史上国力强盛的时期。当时，元朝统治的疆域广袤辽阔，但是这个强大王朝的显著成就只限于军事征战。由于元朝残暴、落后的统治，不但使社会生产的发展迟滞，甚至出现部分倒退，而且思想文化领域也受到严厉的统治。因而，给地方志带来了严重的消极影响。在元朝统治的九十年中，纂修的州县志数量很少，见于著录的不超过一百六十部，方志理论的研究之风也极不景气。也就是在这样的背景下，衢州还是官修地方志一次：至大年间（1308—1311年），衢州路总管朱霁纂修《信安志》，今刊本无存。[2]

（二）印学鼻祖吾丘衍与其著作

吾丘衍（1268—1311年），一作吾衍，清初避孔丘讳，又作吾邱衍，字子行，号贞白，又号竹房、竹素，自称贞白居士、布衣道士，世称贞白先生。吾丘衍是龙游县人，后移家钱塘，并寓居于此。

---

〔1〕毛冬青：《四库全书三衢先正著述考》，《历史文化研究》第1辑，第44—45页。

〔2〕洪焕春：《浙江方志考》，浙江人民出版社1984年，第2352—354页。

吾丘衍是元代的篆刻家和传奇人物，史载他先天不足，是一个左眼瞎，右足跛的残疾人。他不求荣进，超然忘世，不事检束，性格狂放不羁。吾丘衍生活的年代是元开国之后尚未举行科考的年代。他以开馆授徒为业，教他们与科举毫无干系的识篆、写篆、设计印稿等知识，学徒多时竟达数十人。他培养了弟子吴睿，之后又有再传弟子朱圭，也都擅长刻印。这样，弟子传弟子，生生不息，篆刻艺术也就得以发扬光大。中国篆刻源远流长，自汉唐至宋代，书法与绘画艺术达到了绚烂之境，而印章艺术却并没有得到相应的发展。鉴于此，吾丘衍竭力革除积弊，使陷入困境的印学获得新生。吾丘衍喜欢为他人篆印。夏溥在《学古编序》中记叙他拜访吾丘衍时的情景："候先生好情思，多求诸人写私印，见先生即提新笔书，甚快，写既自喜。"与赵孟頫等人一样，吾丘衍只用篆字写印而非亲自动手制作印章，制作印章的工序应是由专门的工匠完成的。据记载，吾丘衍授徒时是在楼上，而学童就坐在楼下，他派遣门下高徒传递着教课。一次，掌管刑狱的肃政廉访使徐琰来访，吾丘衍却站在楼上大声呼叫，说："此楼何敢当贵人登邪？愿明日谒谢使节。"言下之意，不欢迎徐琰。徐琰只好笑着离去，结果第二天吾丘衍竟然没有来，由此可见吾丘衍性格的高傲之处。后来，因为小妾的父亲造假币一案，吾丘衍受牵连而入狱，义不受辱，赴西湖而死，一说回开化隐居。[1]

《学古编》一卷是吾丘衍的代表作，是其印学思想的集中体现，为《四库全书》子部艺术类著录。此书是专为篆刻印章而写的，首列三十五举，评论书体正变与篆写摹刻之法，其次为合用文籍品目，分小篆品、钟鼎品、古文品、碑刻品、隶书品、字源等，共四十六条。后附洗印法、油印法等。吾丘衍写此书的目的就在于继承前人之作，辨别前人的错误。历代篆刻家均极为推崇此书，在明代徐官《古今印史》中更是评价甚高。[2]吾丘衍旗帜鲜明地主张以汉印小篆为基础，这在九叠文一统天下的宋元时期，堪称振聋发聩之举，对当时印学发

---

〔1〕沙孟海:《印学形成的几个阶段》,《沙孟海论书丛稿》,上海书画出版社1987年,第187页。

〔2〕吾丘衍:《学古编·三十五举》,叶一苇:《中国篆刻史》,西泠印社2000年,第五章第一节。

展具有筚路蓝缕之功。吾丘衍的印学理论影响深远，被历代印学家所推崇，有“印学鼻祖”“印林经典”之誉。[1]

吾丘衍一生融会经史，精通文字音韵之学，而且工篆书钟鼎文。除《学古编》外，还著有《字源七辨》《周秦刻石释音》《印式》《闲居集》《竹素山房诗集》《九歌谱》《楚史祷杌》《尚书要略》《十二月乐辞谱》等十多部作品，涉及印学、音乐、经史、文辞等多个方面，其中《周秦刻石释音》《闲居集》《竹素山房诗集》也被收入《四库全书》。《闲居录》一卷为《四库全书》子部杂家类著录。吾丘衍学问淹通，遍读经史百家之书，每有心得，随笔札记。此书就是他的札记手稿，生前未刊行。后来陆友仁从吾丘衍堂叔父家得到手稿，抄录流传。由于文体未经编定，都是随笔草创，因此文中内容先后不分，次序、字句亦多未修饰。书中也有可商榷、失之武断、疏漏之处，偶尔还夹有杂谈神怪之处，即便如此，书中的闪光点仍然随处可见，如“辨颜氏误解勿勿”“辨杜甫非不咏海棠”，等等。《竹素山房诗集》三卷是吾丘衍的诗集，为《四库全书》集部别集类著录。《四库全书总目提要》评价此书说：“元吾丘衍撰其诗颇效李贺，体不能出元人之窠臼，而胸次不凡，自能脱俗，亦往往与町畦之外，逸致横生；所谓王谢子弟虽不端正者，亦奕奕有一种风气也。”

（三）元代的书画名家

颜辉，字秋月，一说为衢州人。大德年间（1297—1307年），曾画辅顺宫壁。颜辉善画道释人物，笔法粗怪，水墨居多；作画多用晕染，故形象十分突出。藏于日本京都智恩院的《李仙像》，画中人物拄杖沉思，目光冷峻，衣纹粗笔勾染，鬓发细笔勾画，主线粗，副线细，起粗落细，转折有粗细，开明初兼擅道释人物之著名画家吴伟画法之先河，有人誉之为比法国罗丹所作早六百年的中国“思想者”。藏于北京故宫博物院的《李铁拐像》，画中人物衣衫褴褛，眼如铜铃，鼻孔朝天，厚唇外翻，凝神瞠目，产生出威慑人的力量。

元代的孔涛，进士出身，孔氏第五十三世孙。其书法被赵孟頫（中国楷书

---

〔1〕刘国庆：《书画金石传千古》，《作家笔下的衢州》，第25页。

四大家之一)、邓文原(善草书)等书法名家所看重。孔涛为赵孟頫题跋的《黄庭经卷》,今珍藏于北京故宫博物院。[1]

(四)名医世家刘光大家族

元代承袭宋制,也在各路设立官办医药机构。至元二十三年(1286年),刘光大被任命为衢州医学提领,后升为医学教授,主管衢州地区的医学教育、医户管理、差役以及涉及医学的词讼,等等。

刘光大,字宏甫,号适庵,西安人,精通理学,旁及医学,著有《适庵文集》。正是他创办神农殿讲堂和惠民药局,教人授业,普及医学,造福桑梓,威望甚高。刘光大的家族世传医术,其子孙很多都成为衢州名医。儿子刘咸,字泽山,继承父业,大德五年(1301年)创建衢州路济民药局;孙子刘全备,著有《注解病机赋》;曾孙刘仕聪,著有《方脉全书》[2]。如今惠民药局早已无存,神农殿[3]经历代不断修复保存至今。

(五)郑礼之、伍子安等名医

据《浙江医药史》统计,除刘光大家族外,散见于各种典籍的衢州籍名医还有衢城的刘光山、伍敬中、郑礼之,常山的徐旸,龙游的徐泰亨,江山的伍子安,开化的徐绥、张文楷等十余人。[4]

郑礼之,元末明初时人,精于古禁方、色脉、药论等。鄞县人吕复因母病四处求医,在旅店中遇到郑礼之,于是拜其为师。在郑礼之的精心教导下,吕复苦心钻研,终成一代名医,闻名遐迩。

伍子安(? —1379年),幼习经史,人到中年才开始钻研医学,著有《活人

---

〔1〕刘国庆:《书画金石传千古》,《作家笔下的衢州》,第24—25页。

〔2〕明天启《衢州府志》作刘光大著。

〔3〕现存神农殿又称药王殿,位于衢州市区宁绍巷内,为清乾隆二十八年(1763年)药业同行重建。整座建筑平面呈长方形,约500平方米,存一四合院。前殿为庑殿顶建筑,柱上有牛腿雕刻刘海戏金蟾,刘海手持铜钱,上刻有"太平天国"字样。前殿后有一天井,中有一通道,两侧为厢楼,天井后为正殿,硬山顶建筑,殿内有中华民族的始祖炎帝的塑像。2001年,衢州市文物部门将神农殿修复开放,现为衢州市级文物保护单位。

〔4〕朱德明:《浙江医药史》,第15—16、129—130页。

宝鉴》。因为医术高超，求医者络绎不绝。伍子安常不计报酬，乐于治病施药。明初，因衢州知府张实推荐，进京出任御医。

（六）赵友钦及其科学成就

赵友钦（？—约1335年），字敬夫，又字自恭，号缘督，人称“缘督先生”或“缘督子”，江西鄱阳人，是宋汉王十二世孙。宋朝灭亡后，为避免受到新王朝的迫害，他隐逸道家。因为女儿嫁给龙游范氏，于是寓居龙游鸡鸣山麓，死后又葬于此，范氏后代以先祖祀之。

赵友钦“漠然世事”，却热衷于科学，潜心于天地之学的研究，在天文学、数学和光学等方面都有极大成就，被誉为13世纪的光学实验天文物理学家。赵友钦一生著述甚丰，有记载的有《革象新书》《金丹正理》《盟天录》《推步力成》《三教一源》《周易》注及兵家之书等，可惜多散失，唯《革象新书》流传至今。[1]《四库全书》收有《革象新书》两种版本，一是《永乐大典》中的原本，有五卷，一是明代王祎删定的二卷节本。关于《革象新书》的传刻，明代文学家宋濂为之作《革象新书·原序》称《革象新书》一书是赵缘督先生所著。龙游人朱晖跟从先生学习星历之学，因此获赠此书，朱晖也因此成为占天名家。朱晖死后，其门人、龙游人章惇深恐此书泯灭无传，因此详为校对，刊刻行世，并请宋濂作序。《革象新书》后由金华王祎删定为上下两卷本，此后又多次重印，故二卷本较五卷原本流行。清代修撰四库的学者们认为两种版本各有优劣，因此一并予以保存，以资参考，故从《永乐大典》中辑出赵友钦原本与王祎删定的节本一同收入《四库全书》。

《革象新书》主要是讲天文星象的书，共有32篇，论述了中国传统天文学中的32个问题，如“天道左旋、日至之景、小罅光景、勾股测天、乾象周髀”等。纵观全书，作者对前人天文学问题作了系统总结和归纳。书中虽有失误之处，例如仍然把大地看作平面，使用勾股法测定天体的远近，但其中不少思想是“发

〔1〕武家璧：《千古道士一畴人——元初天文学家赵友钦》，《中国古代100位科学家故事》，人民教育出版社、学习出版社2006年。

前人所未发”，颇有创新。赵友钦提出的“日之圆体大，月之圆体小”的论断，是中国古代天文学史上的一个创新思想，推动了古代天文知识的发展。在恒星观测上，赵友钦也颇有建树，曾绘制过大型星图，并勒石为碑。赵友钦的恒星测量思想方法十分先进和科学，他在《革象新书》卷四“经星定躔”与“横度去极”中创造性地提出测定恒星入宿度和去极度的两种新方法。后世评论说，在元代以前的诸多天文星象学家中，赵友钦算是很有心得的人。

在数学方面，赵友钦在卷五《乾象周髀》中关于平面割圆术的研究对传统“割圆术”思想有一定的发展。赵友钦在研究历代关于圆周略近似值的基础上，提出了外圆内接正四边形起算圆周率的方法，即从圆内接正方形算起，逐次验证了祖冲之圆周略值估计的正确性，并得出“径113尺，而周353为精密”的结论。法国巴黎索邦大学名誉教授艾田蒲对此大为赞赏。他在《中国之欧洲》中说：“在13世纪赵缘督以等边多角形近似圆周的方式，精确到圆周略的7位小数，实为远东的伟大数学家的成果。”[1]对光的直线传播、小孔成像等现象，中国古代很早就有研究，战国的《墨经》、宋代的《梦溪笔谈》在这方面都有记载。然而对光线直进、小孔成像与照明度最有研究并最早进行大规模实验的当推赵友钦。他记载在卷五《小罅光景》中的这些实验在世界物理学史上都是首创的。[2]

赵友钦是一位道家学者，是元代全真道重要人物陈致虚的老师。赵友钦宇宙学的认识论结构是以内丹学说为基础的，他所探讨的数学和天文学问题同全真道的修道理想和证道模式之间则存在着内在的理论联系。尽管如此，众多的成就表明，赵友钦不愧为13世纪的科学巨匠。

六、元代孔洙让爵与南宗学官的功绩

到了元代，衍圣公孔洙的“力辞”让爵虽然使衢州的孔氏家族丧失了大宗

〔1〕孔国平：《赵友钦及其〈革象新书〉的数学成就》，《中国科技史料》，1998年第2期。

〔2〕王锦光：《赵友钦及其光学研究》，《科学史文集（物理学史专辑）》第12辑，1984年。

地位，但南宗族人纷纷以出任学官的方式，进一步推动儒学走向民间。从菱湖家庙到城南家庙，在孔洙的带领下，孔氏南宗以一族之力完成了家庙的第二次建设元代后期，至正十九年（1359年），尽管朱元璋还没有登基，明朝也没有正式建立，但朱元璋攻占衢州后，仍命令部属修复了城南家庙。

（一）衍圣公孔洙让爵（1282年）

南北分裂带来了孔氏家族的分裂，在宋、金、元并立的时候，甚至一度出现三个衍圣公。元朝统一后，精通汉文化的元世祖忽必烈充分认识到儒家思想对统治的重要，因此打算结束孔氏家族的分裂局面。至元十九年（1282年），朝廷议立孔子后代，大臣们都认为寓居衢州的孔氏南宗后裔才是孔氏大宗，因此下诏南宗嫡长孔洙赴北京，受封衍圣公回归曲阜负责孔子的祭祀活动。

孔洙，字思鲁，一字景清，号存斋，孔万春之子，是孔子五十三代孙。淳祐元年（1241年），孔洙被授予从八品承奉郎，袭封衍圣公。宝祐元年（1253年），孔洙出任衢州通判，参与菱湖孔氏南宗家庙的建设。其后，孔洙转任正八品承事郎，任吉州（今江西吉安）通判兼管内劝农营田事，负责推进当地农业生产。咸淳元年（1265年），孔洙改任信州（今江西上饶）通判，代理知州。南宋灭亡后，孔洙隐居家中近六年，拒绝仕元。至元十九年（1282年），由于朝廷的征召，孔洙勉强来到了大都。

元代衍圣公为三品官，相当于当时中央政府部级长官，或是地方路一级长官。面对高官厚禄的诱惑，南宗嫡长、衍圣公孔洙以五代先祖家庙、坟墓均在衢州，不忍舍弃为理由，婉言谢绝了元政府封赠的衍圣公爵位，把爵位让给曲阜族弟孔治。而且为了能够回到衢州，他还以母亲年老体弱的理由，祈求元世祖放他南还。元世祖称赞他说："宁违荣而不违亲，真圣人后也。"〔1〕然而孔洙最终没有能够推辞元朝任命的官职，忽必烈授孔洙为国子监祭酒兼任提举浙东学校，主管浙东地区的官办教育，并赐予护持林庙的玺印文书。孔氏南宗正宗之封由此罢。至元二十四年（1287年），忽必烈再授孔洙为奉圣

---

〔1〕《续资治通鉴》卷一百八十六《元纪四》。

大夫、福建道儒学提举，主管福建省的教育。孔洙到任后不久就病故了，年六十。孔洙敏而好学，精研经史，著有《存斋集》二卷，可惜今已不传。在孔洙让爵后的第十三年，即元贞元年（1295年），元成宗才封孔治为衍圣公，将衍圣公爵位授予北宗。

元代执行民族歧视政策，将全国百姓分为四等，即蒙古人、色目人、北人和南人。其中列为最末一等的南人即指原南宋统治下的各族人。虽然没有明确的关于孔洙让爵原因的记载，但孔洙作为典型的南方儒家士大夫对蒙古人的统治不满，不愿为官的心理也是显而易见的。对于孔洙个人来说，让爵的行为保持了其作为孔子后裔不为元朝服务的气节，令人钦佩；但对于孔氏南宗家族而言，丧失了大宗地位，家族发展受到了极大的制约。

（二）孔涛的成就

孔涛，字世平，孔子五十三世孙[1]。父亲孔纯，曾任西安县儒学教谕。孔涛自幼聪慧过人，“五岁知读书”。二十岁及冠礼后，赵孟頫、邓文原都很器重他。赵孟頫和邓文原、鲜于枢并称元初三大书法家。赵孟頫精楷书，是古代楷书四大家之一，邓文原尤以擅章草而闻名。这两人重视孔涛，说明其楷书、草书均不错。

泰定元年（1324年），孔涛中进士，被任命为平江路昆山州（今属江苏）判官。因为母亲去世，辞官。服丧期满，改任吴江州（今属江苏）判官。行省檄文清点浙东仓库，余姚仓库没有储存粮食，官吏惶恐不安，孔涛知道后没有揭发，而是让其补足粮食；仓库充实了，官吏也逃避了责任，众人都感到佩服。张甲因擅自杀死盗贼，被捕入狱；孔涛认为所杀的不是平民，可以免死。饥荒之年，很多百姓参与抢掠，孔涛抓了数十人，杖责之后放了，不以强盗论处。

御史盖苗率同院举荐孔涛的政绩是诸州里最好的，朝廷没有回复，将孔涛调任桂阳州（今属广东）判官。大旱之年，孔涛巡视监狱，释放了无罪的三个

---

〔1〕《新元史》卷二百二十九《孔涛传》，吉林人民出版社，第3336页。对于孔涛的世系，《新元史》作“五十二世”，然下文与孔洙为兄弟，两人同辈，故改为“五十三世”。

人后，天竟下雨了。知州方思广贪婪暴虐，僚人杀人也不问罪，反治告状者的罪。孔涛与之争辩，见他不能改正，不久后辞官而去。廉访使韩德新知道了此事，弹劾罢免了方思广，孔涛留任。孔涛径直到僚人巢穴，晓以利害，僚人无不折服。抓到了杀人凶手后，孔涛按律令处置。期满后，孔涛升任潮州路总管府（今属广东）知事。至正三年（1343年），孔涛去世，终年五十七岁，留有《阙里谱系》一卷。

当初，孔涛的族兄孔洙坚决推辞衍圣公爵位后，被授为国子祭酒、提举浙东学校。孔洙为居室取名为“存斋”，孔涛痛惜孔洙辞去了封爵，因此自己取名“存存斋”。

（三）元代的孔氏学官

衢州孔氏南宗的学术有一特点，就是步出家门迈向社会，在江南诸省传播儒学。据有关学者不完全统计，有元一代，孔氏南宗先后出任学官者：孔谟为闽县教谕、孔纯为西安县教谕、孔万宪为湖广儒学提举、孔津为常州路教授、孔灏为宁国路学正、孔滨为饶州路学正、孔淮为福州路教授、孔渭为建德路学正、孔瀛为岳州路教授升浙江行省儒学副提举、孔潍为婺源州学正、孔涛为宁国路学录、孔洧为徽州路学正等数十人。而兼任或专任书院山长者：孔演为柯山书院山长、孔洧为茅山书院山长、孔思俊为郧山书院山长、孔思溥为宗晦书院山长、孔桂为学道书院山长、孔棣为紫阳书院山长。[1]这些人的足迹遍及浙江、江苏、安徽、江西、福建、湖广等省份。我们不能一一列举他们的生平，从中选取孔洙二子为代表，可以管窥他们的人生轨迹。

孔思俊，原名公俊，字师道，号敬斋，洙子。年十八，有司以先圣后裔，才德兼优，授庆元路郧山书院山长。历湘潭州教授、湖南宪司书吏，转登仕佐郎、岳州路知事，升从事郎、同安县尹。以宋朱文公熹始仕为同安县主簿，创建大同书院以祠之。百废俱举，化行俗美，再任邵武县尹，转南安县尹，兴学缓刑，治

---

〔1〕《孔氏南宗略传——南宋至民国·衢州孔氏世家》，曹月堂、吴光主编：《中国文化世家·吴越卷》，湖北教育出版社2004年，第756—757页。

绩尤著。及考，授承事郎、福州路推官。福为瓯闽甲郡，理繁治剧，刑无滥施，加奉训大夫。年七十一，卒。

孔思溥，原名公溥，字元道，思俊弟，恩授宗晦书院山长。历南康路教授，将仕郎、南安路照磨，辟江西行省椽吏。卒于官，年五十七。[1]

（四）城南家庙的迁移

自南宋建炎赐家衢州伊始，南渡孔氏后裔聚居于衢城南隅，“鲁儒坊”因之得名。精美的孔氏南宗菱湖家庙毁于宋元之交的战火后，孔洙将家庙迁建于城南鲁儒坊，“正派子孙相传掌管，祭祀不缺”。此家庙规模颇小，有记载云“庙较小耳”，“其制非宝祐之旧”。然而，在改朝换代、社会动荡、民生凋敝的情况下，能够不靠“省钱”或“羡帑”，仅仅凭借一己和族属的力量建庙，这在从修治孔庙成为国事的两千年间，是前无古人、后无来者的。衍圣公孔洙的自强精神，诚属难能可贵。

至元十九年（1282年），南宗失去了衍圣公爵位，其后宗族日渐衰微，家庙年久失修。六十多年后的至正十九年（1359年），朱元璋率兵攻占衢州。攻下衢州后，朱元璋命令总制衢州军民事王恺亲自“谒拜庙亭”，“以（家庙）水木本源所系，不可无以示衢人，命有司葺而新之”。关于此次修复，时任衢州儒学教授胡翰记有《孔氏家庙碑》存世。

---

〔1〕徐寿昌：《江南名贤孔洙及其子孙》，《衢州名人》（《衢州文史资料》第29辑），天马图书有限公司2003年，第158页。

第七章　军事与商业重镇的确立和发展

——明代的衢州（1359—1645年）

明太祖朱元璋以战略家的眼光，在元末起义时就将浙闽赣皖四省边际作为一个军事重点布置，而衢州就处于四省边际的中心区域。在朝代更替过程中，在明代镇压农民起义的战斗中，衢州作为军事重镇日益得到重视。城内钟楼、鼓楼的建成，府城的屡次修缮，内河的疏浚，营寨、炮台、校场的建设，既有官员政绩的考虑，也有其军事价值的考量。明代，衢州的文风虽稍逊于两宋时期，但也出了诸如金实、方豪、徐霈、叶秉敬、徐日久、徐应秋这样的文豪、学者，以及尚书徐恢、王敞、樊莹、毛恺、汪庆百这样的部级高官，巡按吾绅、侍郎郑辰、按察副使徐文溥这样的能臣干吏，还有针灸大师杨继洲，佛学大师释传灯，等等。便利的交通、丰富的物产，为衢州集镇和边际贸易的发展奠定了基础，明代晚期，龙游商帮的兴盛也就成为必然。在正宗罢封224年之后，在经历了朝堂长期争执的情况下，1506年，孔氏南宗嫡长重获袭封，成为世袭翰林院五经博士。这也是朝廷与士大夫阶层对孔氏南宗地位给予重新肯定的结果。

一、明王朝对衢州的统治

从1359年常遇春攻下衢州开始，衢州比其他地区早近十年纳入朱元璋的统治。此后，平定苗兵的叛乱以及灵山盗匪才使衢州最终安定了下来。明朝在衢州设立府级行政区划，统属大小五县之地。明代衢州的人口始终在五十万上下徘徊，人口增长的缓慢始终是困扰衢州进一步发展的大问题。正德年间，江西的农民起义纷扰了衢州前后十年；而后，断断续续持续八年的矿工起义则揭示了贫苦百姓与明政权的深刻矛盾。到了明末，农民起义更是此起彼伏，加上乱兵的侵扰，给衢州百姓带来了长达六年的血火洗礼。接连不断的战乱是造成衢州人口大量损失的罪魁祸首。当然，明代的衢州依然有较大发展，这其中离不开以李遂为首的大批衢州官员的功劳，人们牢记他们的功绩。

（一）元末明初的战乱及平定

1. 名将常遇春攻克衢州（1359年）

明开国前十年，即元至正十九年（1359年），名将常遇春在占领宁越（今金华）后，很快就发起了攻占衢州城的战事。

据《明鉴纪事本末》"明太祖平定衢州"节记载，这一年的九月，常遇春率军攻衢。常军竖起战旗，用木栅栏将衢州的六个城门团团围住，又从大西门城下挖地道进攻，还使用了当时最大的攻城器械——临冲吕公车。临冲吕公车，又称临冲，也叫吕公车，是古代世界最大的攻城战车。英国著名的汉学家李约瑟认为"临车"是指攻城塔，其起源最早可追溯至周初。《诗经·皇矣》在描写周文王进攻崇城使用的攻城器械时首次提到了它。所谓吕公车，即假借了周武王的辅政大臣吕尚（即著名的姜太公）的名义所造的攻城车。[1]《武备志》卷一百零九中载有临冲吕公车的图形。该车车身高可与城齐，外蒙生牛皮，中分五层，每层有上下梯，车底安有八轮。攻城时底层士兵推车而行；二三层士兵进行攀城作业，利用撞木等工具破坏城墙；四五层士兵则手持各种兵器通过天桥冲至城上与敌搏战。因此，吕公车是一种各种兵器与凿城工具配合使用的立体型攻城战车。[2]

常遇春攻衢州，制造吕公车、仙人桥、长木梯、懒龙爪等大型攻城器械，拥至城下，高于城齐，与元兵进行了一场激烈的攻城战。元朝衢州守将宋伯颜不花全力抵御，用成束的芦苇火烧吕公车，驾起千斤秤钩懒龙爪，用长斧砍木梯，筑夹城防止地道的进攻。常遇春以奇兵突入南门月城，毁掉元军的架炮，日夜

---

〔1〕李约瑟：《化学及相关技术·军事技术：抛射武器和攻守城技术》，《中国科学技术史》第五卷第六分册，第349页。

〔2〕陈力恒等主编：《军事知识词典》，国防大学出版社1988年，第620页。

围攻。当时负责军事的元军行枢密院院判张斌预计城池难守，于是与常军约定投降。半夜里，张斌派人从小西门出城，迎接大军入城，元军见城破，很快就溃散了，衢州达鲁花赤宋伯颜不花被俘。常遇春攻下衢州后，并没有长久屯兵于此，以部将王恺总制衢州军民事。自己还军宁越，不久改宁越为金华府。〔1〕

据《明一统志》记载，为纪念常遇春，洪武初年在衢州府治北曾建开平忠武王庙，祀忠武王常遇春。弘治四年（1491年），县令廖铉与知府张俊捐俸倡修，教谕胡昱撰记。嘉靖二十九年（1550年），郡守杨准重建，并塑有铜像。民国修中山公园时（即府山公园），该庙被废。

2. 刘基驻衢平叛（1362年）

刘基（1311—1375年），字伯温，浙江温州青田人。他出身名门望族，自幼聪明好学，有神童之誉。元至顺四年（1333年），二十三岁的刘基一举考中进士，开始步入仕途。他立志报国，但朝廷昏庸腐败，使他二十余年的宦海生涯屡遭磨难贬抑。至正二十年（1360年）三月，刘基接受朱元璋的邀请，成为参赞军务的谋士，为明朝的建立和发展立下汗马功劳。民间有“上有诸葛孔明，下有刘基伯温”的称道。

元末，为镇压红巾军，元朝政府请来许多苗兵参与作战。这些苗兵虽然作战勇猛，但军纪很差，常在浙江境内烧杀掳掠。义军强大之后，他们又投降义军。金华苗兵首领蒋英、刘震等是苗军统帅杨完者的部将，自从在桐庐归降朱元璋后，一直隶属金华守将胡大海麾下。胡大海大胆使用他们，信任他们，但对他们的烧杀淫掠也严加限制。这些痞匪成性的人便想摆脱约束。至正二十二年（1362年）二月初七日，蒋英等人肆机谋叛，杀胡大海、王恺等人，金华落入苗帅之手，震动了整个浙东。典史李斌用绳子吊出城，向严州（今建德一带）守将（总制）李文忠报告。李文忠发兵征讨，蒋英等放兵抢掠一番后，投奔另一位义军首领张士诚而去。李文忠安排好衢州防务，赶到金华，处理善后，安抚百姓。二月十一日，处州（今浙江丽水）苗帅李佑之、贺仁得听说金华方面已杀了

〔1〕《明史》卷一百二十五《常遇春传》。

胡大海，也举兵叛乱，杀了枢密分院判官耿再成、知府王道同、朱元璋养子朱文刚（小名柴舍）等。李文忠闻变，苦于兵力不足，只好派一支部队屯守缙云，等[illegible]援军。这时衢州苗帅也蠢蠢欲动，守将夏毅十分恐慌，恰巧听说刘基路过衢州[illegible]过望，便急忙亲去迎接。刘基一面加强城内戒备，命令各属县稳定局势，[illegible]援军即将赶到。衢州苗帅慑于刘基的声威和城内外的森严秩序，[illegible]援军前来，平定了叛乱，诛杀了诸叛将。

衢州民间俗传朱元璋（当时还未称帝）亲征[illegible]，有御书“仙岩洞天”（今金仙岩）及“帝王滩”为证。考证相关史料，朱元[illegible]华后即返回金陵（今南京），其破伪汉陈友谅政权是由湖口东下，未到过衢[illegible]“帝王滩”及“仙岩御书”皆非实录。金华蒋英叛乱，衢守将夏毅非常惊[illegible]基因丁忧服丧来衢，一夕平定。郎瑛《七修类稿》中也有刘基抚定三衢[illegible]“誓拔处州”的记载。安衢之功对刘基来说的确是实至名归。

3. 龙游灵山等乱匪的最后平定（1381年）

明初时期的衢州并不安定，盆地周边的山林常有盗匪出没，龙游灵山一带当时就有不少盗匪，史书上称其“灵山啸聚”。据明代天启《衢州府志》记载，明初，衢州同知余伯深与知府黄奭交好，辅佐十分尽心，凡有好的政事都是两人合力共同完成的。当时正值开国之初，他们曾一起协力修整府城，增高城垣。当时龙游灵山的百姓啸聚为匪，一路剽掠入境，余伯深亲自深入匪窝中做解释、安抚工作，匪众很快就散去了。

洪武十四年（1381年），临县贼寇侵入西安县境，诱使西安县九都（紧靠遂昌县，今大洲周公源一带）许多贫苦农民跟从，他们四处肆意劫掠，危害地方。西安县丞柴伯安率领众人抵御，还亲自到乱匪的驻地抚谕，让他们尽快放下武器，投降者可以宽大处理，回到原户籍地。据说，从盗的百姓纷纷“泣拜顺从”，柴伯安擒获数十余家跟从盗匪的百姓，仅仅诛杀了其中一恶迹累累的人。[1]此

---

〔1〕郑永禧著：民国《衢县志》卷九《防卫志 · 历代兵事记》。

后，衢境基本安宁。

这二件事基本出自同一时期，应当是有关联的。因此近代衢州方志学家郑永禧在所著民国《衢县志》中将其一并记载。关于"灵山啸聚"的更多资料今已无从考证。然而洪武十四年（1381年），距明代立国已十三年，距衢州为朱元璋所占已二十二年，衢境仍匪乱为患，可见当时形势的严峻。

（二）明代对衢州的统治

元至正十九年（1359年），朱元璋在衢州设置龙游府。七年后又撤龙游府，复置衢州府，属浙东道宣慰司，府治驻府山。明代的衢州地域大致与今衢州市范围相当。据天启《衢州府志》记载，衢州府旧属禹贡扬州之域，距离北京四千六百四十里，距离南京一千五百七十里。东至金华兰溪界一百二十里，西至（江西）广信玉山界一百一十五里，南至处州遂昌界一百四十里，北至严州建德界二百一十里。下辖西安，府城所在地；龙游，府东七十里；常山，府西八十里；江山，府西南七十里；开化，府西北二百里[1]，合计一府五县，分别为西安、龙游、常山、江山和开化县。府治在西安县。

衢州府城是明代在元城旧址上修建的。府城周围9里，城内有多条小河，有6座城门，即迎和、朝京、通广、光远、拱辰、通仙。

据弘治《衢州府志》记载，衢州府各县在洪武二十四年（1391年）的政区设置情况如下：

西安县：全县有24 846户、111 678口。县境划为德懋、抱戴、靖安、龙业、天保、清平、钦化、盈川、玉泉、宣风、清源、浮石、进贤、临口、嘉庆、亨衢、西安17乡，嘉靖年间全县总共编户163个里。设有两个巡检司，即西南的严剥巡检司、东南的板固巡检司。

龙游县：全县有27 780户、137 921口。全县划为立德、太平、至德、亲仁、灵山、善延、龙游、谷水、宣教、清化、万善11乡，嘉靖时全县总共编户为215个里。设有三个巡检司，即东部湖头镇巡检司，北部水北巡检司，南部灵山巡检司。

---

〔1〕天启《衢州府志》卷一《舆地·疆域》。

江山县：全县有21 227户、119 909口。县治本在仙霞岭下，后迁至岭上。全县划为归厚、崇善、须江、布政、景星、利星、常山、江山、道成、齐礼、感化、兴贤12乡，嘉靖时全县总共编户为126个里。设有两个巡检司，即仙霞关东山巡检司[1]和小竿岭巡检司。

常山县：全县有15 856户、86 819口。全县划为丰登、宣风、君子、博望、定阳、还淳、迁善、怀安、敷教九乡，嘉靖时全县总共编户为103个里。设有两个巡检司，即北部下坑巡检司、东南镇平巡检司。

开化县：全县有23 280户、124 118口。全县划为开源、金水、玉山、崇化、石门、龙山、灵台七乡，嘉靖时全县总共编户为171个里。先后设有五个巡检司，分别位于北部金竹岭巡检司、西部云台巡检司、北部低坂巡检司和马金巡检司、南部华埠巡检司。

明代府署首官称知府，僚佐有正五品同知，正六品通判，均无定员，分掌巡捕、粮农、屯田、水利、牧马等事宜。推官一员，正七品。知府属吏有经历司经历一员，为首领馆，负责府衙日常事务；掌管文书案牍的知事一员，照磨所照磨一员，掌管公文核对收发，低级事务官检校一员、司狱司司狱一员，掌管刑狱，等等。府下设六房，吏、户、礼、兵、刑、工，协助府官分掌政事。设有吏、户、礼、兵、刑、工六房。知府掌一府之政，举凡狱讼、赋役、教化、考察属吏、仓库、河防诸事，都由知府负责。还有负责税务的税课司、负责邮传接待的驿署以及递运所和阴阳学、僧纲司、道纪司等。衢州府学，有教授一员，训导四员；各县县学，有教谕一员，训导二员。衢州医学，驻城东惠民药局，有正科一员。

府以下设县，知县掌一县的刑名钱谷等事，狱讼、治安、征收赋税等均须亲自过问。下设分管粮马巡捕的县丞一员，正八品；分管缉捕的主簿一员，正九品；还有收发文书的典史一员。里甲是明代的基层行政单位，以自然村为单位，一百一十户为一里，一里十甲，每甲十户，每里设里长。城市相应的组织称

---

〔1〕关于巡检司的数据，参见陈剩勇：《浙江通史·明代卷》(第7卷)，浙江人民出版社2005年，第41—42页。但其中遗漏了江山仙霞关东山巡检司，今据嘉靖《衢州府志》改。

"坊",近郊区相应的组织称"厢"。里长的行政管理职责是管理和约束里内人户,检查督促生产,调处本里的民事诉讼和轻微犯罪,催征钱粮等。明代基层行政组织中还有半公职人员性质的老人,即里老。里老由乡民推举,州县政府任命。里老主持本乡本里的民事审理和轻微刑事案件审理,凡属婚姻、田土、盗窃、子孙违反教令,以及犯奸、作伪、人命案不愿告官,愿在乡里解决的,可以在申明亭会审,里甲长、粮长参加,里老可以作出裁决,进行调解。

(三)明代中叶的战乱与治理

1. 以王浩八等为首的江西义军在衢州(1507—1515年)

正德年间,由于明武宗荒于政事,加上宦官刘瑾的专权,使社会矛盾不断激化,农民的武装反抗斗争在较广泛的范围内发展起来,其中较集中的有河北、四川、江西三个地区。与衢州关系最为密切的是江西农民的起义,因为许多义军都产生于饶州(今上饶地区),衢州的地方志称之为"饶寇"。

据《嘉靖府志》记载,早在正德二年(1507年),"饶寇"余部就曾侵入开化境内。当时的衢州知府张维新委派副手同知孟博,亲练民兵,赶至星口渡与之交战。地方豪强苏十一等奋力迎战,义军始退。但是,事情到此并没有结束,更大的反抗在后面。

正德五年(1510年),江西抚州、赣州、高安等地纷纷爆发农民起义,离衢州最近的当属万年县姚源洞爆发的以汪澄二、王浩八等为首的农民起义。次年,各路义军转战江西,纷纷自立为王。正德七年(1512年),由刘七领导的河北最大的义军队伍开进江南,王浩八义军则转战衢州地区。不久刘七义军被明朝官兵剿灭,王浩八义军接受朝廷招安。正德八年(1513年)春正月,大雪顷刻数尺,王浩八复叛,"饶寇"自玉山入境攻入开化,进军常山球川。廿三日,攻至西安县境内。此时的王浩八义军已蜕变为匪,他们肆意抢掠,屠杀百姓。据说,当时遇害的大概有两三万人,而当时整个衢州地区的人口也不过50余万。在以都司李隆、开化县知县杨璨以及地方豪强胡潭等为首的衢州百姓的奋力反抗下,衢州赖以保全。六月,王浩八万余义军被同知伍文定等所败,退还江西德兴。正德十年(1515年),江西"饶寇"再次进军开化、常山地区,衢州知府宋毓率军剿平。[1]

“饶寇”乱衢境前后近十年方才最终平息，给明朝以沉重打击，尤给衢州地区的经济文化造成了极大的破坏。

2. 知府李遂治理衢州

李遂，字邦良，号克斋，丰城（今属江西省）人，是明代著名学者王守仁的弟子。嘉靖五年（1526年），李遂中进士，曾任刑部郎中；不久调任礼部，因得罪了尚书夏言，贬湖州府同知。嘉靖十七年（1538年），李遂升任衢州知府。

在任上，李遂重建府学，扩大府学规模，注重教化治理，闲暇时还亲自到衢州各书院讲学。《王阳明全集》卷三十六记载："是年三月，门人李遂建衢麓讲舍，并祭祀先生。"当时，王守仁弟子的讲学之风十分盛行，往来讲会不辍，衢麓书院首开先河。王门弟子钱德洪、王畿与王玑等人商定每年在西安县的会期。柴惟道、徐天民、王之弼等人则分设龙游水南会，徐用检、唐汝礼、赵时崇等则为兰西会。处州（今浙江丽水）百姓遇饥荒，于是聚众入衢境采矿。李遂与推官李文进率轻骑直逼矿山，饥民焚寨而逃，遂封矿而归。嘉靖皇帝的母亲章圣太后的灵柩从北京南运湖北钟祥，欲与其父合葬。不想，却风传灵柩要取道常山，于是上司指令衢州备好车轿准备迎送。李遂三次上书，称太后的灵柩没有理由绕道衢州。上司震怒，掷书于地，接连催逼，急得就像着了火，李遂却不动声色，后来果然如李遂所料。当时，浙中各郡县为此大肆收敛财物，役使百姓，百姓怨声四起，独有衢州上下安然。李遂治衢任内，盗贼敛迹，财赋充裕，百姓感恩戴德。[2]

因政绩突出，李遂升任苏松兵备副使，其后一直官至兵部尚书，卒赠太子太保，谥襄敏。嘉靖四十二年（1563年），衢州父老感念其德政，于城北李遂原讲学处（今衢州市区讲舍街）塑李遂铜像，重约两千斤，并建李公遗爱祠。现祠虽已废弃，但万历四十四年（1616年）重修祠碑犹存。嘉靖年间，国子监祭酒王

---

〔1〕民国《衢县志》卷九《防卫志・历代兵事记》。

〔2〕《明史》卷二百零五《李遂传》。

材亲撰李公遗爱祠碑文，称赞李遂治衢的功绩：凡在李遂任职前的弊病，都从李遂开始革除；凡是后来有利的，都是从李遂开始的。尽管时间过去很久了，衢州士绅百姓们对他的思念至今仍然历久弥新。

3. 处州矿工李建中起义（1558—1566年）

衢州历来是铜矿的开采之地，附近州县不少失地农民在生活无着的情况下常来衢采矿。但是矿工的聚集对封建王朝来说无疑是一个很大的威胁，因此明朝对大规模私人采矿时常持反对意见。明嘉靖年间，常山及附近县的铜矿被当局下令填封，禁止开采。嘉靖十八年（1539年），一些处州（今丽水）矿工打开矿洞，进行开采，被知府李遂加以驱逐，重新用木头石块填封矿洞。

嘉靖三十七年（1558年），处州矿工李建中召集大批徽、处二州的矿工，打开矿洞，分班作业，有组织地进行轮班开采。官军进行剿捕，李建中等聚众抗拒。嘉靖四十年（1561年），衢州知府杨准派西安知县祝芹率兵来攻，被李建中打败。这年秋，总督胡宗宪再派一支官军来攻，又被李建中打败，却向上谎报说是打了胜仗。次年，衢州府通判张泽率一千多人来攻，与矿工起义队伍在今常山宋畈乡岩口相遇，结果又被李建中打得大败，打死八十余人，打伤不计其数。张泽自己还是变换服装以后才逃脱的，同去的县丞陆铉也狼狈逃窜。自此，李建中的矿工起义队伍控制了周围八十余里的地方。明万历《常山县志》记载，自此以后，“贼势”嚣张，修筑居舍，有久居的打算，还广召商人进行交易，每次宴会甚至连女优都请来了。地方上不少士绅因为私下的矿石贸易有利可图，因此也常暗地里运送油粮接济他们。周围八十余里的百姓借矿工义军的声势相互串联抗拒，拒绝向朝廷纳粮、服役。由于实力强大，起义队伍出没自由，周边地区没有谁能阻御，义军时常大张旗鼓招摇地路过村镇。

嘉靖四十五年（1566年）正月，李建中欲里应外合攻打常山县城，因官军大量增援，派遣重兵来围剿而作罢。不久，李建中在芙蓉村被官军打败。官军进入附近村寨民宅，杀人放火，无恶不作，被杀死的竟达2 000余人。在重兵围剿之下，李建中等680余人被俘，全遭杀害。持续八年的矿工起义，终于被血腥镇压。

（四）明代的人口与户籍管理

1. 明代的衢州人口

据明天启《衢州府志》记载，洪武二十四年（1391年），衢州府有户123 089内，口536 960内；弘治五年（1492年），户96 660内，口536 960内；弘治十五年（1502年），户97 660内，口516 481内；嘉靖三十一年（1552年），户94 557内，口493 570内，其中男子306 760，妇女186 810。古代对人口的统计虽然作为官员职责的一部分，并计入政绩，但总体说来往往不尽准确。从以上数字，我们可以大致估算明代衢州府的户籍与人口：总户数约为9万余户，不足10万户，总人口在50万左右。

2. 明代的户籍管理

明代户籍制度承袭于元代，但与元代户籍的转换机制不同，显得异常僵化。所谓“役皆永充”，就是说一户人家一旦定下户籍种类，就世世代代都是这种户籍，要想改变难比登天。明代处于中国封建社会后期，社会的变迁与转型到明代中后期呈逐渐加剧之势。面对这种变迁和转型所引发的社会震荡，特别是农村社会的震荡，人口的大量迁徙与流亡，明朝统治者采取了一系列旨在稳定社会、巩固统治的政策与措施。其中，加强对户籍法的调整显然是这一系列政策与措施中最为重要的内容之一，它对社会，尤其对农村的稳定起到了重要的作用。

明代户籍的等级划分主要为三等，即民户籍、军户籍、匠户籍。军籍与民籍相对，也称“军户”，又分校尉、力士、弓铺兵户等，世代世袭，为明朝服役。军籍单列，军户专门造册登记，不得更籍。一旦入军籍，一定要官至兵部尚书才能改变。民籍范围较广，有儒、医、阴阳、自耕农、自由工商业者等户。明朝继承了元代的匠户制度，但对匠籍制度进行了修改和调整，将工匠划分为定期赴京服役的轮班匠和住坐匠两种，具体可分为厨役、裁缝、马、船户等类。值得一提的是，三种户籍分别隶属不同系统管辖，即民籍由户部负责管辖，军籍则隶属于兵部统领，而匠籍则归工部管理。另有所谓的“贱户”，或称“贱籍”，这类贱户包括乐户、九姓渔户、伴当、佃仆、奴仆、奴婢和雇工人，等等。[1]

3. 嘉靖三十一年衢州人口构成

嘉靖三十一年（1552年），府志的统计十分详尽，开列了官户、民户、匠户、军户等各色人户的数字，从中可以管窥衢州在当时的状况。当时衢州府总户数为“户94 557内”，计有民户87 928户、官户120户、生员户183户、医户137户、阴阳户57户、军户1 302户、弓兵皂隶铺兵户484户、各色匠户3 482户、抄纸户30、步夫户38户、乐户27户、僧户212户、道士户12户。[2]

从上述记载来看，民户占92.99%，这个比例是相当高的，说明衢州地区向国家纳税的“编户齐民”自耕农的比例非常高。官员和生员（秀才）户总计303户，占0.32%，这是衢州府的统治阶层，是享受免税政策的人。医户和阴阳户294户，占0.31%，属于衢州府内的专业技术人员，所谓“阴阳户”就是地方上的职业风水先生。军户和弓兵皂隶铺兵户共计1 786户，占1.89%。前者属于衢州地方驻军系统，后者属于地方职业的民兵、衙役、捕快、官府门卫等；相对来说后者也可算是半个特权阶层，而那些军户到了明代中后期基本属于军队高层的职业“佃户”。工匠和抄纸户共计3 512户，占3.71%，包括职业铁匠、木匠、刻纸工、篾匠、造纸工，等等。特别值得一提的是，这里还有30户专门的抄纸户，是明代衢州府传承几代人的专业造纸工人。步夫户和乐户总计68户，占0.07%，属于衢州府的贱户，前者主要从事轿夫、轿夫等职业，后者即职业妓户。僧户和道士户合计224户，占0.24%，这也属于免税的那部分人。如果不论大小，以一户管理一座寺观院堂庵计算，衢州当时的大小寺庙至少有224家，衢属五县，平均每县46家。其中僧户数远超道士户，说明当时衢州佛教实力远远超过道家。

（五）乱象环生的明末清初（1642—1645年）

明末清初时候的衢州，一方面是境内此起彼伏的农民起义，另一方面面对

---

〔1〕卞利：《明代户籍法的调整与农村社会的稳定》，《江海学刊》，2003年第5期。

〔2〕天启《衢州府志》卷八《国计志·旧章》。

清兵南下的巨大压力，明朝内部依然纷争不断，加上乱兵侵扰，可谓乱象环生。

江山县南部是浙南山地的一部分，明代晚期，大批福建上汀客家人迁居此地，以种植蓼蓝、生产靛青为生。靛青是一种深蓝色的有机染料，是用蓼蓝的叶子发酵制成，用来染布。据康熙《江山县志·灾祥》记载，崇祯十五年（1642年），江山廿七都的客家农民不满朝廷的压榨，大举起事，先后占据张村、石门、清湖等处，知府张文达督剿溃散。又据康熙《西安县志》载，同年，东阳许都乱起，百姓闻知惊扰逃窜。

明亡后，由于太子下落不明，南方各路有势力的藩王纷纷自立。据《东南纪事》记载，明太祖八世孙唐王朱聿键在衢州收拢散兵游勇后入福建，在建宁即位。明亡后，衢州奉唐王隆武年号；龙游北乡下叶有一块“明王太子庙琉璃碑”，刊有隆武元年十二月买田文字，就是清顺治二年（1645年）所立。在清军进逼的关键时刻，南明朝廷内部也不平静。同年六月，金陵溃兵过衢入闽，沿途一路剽掠，为患民间。这年六月，明朝大学士马士英率苗人骑兵千余人，并挟带着两头云南进贡的大象，自南京过金华入衢郡。马士英同乡、贵州平越指挥赵民怀率领溃兵跟从。因为马士英拥立的是福王，因此在衢州为唐王部下拒于门外。衢州司理彭遵琦、守将张文拥步兵数百，率万余百姓与马士英、赵民怀的军队激战于城北青原磨盘山（疑即石磨山，在城北清源乡），大败，死者数百人，城中震恐。翌日，马士英、赵民怀所部才从源口叶坂离去，所过东北诸乡，“被屠戮甚惨”。[1]

二、衢州军事重镇的强化

朱元璋占领衢州伊始，他就充分认识到衢州军事地位的重要性，并在这里设立了金斗翼元帅府。其后，衢州历经农民起义和矿工起义波及，战事平息后，衢州驻军又得到了加强。随着衢州内河及护城河体系的完善，钟楼、鼓楼的建成，加上对城墙不断的修缮，明代衢州军事重镇的特性日益得以强化。

---

〔1〕鄢卫建：《明清鼎革之际衢州兵事》，《历史文化研究》第6辑，第65—66页。

（一）明代衢州的军事体制

元至正十九年（1359年）秋九月，常遇春进兵攻克衢州。至正二十年（1360年），朱元璋设金斗翼元帅府于峥嵘山北麓，元帅唐君用，副元帅夏义，枢密分院判官朱亮祖，总制军民事王恺，作为浙、闽、赣、皖四省边际战区指挥中心。左司郎中、总判衢州军事王恺率兵六千戍守衢州城。为加强衢城的防卫，王恺率军民对衢城进行了修复，增高城垣，掘浚城壕，同时进行屯兵垦田。[1]

据《嘉靖府志》载，洪武（1368—1398年）初年，废金斗翼元帅府，置仁和卫都指挥使司，后又改立御千户所，设有正千户、副千户、百户、镇抚等，皆为世袭之职。整个明代，中央政府都鼓励地方建立民间武装。事实上，明朝的武装力量是由两部分构成的，即正规军队和民兵。正规军队指卫所之兵，民兵指卫所之外的地方武装，各郡县有民壮，边境郡县有土兵。明代中叶以后，由于卫所制渐废弛空虚，京军在“土木堡之变”后便趋衰败，民壮乃应运而生。担当民壮的百姓出于自愿而投效，并领受口粮，遇国家有事，得调遣从征或入卫，事平复就恢复原职业。正统十四年（1449年）九月，朝廷下令全国各地招募民壮，地方官率领操练，遇警调用。弘治七年（1494年），立《佥民壮法》，民壮组织以法律形式被确定下来。明代衢州民壮实役660名，其中西安县168名，龙游县、常山县各152名，江山县、开化县各94名，每名工食银7两2钱。

（二）禁矿碑与防矿总捕都司的设立

嘉靖四十五年（1566年），李建中起义失败后不久，采矿山民又再次云集铜山采矿，刘羽泉领兵进剿。事平后，刘羽泉奏请在衢设立“兵巡道都司兵营”，设有常规兵员千人，常年驻防。同年，又颁布《钦差总督军门告示碑》，严厉禁绝采矿，并诏令衢州设置“防矿总捕都司”，领兵1 623名。[2]采矿基本禁绝后，兵员有所减少。

万历九年（1581年），添设威远营，官兵计500名，由守备负责训练。万历

---

〔1〕《明史》卷四十八《地理志五下》“衢州府”条；《明史》卷七十五《职官四》“衢州府”条。

〔2〕天启《衢州府志》卷六“消禳条”。

二十年(1602年)七月,调出二哨(明代军制中营以下的一种编制,哨下设队)兵丁出征宁夏。衢州仍存三哨,与防矿兵合并为二营,每营辖五哨,计1 090名。四年后,再次削减,每营并为四哨,与中军员役合计882人。

(三)杨公河工程与衢州城内河布局

嘉靖三十八年(1559年),江苏宜兴人杨准(字妆度,癸丑进士)出任衢州知府,疏浚衢州城壕和内河水系。衢州人、进士王玑撰有《开复杨公河记》记载了详细的过程。

衢州地处浙江上游,紧邻衢江边,自古城市内河水系发达。衢州完整的内河水系究竟始于何时,目前已难以考证。从考古资料及有关文献推断,宋代时应以基本完备。宋乾道年间(1165—1173年),就从城南引水经小南门入城。据王玑记载,明代衢州城南迎石室堰之水,经魁星闸入护城河,绕城南、城东、城北,与西溪之水四面合抱,构成城外的护城河水系。城内,由水门入城,分为二道。一路从西南入,折向往东,过华丰桥、仙履桥等;一路入小南门右,绕过府学与乌桥之水汇合。再向东绕过府治,向北绕龟峰,再折向东南,经宝坊刹北过菱湖,向北由水门出,又分为二道。一路由云山阁向北;一路绕县学西北,与北护城河汇合。杨准的疏浚主要是疏通新桥渠,使水流注入龟峰之麓,自北而东,再折而北,将数百年淤塞的弊病一举解除,而且与衢州内河故道不谋而合。整个工程前后历时两个多月,修筑渠道数百丈,筑桥者若干所。[1]杨公河工程尽管规模不是很大,事后的纪事碑却给后人留下了关于衢州内河最早、最明确的文献记载。[2]

---

〔1〕王玑:《杨公河记》,天启《衢州府志·艺文志·记传》卷十二。

〔2〕由于近代的淤积以及道路的改造,目前衢州城区内河水系主要由南湖、斗潭河和公园河、五塘(池)及黑溪河、南区西排渠、府山公园河等组成。自20世纪末开始,政府陆续开始对南湖、斗潭河进行治理。2004年,整治内河水源,将来自石室堰的乌溪江水经黑溪河引入南湖,再由南湖中湖流入建乙塘、蛟池塘、费家塘等城内池塘;南湖西湖引入县学塘、斗潭河;南湖东湖流入府山公园河。2006年,又开始改造机场护城河,起自西安路机场门口,终至沙湾村,全长2 400多米,是斗潭河及公园河流入衢江的东出水。《衢州市城区生态水系规划(2006—2020年)》已由市政府正式批准实施。等到工程全部完毕,一个崭新的内河体系将再次呈现在世人面前。参见徐卸良:《衢州市区内河水系再动"手术"》,《衢州日报》,2006年12月14日。

（四）钟楼、鼓楼及铁塔的建设

在古代中心城市，钟楼、鼓楼的地位是特殊的。钟鼓二楼并建，不仅是为了登高览胜，更重要的还在于它们作为城市的瞭望塔，起到示警作用。衢州西连湖广、南接瓯闽、东北界与徽州、建德山水相连，处于水陆川会，通商要地，户口殷盛。出于城市安全的考虑，不可不加以提防。因此，它们不仅是一个城市的风景、标志性建筑，对于城市安全和秩序也有重要价值。

衢州钟楼位于今市区北门街南端十字街口，为旧时衢州“九楼八阁十三厅”中的九楼之一。钟楼的历史最早可追溯至元大德六年（1302年），大中祥符寺住持嗣昙建大雄宝殿和钟楼，因财力不支而未完工。二十三年后的泰定二年（1325年），杭州净慈寺僧义山远法师募集资金，后来衢续建殿堂和钟楼，以圆嗣昙大师遗愿。洪武十三年（1380年），大中祥符寺住持净乾大师再次复葺钟楼，遂成衢城一景和城关中心。钟楼现仅存四拱石门楼基，是国家重点文物保护单位衢州城墙的重要组成部分。基座是石条砌成的方形建筑，边长12.5米，堞垛高4.3米，石拱门洞门高3.94米，下中空，通四路。基座上建二层木构架钟楼，面阔三间，周边环回廊，楼二层重檐，四角攒尖，屋顶有四条垂脊走兽，汇集楼尖宝瓶方太戟造形状尖刹，自地至顶高达七丈有余，形成飞檐翘角的造型，气势壮观。据《西安县志》载，钟楼上原置大铜钟一口，重3 000市斤，为明万历二十九年（1601年）铸造。旧时由祥符寺僧人司晨，并报火警。此后直至抗战前期，祥符寺早课的钟声一直就是衢城的司晨钟声。抗战时期，衢城陷落。如此大钟也毁于日寇之手。

衢州鼓楼为衢州故城九座名楼之一，在府治东150步，枕峥嵘之首，与钟楼屹然相向。楼高6丈余，登之可望10里，其下路四达，开四洞门。楼上设鼓，楼名称“保和楼”，为明万历二十九年（1601年）张尧文任知府时所建，其后至清代屡有修复。清康熙丁丑（1697年）重建鼓楼，悉尊旧制。嘉庆十一年（1806年），鼓楼因倾圮而重建。道光二十二年（1842年），汤俊为知府时又重建，汤俊为之写了碑记。衢州鼓楼的基本结构与钟楼相似，后也毁于战火。

衢州历来水患成灾，而德平坝是防止水患的重要水利设施。万历七年

(1579年),衢州人为镇守和保护德坪坝,在衢州古城墙西北角顺江伸向德坪坝的镇坝台基上建铁塔一座。旧时,铁塔东南面为文昌阁,铁塔北边城墙外为烈妇祠,遗址在今新华小学西南角。此塔以纯铁铸成,建筑工艺独特,是当时全国为数不多的铁塔之一。铁塔由两层须弥座和七层塔身组成,八角形,每层之间都有平座和腰檐,四周铸有佛像,佛像或坐或立,或骑象,或乘狮,做工精细,腰檐间有角梁飞檐,飞檐前端悬挂风铃,铁塔玲珑美观。据清嘉庆《西安县志》摹印的府城总图中城西北角绘有七层铁塔图,右注"铁塔左秀民捐"。因此衢州铁塔应是民间人士左秀民捐建的,由此可见当时衢州士绅的财力。虽说七层塔体分段铸造,逐层叠装成塔,但其精湛的铸造工艺也充分说明了衢州冶铁技术的高超。铁塔在清末与太平天国战事中被毁,仅存基座,民国以后彻底被毁。[1]

(五)明代衢州的军事设施

明代以来,衢州的军事地位日重,城里城外乃至各县均建有不少军事设施,如营寨、校场、炮台,等等。而衢州最大的军事建筑,无疑就是衢州府城了。

明代对衢州府城屡有修复。早在至正十九年(1359年)九月,常遇春进兵攻克衢州后,主管衢州军政的王恺就曾率军民对衢城进行了修复,"增高城垣,掘浚城壕",同时进行屯兵垦田。此后,明代弘治年间知府沈杰、嘉靖年间知府杨准等曾主持修缮过。其后,万历、隆庆、崇祯年间也有局部修缮。现存衢州府城基本上就是明代遗留下来的,2006年被国务院公布为国家重点文物保护单位。

明弘治年间,府城内设有东、南、西、北四营。东营自东门沿城右转接于南营,又左循菱角塘与北营接;南营自大南门沿城右接于西营,又循城左过小南门与东营接;西营自大西门沿城左绕过小西门与南营接,又沿城右转接于北营;北营自北门左循城左与东营接,又自沿城接于西营。至今大小西门城内一侧留有上营街、下营街的地名。嘉靖四十五年(1566年),在大南门内设左右地

---

〔1〕民国《衢县志》卷七《古迹志·塔》。

营官厅并哨队什兵，安插房计134间。明弘治年间有大小校场，大教场在城南5里上航桥西嘉庆乡五十五都，小教场在西安县五十九都。嘉靖年间，衢城又新增演武教场，设在城北拱辰门内；万历年间，演武教场迁迎和门外七里街；天启二年（1622年），演武教场移建至朝京门外浮桥两岸。

明守御所千户所在府治西二百步。洪武初，置仁和卫都指挥使司，后裁，立守御千户所。明守备府在仁德坊，嘉靖四十五年（1566年）建，清代废。西安有严剥寨、板固寨，设巡检司。为防备“矿寇”，明正统年间（1436—1449年），龙游设有壕岭寨、赤津寨、小莲寨、上塘寨、梅岭寨；江山有新塘寨、白础寨、马鞍寨。常山设壕头寨，正德七年（1512年），王浩八作乱，官兵立寨于此；白石坞壕坑“亦正德中置戍处”。

三、经济的进一步发展与龙游商帮的兴起

衢州从明代开始引进玉米、甘薯、花生，并逐步发展成以种植水稻和饲养猪禽为主体，适量种植各种经济作物的自给性综合农区。柑橘生产从这一时期开始逐渐崭露头角，不仅品种相应有所增加，产量和质量也不断地得以提高，衢橘甚至成为朝廷的贡品。俗话说靠山吃山，衢州众多的山地丘陵为发展林业提供了有利条件。不少地方为保护山林还树立了“禁矿碑”，制定了乡规民约。由于官府以及民间的禁掘，明代衢州矿石开采规模并不大，但就冶炼工艺而言仍不乏精品出现。除了矿冶业之外，长久以来占据主要地位的制瓷业在衢州已经衰落了。明代衢州手工业最大的成就在于造纸，这种优势一直保持到民国时期。从明代中叶以后，以龙游人为主的龙游商帮充分利用衢州区位优势和自身的努力，跻身全国十大商帮之一，在全国珠宝与纸、书等行业中占据重要，甚至垄断性的地位。

（一）明代衢州的农业与手工业的发展

1. 明代衢州的种养殖业

明天启年间（1621—1627年），衢州已有江西早、金包银、太平早、重阳糯、湖州糯、处州糯、麻子糯、安南早等水稻品种。当时，开化西乡十六都稠溪石板

桥产香稻，可惜该品种今已失传。

甘薯在明万历年间从福建引进，并迅速在贫瘠旱地和山地上推广开来。

明天启《衢州府志》中有衢产芝麻的记载："麻，黑白二种，膏可压油。"

明天启《衢州府志》载，当时菜类有白菜、青菜、芥菜、油菜、辣椒、蒿菜、甜菜、菠菜、苋菜、山药、苦荬、莴苣、香菜、芋、葱、蒜、韭、芹以及莙荙菜（即叶用甜菜）、莱菔（即萝卜）等20种，可以说它们在今天仍是衢州人的家常菜。

瓜类有黄瓜、西瓜、冬瓜、金瓜、丝瓜、菜瓜、甜瓜、南瓜等，其他还有瓠瓜、笋、生姜、茄子、蕨菜、茭白、薇菜等品种。除了现在被誉为名贵山野菜的"薇菜"之外，其余也很常见。明代衢州果类有梅、柿、栗、杏、桃、梨、柑、狮橘、橙、李、芡、藕、林檎、杨梅、银杏、李子、石榴、菱角、枣、葡萄、柚栗、甘蔗、核桃、榧子、胡桃、樱桃、莲蓬等。

这一时期衢州有记载的养殖业主要有养猪、养蜂、养鱼。据《浙江通志》记载，本省养猪极为普遍，而以金华、衢州二署最多。明朝时衢州已有橘蜜，其色如霜，甜浓香郁，是蜜中上品。明清时期，将衢州橘蜜列为贡品。天启《衢州府志》载有衢州地区的鱼类品种：鲫鱼、鲤鱼、鲭鱼、鳝、鲇鱼、白鲢、鳅、鳊鱼、鳗鱼、白鱼、鱼崇鲢、鱼央、鱼乙、泥鱼揹、石鳞、鲳鱼，等等。明清时期，西安县的千塘畈、江山县新塘边、开化县马金、常山县湖东、龙游县塔石等地均有到九江兼营挑贩鱼苗的养鱼专业户。[1]

2. 明代衢州的柑橘生产

衢州自古就是柑橘的主要产区之一。历史上的衢橘产区以衢州航埠和常山招贤为中心，布局于常山港两岸的淤地。这里的土层深厚，土质肥沃、水源方便，柑橘种植的自然条件优越，所产柑橘自然是上品。明代何乔远《闽书》中称，当时天下的柑橘以浙江衢州、福建漳州所产为最。

明代卢之颐在所撰《本草乘雅半偈》一书"内本经上品橘柚"一段记载，衢州航埠沿溪三十里，两岸广种橘树，"花期香雪弥空，果树金星缀碧"。明代名

[1]《衢州市志》，第448、479—504、550页。

士王士性的《广志绎》、大旅行家徐霞客的游记中也有类似的记载。常山溪边的航埠在明代就是著名的橘区，这里“橘奴千树，筐篚满家”，买卖柑橘的船只遍布河两岸。书中还留下了关于衢州柑橘品种的最早记载，衢州橘种有大小，色如红赭，约二十余种，“惟绿橘最美”。[1]

现在著名的衢州椪柑，被誉为柑橘之“极品”。凌登名《榕城随笔》记载：“闽南产柑橘，其种不一，而颗皆硕大。芦柑为最，红橘次之。芦柑色稍黄，红橘则正赤，皆佳种也。三衢（衢州）所产似也当稍让。”衢州椪柑栽培最早始于何时未见记载，到了明末，浙江衢州一带已广泛种植。时人以为椪柑品质以福建所产的“芦柑”最优，衢州的椪柑稍逊。[2]凌登名是明末杭州人，所说还是比较公允的。

3. 明代衢州的茶叶

天启《衢州府志》卷三《贡赋》记载，衢州府贡茶芽20斤，其中西安县、龙游县、常山县、江山县、开化县均有贡茶，每县贡茶芽4斤。明代因朱元璋诏令，废团茶而大兴散茶。衢州的贡茶也是以蒸青、炒青的散茶芽为主。

据顾元庆《茶谱》、屠隆《茶说》、许次纾《茶疏》等统计，明代名茶共计有50余种，其中龙游县的方山茶位列其中。[3]衢州民间婚嫁喜事，男方以聘金之半，并茶食首饰送到女方，而茶食中必放有茶叶，谓之“压茶”。

据清朝光绪《开化县志》记载：“明崇祯四年（1631年）进贡芽茶四斤”，持续到清朝光绪二十四年（1898年），以篓装黄绢袋袱插旗送京。开化贡茶产于“西北乡者最佳，尤以大龙山顶毛尖为最”。传说朱元璋与陈友谅在九江大战失败，撤退到开化苏庄，有一老农献上一锡罐茶叶，朱元璋吃了茶，连声叫绝，并命名为“大龙茶”；朱元璋做了皇帝后，每年都要开化进贡大龙茶。[4]

---

〔1〕《衢州柑橘志》，浙江人民出版社1997年。

〔2〕沈兆敏、邵萍芬等：《椪柑优质丰产栽培技术》，金盾出版社1996年，第7页。

〔3〕徐寒主编：《中华茶典（上）》，中国书店2010年，第114页。

〔4〕潘根生、顾冬珍编著：《茶树栽培生理生态》，中国农业科学技术出版社2006年，第398页。

4. 明代衢州的林业

衢州府山多丘陵广，是浙江主要的林区，明代就有杉木人工林的记载。明崇祯《开化县志》云，开化田地少、土地瘠，所产粮食始终不能满足开化百姓的食用，“惟栽杉为生”。顺治十六年（1659年），开化县曾运送木材两万根至宁波，供造战船。

衢州营林生产的历史久远，明清时期以插杉点桐为主。油茶生产也达到了一定的规模，油茶籽、油桐籽、乌桕籽是衢州主要的木本油料作物，统称“三籽”，均有较长的生产历史，特别是油茶种植历史，甚至可追溯至宋末元初。明弘治《衢州府志》中还有关于衢州板栗种植的记载。竹林也是衢州森林资源的重要组成部分。

5. 明代衢州金属矿的采掘和禁止

天启《衢州府志》卷三《贡赋》记载，衢州府龙游县贡铁15 000斤。明嘉靖年间，常山球川曾开采银矿，百斤矿石炼银三十两。采至万历年间，当时的《常山县志》载，“今只四五两耳，脉且尽矣”。明代，开化六都也曾开采银矿、铅锌矿。明嘉靖年间，常山、开化采掘铜矿盛行，大批矿工云集，一度爆发过矿工起义。朝廷为此下达禁矿令，并设立防矿总捕都司。此后天启年间，常山、西安仅有少量铜矿开采。

在浙江省开化县的塘坞乡富川村，有一座距今450年的“禁采矿碑”。该禁碑立于明嘉靖四十五年（1566年）五月一日。从碑文内容可知，事情起因于外地盗贼偷采、抢劫和破坏矿场，官府为保护当地居民的利益和地方安宁，于是就立碑封禁矿场，严禁盗采。富川村的人们自古就称村东头的山为“风水山”，传闻山中的神灵不许人们开采山上的矿产，所以就经常降灾于偷采矿山的人。可以说，正是这种对地神、山神和神山、灵山、奇山的尊奉和禁忌，转化为人们对自然环境的保护。尤其是那些依靠山的出产而生存，或者生态环境比较脆弱地区的人民，他们对山的神秘禁忌实际上反映了自然环境、野生动植物资源在人类生存和发展中的重要地位。在富川村的禁采矿碑中，官方甚至直接介入了环保习惯法的制定，官方的意志和利益在禁碑中得到了充分的体现：官方发布禁约，地方保甲具体执行，特殊情况下可由官方派军队协助执行禁约。因此富川村的禁碑，不仅仅是习惯法，也有国家法的成分。[1]

6. 明代衢州的造纸业

衢州多山，翠竹如云，楮木如海。造纸原料丰富，历史上纸槽业极盛。土纸（含竹料卫生纸）是衢州重要农副产品，主要品种有奏本纸、南屏、花笺、黄笺、历日纸、科举纸、册纸、三色纸、十九色纸、玉版纸等。衢州商界曾有“纸盛商盛，纸衰商衰”之说。明嘉靖三十一年（1552年），仅西安县就有抄纸户30户。天启《衢州府志》卷三《贡赋》记载，衢州府贡书籍纸3 500张，衢属五县均有贡书籍纸的任务。

据《中国实业志》载，明清时浙江纸业极为兴盛，其中常山、仙居所出之奏本纸，余杭、龙游所出之竹烧纸，桐庐、常山之历日纸，均闻名于当时。常山纸以“大小厚薄，名色甚众”著称，凡是江苏、河南等赋税簿籍、罚单，以及湖广、福建大派官纸，都来本县购买。常山球川镇素有“纸都”之誉，当地纸槽曾发展到五百余家，所产的榜纸，加工精细，洁白似雪，供科举考试之用，有“球川官纸”的美誉，远销北京和东南各省。龙游“多烧纸，纸胜于别县”，尤以南屏、花笺质佳量丰。在龙游不少乡间，百姓们全赖山竹造纸为生。

明代浙江右参政陆容在《菽园杂记》中载，浙江衢州，百姓以抄纸为业，每年仅官纸的供应，公私花费就多得不可计算。书中还提及了500年前衢州造纸的方法：衢州的常山、开化等县的人，以造纸为业。他们采集楮树树皮，在火上蒸，再把树皮上的粗杂物质用手掰去，放细熟石灰里浸泡三昼夜，用脚着力蹂踩，直到树皮显得非常柔软为止；抖落石灰后，在清水中浸泡七天，再蒸一次。洗去泥沙，晒十天以上，舂烂，再用清水漂洗；撒入胡桃藤等药物，用竹丝帘承托。待凝结以后，掀起来，放在下面有火而面上抹匀了石

〔1〕李可：《对三块“生态碑”的习惯法解读》，载谢晖、陈金钊：《民间法》第5卷，山东人民出版社2006年，第319—325页。

灰的桌案上，用火从下面慢慢烤，烤干后即成纸。[1]明清衢州土法造纸的发展为近代以来衢州手工造纸的改良以及造纸行业的进一步发展打下了良好的基础。

（二）交通与市镇的发展

由于明代长期的海禁政策，江浙一带出产的丝绸、瓷器、棉麻、茶叶等大宗货物唯有经衢州、常山运往福州、广州才能出口。这就为衢州入闽干道的繁荣打下了坚实的基础。交通的兴盛也推动了本地商人的涌现，明代中叶以后，龙游商帮逐渐走向历史舞台，并在全国珠宝与纸、书等行业中占据重要的，甚至垄断性的地位。龙游商帮以从事长途贩销活动为主，他们常常不辞艰劳，深入山西、陕西、云南、四川等西北、西南僻远地区。他们把万里之遥视若比舍，因此留下了"遍地龙游"的赞誉。龙游商帮的最大特点就是这些商人基本上都是一些儒商，以童珮、李汝衡等为代表，他们以诚信为本，还与高官、名士相交好。也正是这些商人推动了衢州城镇集市的发展，促进了省际边界贸易的繁荣。

1. 明代衢州的古道

明初洪武二年（1369年）至嘉靖四十年（1561年），倭寇频繁入侵，明廷从洪武十六年（1383年）实行海禁，限制海外贸易，直至明隆庆六年（1572年）才开，允许海外贸易。所以当时大宗的丝绸、瓷器、棉麻、茶叶等货物都由钱塘江经常山、草坪转入江西，下信江水路至福州、广州出口；而海外及南方货物亦经此水道转输内地。这条起自唐宋时期的常玉古道是明代衢州对外的主干道。万历二十九年（1601年），刑部官员王临亨奉命出差广东，正月初四日从其家乡苏州乘驿出发，一路上昼行夜宿，舟、马、轿交替使用，历经南直隶、浙江、江西三省29个大小驿站（其中浙江境内13驿），于二月初二日抵达广东南雄，为时一个月还不到，走的就是此道。[2]

---

〔1〕中潜：《500年前的衢州造纸法》，《衢州晚报》，2007年3月17日。

〔2〕徐江都：《衢州古道纵横》，《历史文化研究》第5辑，第16—18页。

常山至玉山一段仅80里为陆路，两端都为水路，因此这一段陆运特别繁忙。明初，常山设置递运所，专门递运官家货物。

2. 明代衢州的驿站和急递铺

急递铺为中国古代邮驿组织之一，它始于宋，到元朝普遍推开。洪武元年（1268年），“置各处水、马站及递运所、急递铺”。[1]后来，又在各州县设立急递总铺。水站、马站，洪武九年（1276年）改为水马驿。水置船，陆用牛、马、车。急递铺与水马驿、递运所并称明代邮驿三大机构。

明代衢州府设有4个驿站，其中府城、龙游各1个，常山两个；设递运所1个。据嘉靖《衢州府志》载，府城西光远门外三里有上航埠头水马驿，“有馆，有堂，有廊，有门，门之前有亭楼”。龙游设亭步水马驿，即旧縠江驿。常山东门内县治东北设有广济渡水马驿，嘉靖四十二年（1563年），迁于东门，旧驿改为分司；县西四十里设常山草萍马驿，该驿站始于南宋，赵鼎有《题草萍驿》诗。常山递运所在县治东北七十步。

据嘉靖《衢州府志》记载，衢州府共54铺。急递铺中设有铺司铺兵，“俱均徭编”。巡警铺有总甲、小甲，有火夫，“俱近铺居民充之”。

府城内设1个急递总铺，即府前总铺；11个巡警铺，即府门铺、新桥铺、十字铺、狮桥铺、三桥铺、帅正铺、酒务铺、华丰铺、衣锦铺、状元铺、仁德铺。

西安县有4个巡警铺，即通仙铺、光远铺、迎恩铺、朝京铺；8个急递铺，即东迹铺、牌门铺、安仁铺、压潮铺、石塘铺、新店铺、常乐铺、百灵铺。

龙游县9个急递铺，即县前铺、永安铺、仁和铺、湖头铺、阳坑铺、福地铺、澳头铺、高敬铺、乌头铺。

江山5个急递铺，即县前铺、湖村铺、平坦、后溪铺、新设铺。

常山12个急递铺，即县前铺、长埂铺、栟楮铺、浦口铺、渔湖铺、舒家塘铺、蒋连铺、白石铺、团村铺、湖澄铺、湖潭铺、长亭铺（天启《衢州府志》增）。

开化5个急递铺，即县前铺、溪盘铺、后苕铺、孔埠铺、玉头铺。

---

〔1〕《明太祖实录》卷二十九。

3. 明代衢州的街市镇

明代衢州及各县城和主要集镇均有“商市”，开市之日除当地坐贾(指有固定营业场所开店的经销商)外，尚有各地商贩及农民来赶集。有商市就有集镇，在古代这两者是一致的。

弘治《衢州府志》共记载街、市、镇29处：

衢州府城有5街3市：南市街(长三百丈，广三丈)、长街(即上街，长二百余丈，广三丈)、下街(长二百余丈，广三丈)、水亭街(长二百余丈，广三丈)、县西街(长百余丈，广二丈余)；南市(在县一直大街)、长街市(今长竿街东头十字街)、狮桥市(今狮桥街上)。

西安县有8市：上坦市、五坪市、沙埠市、云溪市、章戴市、莲花市、安仁市、湖溜市。

龙游县有3市：县市、湖镇市、灵山市。

江山县城有4街2市：上街(在县南)、下街(在县东)、中街(在县东南)、大街(在县西南)，上市(在县南)、下市(在县东)。

开化县有2市1街1镇：县城有上市(县治北)和下市(县治南)，乡村有华埠街、马金镇。

常山县城内设4隅，未见街市镇的记载。

又据明嘉靖《衢州府志》载，当时衢州府街市镇增至37处，凡交通要道及水运码头均为商旅聚集之区。其中龙游新增尹家埠市，江山新增5市2镇：峡口市、祝丰店市、镇安市、长台市、凤林市；清湖镇、礼贤镇。

万历年间，江山县城和清湖、坛石、峡口、凤林设有定期的墟日，一些集镇还有一年一度或数度的庙会集市。

4. 明代衢州的边界贸易

衢州作为四省通衢的要地，自南宋以来边界贸易就很活跃，民间经济往来频繁。明代王世懋《闽部疏》记载：

凡福之丝绸、漳之纱绢、泉之蓝、福延之铁、福漳之橘、福兴之荔枝、泉漳之糖、顺昌之纸，无日不走分水岭及浦城小关，下吴越如流水。

分水岭，即福建崇安武夷山分水关，由闽经江西信州、玉山转常山入浙一路经此；小关，即福建浦城县盆亭乡之庙湾，由闽经江西二渡关、永丰（今广丰）下信江，或往西入鄱阳湖出长江，或经玉山往东转常山入浙。当时，江西的大米、烟叶、药材、桐油、茶叶、瓷器、夏布乃至爆竹，以及福建、广东、广西、湖南的大批物资经江山、常山转运到浙江、江苏以及天津、北京等地销售。同时江苏、浙江、山东、河北的大批商品又从衢州、常山、江山分别由水路转运到江西、福建、两广及西南地区。当时的“常玉古道”上“山行十有九商贾，肩舆步担走不休”。

（三）衢州的田产与税赋

据弘治《衢州府志》记载，衢州府有田土19 849顷3亩余，房屋69 357间半，水碓二十二轮，磨六副，桑木“一万□千六百”株，窑灶数目不详。“夏税丝”折银价167 889两2钱5分3厘，秋粮92 114石8斗1升余，“租丝”折银价2 078两9钱9分。

各类税费：碓磨课钞（即碓磨税银）2 520锭1贯725文、窑灶课钞（陶瓷窑烧制税银）259锭4贯42文、户口盐钞（食盐专卖税银）“一万一千四百□□定四贯”、酒醋课钞（酒醋专卖税银）464锭460文、茶课钞（茶叶种植税银）499锭781文、果价课钞（果树种植税银）21锭1贯210文、茶引由工墨课钞（茶叶贩销印花税银）228锭2贯、鱼课钞（渔业税银）183锭30文、农桑丝（蚕桑税银）“四千□十四两三钱□分”、房地闰米（房产税米）446石9斗2升余、抄纸课钞（造纸税银）2锭2贯680文、商税课钞（商税银）“一万□□□百二十三定三贯九十五文”、门摊课钞（店铺税银）49锭2贯660文、契本工墨（契约工本费银）5锭3贯。

到了晚明，衢州的田产税赋又有了新的变化。天启《衢州府志》记载，衢州府纳税人丁158 407口，共征人头税银19 841两3钱7分余。衢州府有田17 363顷76亩余，田产税银102 628两8钱5分余；孔氏祭田五顷，征税银7两5钱1分

6厘1毫。衢州府有旱地6 087顷90亩余，征税银21 658两2钱5分余。衢州府有山林6 628顷88亩余，征税3 264两4钱余。衢州府塘、湖、荡、坎水面共计602顷66亩余，征税银2 388两5钱3分余。桑柘木3 451株，征税银19两3钱3分余。以上6项共征税银149 804两2钱8分余，扣除优免银3 038两8钱2分余，实征税银146 765两4钱5分余。其中西安县征税银40 487两9钱9分余，龙游县征税银34 790两1钱余，江山县征税银28 626两4钱4分余，常山县征税银23 860两9钱4分余，开化县征税银18 990两9钱7分余。

“夏税额征丝”折银价168 718两8钱9分余，其中起运京城“京库折绢丝”折银价118 982两5钱5分，衢州府“织染局荒丝”存留49 736两3钱4分余。“农桑额征丝”折银4 009两6钱8分；“租丝”折银2 078两9钱9分。

“秋粮额征米”92 258石9斗1升余。在具体在执行过程中，这项米的税赋也折算成白银，但每石折算白银并不是固定的。如“京库折银米……每石折银二钱五分”，“南京各卫仓米……历年折解不等……今以万历三十八年派数开载……每石折银七钱……每两加路费六厘”。当然，这种秋米的税赋也包含了部分本地留存，包括“预备秋米”“本府广盈仓秋米”“各县存留仓秋米”以及其他州府的“严州府和丰仓秋米”“协济温州府秋米”，等等。

（四）龙游商帮——中国古代十大商帮之一

龙游商帮虽以龙游命名，但并非单指龙游一县的商人，而是指浙江衢州府所属龙游、常山、西安、开化和江山五县的商人，其中以龙游商人人数最多，经商手段最为高明，故冠以龙游商帮之名，简称“龙游帮”。因此，龙游商帮实际上是指以血缘和地缘为纽带联结了衢州府以及浙西一带从商的人员而形成的商人资本集团；它萌发于南宋，兴盛于明代中叶，在全国珠宝与纸、书等行业中占据重要的，甚至垄断性的地位。

1. 龙游商帮的兴盛

明万历年间（1573—1602年），伴随着衢州商贸经济的发展，龙游商帮兴起。它以一府一县之地为基础，聚集了大量资金，而成为中国十大商帮之一，至清代逐渐为宁绍商帮所替代。明代中晚期，龙游商帮与徽商、晋商以及江右商人在商场中角逐，称雄一时，故有“遍地龙游”的谚语。

龙游商帮商人携带巨资，奔赴外地，世代以经商为业，即使是陕西、山西、云南、四川等与衢州相隔万里之地也视若比邻。他们大多从事长途贩销活动，“龙游之民多向天涯海角，远行商贾”，不仅活跃在江南、北京、湖南、湖北和闽粤诸地，而且还一直深入到西北、西南等偏远省份。[1]据《明实录》记载，明成化年间（1465—1487年），仅云南姚安府（即今云南楚雄彝族自治州西部）就聚集了浙江龙游商人和江西安福商人三五万人。

龙游商帮虽地处偏僻，却有着开放的心态，在观念上也比较新潮。主要表现在两个方面上，即投资上的“敢为天下先”精神和“海纳百川”的肚量。明清时期，许多商人将经营商业所赚得的资金用来购买土地或者经营典当、借贷业，以求有稳定的收入。而龙游商敏锐地意识到，要获得更多的利润，必须转向手工业生产和工矿产业。他们果断地投资于纸业、矿业的商品生产，或者直接参与商品生产，使商业资本转化为产业资本，给当时封建社会注入了带有雇佣性质的新式生产关系。龙游商人还不排斥外地商帮对本乡的渗透，并且与之相处友善，吸收外地商人于已帮，推进了龙游商帮的发展。龙游商人“敢为天下先”的精神和“海纳百川”的肚量是他们良好的经商心态的反映。他们虽然出自一个偏僻之地，既无官府支持，又无强大的宗族势力作坚强后盾，但他们却能在强手如林的各大商帮中崛起，自立于商帮之林。[2]

2. 儒商童佩

童佩（1524—1578年），字子鸣，龙游县谷水乡桐冈坞村（今龙游县塔石镇童岗坞村）人。童佩幼年时家贫，不能到私塾从师学习。因为家里世代做书商，使得他长期受到书的浸润，再加上他的勤奋，喜读书，日积月累，书看得多了，终于学有所成。据说，他时常手持一卷书坐在船头，日夜苦读，可见其刻苦

〔1〕《明代浙江龙游商人零拾》，载傅衣凌：《明清社会经济史论文集》，人民出版社1982年，第179—186页。

〔2〕陈学文：《龙游商帮》，香港中华书局1995年。

的程度。童佩曾受业于著名学者归有光，后以诗文与朝廷公卿交游。他的诗风格清越，不失古音，也擅长其他文体，尤精于书画、金石的考证。

童佩一生喜好交游，重信诺，与人相约，即使是奔行千里也不爽约。当时的名儒胡应麟、王世贞、王穉登等人均和童佩交谊深厚。[1]衢州知府韩邦宪，未做官时，曾在旅舍中偶遇童佩，两人因谈得投机而成为朋友。出任知府后，韩邦宪曾专程去龙游乡下探访童佩，两人吟诗相和到夜晚。当时，韩邦宪很想为童佩改善一下生活条件，童佩却以自力更生吃农家饭好，不用担心受饿为理由，婉言谢绝了知府的资助。后来，韩邦宪在任上病逝，童佩徒步七八十里地前去送丧，终因悲伤和过于疲惫而染病，直至不起。童佩死后，王世贞为其作传，王穉登为之作墓志。当世名士亲自为童佩写传、写墓志，可见在他们的眼里，童佩不仅仅是个商人，还是一个地地道道的儒士文人，充分说明童佩的儒商地位已为人们所共识。童佩生活简朴，乐善好施，家中仅有薄田数十亩，还分出部分田租收入创办村塾，使贫寒子弟能够进塾读书。龙游县向来有溺女的陋习，童佩曾经捐献大批节省下来的粮食给那些生女孩的家庭。[2]

在中国藏书史上，童佩也占有一席之地，有藏书25 000多卷，全部自行校勘。著名明史学家吴晗所著《两浙藏书史略》中也有关于童佩的记载。《浙江藏书家藏书楼》一书对童佩有这样的评论："龙游童佩不仅藏书，还刻书，在浙江藏书史和出版史上都应有一定的地位。"童佩生平编过两部书，一是唐代诗人杨炯的《杨盈川集》，共收诗赋四十二首，序表碑铭志状杂文二十九篇，编为十卷，并附卷一册，被收入《四库全书》；一是《徐侍郎集》，为唐代龙游人徐安贞的文集。此外，他还和龙游人余湘合撰万历丙子《龙游县志》十卷，可惜今已无存。童佩死后，人们把他的遗文编成《童子鸣集》六卷，其中诗四卷，文二卷，王穉登作序。

---

〔1〕王穉登：《王百穀集 · 金昌集 · 童君传》卷四，《四库禁毁书丛刊》集175册，第43页。。

〔2〕劳乃强：《龙游商帮中的儒商童佩》，《衢州名人》，第236—240页。

3. 尚书李维桢笔下的龙游商人李汝衡

李汝衡出身于浙江衢州府龙游县一个世代经商的家庭，生卒年不详，从其交往及行踪考证，主要生活万历年间（1573—1620年）。其父李鹤汀在湖北江夏经商多年，李汝衡从小耳闻目见的都是商业上的事。长大后，他继承父业，靠长途贩销丝绸及国内外珍宝致富，几乎垄断了湖北一省的丝绸市场，拥有车船百余辆（艘）。他经商有术，"善与时低昂"。按现在的说法，他善于利用其垄断地位，根据季节的不同，调整丝绸市场的价格，以获取最大利润。李汝衡拥资巨万，为人慷慨，乐善好施。凡人有困难向他借贷的，他从不计较利息的多少，都要尽心帮助。对于个别有困难的，即使借而未还，他也从不催着人家还。他按时向官府缴纳赋税，从不故意逃税漏税。即使以现代的眼光来看，李汝衡也堪称一位标准的合格的儒商。因此，日久天长，他的声誉日隆，楚地士人都视其为知己，乐意与其交游。正因为他品行高尚，少有铜钱臭，堪称儒商，所以赢得了高官李维桢的青睐。

李维桢是湖北京山人，晚明名士，《明史·文苑传》将他与唐寅、徐渭、王世贞、董其昌等同列。李维桢官至南京礼部尚书，晋爵从一品太子太保，可谓官高位尊爵显。但他为人"平易阔达"，喜交各界朋友，门下宾客众多。在不太计较士农工商四民序列的晚明社会，李维桢也在观念上淡化了官、儒、士与商贾的地位差异，对良商善贾并不歧视。在他的文集《大泌山房集》中保存了大量有价值的人物传记。该书卷四十八中就有一篇专为龙游商人立传之作，题为《赠李汝衡序》。该文一气呵成，清新而有气派，历数了李汝衡的家世，着重介绍了他经商的成功、才能与品德，称李汝衡是"侠而隐于贾者"。[1]这篇文字写得栩栩如生。正因为有了此传记，才为商人李汝衡留下一段光彩斑斓的人生记录，也为我们今日研究晚明商人、商帮和晚明社会思潮等留下了很好的资料。

---

〔1〕陈学文：《晚明的高官与商人——从李维桢为李汝衡立传说起》，原载《光明日报》，见"中国经济史论坛"，2004年4月9日。

4. 龙游商帮的特点和历史地位

作为一个在南孔圣地产生并有重大影响的商人集群，龙游商帮体现出如下特点：

尊崇儒家的价值趋向性。衢州是浙江一个经济发展相对滞后的州府，龙游“地瘠硗，罕蓄聚，必贾游乃资生”。龙游商帮本质上是儒商，贾而好儒，商学互补，重商不轻学。经商中以诚信为本，讲究义利并举，在实践中充分考虑义的得失，而不斤斤计较利益。

“遍地龙游”的流动性。龙游县土地少人口多，为了养活自己，同时也为了赚钱养家，大批龙游人最先意识到商品贸易远比农耕能带来更多财富。他们纷纷走出山区，突破旧的安土重迁的传统观念，加入经商行列，背井离乡，走南闯北，积极参与并推进商品的流通，对明清时期全国商品经济发展起到了积极的作用。

海纳百川的包容性。龙游商帮不仅参与边疆地区的经济开发，也参与海外贸易、闽浙赣边际贸易，甚至把生意做到了北京城。龙游商帮经商的成功，也吸引了周边地区的人们向龙游移民。据记载，外地人迁入龙游经商并成功者，至少83姓430族。这些外地商人既有浙江省内各县的，也有来自安徽、福建、江西的商人。龙游商帮以海纳百川的胸怀，不排斥外地商帮对本乡的渗透，促进了区域文化的交流与融合。

农商并重的先进性。明代中叶开始，时人对商人的看法已经有了很大改变，不再持轻贱态度。在这样经济发展的大环境中，龙游人为世风所染，从商人数骤增，亦视经商为光彩的职业。这对龙游来说是一大变化，是千百年来文化心态的一大转机。龙游商帮“贾挟资以出守为恒业”，给封闭的山区注入了新气息，改变了轻商的传统观念。[1]

四、教育、科举与能臣干吏

元末儒学大师胡翰十年的衢州儒学教授生涯，为明代衢州教育和科举打

〔1〕参见杨铁清：《浙商简史——从启蒙传承到超越》，浙江人民出版社2013年，第43—45页。

下了良好的基础。明清时期的衢州同样重视教育，他们办社学、义塾、书院。可惜，由于经济实力的衰退，其规模和影响稍逊于宋代。而从明中叶开始的科举南北榜制度则给衢州人带来了很大的不利影响。尽管同处江南，从偏远山区走出来的衢州人竞争不过经济文化发达的平原人，进士人数难以突破。尽管如此，衢州依然涌现出不少能臣干吏，开国元勋徐恢、铁面巡按吾绅、监察御史郑辰、为政清简的樊莹、家徒四壁的王敞、直言能谏的徐文溥、严于律己的王玑、革除滥刑的毛恺、建院讲学的徐霈以及明末遗老汪庆百、徐世荫等就是其中的佼佼者。

（一）明代衢州的教育与科举

在经历了短暂的元朝之后，衢州的教育和科举又进入一个新的发展通道。衢州人对教育的重视不仅体现在对社学、义塾、书院建设的重视上，还体现在科举的成就上。可以说，明代衢州152名文科进士的科举成绩虽然远比不上两宋时期，但在明代科举的新政策下，就全国平均水平而言也是不错的。

1. 明代社学、义塾、书院

元代曾规定五十家为一社，每社设学校一所，称社学。明清两代都沿袭了这种制度，不过也有所改易。明代各地都有社学，专门教育十五岁以下的儿童。元代衢州的社学已不可考，明代的衢州社学始于洪武八年（1375年）。永乐、宣德年间，全国各地社学逐渐废止；成化、弘治年间，朝廷又下诏恢复。弘治五年（1492年），龙游知县袁文纪重建舍利寺、仁惠庙、灵曜寺、王村四所社学。嘉靖年间（1522—1566年），西安县于城东南西北四隅各设社学1所，又设坊庙社学3所。开化知县孙继禄于城隍庙左右各建社学1所。江山知县陈汤敬以宝成寺圆成厅、灵宝寺经堂、海会寺法琛新厅、施水寺诚德楼厅立为社学。

义塾是由祠产或个人出资、集资兴办的学塾，用来传授民间弟子。衢州的义塾可追溯至北宋时期。明代正统年间（1436—1449年），提学刘釪于常山设义学75所。隆庆五年（1571年），常山知县张克文命义民徐泮建立西郭义塾。明末开化县有崇文、敬修、福山、涤尘、南峰等义塾。

宋代以来至明代，衢城主要的书院有清献书院、柯山书院、明正书院、定志书院、衢麓讲舍等。柯山书院、清献书院、明正书院均始建于宋代，废于明代。定志书院，旧址在黉序巷，明万历间以张元卿祠改建。衢麓讲舍，别称克斋讲舍，地址在城东北菱湖。明嘉靖十三年（1534年）创建，民国初年尚存。明代衢属各县书院还有龙游县的鸡鸣书院、枫林书院，江山县的逸平书院、仰山书院、景濂书院、留斋书院、三益书院和东溪讲舍等。

2. 胡翰出任衢州府学教授（1359—约1369年）

胡翰（1307—1381年），字仲申，金华人，元末明初儒学大师。胡翰自幼聪颖，异于常儿。据说他七岁时，有一次在路上拾到了别人丢失的银子，于是就坐在那里等候，一直等到失主回头来找。胡翰起先跟从兰溪学者吴师道、浦江学者吴莱学习古文，后又拜在著名理学家、同乡许谦门下。因此，从师承关系上来说，胡翰可以说是元末浙东学派的代表人物兰溪人金履祥的再传弟子。当时，同郡黄溍、柳贯都以文章名满天下，但对胡翰的文章也是赞不绝口。胡翰曾经游历过元大都，王公贵卿们争相与他相交。在京城，胡翰与甘肃武威的少数民族诗人余阙、宣城的大诗人贡师泰结下了深厚的友谊。有人举荐他出仕做官，却被胡翰谢绝了。回乡以后，适逢红巾军起义，天下大乱，胡翰避居南华山，以著书自娱。

朱元璋率部攻下金华后，许多人举荐胡翰出山共奉大业。朱元璋见胡翰年过半百，身体羸弱，于是委派了胡翰衢州府学教授一职。胡翰是一位著作大家，督学读经之暇作品甚多，给衢州留下了一笔丰富的历史文化遗产。洪武初年，胡翰受聘去南京编修《元史》，书成后辞官回乡。因喜爱北山泉石，于是筑屋定居下来，又活了十几年才死，终年七十五岁。[1]胡翰著有《春秋集义》、文集《胡仲子集》、诗集《长山先生集》等，其中《胡仲子集》被收入《四库全书》。

从至正十九年（1359年）到朱元璋统一全国后的洪武初年，胡翰在衢州前后担任了十年的儒学教授。这十年也是胡翰五十三岁到六十三岁学问大成的

[1]《明史》卷二百八十五《胡翰传》。

十年。他为衢州培养了一大批人才,促进了衢州文化的迅速恢复。

3. 南北榜制度及其影响(1427年)

明代科举有一项重要制度,即南北榜制度。这是一种会试的录取名额分配制度,把举子的试卷按地域分为南北卷,并把一些不易划定为南或北的区域分为中卷,南北各减五名归入中卷。每录取100名,则南卷取55名,北卷取35名,中卷取10名。包括浙江、江西、福建、湖广、广东、应天、直隶松江、苏州、常州、镇江等十六省府及广德一州为南卷。这一制度自宣德二年(1427年)开始执行,其后仅有一科中断过,成为明一代科举取士的定例。[1]如非这样,明代科举名额尽为江西、福建、浙江等南人所占,这在明初是相当突出的。南北榜制度的出现并基本定型给明代进士的地域结构和比例带来了重大变化。从维持明朝统治的角度出发,这有利于全国的平衡、统治的稳定,然而对衢州进士的产生却产生了极大的负面影响。

以宣德二年(1427年)为界,可将明代衢州进士分为前后两个时期。前期是洪武四年(1371年)至永乐二十二年(1371—1424年),共计15科。这一时期是明代科举初创时期,也是明代衢州进士产生的第一个高峰期。由于尚未实施南北榜制度,南方人的总体文化水平高于北方人,因此在科举考试中占据了有利形势,故衢州进士出现较多。永乐二年(1404年),衢州进士10人,占全国录取进士总数470人中的2.128%。永乐朝八科全国共取进士1 829人,衢州共有进士30人,平均录取率为1.02%,即一百取一,由此可见,当时衢州进士在全国来说能挤入百强之列。后期是宣德二年(1427年)至崇祯十六年(1643年),共计74科。这一时期的明代科举制度已基本完善,但由于衢州经济水平的落后,在南方的竞争中远远不敌平原地区。因此,衢州进士录取比例逐步下降,长期难以恢复;虽嘉靖、万历年间,伴随衢州商帮兴起,经济的发展有所反弹,但下降之势不减。面对这种情况,许多有门路的人纷纷寄籍,

〔1〕万历《明会典》卷七十七《礼部三十五·科举·会试》。

跑到北方去落户，参加北方的科举，成功的概率不低。[1]比较著名的有常山人郑佑、郑惟桓父子。郑家是常山有名的富商，郑佑的伯父入籍北京大兴县，郑佑也游学到大兴县并入籍，郑惟桓随父入籍。父子俩于1451、1478年分别中进士。

（二）明代衢州籍能臣干吏

由于对教育和科举的重视，明代统治时期的衢州也涌现出一大批能臣干吏，有辅佐明太祖的开国元勋徐恢、清廉自守的铁面巡按吾绅、代天巡狩的监察御史郑辰、为政清简的刑部尚书樊莹、家徒四壁的兵部尚书王敞、直言能谏的广东副使徐文溥、被正德皇帝刑杖的福建副使方豪、严于律己的布政司左参政王玑、革除滥刑的刑部尚书毛恺、反抗严嵩父子的布政使徐霈、不仕清廷的明末遗老汪庆百和徐世荫等。衢州全旺村落还出了一位大名鼎鼎的明代皇后王钟英。

1. 开国元勋、户部尚书徐恢

徐恢（1298—1387年），《明史》作徐辉，字伯宏，元泰定元年（1324年）进士。此后，近四十年时间，徐恢在元朝的经历不详，但可以肯定是相当不顺，至元末依然只担任永新（今属江西）县尹。

元末红巾军起义爆发，很快就占据了江南半壁江山，红巾军内部却发生了争战。至正十九年（1359年），义军首领陈友谅自称汉王。次年，陈友谅杀了徐寿辉，占据天完政权，自立为帝，国号大汉。大汉政权一面抗元，一面又与朱元璋作战。至正二十三年（1363年），陈友谅大举发兵进攻朱元璋的大本营江西南昌，双方在鄱阳湖发生鏖战。当时，陈友谅率领着数百艘三层楼船，兵力何等强大，却连攻三月不克。陈友谅为人穷极奢侈，不得民心，徐恢料知其必败，带着大量军粮归附朱元璋。朱元璋率兵来救援，闻知大喜，即于军中拜徐恢为都御史。陈友谅率军撤转，与朱元璋相遇鄱阳湖康朗山前，他又犯了曹操兵船船连环的错误，自己也中流矢而死。朱元璋则借用了孔明之计，火烧连营，获

---

〔1〕占剑：《明代衢州进士初探》，《历史文化研究》第5辑，第20—34页。

得大胜。由于徐恢在此战中出力甚多，明朝建立后，敕赐其“开国元勋”。明朝建立后，徐恢的仕途一直不错，至洪武十四年（1381年）二月，已升任试主管全国赋税钱粮的户部尚书。年底，徐恢被除名，因罪下狱，不久被放回故乡。[1]

关于徐恢为什么被革职，史载不详。考之史料，此前一年，左宰相胡惟庸因涉嫌谋反被诛杀，此后朱元璋兴起大狱，韩国公李善长等大批元勋宿将被株连，牵连致死者三万余人，历史上称为“胡惟庸案”。徐恢想必也是受此案牵连才会丢官。

今常山县青石乡砚瓦山村南约300米的猪肝山山坳内有徐恢夫妇合葬墓，1986年公布为常山县级重点文物保护单位。该墓高2米，宽4.5米，墓道长6米，砖石结构，四周用青石围筑，总占地面积约100多平方米。墓碑上刻“开国元勋”四字及碑文，原墓碑已残，现墓碑系1947年重立。

2. 铁面巡按吾绅

吾绅（1381—1441年），字叔缙，开化人。明永乐二年（1404年），高中进士二甲第七名——这也是衢州明代科举的最好成绩之一。按照明制，朝廷从二、三甲进士中选择年轻而才华出众者入翰林院任庶吉士，称为“选馆”。庶吉士一般为期三年，期间由翰林内经验丰富者为教习，授以各种知识。明代的翰林为政府储材之地，能成为庶吉士者都有机会平步青云。因此，尽管要比别人晚三年出任实职，但许多进士都愿意参加“馆选”。吾绅成功地通过了“馆选”，进翰林院任庶吉士。当时年仅二十四岁，深受明成祖的赏识。三年后，授刑部主事，“治狱有声”，颇有政绩。永乐十六年（1418年），吾绅升为刑部郎中。次年，明成祖对礼部尚书吕震说“绅出自翰林，此朕昔所造，就今日得人用，可佐卿礼矣。”于是，升吾绅为礼部侍郎，负责国家礼仪事务。然而不久，吾绅就被吕震所排挤，出任从三品的广东参政，担任主管一省行政事务的布政使的副手。

宣德四年（1429年），吾绅升为南京刑部侍郎，奉敕命考察两广、福建官吏

---

〔1〕《明史》卷一百一十一《七卿年表一》。

政绩。当时，有位吾绅的故人，虽官至参政，但一向贪赃渎职，却一直逍遥法外。吾绅到任查实后，直接罢黜了这位故人，一点也不讲情面；其后，吾绅又查实了三名官员凶残刻薄的罪状，也对之予以罢职。因此吾绅得到一个“铁面巡按”的赞誉。正统五年（1440年），吾绅回北京再次出任礼部侍郎，次年奉命主祭孔子，不久卒于官。[1]

据《明史》记载，吾绅清廉自守，淡泊名利。官拜侍郎之时，祝贺者云集其家中，只见满屋子空荡荡的，没什么家具；这么多人却连坐的地方都没有，众人只好站着表示祝贺。明代官俸极低，在历朝以来也算仅有的，吾绅官至侍郎，但家徒四壁，可见也是一名清廉之官。

3. 监察御史郑辰

郑辰（？—1444年），字文枢，西安（今衢江区）人，永乐四年（1406年）进士，初任监察御史。明代派遣监察御史分赴各省区巡察，负责考核吏治等，称为巡按。永乐后定制，以一省为一道，分道出巡，其品级仅正七品，然可与省级行政长官分庭抗礼，知府以下均奉其命。《明史·职官志二》称：“巡按则代天子巡狩，所按藩服大臣、府州县官诸考察，举劾尤专，大事奏裁，小事立断。”郑辰奉命往江西安福县查处谋反案，他很快就调查清楚，为百姓洗刷了冤情。福建发生洋商杀人案件，郑辰受命审理，严厉惩办了首恶。南京修建报恩寺，征派役囚万人，一时之间谣言纷起，朝廷恐有变乱，郑辰前往查察，因无实据不治罪一人。谷王朱橞图谋不轨，郑辰也查明实情后妥善解决。成祖称赞郑辰“真国家耳目臣矣”。

永乐十六年（1418年），郑辰升任主管山西一省刑狱诉讼的按察使，严惩贪吏。潞州（今山西长治）农民起事，朝廷将发兵征讨。郑辰上奏朝廷：“民苦徭役而已，请无发兵”，并亲自赴山谷抚谕，使义民免遭镇压。礼部侍郎蔚绶拨粮给山海军，郑辰负责山西民运。由于百姓不堪劳役而多逃亡，粮食损耗众多，蔚绶指令山海军借贷抵偿。郑辰上书说：“山西民贫而悍，急之恐生变。不如缓之，

〔1〕《明史》卷一百五十八《吾绅传》。

使自通有无。”朝廷采纳了他的意见。其后，因为服丧，郑辰辞官回乡守孝，山西军民还请御史上书坚决挽留。二十七个月的守孝期满后，郑辰仍出任山西按察使。一般来说，守孝期满后应调任其他职务，而且很多人要降一级使用。郑辰仍任原官，这在当时也是比较少见的。宣德初年，南北两京六部长官有缺额，皇帝命大臣们从省级地方官中推荐。宣德三年（1428年），郑辰出任南京工部右侍郎。一同获推荐的有9人，只有郑辰等三人授予实职，其余均为试职。

宋英宗即位，分遣大臣考察天下百官，郑辰奉命往四川、贵州、云南等地考察官员政绩。到任后，郑辰根据查访所得据实上奏，罢免失职官吏30余人。其中，云南布政使周璟在妻丧期间继娶，郑辰弹劾其“有伤风教”，周璟被免官。正统二年（1437年），江北、河南大水，郑辰又奉命赈济饥民，修筑溃堤。有大臣建议从河北大名开渠引水并疏通卫河，以利灌溉和运输。郑辰经过调查后确认此举劳民伤财，弊近利远，因此朝廷未予实施。后来，郑辰又升任兵部左侍郎，与丰城侯李彬把军饷运到宣府（今属河北）。大同镇守都督为老将，谭广违令，郑辰一点面子都不给，坚决上书弹劾。正统八年（1443年），郑辰中风，次年逝世。

郑辰为人重义轻财，初登进士后就把财产全部转让给兄弟。在山西任上，郑辰与下属按察佥事杜某不合。杜氏病卒后，郑辰却亲自为他治办丧事，还出资遣送其妻子回乡，由此可见其为人。〔1〕

4. 刑部尚书樊莹

樊莹（1434—1508年），字廷璧，号澄江，常山绣溪（今属何家乡）人。天顺七年（1463年），樊莹赴京应试，因考房失火而中止，次年补考，中三甲七十八名进士。此后，樊莹因病未出任官职，家居数年。在疗养期间，他与常山知县李溥于成化三年（1467年）主修了第二部《常山县志》。

成化四年（1468年），樊莹被授予“行人”一职，出使西川（今四川中部）。此官掌管捧节、奉使等事务，凡是颁诏、册封、抚谕以及赏赐、祭祀、赈济等事

---

〔1〕《明史》卷一百五十七《郑辰传》。

都要奉旨前往。两年后，樊莹荣升山东道监察御史，成化八年（1472年）巡视京畿地区。同年九月，山东地区灾民造反，樊莹奉旨前往镇压，捕其首领。其后，樊莹奉令清理淮阳军（今江苏邳州）军务，制定了一系列体制内的改良措施，后被兵部刊为条例，颁行全国。成化十二年（1476年），樊莹因上言触怒了权贵，奉命巡按云南。当时的交趾（今越南）屡次侵扰边境，欲诱使边民叛乱。樊莹下檄文，晓以利害，揭穿了交趾人的阴谋。他在任上绳贪墨，精吏治，革弊政，边陲政风为之一新。成化二十年（1484年），樊莹升任直隶松江（今属江苏）知府。樊莹革除民夫的劳役，以粮长自行运粮，使百姓的负担得以疏解。

弘治元年（1488年），明孝宗下诏大臣推举地方长官。侍郎黄孔昭、尚书王恕都推荐了樊莹，擢升其为河南按察使，在短时间内理清了河南田赋诸多积弊。弘治四年（1491年），樊莹又迁任应天府（即南京）尹，使大批受诬下狱者得以脱罪。弘治七年（1494年），樊莹升南京工部右侍郎。不久，改任都察院左副都御史，巡按湖广兼赞理军务。当时，锦田灾民联合两广瑶、僮等少数民族反抗明廷，樊莹很快平息了民乱，只杀了18名首犯。次年，樊莹辞官归田。七年之后，因大臣们的举荐，樊莹起复原官，前往郧阳灾区工作。不久又改任南京刑部右侍郎。弘治十六年（1503年），云南景东卫发生日食，宜良地震严重，曲靖数次大火，贵州亦多灾异，已是七十岁高龄的樊莹再次巡按云贵地区。到任后，樊莹弹劾镇巡官之罪，罢黜不称职的文武官员1 700人，还查清指挥吴勇私自侵吞官库钱粮为图谋脱罪虚夸“景东之变”一案。回朝后，樊莹被擢升为南京刑部尚书。

明武宗即位后，改元正德，樊莹致仕退休，归乡。当时宦官刘瑾专权，因为隆平侯争袭一事牵连，樊莹被削籍为民。次年，樊莹又因在松江任上为解民困而削减官布一事被罚米五百石输边。樊莹一向清廉，并无多少积蓄，因此生活日益窘困。正德三年（1508年），樊莹在贫病交加中病故，终年七十五岁。刘瑾败亡后，正德十四年（1519年），樊莹被追赠太子少保的荣誉衔，谥号“清简”，按照二品大员的高标准重行葬礼。[1]

---

〔1〕《明史》卷一百八十六《樊莹传》。

樊莹生性实诚，农忙的季节时常戴着斗笠、乘坐轿子到田间，监督子孙们劳作。按照他自己的说法，“非徒视稼，欲子孙习劳也”。为纪念樊莹，常山县人为他在城北、城东及绣溪等地立了六处牌坊，其中一处木质牌坊至今仍保存完好，被列为浙江省级文物保护单位。樊莹一生两度任官云南，为云南的开发建设作出了贡献，至今仍为人们所怀念。

5. 兵部尚书王敞

王敞，字汉英，锦衣卫籍，生卒年不详，祖籍西安，其家族于明洪武初年迁居南京。成化十七年（1481年）二月，王敞赴京参加由礼部主持的会试，获第三名，殿试名列二甲中，由明孝宗亲赐“进士出身”。其后，王敞由吏部授予刑科给事中一职，不久出任右给事中[1]。

弘治元年（1488年），赐王敞一品官服饰，出使朝鲜国。当时朝鲜属明朝的属国，对于上差，一贯都以女乐侍宴。王敞却认为适逢国丧，谢绝了女乐。王敞回国复命后，升为左给事中，不久又晋级为都给事中。他的奏疏常常说一些别人提都不敢提的话，因为能够直言，王敞升为通政使司左通政。因母亲去世，王敞回乡守孝二十七个月；服丧期满，起复仍担任原官，后又升为通政使，成为通政使司衙门的最高行政长官，统管司务。通政使司是明代新设的机构，负责转呈奏章。因为当时各地奏章都是密封的，到了通政使司才拆封，然后上奏。虽然权力很大，王敞做得很出色，以良好的考绩升任兵部侍郎，后来又升任兵部尚书。

起初，兵部记录武官功勋、资历的档案——武功黄选册在内府印绶监保存，凡遇武官晋升选拔等事务，都要重重贿赂管事太监方能入内查对。王敞请求誊写副册存于兵部，革除了旧弊。弘治末年、正德初年，诏令王敞以兵部尚书身份兼任提督拥有十余万士兵的京营军务。后因为宁夏平乱的功劳，王敞被加授太子少保，秩正二品。虽说是太子东宫的加授虚衔，但位列三少，亦足见王敞荣耀。正德五年（1510年），宦官刘瑾图谋不轨被处死；王敞申明旧章，

---

〔1〕右给事中，明代一种侍从官，负责规谏、拾遗、稽查六部，朝会时轮流记录谕旨。

凡刘瑾所擅自更改、设置的规章尽数革除。当时，山东、四川等地农民起义军相继蜂起，王敞请求增设兵备并增派大臣，定下赏罚条令，命巡抚等官严督军民，完善军备。当时王敞所选用的将帅及荐任大臣均属英才。次年，王敞先后七次上书才得到明武宗的同意，遂告老还乡。

王敞一生谦和自守，有人得罪他也不计较，对人平易和蔼，而且谦法自持，公私分明。他在盛名之下能够急流勇退，死时家徒四壁，除图书之外，无一长物。死讯传到京师，明武宗诏令赠王敞太子太保，位列三师，秩从一品，并诏令工部按一品文官制为其修建陵墓。[1]

6. 广东副使徐文溥

徐文溥（1480—1525年），字可大，号梦渔，开化县人。正德六年（1511年），徐文溥中进士，初授南京礼科给事中，先后弹劾二品的尚书刘樱、都御史李士实，三品的侍郎吕献、大理寺卿茆钦等高官，并请求召回尚书孙交、傅珪等有为的大臣。正德九年（1514年），宁王朱宸濠请求恢复护卫。徐文溥上书历数朱宸濠剥削商人、百姓，挟制官吏，招诱无赖，广行劫掠等罪行，请求裁撤宁王护卫，以全大义，绝不能徇私情。次年，又上书明武宗：

> 知之维艰，行之维艰。陛下诚能经延讲学，早朝勤政；布宽恤以安人心，躬献享以重宗庙；孝养慈闱，敬事苍昊；舍豹房而居大内，远嬖幸而近儒臣；禁中不为贸易，皇店不以罔财；还边兵于故伍，斥番僧于外寺；仃诸路之织造，罢不急之土木；汰仓局门户之内官，禁水陆舟车之进奉；出留中奏牍以达下情，省传奉宂员以慎名器。[2]

---

〔1〕詹剑：《兵部尚书王敞》，《衢州名人》，第194—199页。

〔2〕大意是：好的政策知道并了解已经很难了，但执行则更难。请求武宗开设经筵讲学，要勤于政务；舍弃荒淫玩乐的豹房，远奸佞而近儒臣；不要在皇宫大院内搞贸易，皇家商店也不应该与百姓争利；让边兵回到原来的队伍，把番僧赶到外面的寺院而不要留在大内；停止江南诸路的织造，对不是很紧急的土木工程也要停工；淘汰各地主管仓、局、税务的宦官，禁止各地水陆车船进奉献礼；把留中的奏牍尽快处理完毕下发各地，裁撤多余超编官员。

对于这些中肯的建议，明武宗却置若罔闻。明武宗还听信太监崔瑶、史宣、刘瑯、于喜、王堂等人的诬陷，以佥事韩邦奇一案，先后将知府翟唐、部曹王銮、王瑞之、御史施儒、张经等下狱。徐文溥再次进言："朝廷刑威所及，乃在阉侍一言。……向一瑾乱于政内，今数瑾纵横于外，乞并下堂法司，且追治瑶等诬罔罪。"[1]明武宗不听，徐文溥愤而托病回乡，隐居梧山读书著述。正德十四年（1519年），徐文溥应江山县令吴仲的聘请，编撰《江山县志》，可惜今已无存。

嘉靖元年（1522年），因群臣的举荐，徐文溥出任河南布政使司参议，上《新政四要》《地方四事》二份奏章，主张革旧鼎新。徐文溥后改官福建，不久任广东提刑按察使司副使，成为负责广东刑狱的副长官。当时，广东地区有关湖田的诉讼很多，徐文溥撰《后湖七弊》，请求订立律令，以利遵循。后来，徐文溥因为上言时事，多涉朝中权要，担心增添母亲的担忧，于是抱病辞官回乡，行至江西玉山境内不幸病逝。徐文溥著有《燕程集》《留都拾遗》《南巡稿》《东巡稿》《梧山集》《短笔集》《奏议》等，今绝大多数已不传。

徐文溥一生以直言能谏著称，即使是为此丢官罢职也在所不惜，故《明史》也有其传。徐文溥清廉节操，死后"囊无宿储"，其清廉之名，至今仍为人们所称道。[2]

7. 福建副使方豪

方豪（1482—1530年），字思道，号棠陵，开化县金村路棠陵人。正德二年（1507年），方豪获乡贡第一，次年中进士，赐同进士出身，从此踏上仕途。正德五年（1510年）八月，方豪外放，出任江苏昆山知县，上《乞蠲逋负疏》。此疏理正词切，朝廷派员查勘，减免了田赋，使昆山的农业生产得到迅速恢复。正德七年（1512年），方豪自昆山回乡为母奔丧，守孝期满后，于正德十一年（1516年）起复，补授沙河知县。正德十三年（1518年），方豪升刑部湖广清吏司主事，

---

〔1〕大意是：朝廷刑威所及，不能听信太监一面之词。……太监刘瑾一党对内乱政，对外横行，乞请皇帝追究崔瑶等人的诬陷之罪。

〔2〕《明史》卷一百八十六《徐文溥传》。

掌管湖广行省（今湖南、湖北）的刑名狱案，兼管林、岷、吉、荣、辽五府。方豪司狱清明，“所至有声”。正德十四年（1519年），方豪因上书劝谏明武宗南巡而被刑杖。当时，兵部员外郎陆震、刑部主事刘较等人均死于廷杖之下，方豪因受杖伤重，也几乎不治，被罢官归乡。

嘉靖元年（1522年），明世宗即位，方豪被召回京师，再任刑部主事，加俸一级，随后奉命赴山东处理积案。方豪夜以继日，审阅案卷，仔细调查，昭雪冤狱，公平量刑，数月间积案全部清理完毕。当时人称赞其为政“平恕”。嘉靖三年（1524年），方豪升任湖广提刑按察使司佥事。次年，方豪再升任福建年刑按察使司副使。嘉靖六年（1527年），年仅四十五岁的方豪上书乞归养，获准后告老还乡。回乡后，方豪隐居毛鸿，在房前屋后种种毛竹、油桐、杉树，养养鱼，自娱自乐。

方豪生性磊落，旷达不羁，时常寄情于山水之间，赋诗抒怀，多片刻即成，其诗文成就详见下一节。嘉靖九年（1530年），方豪病卒于家，终年四十八岁。[1]

8. 布政司左参政王玑

王玑（1487—1563年），字在叔，晚年号在庵，西安人。王玑最初跟从理学家陈献章学习，后拜于一代宗师王守仁门下，治学甚笃。嘉靖八年（1529年），王玑考中进士，授兵科给事中。王玑曾上书论时政，请求分内阁重权，以防朝廷受蔽。嘉靖十二年（1533年），王玑外放出京，任山东提刑按察使司佥事，兵备武定等处，负责巡视山东武定等地的军务。嘉靖十六年（1537年），王玑升任江西布政使司参议。当时，江西地区的农业歉收，上饶乐平县民去浮梁（今属景德镇市）制作陶器，常盗取武器相互仇杀。王玑察得实情，先晓谕利害，后惩办祸首，令其余回乡生产。

嘉靖二十年（1541年），王玑转任山东按察司副使，分巡天津兵备道。他常召集当地生员讲学，又注重地方治安。沿河奸民常驾小船行劫，被害者却没人能够检举。王玑将所有船户编入户籍，在船尾画上禽鸟以示区别，受害者可

［1］慕贤、詹剑：《刑部主事方豪》，《衢州名人》，第207—213页。

以据之指控，盗贼无一漏网，黄河河道由此恢复安宁。嘉靖二十九年（1550年）春，王玑守孝期满，起复任官，补徐州兵备道。是年秋，王玑升为福建布政司左参政，又晋升为右佥都御史，出任朝廷高级监察官。随后，朝廷特任王玑为淮、徐、兖（辖今江苏大部、山东南部等地）招抚营田使。所属五府三州之地，由于连年灾害，千里萧条，王玑上任后节约开支，奖励生产，使大批流民回乡恢复生产，前后安置流亡百姓达42 900余人，开垦田地80万亩。诸事稍定，有言官上书裁撤添设的重臣，王玑遂辞官回乡。[1]

王玑一向敦伦重族，在家时就留心祠堂、族谱、墓舍、祭田等事务，任官后逐渐用薪俸之余增设田产以供祭祖建祠之用。王玑晚年回衢休养，以礼律己，和蔼待人。他曾说过："平生无过人处，惟出处分明，未尝屈身降志。"嘉靖四十二年（1563年），王玑卒，终年七十七岁，死后葬于浮石乡；其碑不树于墓前，而长期保存于显忠王氏宗祠内。江苏山阴人王畿在其撰《明在庵王公墓表》中称赞王玑，"平生惟讲学一事，以忠信为本，致良知为的，圣贤可期"。

9. 刑部尚书毛恺

毛恺（1506—1570年），字达和，号介川，江山县石门人。嘉靖十四年（1535年），毛恺赴京参加殿试，荣登进士，被授予行人[2]一职。这一职务在京官中地位虽低，由于时常抛头露面，因此声望很高，初中进士者，皆以任此职为荣。嘉靖二十一年（1542年），毛恺升任南京工部营缮司主事，分管芜湖关税收。他对税银纤毫不染，对于税吏滥收的税额，下令全部退还。

嘉靖二十八年（1549年），毛恺升任江西瑞州（今江西高安）知府。在任上，他宣扬礼义，严明法纪，纠正了当地民间好词讼的恶习。其后，他又先后调任安徽宁国知府、山东莱州知府、山东按察副使、山西右参政、河南按察使等职。嘉靖三十九年（1560年），毛恺升河南右布政使，主管一省行政事务。次年，又以都察院右佥都御史的头衔巡抚保定，提督紫荆关等要塞。毛恺自河南前往真

---

〔1〕詹剑：《布政司左参政王玑》，《衢州名人》，第214—220页。

〔2〕"行人"一职，掌管捧节、奉使等事务，凡是颁诏、册封、抚谕以及赏赐、祭祀、赈济等事都要奉旨前往。

定（今属河北），当地正值饥年，大批流民络绎不绝，以致堵塞交通，车马都不能行。毛恺首先捐出薪俸的节余，赈济有急需的百姓，流民们欢声如雷，十分感动。他又上书请求朝廷蠲免百姓的钱粮。嘉靖四十四年（1565年），毛恺调任南京刑部、吏部右侍郎。次年，再升任南京礼部尚书、吏部尚书。

隆庆二年（1568年），毛恺转任北京刑部尚书。他执法严明，有京官违法，一律交司法部门查处。仔细审阅案卷后，他发现京师狱中有不少无辜囚犯，就奏请朝廷予以释放。给事中张奇受贿渎职，毛恺对此深恶痛绝，上奏要求对之严刑处罚，判处充军戍边之刑。太监李芳因检举朝官贪污浪费，又劝诫皇帝不要沉迷于游乐，触怒了明穆宗；明穆宗下旨刑部处决李芳。毛恺等人却奏称李芳的罪状不清，直接处决难以公示天下，坚持秉公处理，使李芳最终获释。次年，毛恺上《题禁滥狱疏》，列举了当时滥用刑律的种种弊病，主要有“滥词、滥拘、滥禁、滥刑、滥拟、滥罚”六种表现，奏请朝廷革除[1]。三年刑部尚书之任令毛恺心力交瘁。其后，他多次上书乞求休致，接连九次才得到批准。隆庆四年（1570年），毛恺退休，朝廷特赐其公费还乡。同年九月，毛恺卒于石门故居，享年六十五岁。万历初年追赠毛恺太子少保，谥号“端简”。毛恺留有《薛文清读书录抄释》三卷、《介川文集》十卷及奏议八卷刊行。[2]

10. 东溪先生徐霈的政绩

徐霈（1511—1600年），字孔霖，号惠溪，一号东溪，江山人，明代著名哲学家王守仁的弟子。嘉靖二十年（1541年），徐霈高中辛丑科进士，名列三甲第一百一十三名。徐霈先后出任巡查两湖地区吏治的巡按监察御史、主管安徽安庆府刑狱的推官、负责稽查兵部、上书谏言的兵科给事中、都给事中等职。

嘉靖二十七年（1548年），内阁首辅夏言与陕西三边总督曾铣受权相严嵩陷害，先后罢官被斩。徐霈出于义愤，冒死上书抗议，遭到廷杖，血染朝衣，继而被贬官至贵阳，一去就是整整14年。徐霈这段经历与他的老师王守仁惊人

〔1〕《明史》卷二百十四《毛恺传》。

〔2〕毛永国：《刑部尚书毛恺》，《衢州名人》，第221—231页。

的相似。嘉靖四十一年(1562年),严嵩父子被罢黜后,徐霈被重新起用,出任主管河南教育的学政。在任上,他认真走访了中州各地学府,制定了《讲舍条约》,要求学子们要立志、讲学,颁布了《大梁书院谕诸生榜文》,劝诫学子们勤于苦学,不要空谈。他还亲自主持省试,所选拔者后都成为当地名士。后来,徐霈官至广东左布政使,主管广东行政事务。隆庆(1567—1572年)初年,徐霈称病辞官归乡。

徐霈一生以清介闻名,勤于治学,年九十仍好学不倦,学界尊称"东溪先生"。[1]万历二十八年(1600年),徐霈病逝,享年九十岁,死后葬于江山横渡乡上溪村的一座小山上——当地村民至今仍称此山为"布政坟山"。

11. 工部尚书汪庆百与安庐巡抚徐世荫

明代末年,浙西山城开化出了两位二品大员,他们是工部尚书汪庆百与安庐巡抚徐世荫。两人虽年纪相差很大,经历也各自不同,但都算得上是一代治世能臣,然而没落的明朝并不能给他们提供充分施展其才华的机会。清代以后,作为明末遗老,两人都拒不出仕,归隐家园。

汪庆百(?—1652年),字元履,号生洲。万历三十八年(1610年),汪庆百中进士三甲第四名,被授予行人司行人一职。天启初年,汪庆百就职礼部;因为为人正直不阿,常"侃侃直陈",无所顾忌,因而深受同僚的敬服。汪庆百受命主试福建乡试,所选举人多为当地知名之士。天启中,汪庆百因不满太监首领、"九千岁"魏忠贤专权,辞官返乡。崇祯三年(1630年),汪庆百主纂《开化县志》十卷,次年志成,今日本有藏本。同年,因受群臣举荐复官,汪庆百出任掌管祭祀礼乐的太常寺少卿;后转任大理寺卿,处刑公正,平反昭雪了许多冤狱。崇祯七年(1634年),汪庆百升任吏部侍郎,襄助兵部尚书调兵平定农民义军。因为统帅懦弱,纵敌逃窜,汪庆百自我弹劾回乡戴罪。崇祯十二年(1639年),汪庆百第二次起复,出任正二品南京工部尚书,成绩卓著。次年,汪庆百因坠马伤臂,上书三次方准致仕。汪庆百一生两次被贬,两次重新为官。他为

[1]《明人传记资料索引》,第470页。

人清正廉洁，从不依附权贵，深受时人钦重，能做到工部尚书一职也绝非偶然。汪庆百著有《纂元》四卷、《问奇》十卷、《东部瑞莲堂集》十五卷。明亡后，汪庆百隐居开化东乡桂岩。

徐世荫，字尔绳，号竹荪，开化人。天启五年（1625年），徐世荫中进士二甲第十四名，初任南京兵部车架司主事，负责供应王府繁杂的需求，令之井然有序。当时，南京屯卫军大多滥竽充数，户部尚书郑三俊计划予以剔除整治。屯卫军闻之哗变，聚众围攻官署。徐世荫单枪匹马前往劝谕，片言只语很快就解了围。徐世荫升任负责武官选授、功赏、升调事务的兵部武选司员外郎。其后，徐世荫外放安徽凤阳府任知府。在任上，徐世荫为官清介刚直，对老百姓多惠政，对地方胥吏很严厉，百姓们感恩戴德。凤阳为朱元璋的老家，府治附近有朱元璋父、祖的陵墓。守陵太监横暴不法，徐世荫以礼晓谕，方有所收敛，乡里得以安宁。下属驿站因时常借机勒索，徐世荫革除弊病，驿站守法，民夫欢庆。徐世荫改任江苏常州兵备道。所属宜兴县民不堪豪奴欺凌，群起毁豪门祖墓，并抢掠财物以泄愤，官府不能禁，请求派兵剿灭。徐世荫闻知后，认为这些人不是盗贼，不应该用兵镇压，于是亲自前往晓谕厉害，仅惩处了一些累犯不禁的人，使大多数人得以安心，百姓们因为感恩，建生祠纪念。徐世荫升任福建按察使，整肃当地法纪，施行仁政，开释轻罪的囚犯，严惩首恶。福建百姓很相信迷信，患病多求神仙保佑。徐世荫捐俸创办药局，延医施药，救治病人无数。之后，徐世荫升从二品河南布政使，主管河南行政事务；再升安庐巡抚，兼辖雍、楚、豫三藩王所属州县。在任上，徐世荫勤于公务，夜以继日，无片刻休息。后奉旨调任，于是乞求归养。徐世荫平生孝友仁恕，以敦厚之风训诫子孙，以谦让之风鼓励风俗，因此被开化人奉为楷模。入清以后，徐世荫隐居家乡，杜门不出。[1]

12. 明孝贞纯皇后王钟英

王钟英（1450—1518年），明宪皇后，上元人，中军都督（追赠）阜国公王镇

〔1〕《汪庆百传》《徐世荫传》，《衢州市志·人物·人物传》，第1286页。

之女。按明代的籍贯，有户籍（相当于今户口所在地）与乡贯（相当于今籍贯）之分。王镇为军籍，其户口所在地在上元（今南京江宁），而其乡贯，据《楼峰王氏家乘》和衢州方志记载，为今衢江区全旺镇楼山后村。[1]天顺七年（1463年），王钟英十四岁时应选入宫，成为太子朱见深的妃子。天顺八年，明英宗驾崩，十六岁的朱见深即位，改元成化，史称明宪宗，同年立吴氏为皇后。明宪宗一生宠幸万贵妃，皇后吴氏因与之不和而于同年八月被废，十五岁的王钟英被册立为宪宗第二位皇后。成化二年（1466年），赐王皇后归衢省亲一月；王钟英回京，明宪宗下旨，在驾停立处建造“贺格亭”（今存其名）。王王钟英性情柔婉，礼贤有加，同太后、嫔妃们和睦，即使是骄横的万贵妃也能与之平静相处，所以她在宫中数十年而相安无事。

成化二十三年（1487年），始终未能登上后位的万贵妃郁郁而终。万贵妃一死，明宪宗痛不欲生，不久后也病死了。十八岁的太子朱祐樘即位，改元弘治，史称明孝宗，王钟英被尊为皇太后。明孝宗虽非王钟英亲生，但幼年时曾受其佑护，故对其十分敬孝。弘治十一年（1498年），宫中大火，明孝宗侍奉王钟英一夜未寝，次日罢朝。明武宗即位，王钟英被尊封为太皇太后。正德五年（1510年），上尊号“慈圣康寿太皇太后”。明武宗好出宫游玩，王王钟英常涕泣相劝。她在宫内待人仁和，从不误罚一人。正德十三年（1518年）二月十日，王王钟英去世，谥“孝贞庄懿恭靖仁慈钦天辅圣纯皇后”。六月十六日葬茂陵，王钟英与明宪宗和纪氏、邵氏二位皇后合葬。

五、衢籍名人名著及书画创作

明代衢州的文化最突出的成就在于大量名人名著纷纷涌现，可谓异彩纷呈。由此可见，明代衢州的文风虽稍逊于宋元时期，但成就也是相当大的。这一时期，衢州既有《永乐大典》的编撰者金实、《青来阁集》（毁禁书）的作者方应祥，也有旷达不羁的方豪和博学多才的叶秉敬，还有小说家徐应秋的《玉芝

---

〔1〕孙水标等：《孝贞皇后出楼山》，《衢州掌故》，第144—148页。

堂谈荟》和徐日久的军事著作《五边典则》。特别值得一提的是针灸大师杨继洲写下的皇皇巨著《针灸大成》，至今仍然是针灸学的经典之作。一代高僧传灯和他的著作标志着明代天台宗的中兴。这些经典名著题材广泛，内容丰富，涉及面广，或被收入《四库全书》，或列入毁禁书，对后世都有重要影响。众多衢州方志的编撰是明清时期方志兴盛的直接结果。尽管其中有不少已经失传，但保存至今的版本为我们今天研究考察衢州的历史和文化提供了最为宝贵的直接资料。

（一）金实与《永乐大典》

金实（1371—1439年），字用诚，开化人。他布衣出身，自幼聪颖，灵悟绝人，学识渊博。在明代永乐、洪熙、正统三朝，金实曾历任翰林典籍、左春坊司直、卫府左长史、礼部会试同考官等职。

永乐初年，金实上书论述治国之道，提出"以君德民政为纲"：做君王的履行仁义，严于律己，虚心谏言，明察秋毫，善于决断，谨慎用人，勤俭节约，这就是所谓"君德"；做官的要教化成俗，讲究廉耻，减少刑罚，减免赋税，爱惜民力，这就是所谓的"民政"。这番话深受明成祖的赞誉，金实也因此被任命为翰林院典籍，先是参与编撰《太祖实录》，后又参与编修《永乐大典》。《永乐大典》是明成祖为了炫耀文治，下令系统收集天下古今书籍编撰而成的一部大型类书，是中华民族珍贵的文化遗产。全书正文22 877卷，用例和目录60卷，装成11 095册，总字数约3.7亿字。书中保存了上自先秦，下迄明初的各种典籍资料达8 000余种，是中国古代最大的百科全书。从永乐元年至永乐五年（1403—1407年），全书大体定稿，正式定名为《永乐大典》。金实因而更加得到明成祖的信任，被选为东宫讲官，升左春坊司直，为太子朱高炽授课，日侍经筵，讲说详明，有"良佐"之誉。[1]永乐十四年（1416年），金实一度因病归家休养。洪熙元年（1425年），明仁宗朱高炽即位，复召金实入宫，授王府左长史，负责辅导诸王子，编纂《先正格言》，以备顾问。正统元年（1436年），明英宗朱祈镇即

〔1〕黄心耕：《金实修〈永乐大典〉》，《衢州掌故》，第142—143页。

位，郊祀谒陵，金实协力左右，出力甚多。正统十五年（1439年），金实被任命为礼部会试同考官，事毕即卒。

金实为人谦逊，品行敦宜，内方外圆。他经常翻阅经史，还给自己定下每天的阅读量，到年纪很大了才停止；晚年还把自己的书斋命名为“觉非”，以自儆。[1]金实著有《金实文集》二十八卷，现存《送职方郎中王君赴任序》一文被学者评为明代散文名篇。他的文章从容畅达，“理与气俱”。他的诗则和平冲淡，没有刻意雕琢的毛病，今存有过兰溪《瀔江》诗二首，诗中有“远山飞岚蘸新绿，潜蚊吹涛细花簇。越罗蜀锦不胜裁，夜夜兰江展银轴”等句，把兰江及兰江两岸的景色描绘得绚丽多姿，真不愧为大手笔。

（二）方豪的传世著作

方豪（1482—1530年），号棠陵，开化县人，明代衢州籍的能臣，生平详见前文。方豪生平著述甚丰，有《性理集解》《断碑集》《昆山集》《养余录》《见树窗稿》《洞庭湖雨编》等十余种，其中《棠陵集》八卷、《断碑集》一卷、《蓉溪书屋集》正集四卷被收入《四库全书》。[2]

《棠陵集》八卷，《四库全书》集部别集类存目。此集前六卷为文章，后二卷为诗。《四库全书总目提要》评论说：“豪与郑善夫友善，集中有《祭郑继之文》，叙交情极为笃挚，而诗则不及善夫远甚。”但陈田《明诗纪事》却记载，方豪当时已颇有名气。王廷相（字浚川）《少谷子歌》诗云：“彼时才杰游帝旁，信阳之何棠陵方，大梁翩翩李川甫，吏部薛生尤擅场。”说的正是当时正德皇帝身边的四大年轻诗人，有信阳人何景明、方豪、李濂（字川甫）、薛蕙等。由此可见，明代人对方豪的诗还是赞誉有加的。

《断碑集》记方豪知沙河县时重立颜真卿所书宋璟《神道碑》一事始末。此书虽编次无序，材料琐碎繁多，然而所录颜真卿碑文，与原传之文差别较大，可以资考证。

---

〔1〕《明史》卷一百三十七《金实传》。

〔2〕慕贤、詹剑：《刑部主事方豪》，《衢州名人》，第207—213页。

《蓉溪书屋集》四卷并《续集》五卷,《四库全书》集部总集类存目。此书是关于刑部尚书、绵州人金爵的唱和诗集。正集是方豪于正德十四年(1519年)编撰的,共收作者七十八人;续集是嘉靖二年(1523年)高弟编撰的,共收作者七十一人。[1]

(三)东溪先生徐霈与《东溪文集》

东溪先生徐霈(1511—1600年),江山人,明代著名哲学家王守仁的弟子。进士出身,一生以清介闻名,颇有政绩,详见前一节。

隆庆(1567—1572年)初年,徐霈称病辞官归乡,于城东北郊建东溪书院讲学,阐发王守仁"致良知"学说。徐霈为从游的学子们制订了学习制度,每月的初一、十五举行辩论会,对王氏心学提出辩难和质疑,让学子们能够各有所得。徐霈勤于治学,年九十仍好学不倦,被学界尊称为"东溪先生"。[2]

徐霈一生著有《东溪文集》(六卷)及《世德乘》《道器真妄诸说》等。今有清乾隆十八年(1753年)《东溪先生文集》二十卷本传世,为江山徐氏家族后裔的"重刻并采集增订"本。该书由吏部侍郎彭启丰、户部尚书蒋德璟等人作序,内容包括奏议、讲义、序言、传记、墓志、碑刻、像赞、箴言、书启、祭文、诗等,是徐霈学术思想最集中的体现。[3]

徐霈曾为《孝经》《忠经》等作序,推崇中和、致中和的思想。他认为君子要"立志""尚行""取友""改过""崇谦""敦礼";倡导君子要自重,不重则不威;要有"威仪",讲"忠信",要有选择的"取友",有错即改,不要迁怒别人,也不要诿过于别人。他既主张"为人也孝悌",也不免注重贞节,专门作《节妇传》《孝子传》,还曾为丈夫、幼子溺死后从死的"烈妇"赋诗二首。

(四)针灸学家杨继洲与《针灸大成》

杨继洲(1532—1620年),名济时,以字行世,西安县六都杨人,明代针灸

〔1〕毛冬青:《四库全书三衢先正著述考》,《历史文化研究》第1辑,第45页。

〔2〕《明人传记资料索引》,第470页。

〔3〕《徐霈传》,《衢州市志·人物·人物传》,第1284页。

学集大成者。杨氏家学渊源颇厚，其祖父杨益曾任太医院太医，纂修《集验医方》刊行于世，其父也是名医；杨家家藏秘方、验方与医学典籍极为丰富。杨继洲自幼攻读诗书，准备考取功名。因为屡次科举不第，于是转承家业，潜心攻读医书，钻研医术，终于有所领悟。杨继洲尤其擅长针灸，治病常一针、二灸、三服药，卓有神效。嘉靖三十七年（1558年），杨继洲入京，被嘉靖皇帝选为侍医，其间功绩卓著。隆庆六年（1572年），移居北京玉河坊，直到万历年间仍在北京为医官。杨继洲先后在京城楚王府和太医院供职，历任楚王府良医、太医院吏目、御医。杨继洲一生行医于大江南北，他身为朝中医官，却经常为行动不便的病人出诊。据医案所载，他的医事活动范围很广，先后到过扬州、磁州（河北磁县）、河南汤阴、山东汶山、山西平阳（今山西临汾）、建宁（福建瓯县）等地，治愈患者无数，从而积累了丰富的实践经验和精深的理论知识。

杨继洲家中珍藏许多珍本秘籍。他从医后常取来诵读，常年如此，寒暑不辍，因此得其真谛。在结合历代医书验方的基础上，杨继洲博采针灸文献，考订异同，旁征博引，有心在家传《卫生针灸玄机秘要》的基础上重新编辑一部针灸专著。万历年间，杨继洲为山西巡按监察御史赵文炳治“痿痹之疾”（可能是中风后的局部偏瘫），一到就以三针治愈。赵文炳为了答谢他，刊行了杨继洲增辑而成的《针灸大成》十卷，并委派门客靳贤为选集校正人。《针灸大成》后被《四库全书》子部著录。此书前有赵文炳的序言，因此该书最早版本为万历二十九年（1601年）山西平阳刻本，由此，也有部分学者不假思索地误认为杨继洲乃平阳人氏。

据《四库全书总目提要》记载，此书内容以《素问》《难经》为宗，又仿铜人像绘图立说，内容颇为详尽，唯议论过于繁冗。全书共载穴位359个，其中单穴51个，双穴308个，分别论述内、外、妇、儿、五官等各科常见病针灸治疗的方法。卷十还有《陈氏小儿按摩经》，这是迄今为止最早的小儿按摩专书。该书将明代以前二十余种重要医学著作，如《子午经》《铜人针灸图经》《针灸聚英》《十四经发挥》等书中凡有关针灸的内容全部采编汇集，因此成为一座学习和研究针灸疗法的丰富宝库。它总结了明代以前针灸学方面的伟大成就，对针灸学的整理和研究都起了很大的作用；该书保存了古代很多针灸学的精华，历来为后世医学家推崇，也是后人学习针灸学的必读书目。[1]《针灸大成》流传广泛，自问世以来，至今已有47种版本，其翻刻次数之多，影响之大，声誉之隆，都是罕见的。《针灸大成》在国外也有重大的影响，法、德、英、日等许多国家的针灸学者把它译成本国文字，把它当作重要的学习和参考资料。[2]

作为一位杰出的针灸大师，杨继洲对中国的针灸事业起着承前启后的巨大作用，为人类医学发展作出了卓越的贡献。为纪念杨继洲，1993年8月，衢州市中医院被衢州市政府命名为杨继洲医院。[3]

（五）高僧释传灯与其著作

释传灯（1554—1628年），衢州人，俗姓叶，号“无尽”，别号“有门”。他自幼聪慧，少时曾系统地接受过儒家教育，还参加过科举考试，随即摒弃仕途。十九岁的时候，他跟从进贤映庵禅师剃发出家，后又拜在百松真觉禅师门下学习《法华经》《楞严经》。百松真觉禅师把金云紫袈裟托付给他，表示传灯已完全传其衣钵。传灯一生修习法华、大悲、光明、弥陀、楞严等诸多经义，始终尽心钻研，毫不懈怠，自此声名远播。后来，传灯定居于天台山幽溪高明寺，讲经说法长达四十余年，被视为天台宗第十九世祖师，后人誉为“中兴天台”的人物。万历三十二年（1604年），传灯应守庵禅师的邀请在新昌县大佛寺登座讲经，前后应讲席70余期，听者如云。传灯晚年回到故乡，讲经于东安寺，衢州各地名贤汇集。临死之前，传灯预知死期将至，于是手书“妙法莲华经”五字，高唱经题二回，泊然而寂，享年七十五岁。

传灯一生著述丰富，据记载有24种，100多卷，其中《天台山方外志》三十

---

〔1〕斋藤宗则：《杨继洲学术思想研究概况》，《中医文献杂志》，1997年1期。

〔2〕傅维康：《杨继洲与针灸要籍——〈针灸大成〉刊行四百周年》，《上海中医药杂志》，2001年第2期。

〔3〕许彤：《针灸大师杨继洲》，《衢州名人》，第241—246页。

卷、《幽溪别志》入《四库全书》存目。特别是《天台山方外志》，全书系统介绍了天台山释道儒三教之渊源及发展演变，并配有天台山全图和天台十八景图，还附录了相关艺文，是天台宗重要的著作，影响极大[1]，现存世有清光绪甲午佛陇真觉寺原刻等版本。传灯另著《性善恶论》六卷，着重阐发“性恶”法门，宣扬“性恶”论，对北宋以来天台宗关于性善恶论进行了系统总结。传灯所著《净土生无生论》，融会天台宗“三止三观”的佛学要义，阐扬净土法门。此外，传灯还著有《楞严经玄义》四卷、《楞严经圆通疏》十卷、《天台传佛心印记注》二卷、《维摩经无我疏》十二卷、《阿弥陀经略解圆中钞》二卷及《净土法语》《观经图颂》等，弘扬净土往生观念。

（六）江西右参政叶秉敬及其著作

叶秉敬（1562—1627年），字敬君，号寅阳，西安县人，原籍睦州寿昌。宣和二年（1120年），睦州人方腊率众起义，叶氏祖居被毁，其祖叶有潮时任衢州通判，于是举家迁至衢北之峡口，其后发展为当地大族，世称石林叶氏。万历十年（1582年），二十岁的叶秉敬应乡试，中全省举人第一。当时祖父叶大炮病重在床，闻讯十分高兴地说：“我孙子终于出息了。”

万历二十九年（1601年），叶秉敬中进士，授工部都水司主事。当时，南京的排水道年久壅塞，街上污水四溢，臭味难闻。叶秉敬经过实地考察、深入研究后，制订了一整套治理方案。按照他的方案，选好排水口，循序施工，事半功倍，很快就疏通了壅塞的沟渠。工程完工后，得到了朝野内外的称誉。他还总结这次开沟的经验，著成《开沟法》，详细叙述了城市排水沟的布局和施工中的经验教训。《开沟法》是我国古代关于城市下水道工程的一部重要著作。

由于在京都开沟有功，叶秉敬被擢升为开封知府，不久因母丧回家乡西安县硖口下叶守孝。居家时，他还将衢州宋代的状元程宿、毛自知、留梦炎之策论编成《三状元策》一卷。天启三年（1623年），叶秉敬应衢州知府林应翔的聘

〔1〕任宜敏：《明代佛门的义学传承——天台宗》，《人文杂志》，2006年第4期。

请修撰《衢州府志》，至今仍是衢州方志的重要著作。天启四年（1624年），叶秉敬复职，转任湖广副使。上任后，他严肃政纪，淘汰陋制，任用练才，政绩斐然。天启七年（1627年），叶秉敬转任江西布政使司右参政、加授从三品大中大夫。然而诏书刚至，他已积劳成疾，身染重病，匆忙回乡，抵家第三日即卒，终年六十六岁。叶秉敬一生为官清正，有"明可照肝胆，精可析秋毫"之誉。[1]

纵观叶秉敬一生，真可谓著作等身，《四库全书总目提要》称叶秉敬"学术淹通"，著书四十余种。另据江山叶笑雪先生研究，叶秉敬著述远不止此：除《葩经诗歌》《庄子膏肓》《字孪》等外，还有《千字说文》《声表韵表》《教几识数》《字数疑似》《诗韵纲目》等教材，另有《兰亭讲会》《开沟法》《赋役握算》《学政要录》等五十余种共251卷，内容涉及从政、财政、税赋、教育、诗词、天文、地理、数学、城建、水利、工程等方面；其中有六种六十卷被收入《四库全书》。《字孪》四卷是关于文字学的。《韵表》一书是关于字韵的；特别值得一提的是，对于舌根音"g k h"和舌面音"j q x"的明确分野，在《韵表》里才有了明确的理论阐释。《明谥考》三十八卷，采集了大量明代大臣的谥号。《寅阳十二论》二卷和《书肆说铃》三卷是叶秉敬的杂学论述、随笔札记。《叶子诗言志》十二卷则收录了他的许多诗文。[2]

叶秉敬对诗歌颇有见解，他强调诗歌必须创新才有出路。在其著《敬君诗话》曾说过一样一段话："凡作诗者，绳墨必宗前人，意辞要当独创。若全依样画葫芦，便如村儿描字帖，恶足言诗也。"[3]洛阳灵山寺大雄宝殿后有叶秉敬的行草《灵山酌水赋》碑刻，笔法豪放遒劲，别有神韵，堪称书法艺术中的珍品，可见其书法也不错，可惜存世作品太少。

（七）山东提督学政方应祥及其禁毁著作

方应祥（1560—1628年），字孟旋，号青峒，西安县人。他自幼天资聪慧，

---

〔1〕廖元中：《江西右参政叶秉敬》，《衢州名人》，第247—251页。

〔2〕毛冬青：《四库全书三衢先正著述考》，《历史文化研究》第1辑，第37—38页。

〔3〕大意是：凡是作诗的人，诗的格律一定要学习前人，但"意辞"一定要有独创。如果全部依样画葫芦，就像村里的小孩子才刚刚开始学习描字帖一样，还没有到可以与他谈论诗的时候。

据说有过目成诵的本领；做学问也很笃实，学识渊博，年纪未满三十就开始授徒讲学，名重一时。然而，方应祥科举的运气则实在不佳，屡试不第。万历三十四年（1606年），方应祥乡试中举，年已四十七岁。十年后的万历四十四年（1616年），年近花甲（时年五十七岁）的方应祥才高中进士，名列三甲第二百四十七名。

方应祥初授南京兵部职方司主事一职。职方司主管军政、军令、舆图、训练等，主事是其中具体的办事员，职务虽小，但职权较大。后来，方应祥又升为祠祭司郎中，成为礼部下设司级机构的负责人，负责各种祭祀典仪。其后，方应祥被外放，出任从四品的山东布政使司参议兼按察使司佥事，提督学政，主管山东一省教育。因为母丧，方应祥回乡守孝三年，终因哀伤成疾，忧郁而终，人称为“死孝”。遵照遗嘱，其墓葬于明果寺钵盂山其父母坟旁。方应祥侍父母至孝。明代七品以上官员允许封赠其父母以相应的品级，方应祥一到标准就马上上表朝廷请求封赠。衢州市博物馆今藏有天启年间方应祥父母的封诰二件。

方应祥在官前后九年，从小小主事升至参议、提督学政，正是他为人正直，为政清廉，政绩卓著的缘故。他的友人、著名学者、江苏常熟人钱谦益在所撰墓志是这样形容他的：方应祥身材魁梧高大，修长的面孔，天生一股豪气，令人顿生钦慕之心。他经常戴一顶方巾，而腰间则束着大带，嗜酒如命，手拿杯盏，踱着四方步子，和朋友们高谈阔论。他的形象不像是舞文弄墨的知识分子，更像是一个侠客义士。方应祥虽然是一介文人，但他生平以君亲为天地，以朋友为性命，以吉人善类为头目脑髓，护持善良，铲除螯毒，立誓要使世道昌明。这种性格使他交游甚广，朋友遍天下。[1]

方应祥性格粗犷，坦诚开朗，气度汪洋。在文学上，他也是同样，不喜赋诗，认为诗赋太细腻多愁，而更善挥洒文章，在当时以文而著称。康熙《衢州府志》称方应祥“为文自辟阡陌，非六经语不道”。名士李维桢在为他的文集所撰的

---

〔1〕《方应祥传》,《衢州市志·人物·人物传》,第1285—1286页。

序中就写道："今文章名家，祠部方孟旋称首。"方应祥晚年与同乡徐日新、叶秉敬等人于大考山青峒书院创立文学社团倚云社，又与徐日久、徐可求于烂柯山举办青霞社，编撰《青霞社草》《青霞诗文集》。方应祥晚年居家校书，崇祯元年（1628年），曾刻印茅坤评选的《唐宋八大家文抄》144卷附《五代史抄》20卷、《新唐书抄》1卷。

方应祥的著作留存至今主要是《青来阁集》，共有三集。其中，初集十卷，二集十卷，三集十五卷，按时间的顺序编订在一起；其中所收录的文章，大多数是写给老师和朋友的书信，其次是序和跋，另外还有许多碑传杂文等。方应祥作为明末的知识分子，虽然也受西学东渐的学术风气的影响，但他的本质上仍是中国传统的文人，他的文章用李维桢的话说是"多发明五经、孔、曾、思、孟之旨"，是最传统的儒家学派的言论。方应祥对入侵的清兵深恶痛绝，所以一提到他们，多用"敌人""敌氛""腥氛""夷狄""寇"等类字眼。因此，到了清乾隆年间编修四库时，方应祥的《青来阁集》被列入四库全书禁毁书目。[1]这也正是今天我们对于方应祥这位晚明文章大家知之不多的原因。

（八）徐日久与军事著作《五边典则》

徐日久（1580—1631年），字子卿，西安县人，晚明精通军事史学的文人。万历三十八年（1610年），徐日久中进士三甲第三十六名。徐日久初任上海知县，因触犯负责漕运的高官被贬为楚王府检校，担任低级的事务官。徐日久后来又慢慢升迁上来，在北京工部担任司级郎官，居住在台基厂。当时，徐日久每天都捧着明朝历代皇帝的实录，将数百卷书全部钻研透彻，充分了解了当时的宪章制度。其读书笔记后来曾整理成《实录钞》，可惜今已佚。因为上书弹劾边将马世龙失律丧师，得罪了朝中权贵，徐日久被夺职归里。崇祯元年（1628年），徐日久起复任福建巡海道，奉命巡视闽海。徐日久招抚大海盗郑芝龙（郑成功的父亲），击溃李之奇、沈钟斌等数股海匪，福建海疆全面平定。[2]

---

〔1〕瞿冕良编：《中国古籍版刻辞典》，齐鲁书社1999年，第77页。

〔2〕《徐日久传》，《浙江人物简志·中》，浙江人民出版社1986年，第186页。

面对此起彼伏的义军，明朝束手无策，而闽海的这场胜利难能可贵。徐日久也因功升任正三品的山东按察使，在赴任途中患病，归卒于家。明廷嘉奖其功，追赠光禄卿。[1]

徐日久精通史学，蜚声艺苑，著有《巡海实录》《江夏纪事》《子卿近业》《历代史抄》等，另有《骘言》十八卷、《论文别集》等刊行于世，而影响最大的莫过于《五边典则》二十四卷。徐日久生平十分关心政务，志于筹边，每遇边塞事一定记下来。经过多年辛勤搜集和精心考证，在忧世、救世思想的指导下，于万历年间编成此书。《五边典则》是一部关于明代边事的资料汇编，在清代被列入四库全书毁禁书目。该书内容以蓟、辽、宣、大(同)四重镇以及陕西边事为主体，还涉及西南和日本，所载事项上起洪武年间，下至嘉靖、隆庆年间，前后约200多年；采用编年体，史料主要采自《明实录》。此书虽有不少边镇并未触及，但仍不失为研究明代边镇体制的重要史料，可补现存手抄《明实录》的不足，对于研究明代西南少数民族乃至明代中日关系也具有重要参考价值。[2]

（九）福建左布政使徐应秋及其著作

徐应秋，字君义，号云林，室名“玉芝堂”，西安县人，出身官宦之家。父亲徐可求是万历二十年(1592年)进士，官至正三品副都御史、总督四川。万历四十四年(1616年)，徐应秋中进士三甲第七十八名。徐应秋曾经担任过主管山东一省教育的学政，主持乡试，所录取者都是国家栋梁之才。其后，徐应秋奉旨巡视福建沿海，因平定巨寇刘香有功，升从二品福建左布政使，主管福建行政事务。徐应秋后因为被朝中权贵所中伤，离职归里，一心闭门授徒，著书立说。徐应秋一生著作颇丰，有《玉芝堂谈荟》《骈字凭霄》《两闱合刻》《雪艇尘余》《古文藻海》《古文奇艳》等。

---

〔1〕民国《衢县志》卷二十二《徐日久传》。

〔2〕赖建诚:《边镇粮饷:明代中后期的边防经费与国家财政危机，1531—1602》，台湾联经出版事业股份有限公司2008年，第11—1238页。

《玉芝堂谈荟》三十六卷，为《四库全书》子部杂家类杂纂之属著录。此书主要记录一些考证文章，因为内容广博，而且颇多奇谈怪论，因此也不免有不少琐屑之事。全书体例是先立一标题为纲，再广征博引来论证它，大多采用的是出自小说、文集、散记等书籍，具有一定的参考价值。因为论证之语不多，因此文章中论述的主题常常被众多小说、故事所淹没。由此，不少学者将徐应秋视为晚明的小说家。书中若干故事对后世小说戏曲亦有影响，对历代状元、龙生九子、梅雨季节、海啸等内容的记载至今仍为不少学者所关注。全书篇幅浩大，保存旧文很多。《四库全书》评价此书"堪称宏富"，但美中不足的是此书引述的内容都不注明出处。[1]徐应秋另有《骈字凭霄》二十四卷，为《四库全书》子部类书类存目。此书之所以命名为"凭霄"，徐应秋自注引王嘉《拾遗记》："苍梧有鸟名凭霄。"此书选摘经史当中骈连的字，以备文章用词的范例。全书分《诠义》十卷，《释名》十四卷，每卷又各分子目，只是略为注释，并不全部注明出处。

（十）明代衢州府县志的编撰

明清是我国方志发展的全盛时期，各省府州县定期修志的制度形成，还出现了编修乡镇志的普及活动。衢州的方志在这一时期也获得了很大的发展。

明代，衢州府官修府志共有六次，其中正统年间以前（1436年以前）两次，均已无存；明代中后期有四次，分别是知府沈杰修、吾冔、吴夔纂弘治《衢州府志》十五卷，知府杨准修、江山人赵镗、郑伯兴撰嘉靖《衢州府志》十六卷，知府林应翔修、叶秉敬撰的天启《衢州府志》十六卷首一卷和知府张文达主修的崇祯《续衢州府志》。其中，前三者现有存本，后者今未见传。明代，衢县志编修二次，龙游县志编修五次，江山县志编修四次，常山县志编修三次，开化县志编修五次。今仅存知县万廷谦纂修的万历四十年（1612年）《龙游县志》十卷首一卷，天启三年（1623年）知县张凤翼修、县人徐日葵纂《江山县志》十卷，万历十三年（1585年）知县傅良言修、县人詹莱纂《常山县志》十五卷，崇祯四年

[1] 宁稼雨：《中国文言小说总目提要》，齐鲁书社1996年，第285—286页。

（1631年）知县朱朝藩修、县人汪庆百纂《开化县志》10卷。

（十一）衢州的书画创作

方豪也是明代的书画名家。他为唐寅题跋的《落花诗册》，今珍藏于苏州博物馆。[1]开化人徐玞，善写菊。方豪曾题其画作云："谁写东篱本，无香自可人。试从秋圃看，那辨孰为真。"

开化人时俨，字若思，号晴川，"以焦墨作山水人物，妙绝千古"。尝自题云："书法即画法也。晦翁（朱熹）之秃笔，秃而有致，取妍则惑矣。"明代松江人何良俊评价当时的浙派名家，十分推崇时俨的画作。他认为徽州汪肇（汪海云）的创作虽"法近正"，但"墨气"远不及时俨，至于蒋嵩（蒋三松）、张路（张平山）等人更是不在话下。[2]

龙游人劳景贤，字仲子，善画。其笔法最初效唐代李昭道（小李将军）。后与王畿、钱德洪等人泛舟出海，见波涛汹涌，山林杳冥，于是笔势奔放，苍苍莽莽，遂号"海山子"。劳景贤晚年与徐渭善。徐渭愤世独处，景贤访之，写竹以赠。题竹以赠曰："竹箨潇潇墨色新，只因苦热扫炎尘。高巾忽到龙丘客，正是清风来故人。"劳景贤的书画也多经徐渭题跋。

六、客籍诗文戏曲的创作

明代的衢州文坛客籍阵容依然强大。徐渭、沈明臣的《烂柯山欢宴祝捷碑》不仅为烂柯山再添一段佳话，也造就了一个新的成语"杀人如草"。戏曲大师汤显祖五年遂昌知县的经历为龙游留下了众多的诗篇和传说。汤显祖名作《牡丹亭》中有些脍炙人口的唱词就是在龙游写下的。徐霞客四过衢州，在日记中留下了不少对衢州美景的描绘。而衢州从南宋以来南戏的发展，不仅对明代无名氏的《烂柯山》剧本具有重要影响，而且也影响了下一阶段衢州题材的戏剧创作。

---

〔1〕刘国庆：《书画金石传千古》，《作家笔下的衢州》，第25—26页。

〔2〕雍正《浙江通志》卷十，中华书局2001年，第5565页。

（一）烂柯山欢宴祝捷诗碑的流传

烂柯山围棋圣地之名已广为人所知，但其作为明代抗倭战争纪念地却鲜有人知。烂柯山上至今仍保存着半块明代著名文学家兼书画家徐渭、沈明臣等人所撰写的祝捷诗碑，记录了当时的盛况。

嘉靖四十一年（1562年），管辖浙江、南直隶（今江苏、安徽大部）、福建、江西四省军务的总督胡宗宪曾率大军自总督驻地杭州南来而驻扎在衢州烂柯山，以指挥、接应正激烈进行中的福建平倭战事。当时，猖獗一时的福建倭寇全被他派往增援的浙江参将戚继光所部及当地将士一一荡平。其后，戚部返回烂柯山，全军于山上开宴纵欢大庆。作为统帅的胡宗宪及其幕僚徐渭、沈明臣等人更是豪情万丈，在喜庆洋溢的气氛中各自赋祝捷好诗以作纪念。事后刻碑留念，这块平倭庆捷纪念诗碑曾在烂柯山久久留存，并载入民国《衢县志·碑碣志》。

徐渭在诗碑中提到他侍奉少保、总督胡宗宪驻师三衢，听闻闽中倭寇全部平定，因此献上凯歌四首。其诗文如下：

万山松柏绕旌旗，太保南征暂驻师。
接得羽书知贼破，烂柯山下正围棋。

偏裨结束佩刀弓，道上逢迎抹首红。
夜雪不劳元帅入，先擒贼将出洄中。

群凶万队一时平，沧海无波岭瘴清。
帐下共推擒虎将，江南只数义乌兵。

帷中谈笑静风尘，只用先锋一二人。
万里封侯金印大，千场博戏采球新。

诗中谈到胡总督任用“擒虎将”戚继光为先锋，带领英勇善战的“义乌兵”一举平定福建倭寇，实现了“沧海无波岭瘴清”。捷报传来，胡宗宪仿当年东晋谢安旧事，正在悠闲自得的下着围棋。

沈明臣也即席赋诗两首，其诗是这样写的：

衔枚夜渡五千兵，密领军符号令明。
狭巷短兵相接处，杀人如草不闻声。

轻裘缓带一跻攀，靖海平蛮指顾间。
手自题诗临石壁，烂柯山是燕然山。

成语“杀人如草”就源自此诗——这是与衢州有关的第三个成语。当时，他吐此妙语以形容戚家军夜袭倭寇之矫健勇猛。诗中还提到“燕然山”。东汉著名历史学家班固曾留下《封燕然山铭》，盛赞大将军窦宪大败匈奴军，夸功勒石的壮举。沈明臣把烂柯山比作“燕然山”，盛赞胡总督、戚将军“靖海平蛮”的功绩[1]，用“杀人如草不闻声”描写战斗场景，含蓄而又痛快，自是大家手笔。为此，王夫之赞之：“自是实事，古今人道不及。”[2]

（二）戏曲大师汤显祖的龙游缘[3]（1593—1598年）

汤显祖（1550—1616年），江西临川人，是明代著名的戏曲家、文学家，其

---

〔1〕余良佐等：《烂柯山——我国明代抗倭战争最大胜利的纪念地》，《历史文化研究》第5辑，第68—72页。

〔2〕王夫之：《明诗评选》，文化艺术出版社1997年，第392页。

〔3〕汤显祖在遂昌任上政绩卓著，还为邻县智破了许多疑案、冤案。传说，龙游布商吕豆明向灵山村卜为仁借了两千贯钱，讲定一年内归还。不到八个月，吕豆明就将赚来的一千八百贯钱还给卜为仁，但当日未写收据，也没在借据上注明。第二天，吕豆明又拿了二百贯钱去取借约时，卜为仁却死不认账，反诬吕豆明想赖账。吕豆明只好告到县衙，却因没有证据，反被县官横加“诬告”之罪。吕豆明不服，因久闻汤显祖名声，故星夜赶赴遂昌县衙告状。汤显祖越俎代庖，接了案子，命差役以“窝藏强盗罪”将卜为仁抓来。卜为仁为了洗刷“通盗”之罪，如实招供了一千八百贯钱是吕豆明的还债钱，一场欺诈案因汤显祖的略施小计而水落石出。吕豆明为感谢汤显祖的断案之恩，送了许多绸缎，被汤一一退回。

创作的《牡丹亭》等“临川四梦”在中国戏曲史上具有非常高的地位。万历二十一年(1593年),汤显祖由广东调任浙江遂昌县任知县。因为龙游是出入遂昌的必经之路,所以在五年多的任期内,汤显祖曾多次经过龙游,留下了不少动人的故事和诗篇。

万历二十五年(1597年),汤显祖写下了《丁酉三月平昌率尔口号》一诗:

千山一酒楼,伐木下长流。
一笑游龙县,为龙向北游。

该诗描绘了诗人在灵山江畔酒楼上看木筏漂向远方龙游城的情景。当时遂昌、龙游溪口镇一带是重要的木材产地,木材商常将大批木材扎成木筏,顺流而下。诗中将一条条木筏比作长龙,又与龙游县名结合起来,足见构思之巧。

次年,汤显祖又在龙游溪口镇写下《题溪口店寄劳生希召龙游二首》。其一:

谷雨将春去,茶烟满眼来。
如花立溪口,半是采茶回。

诗人以“花立溪口”形容一群美丽勤快的采茶姑娘,赞美之情溢于言表。其二:

忽忽登楼去,长安五度春。
云何冷水店,尚有热心人。

诗人借称赞“冷水店”里的“热心人”(店伙计),抒发自己在遂昌为官五年的心境。

民国《龙游县志》上还载有汤显祖《过龙游凤凰山》一诗:

系舟尤在凤凰山，千里西山此日还。

今夜销魂在何处，玉岑东下一重湾。

凤凰山即龙游小南海，山上有竹林禅寺，山下是衢江和灵山江汇合之处。这里是龙游的一处风景名胜，远近闻名。风光绮丽的小南海使诗人心旷神怡，诗情横溢，留下了千古绝唱。

为创作不朽名作《牡丹亭》，汤显祖废寝忘食，呕心沥血。一次，他从溪口坐轿到龙游访友，一路观赏山村风光，一路苦思冥想。到了龙游街上，突然有几句佳词涌上心头，便叫轿夫歇脚，取出文房四宝，将唱词写在纸上，贴在轿帘之背，反复吟唱，不断修改，直到满意为止，这就是《牡丹亭·劝农》中一段百唱不厌的唱词[1]：

红杏深花，菖蒲浅芽，春畴渐暖年华。

竹篱茅舍酒旗叉，雨过炊烟一缕斜。

（三）旅行家徐霞客四次过衢州

徐霞客（1586—1641年），名弘祖，字振之，号霞客，南直隶江阴（今属江苏）人，是我国明代著名的地理学家、旅行家。他出身官僚家庭，幼年好学，博览史籍及图经地志。徐霞客应试不第后，感慨于明末政治黑暗，党争剧烈，遂断功名之念，以“问奇于名山大川”为志。徐霞客自二十二岁起出游，三十余年间，东涉闽海，西登华山，北及燕晋，南抵云贵两广。他在旅行中备尝艰险，遇盗被劫、绝粮乞食，均未挫其意志。徐霞客观察所得，按日记载，除佚散的以外，至今仍遗有六十余万字的资料。《徐霞客游记》是优美的游记文学作品，其中就记录了徐霞客先后四次经过衢州的经历。

第一次是在万历四十八年（1620年）五月二十三日，徐霞客经江山县城南

---

〔1〕洪波、周樟华：《戏曲大师古城缘》，《衢州掌故》，第153—156页。

面的青湖（即清湖镇）去福建。第二次是在崇祯元年（1628年）三月，徐霞客经过江山赴福建、两广。第三次是在崇祯三年（1630年）七月十七日，徐霞客应在福建漳州做官的叔父之邀，经龙游、西安（樟树潭）、江山，过廿八都入福建浦城。第四次是在崇祯九年（1636年）十月十三日至十六日，坐船经过湖镇、龙游到衢州府，再从常山入江西。《徐霞客游记》有不少关于明代衢州山水胜景和社会风貌的相关记载。

在江山城南二十五千米的江郎乡有一座江郎山，传说是古时候三个姓江的兄弟登上山顶变成的三大巨石而形成。三巨石拔地冲天而起，高360余米，形似石笋天柱，形状像刀砍斧劈，自北向南呈“川”字形排列，人们叫“三爿石”。徐霞客在游记中对江郎山赞叹不已，生动地描绘了其变化多姿的形象。当时，徐霞客路过山下，看见南面有一峰特耸，“摩云插天，势欲飞动”。询问乡人，才知道这就是江郎山。过石门街，逐渐走进山峰，只见江郎山一会儿裂成两半，一会儿又转成三峰。三座山峰似断似连，移步换形，像云彩一样变幻莫测。徐霞客还把江郎山与雁荡山、黄山和鼎湖峰进行比较，极力赞叹江郎山“奇、险、神”。

徐霞客第四次经过衢州，坐船经过衢州浮桥西行入常山溪口，看见两岸橘林秋景，不禁写道：“两岸桔绿枫丹，令人应接不暇。”徐霞客见证了300多年前衢州橘子丰收的盛景：当时正是橘子成熟的季节，他看到一棵棵橘树上红红的橘子挂满枝头，一筐筐橘子装得满满的，贩运橘子的船只一条条沿河而下。[1]

（四）王守仁的常山诗

王守仁（1472—1529年），字伯安，号“阳明子”，浙江余姚人，明代中叶著名哲学家、教育家，阳明心学缔造者，留有《王文成公全集》三十八卷。王守仁因征战和讲学，曾多次经过常山，给常山留下了许多美好的文字和宝贵的精神财富。

---

〔1〕王学莉：《徐霞客游记山水》，《衢州掌故》，第52—55页。

正德十四年（1519年），王守仁平定了宁王朱宸濠的内乱。是年九月初，王守仁献俘北上，路经草萍驿，并宿居写下《草萍驿次林见素韵奉寄》一诗：

山行风雪瘦能当，会喜江花照夜航。
本与宦途成懒散，颇因诗景受闲忙。
乡心草色春同远，客鬓松梢晚更苍。
料得烟霞终有分，未须连夜梦溪堂。

诗人对仕途已经产生懒散情绪、早已不想继续为官，可是圣命难违，不得不再受闲忙。可见，王守仁当时的心情是十分复杂的。

正当王守仁收笔不久，忽传荒唐的明武宗不顾叛乱平定的事实，依然决定御驾亲征已及徐淮（今江苏北部），他大惊失色，当即下令“乘夜出发”，留下《擒宸濠北上，驻草萍驿中，忽传车驾南征，已及徐淮，乘夜速发，和前韵诗》：

千里风霜一剑当，万峰秋色送归航。
鬓垂双白犹惊懒，门已三过有底忙。
羽檄西来秋黯黯，关河北望夜苍苍。
自怜力尽螳螂臂，此日回天在庙堂。

面对已疲惫不堪的东南民力、财力，诗人准备做“螳臂当车”之事，请明武宗回朝。临出发时，他若有所思，索笔题诗于驿站墙壁，即《题草萍驿壁诗》：

一战收功未足奇，亲征消息尚堪危。
贼情西北方传警，民力东南已尽疲。
万里秋风嘶战马，千山斜日度征旗。
小臣何尔驰驱急，欲请回銮罢六师。

（五）阆州守夫人《题诗邮亭歌》

阆州守夫人宋氏，明初浙江金华人，著名文学家宋濂本族。其夫衢州人，姓名失考，授阆州（今四川阆中）太守。因受人诬告，其夫被投入监狱，死于狱中。按明制，宋氏与婆婆被发落戍边金齿（今云南保山）。行至湖南常德一个邮亭中，宋氏感怀身世作《题诗邮亭歌》。诗曰：

邮亭咫尺堪投宿，手挟亲姑憩茅屋。
抱薪度地暂铺摊，支颐相向吞声哭。
傍人问我是何方，俯首哀哀诉衷曲。
妾家祖居金华府，海道曾为土千户。
奉艘运粟大都回，金牌敕赐双飞虎。
兄弟晦迹隐山林，甘学崇文不崇武。
方今玉堂宋学士，亦与妾家同一谱。
笄年嫁向衢州城，夫婿好学明诗经。
离骚子史遍搜览，意欲出仕苏苍生。
前年郡邑忽交辟，辞亲笑傲趋神京。
万言长策献阊阖，泥金捷报来掀腾。
承恩荣除阆州守，飘然画舫西南行。
到官搜贤访遗老，要把奸顽尽除扫。
日则升堂剖公务，夜则挑灯理文稿。
守廉不使纤尘污，执法应教僚佐怒。
府推获罪苦相扳，察院来提谁与诉。
临行囊橐无锱铢，惟有旧日将去书。
牵衣父老泣相送，遮留赤子争号呼。
彼时征赃动盈万，妾夫自料无从办。
竟晨拷打不成招，暗嘱家人莫送饭。
无何饿死囹圄中，旗军原籍来抄封。

当时只望耀门户，岂期一旦翻成空。
亲邻怜妾贫如洗，敛钞殷勤馈行李。
零丁三口到京师，奉旨边方戍金齿。
兄弟远饯龙江边，临歧抱头哭向天。
姐南弟北两相恸，别来再会知何年？
开船未几子病倒，求医问卜皆难保。
武昌城外野坡前，白骨谁怜葬青草。
眼前有子相亲傍，身安且不忧家荡。
如今子死姑年高，纵到云南有何望？
八月官船渡常德，促装登程戒行色。
空林日暮鹧鸪啼，声声叫道行不得。
上山险如登云梯，百户发放来取齐。
雨晴泥滑把姑手，一步一仆身沾泥。
晚来走向营中宿，情思昏昏倦无力。
五更睡重起身迟，饭锅未熟旗头逼。
翻思昔日闺门内，远行不出中堂邃。
融融日影上栏杆，花落庭前鸟声碎。
宝髻斜簪金凤翘，翠云蝉鬓娥眉娇。
绣床新刺双蝴蝶，坐久尚觉春风饶。
谁云今日夫亡后，万里遐荒要亲走。
半途日午姑云饥，欲丐奉姑羞举口。
同来一妇天台人，情怀薄若秋空云。
丧夫未经数十日，画眉重嫁盐商君。
血色红裙绣罗袄，骑驴远涉长安道。
稳步不知行路难，扬鞭笑指青山小。
古来节义重难陈，抉目截鼻肝胆真。
嗟哉风俗日颓败，纲常废尽趋黄金。

妾心汪汪淡如水，宁受饥寒不受耻。
几回欲葬江鱼腹，姑存未敢先求死。
孝思须体夫悬恋，当学慈乌终养膳。
姑亡妾亦随姑亡，地下何惭见夫面。
说到伤心泪如雨，咽咽低头不能语。
道旁闻者总凄酸，隔岭哀猿叫何许。

这首感天动地的申述屈苦哀怨的叙事诗，惊动朝野，感动后人，在民间广为流传。后来朱元璋闻说了这件事，于是释放了她，并赏赐其以“阆守”俸禄，以便宋氏赡养婆婆。宋氏死后，当地官员在云南永昌城西建节孝碑，明嘉靖十六年（1537年）又立祠祭祀，此事详见《列朝诗集小传》。[1]清嘉庆二年（1797年），桂馥任永平知县，读到此诗说：“今读其诗，词意率直，音节悲凉，有古乐府之风。”[2]

阆州守夫人宋氏作为一个丧夫而经历婚姻变故的妇女，家庭的变故使这位深居闺内、远行不出中门的女子踏上了颠沛流离的漫漫戍守征途。夫亡子失已痛彻胸肌，昔日的云鬓娇眉、新婚燕尔只化作美好的回忆。远离亲人，姑老路遥，饮食无助，人生的前程渺渺，这种种因素中的任何一个已足以让一个女子放弃守节，另嫁他人。同行的“天台妇”就是一个另嫁而得到“红裙”“罗袄”，能“骑驴远涉”，可以“扬鞭笑指青山小”的活生生例子。而阆州守夫人宋氏却选择了守节，于是她就得忍饥挨饿，携姑在泥泞中“一步一仆”。然而宋氏即便困苦万状，守节的决心却丝毫不动摇，这与同行中改嫁盐商的“天台妇”形成了鲜明的对比。两种生活的选择，两种生活状况，又反映出两种截然不同的贞节观念。这便是宋氏的这首诗所反映出来的当时社会妇女生活的现实。[3]

---

〔1〕苏者聪：《中国历代妇女作品选》，上海古籍出版社1987年，第277页。

〔2〕张履程：《彩云百咏》卷下。

〔3〕沈海梅：《明清云南妇女生活研究》，云南教育出版社2001年，第232页。

(六)南戏的发展与《烂柯山》剧本

12世纪初,在浙江温州、永嘉一带出现了一种完全新型的戏剧形态——南戏。据明代著名才子祝允明《猥谈》记载,南戏产生于宋“宣和之后、南渡之际”。它最初在宋人词调的基础上,加上民间“里巷歌谣”式的唱曲而兴盛起来。明代另一位大才子徐渭在《南词叙录》中又称,南戏是以村坊小曲为基础,本无宫调,亦少节奏,最初只是农夫、农妇顺口可歌而已,十分随意。其表演形式应该是由民间年节故事装扮发展而来。它成长的过程中不可避免地受到比较成熟的优戏形式——杂剧的启发和影响,特别是当南渡的宋室把高度发展的汴京杂剧带来之后,随即刺激了戏文走向成熟和进入兴盛期,故徐渭说它“宣和间已滥觞,其盛行则自南渡”。南戏的演出和音乐体制都不同于宋杂剧,它已经能够熟练地运用诗、歌、舞的综合舞台形式来表现完整的故事情节和比较复杂的场景。在它的舞台表演里,歌唱成为最重要的手段之一,而它的音乐结构已经形成规范,能够把大量的曲牌组织在众多的套数里,共同连接成一个长篇的音乐作品。它的表演也已形成一定的程式,例如人物的上下场要念上下场诗;角色分行当,包括生、旦、外、贴、丑、净、末;各行当都有自己的表演特色等。南戏戏文的内容多为生旦爱情戏,这在同时代出土优戏塑像中也可以明显地看出来。[1]

关于宋代衢州南戏的情况,因缺乏文献记载,详情至今不为人知。但是到了明代,特别是明末,有关衢州南戏的记载开始跃入人们的视线。其中最为人们所关注的是明无名氏《烂柯山》传奇剧本。宋元戏文中有一些剧目,由于具有强大的舞台生命力,历经明、清数百年的时间淘洗而盛演不衰,成为长期的保留剧目,并在民间的流传中逐渐发生演变,《烂柯山》就是其中之一。此剧为明末清初人所作,取材自民间传说朱买臣休妻的故事:朱买臣因应考不中,妻子崔氏嫌其贫寒,逼之写休书而改嫁;后来,朱买臣高中而做官,荣归故里,崔氏又希望夫妻能相认,朱买臣不允,崔氏羞愧自尽而死。今全剧已散失,仅存

---

〔1〕许艳文:《南戏的发展及其在戏曲体制演进中的作用》,《求索》,2003年第2期。

其中零散的几出。昆剧中的《痴梦》[1]和有些剧种的《夜梦冠带》《马前泼水》都源出于此。

七、明代衢州的宗教与民间信仰、礼俗

明代中晚期以后，伴随着衢州经济的进一步发展以及思想文化上的开放兼容，衢州的宗教以及民间信仰也取得了不小的发展。一些民间信仰和民俗活动也逐渐在此时期形成体系并深入人心，成为此后民俗文化的主流，一直影响到现在。

（一）佛教

明代衢州地区的佛教非常兴盛。根据弘治、嘉靖、天启三部《衢州府志》对明代衢州寺院进行梳理，弘治《衢州府志》所载寺庙、庵堂、佛院等最多，弘治末年不少庵堂被归并入本地大寺院中；嘉靖《衢州府志》、天启《衢州府志》与弘治《衢州府志》所载略有出入，所载总体偏少，略有增添。从地域分布来看，西安县作为府城附郭县佛寺庵堂等最多，多达128座，超过第二三名的总和；其次是江山和龙游两县，分别以69座、54座列第二三名；再次是常山和开化，各有30座。

1. 西安县的佛寺（128座）

府城内寺庙9座：大中祥符禅寺、天宁万寿禅寺、宝坊寺、瀫宁寺、显报寺、弥陀寺、天王寺等7寺；弘治《衢州府志》又载惠峰寺、罗汉教寺2寺。

县东区域8座寺庙：开元寺、三藏寺、光严寺、兴福寺、九仙禅寺、大慈寺等6寺；弘治《衢州府志》又载福林寺、子湖定业禅寺2寺。

县南区域有23座寺庙：南禅显圣寺、南保安寺、崇寿寺、宝岩教寺、九龙寺、天泉寺、潜灵寺、四果寺、能仁寺、福应禅寺、回龙寺、福惠禅寺、乾明禅寺、林泉

[1]《痴梦》，也叫《夜梦冠带》，为昆剧传统剧目，是《烂柯山》的一出。写汉代朱买臣的妻子崔氏嫌夫贫穷而改嫁，后来朱买臣做官，崔氏闻悉追悔莫及。崔氏夜里梦见朱买臣遣人送来凤冠霞帔，正高兴着，却见后夫持斧赶来，惊醒后举目四顾，只见破壁残灯依旧，伤感不已。

寺、清化寺、仙坛寺等16寺；弘治《衢州府志》又载香严寺、安东寺、开元寺3寺；嘉靖《衢州府志》增昭济寺、福林寺、圣寿长教寺3寺；天启增西山寺。

县西及西北区域10座寺庙：药师教寺、接待寺、上地藏寺、下地藏寺、法光寺、资忠显亲禅寺、鹿泉寺等7寺；弘治《衢州府志》载宝积教寺、龙源寺、天福寺等3寺。

县北地区26座寺庙：涌泉寺、明教寺、（北）保安寺、国宁寺、福民寺、下古城寺、乾元寺、崇福教寺、北延寿寺、太平寺、崇胜寺、延恩寺、龙门寺、长潭永光寺、洞溪寺、上龙山寺、明果禅寺等17寺；弘治《衢州府志》又载有报国寺、北清化寺、莲花寺、灵石寺、华光寺、□湖寺、永福寺、下龙山寺等8寺；嘉靖《衢州府志》新增咸通兴善寺1寺。

庵堂11座：普润庵、白灵庵、塔山庵、宝盖庵、福□庵、善智庵、慈宁庵、岩山庵、白鹤庵、福聚庵等，弘治末年并入祥符、天宁、太平等寺庙；嘉靖《衢州府志》载转输禅庵，天启《衢州府志》作转轮禅庵。

禅院41座：庆安院、观音院、资福院、华严院、（圣寿）仙岩院、兜率院、净明院、遇明院、般若院、正觉院、观音院、寿圣双水院、香积院、寿圣净化院、隆寿院、常乐院、教祖院、安西院、延寿院、弥陀院、浮石教院、妙果院、北安院、九田院、长林院、南仙院、庆源（元）院、法华院、保寿院、余庆教院、国宁塔院、崇福院、宜平院、觉林院、瑞云院、焚香院、栖心院、古城院等；[1]嘉靖《衢州府志》又载普通教院、广施院、僧伽院等；天启《衢州府志》缺广施院，其余同。

2. 龙游县的佛寺（54座）

寺庙16座：城内1座灵曜寺；县域内共计15寺，其中县东有东华教寺、石壁教寺、白云教寺、证果寺、舍利寺、九峰禅寺，城南有凤溪教寺、圣寿禅寺，县西有灵嘉寺、明化寺、岑山寺，县北有乌石教寺、北资福寺、台山寺（天启《衢州

〔1〕弘治《衢州府志》卷七《古迹·寺观》中原只记“庆安院、观音院、资福院、华严院”4座禅院，将仙岩院以下至古城院等34座禅院以及2座道院误计入“龙游”条下，今根据各佛院所在地点注释，参见《嘉靖府志》，补上缺字，重新计入西安县。

府志》作寿山寺)、成志寺等。

庵堂10座：福寿禅庵、集善禅庵、菩提教庵、天竺庵、东林庵、永宁禅庵、兴福教庵、栖霞教庵、丁堂教庵、实际禅庵等10庵，弘治末年并入灵耀、九峰、南安、明化、乌石等寺庙。

禅院28座：延兴院、安乐院、僧伽院、千松院、宝兴禅院、永寿院、法安禅院、景福院、智因院、兴福院、双岩禅院、下山(三)门院、上山(三)门院、香山禅院、国清院、清高白岩院、龙华禅院、延和院、国宁院、南资福院、安国院、响石禅院、西山保安院、上地保安院、方山院、玄妙观院(瀔水院)等；弘治《衢州府志》又载西竺教院、黄堂教院，弘治末年分别并入南安寺、成志寺。

3. 江山县的佛寺(69座)

寺庙37座：县城内海会禅寺、施水寺2寺；县北域有宝咸(成)寺、真岩寺、禄山寺等3寺；县南域有南安寺、太平寺、保福寺、福禄寺、普明寺、西禅寺、吉祥寺、仙居寺、白岩寺、法藏寺、璩源寺、石门罗汉、报恩寺、资福寺、国泰寺、松山寺、龙泉寺、江郎寺、翟锦寺等19寺；弘治《衢州府志》又载有资庆寺、延龄寺、鹿溪寺、覆螺寺、永福寺、石龙寺、天福寺、梅林寺、圣仙寺、常乐寺、觉林寺、感恩寺、天心寺等12寺，弘治末年均并入南安、翟锦、福禄等寺庙。

经堂5座：灵宝经堂、东林堂、善会堂、华山堂、圆明堂等，弘治末年并宝成、南安、保福等寺庙。

庵堂17座：目连庵、慈灵庵、□度庵、积庆庵、松居庵、福庆庵、宝□庵、金□庵、孝思庵、宝华庵、覆螺庵、如在庵、江郎庵、白水庵、虹桥庵、妙济庵、□浮庵等，弘治末年并太平、福禄、真岩、海会等寺庙。

4. 常山县的佛寺(30座)

寺庙21座：钦教寺、昭庆寺、湖山寺、护国寺、灵峰寺、茗源寺、福田寺、福林寺、保安寺、永平寺、净岩寺、圆通寺等12寺；弘治《衢州府志》又载慧业寺、白□寺、齐峰寺、奉恩寺、报恩寺、广化寺、慈氏寺、普和寺、延寿寺等9寺，其中后五寺于弘治末年并入钦教、护国等寺庙。

禅院2座：泗州院和无名禅院，后者弘治末年并入护国寺，嘉靖《衢州府志》不载。

庵堂7座：陟□庵、白云庵、洞山庵、定庵、拥□庵、延寿尼庵等，弘治末年并入慧业、护国等寺庙。嘉靖《衢州府志》又载大善庵、洞山庵。

5. 开化县的佛寺(30座)

寺庙3座：县城内灵山寺，县南东皋寺，县北法楼寺。

禅堂2座：施水堂和天圣堂，嘉靖府志增。

禅院25座：招福院、云门院、太平院、洪田院、龙华院、福寿院、双林院、新兴院、兴福院、上宁院、宝宁院、报恩院、余庆院、宝积院、新安院、普鉴院、天福院、梅林院、云台院等19座；弘治《衢州府志》又载有□安院、□源院、清峰院以及无名院等；嘉靖《衢州府志》载有临河院、寿安院。

(二)道教

明代衢州的道教总体发展不及佛教，各县区的发展也不平衡。总体上说，道教在西安县与龙游县、开化县发展相对较好，常山、江山两县较差。

西安县有道教场所1宫3观2院：玄妙观(城内)、佑圣观(城东)、仙集观(烂柯山下)；太虚宫(城北)；清真道院、清微道院(城内)。

龙游有道教场所4宫1观3院：崇仙宫、玄真宫、集善宫、含辉宫；永清观；金泉道院、西山道院、豸屏山真武道院。

江山县有1宫1观：崇真宫，紫薇观，前者弘治末年并入后者，设有“道会司”。

常山县1观1庵：县南有集真观；据嘉靖《衢州府志》载，县西常玉古道边有修道庵，为道士王明晓“持斋之所”。

开化县有2宫3观1院2堂：县北玉霄宫、颐真宫；县西崇真观(嘉靖年间从院升为观)、县南清源观、县北永福观；县西双溪道院；嘉靖《衢州府志》又载慈恩堂、巨济堂，明确由道士管理。

(三)明代府志记录的民间祠庙

“崇德报功，莫大于立祠”，这是衢州府志中对官方立祠祭祀的总体评价。当时人们认为，“能捍灾御患以惠一方者，亦当庙食一方”，庙祠是不可或缺的。

这充分体现了当时民间信仰的功利性。明代衢州的民间信仰受官方的约束很大，特别是明代中后期的弘治年间，受传统儒教思想的影响，官方对一些所谓“荒淫不经之祠”予以取缔。弘治和嘉靖、天启年间《衢州府志》的不同记载就是最好的证明。

弘治《衢州府志》记载，衢州府(含西安县)主要有8庙2祠：城隍庙、祭祀常遇春的开平忠武王庙、祭祀西楚霸王项羽的灵惠庙、祭祀陈弘的宁邦侯庙、祭祀周雄的周翊应侯庙、祭祀唐代张巡的景祐真君庙、祭祀龙王的回龙塘灵泽庙、祭祀萧王的广祐庙以及徐偃王行祠、祭祀赵抃的清献公祠。

嘉靖年间，新增大量祭祀衢州官员的祠堂，共5祠1庙：祭祀知府林有年的林公德惠祠、祭祀知府张江的张公遗爱祠、祭祀知府李遂的李公遗爱祠、祭祀知府杨准的杨公生祠(当时杨准尚在世，故立生祠)以及东岳庙。《衢州府志》将城隍庙的相应记载单列出来，列于山川、社稷坛之后，各县祠庙之前。当时的衢州知府杨准与同知薛应元、通判张泽、推官任秀，“各捐俸”重新修庙。这个现象说明当时社会对城隍信仰的重视。

到了天启年间，因为嘉靖、万历年间的战乱，对地方官员的祭祀范围进一步扩大，不少武官以及部分文官也列入其中。这一阶段新增13座祠堂以及西安县一座城隍庙：

新增知府等文职官祠堂8座：祭祀韩邦宪的常怀祠、祭祀饶泗的明德祠、祭祀林云的遗爱祠、祭祀张所望的生祠、祭祀洪纤若的生祠、祭祀李一阳的生祠、祭祀刘有源的生祠以及定志书院中的张元卿祠；

新增平矿寇等武事有功的祠堂5座：推官刘起宗祠督兵杀矿贼有大功，宜特立祠；通判张泽督兵杀矿贼有大功，旧有祠，今毁，宜特立祠；知事祝芹父子忠孝祠督兵杀矿贼，父子死难……祠附于周王庙，……邑人金榜等共议立祠，乞官给地；俞公大有祠督兵驱逐矿贼有功，宜特立祠；增刘都宪羽泉祠，公名畿，祠在浮石门内。

龙游县祠堂在弘治年间经过取缔后存5庙2祠：城隍庙、祭祀徐偃王的仁惠王庙、祭祀徐弘的遗爱庙、祭祀唐代杨姓县侯的杨侯庙、祭祀徐安贞的徐侍郎庙以及祭祀龙王的青葛澳龙王祠和龙须岩龙王祠。

明嘉靖年间，新增祭祀余端礼的余丞相祠。天启年间，又新增了祭祀祀关帝的武安王庙、祭祀烈女徐莲姑贞烈祠以及明确祭祀杨炯的杨侯祠。这三座祠庙以及余丞相祠被列入官方祭典。

江山县弘治年间6庙2祠：城隍庙、马刺史庙、嘉泽庙、惠泽庙、孟遮庙以及祭祀江郎山神三兄弟的灵石庙；东岳行祠和广惠行祠。嘉靖年间新增祭祀宋代徐应镳的大义祠、唐代张巡的忠义祠；天启年间，这两祠也列入官方祭典。

常山县弘治年间6庙2祠：城隍庙、祭祀白马三郎的昭应庙、祭祀康将军的灵济庙、祭祀唐代张巡的洪济庙、祭祀关帝的义勇武安王庙、湖山神庙；东岳行祠和广惠行祠。

嘉靖年间增祭祀宋丞相赵鼎、学士范冲、侍郎魏矼及县尉翁蒙之四人的四贤祠，祭祀徐偃王的湖澄庙。到了天启年间，官方把宋四贤祠、祭祀督抚刘畿（字羽泉）的报功祠和祭祀巡按御史庞尚鹏的容保祠纳入祭典。

开化县弘治年间3庙1祠：城隍庙、祭祀关帝的武安王庙、利泽庙（即水口庙）以及东岳行祠。到嘉靖年间，仅有城隍庙、武安王庙、利泽庙的记载，天启《衢州府志》失载。

（四）嘉靖《衢州府志》记录的风俗

衢州从历史沿革来说旧属吴越之地，从文化区的划分来说属吴越文化区，又受到周边徽州文化、福建文化、赣文化的深深影响。据弘治《衢州府志》记载，衢州“居广谷大川之间”，总体上“风土朴野，民俗淳庞”。

西安县属于衢州府的附郭县，自东汉末年以来，这里逐渐发展成为衢州地区政治、军事乃至文化中心。孔氏大宗南渡之后，西安县“士风益竞，名钜迭出”；因为深受儒学熏陶，百姓“敦行古道，雅尚礼文”。嘉靖《衢州府志》赞扬西安县民风，说这里“君子重廉耻，惜名节；小民畏刑宪，寡词讼”，而且“居市井者文而浮，处乡都者质而鄙”。

龙游县民风强悍而果决，“尚气”、重视功利，而且龙游百姓“健于讼”（就是说善于打官司）。这里与西安县“畏刑宪，寡词讼”的民风明显不一致。这里的“妇人少出户庭，贞节相望”；这里的士人“务学，多亢言属行，有古遗风”。明代龙游瀔水南北民风就有很大的不同，南边“乡民务耕稼”，北边“尚行商”，这种差异性至今仍然存在。龙游的民风明显与龙游商帮的发展和“重商”“义利并举”理念相适应，如强悍而果决的性格，只有这样龙游商帮才敢单枪匹马带着珠宝远赴京城做生意；为了保证后方家庭的安定，他们又要求“妇人少出户庭，贞节相望”；为了维护自己的商业利益，“务学”以知礼是一方面，另一方面则是善于利用法律武器，不怕打官司，等等。

江山县境内“多崇山广谷”，因此这里的百姓“尚节气、励德行”。虽然江山百姓多以务农为生，但是这里的民风强悍，依然“健于讼”。江山这种农耕体制下的“健于讼”与龙游县重商理念下的“健于讼”是完全不同的。嘉靖《衢州府志》还提到，自元代以来，江山县民风“獟犷”，“颇尚华靡”。这里的“獟犷”一词，包含了强健、勇猛、野蛮、强悍、粗犷、豪放等含义在内。伴随明代中晚期江山经济的发展，这里的文风也略有起色，“视昔尤振”。但是，这种文风的转变非一朝一夕之功，到了清代，江山武举大盛，却一名文科进士也没有。

常山县地处“闽楚之会”，这里“地狭民稠”，百姓“习尚勤俭”，妇人供纺绩，不出户庭。稀少的土地难以承载过量的人口，因此常山在外从事医生、商人的有很多。又因为朱熹、吕祖谦、张栻等人先后在常山讲学的缘故，这里的百姓“知向方”，科举也是“代不乏人”，而且“民无终讼”。在封建王朝传统的观念里，一个地方“务学”“勤于农耕”“少词讼”，那里就是一个比较容易治理的地方。

开化县“居万山中”，没有平原地区这样丰饶，这里的百姓“多好勇而易驯”。只有云台乡民风醇厚，“尚朴而野”，依稀有古风大略，百姓勤于耕织，士人“重廉节，科第得人”。

（五）明代冠婚丧祭等六礼

从南宋开始，士大夫推行理学大家朱熹开创的“文公家礼”，其后逐渐在平常百姓中推广开来，到了明代中晚期以后已经是非常普及了。嘉靖《衢州府志》和天启《衢州府志》中记载了当时比较流行的冠礼、婚礼、丧礼、祭礼等常见“家礼”以及“乡射礼”“乡饮酒礼”两种官方礼仪。至于当时常见的官方祭祀山川、社稷、风雨雷神等礼仪在此不一一赘述。

1. 冠礼

冠礼是指男子的成年礼。明代二十周岁以上男子就算成年，可以裹巾带“冠”。嘉靖年间，衢州的冠礼不是很讲究，一般“不行三加礼”，只是选择黄道吉日“裹巾”而已。

天启《衢州府志》则详细开列了《冠礼六条》：

第一项：筮日和筮宾。前者指选定冠礼的黄道节日，后者指主人提前发出邀请“主人戒宾”，请到宾客参与冠礼：

> 主人戒宾曰：某有子某，将加布于其首。愿吾子之教之也。宾对曰：某不敏，恐不能共事以病吾子，敢辞。主人曰：某犹愿吾子之终教之也。宾对曰：吾子重有命，某敢不从。

第二项：提前一天，“主人宿宾”，再次发出邀请：

> 宿曰：某将加布于某之首，吾子将莅之敢。宿宾对曰：某敢不夙兴。

第三项：三加祝辞。冠礼当天，备好场地、礼器，正宾、客人就座观礼，冠者就位后，正宾为冠者加冠，分三次给予不同祝福：

> 始加祝曰：令月吉日，始加元服。弃尔幼志，顺尔成德。寿考维祺，介尔景福。
>
> 再加曰：吉月令辰，乃申尔服。敬尔威仪，淑慎尔德。眉寿万年，永受胡福。
>
> 三加曰：以岁之正，以月之令。咸加尔服，兄弟具在。以成厥德。黄耇无疆，受天之庆。

第四项：醴辞。冠礼后举行成人酒礼，正宾为冠者赐酒，祝醴辞：

醴辞曰：甘醴惟厚，嘉荐令芳。拜受祭之，以定尔祥。承天之休，寿考不忘。

第五项：三醮辞。这是成人酒礼上父亲给儿子的三次祝词：

醮辞曰：旨酒既清，嘉荐亶时。始加元服，兄弟具来。孝友时格，永乃保之。

再醮曰：旨酒既湑，嘉荐伊脯。乃申尔服，礼仪有序。祭此嘉爵，承天之祜。

三醮曰：旨酒令芳，笾豆有楚。咸加尔服，肴升折俎。承天之庆，受福无疆。

第六项：字辞。古代在姓名之外取表字，以表示对父亲所起之名的敬重。在古代的社会交往中，只有长辈对晚辈或者尊者对卑者可以直呼其名。平辈之间、晚辈对长辈则要以字相称，以示尊敬，否则就是失礼。冠礼之后要取字，取字之后祝字辞：

字辞曰：礼仪既备，令月吉日。昭告尔字，爰字孔嘉。髦士攸宜，宜之于假。永言保之，曰伯某甫仲，叔季惟其所。

“笄礼”，古代女子的成人礼。古时女子十五岁是及笄之年，故称“加笄礼”。行礼时，要拜天地、宗祠及尊长，以簪（笄）盘发固髻，表示已长大成人，进入成年人行列。

2. 婚礼

古时候婚礼有六条：纳采、问名、纳吉、纳征、请期、亲迎。嘉靖《衢州府志》

记载，当时衢州百姓“重故族”，婚事大操大办，“侈肆太甚”。当时人看重“主媒纳采”，因此对“媒妁及女之戚党”予以重礼，竞相“以银书匣金糖罩，盛馔列丈”，反而对迎亲环节不看重。

天启《衢州府志》记载了《昏礼十一条》，详细记载了衢州地区婚礼的仪程规范：

第一项：纳采，即男方家请媒人去女方家提亲，女方家答应议婚后，男方家备礼前去求婚。

> 昏辞曰：吾子有惠，贶室某也。某有先人之礼使某也，请纳采。
> 对曰：某之子蠢愚又弗能教，吾子命之，某不敢辞。
> 致命曰：敢纳采。

第二项：问名，即男方家请媒人问女方的名字和出生年月日。此举一方面可防止同姓近亲婚姻；另一方面利用问名得来的生辰年月日，占卜当事人之婚姻是否适宜。

> 问名曰：某既受命，将加诸卜。敢请女为谁氏？
> 对曰：吾子有命，且以备数而择之，某不敢辞。

第三项：纳吉，即男方将女子的名字、八字取回后，在家庙或祠堂里进行占卜。卜得吉兆后，男方备礼通知女方家，决定缔结婚姻。

> 纳吉曰：吾子有贶，命某加诸卜。
> 占曰：吉使某也敢为。
> 对曰：某之子不教，唯恐弗堪。子有吉我与，在某不敢辞。

第四项：纳征，亦称纳币，即男方家以聘礼送给女方家。通常情况下“纳吉”和“纳征两项礼仪往往并在一起进行。

纳征曰：吾子有嘉命，贶室某也。某有先人之礼，俪皮束帛使某也，请纳征。

致命曰：某敢纳征。

对曰：吾子顺先典，贶某重礼，某不敢辞，敢不承命。

第五项：请期，男家择定婚期，备礼告知女方家，求其同意。

请期曰：吾子有赐，命某既申受命矣。惟是，三族之不虞使某也，请吉日。

对曰：某既前受命矣，唯命是听。

曰：某命某听命于吾子。

对曰：某固唯命是听。

使者曰：某使某受命，吾子不许，某敢不告期。

曰：某日。

对曰：某不敬须。

第六项：使归反命，指请期后使者返回复命的程序。

凡使者归反命曰：某既得将事矣，敢以礼告。

主人曰：闻命矣。

第七项：亲迎。新郎亲至女家迎娶。亲迎被看成夫妻关系是否完全确立的基本依据。凡未亲迎而夫死，女通常可以改嫁，但历代也不乏仅定亲就守节的。一旦举行了亲迎之礼后而夫死，按封建礼法规定，新妇就只能“从一而终”了，但在具体执行过程中也有例外。正因为对这一环节的重视，天启《衢州府志》从第七项至第十一项，规定了一系列程序规范。首先是父醮子命辞，父亲给儿子的祝酒词：

父醮子，命之辞曰：往迎尔相，承我宗事，最帅以敬。先妣之嗣，若则有常。

子曰：诺。唯恐弗堪，不敢忘命。

第八项：宾主辞，宾主之间的祝词：

宾至，摈者请。

对曰：吾子命某以兹初昏，使某将请承命。

对曰：某固敬，具以须。

第九项：父命女，父亲送女儿出嫁的嘱咐语：

父送女，命之曰：戒之敬之，夙夜无违命。

第十项：母命女，母亲（指嫡母）对女儿的嘱咐语：

母施衿结，悦曰：勉之敬之，夙夜无违宫事。

第十一项：庶母申命女，一般生母是庶母有这项程序，也是对嫁女的嘱咐语：

庶母及门内施鞶，申之以父母之命。命之曰：敬恭听宗尔父母之言，夙夜无愆视诸衿鞶。

3. 丧礼

据嘉靖《衢州府志》记载，当时衢州百姓丧礼一般不举行专门的“大小殓”

仪式。通常说来，“小殓”是指给尸体裹上衣衾，此仪式一般在死者亡故的第二天早晨进行；“大殓”即入棺，也称“入室”“入殓”。人们把纸钱放在门上，“亲友往吊，散白布巾”。“头七”的时候，通常要做“佛事”。下葬的那一天，富家大多“结彩亭”，“姻戚装饰祭台，衔以金玉”，极其华丽。有的人家还在墓道边摆设酒水、祭品，称为“做雪酒”。

天启《衢州府志》开列了《丧礼三条》：

第一项：卜宅兆，即通过卜筮等方式，选定好的阴宅：

筮者南面受命。命曰：哀子某为其父某甫，筮宅度兹幽宅，兆基无有后艰。

第二项：卜葬，即选定黄道节日下葬：

命曰：哀子某来日卜葬其父某甫考降，无有近悔。

第三项：祔祠即下葬后把死者灵位供于祠堂内，并祝词：

卒哭，祝辞曰：哀子某来日某隮祔，尔皇祖某甫尚飨妇。曰：来日某隮祔孙妇于皇祖，姑某氏尚飨。

4. 祭礼

据嘉靖《衢州府志》记载，明代中晚期衢州的祭礼总体来说并不完备。死者初丧，在未下葬之前，亲属“朝夕奠食”；下葬后，“三虞卒哭”，要举行三次“虞祭”，即祭拜三次；当时对于“祔庙等祭”均没有推行开来。这以后，百姓只是在各时节“举奠”，追思先人。即使是建祠堂的品官、士大夫，也“仪制未备”。

天启《衢州府志》记载了《祭礼一条》，祝致嘏辞。嘏辞是古代祭祀时执事人（祝）替受祭者（尸）致福于主人的祝福语：

祝嘏主人曰：皇尸命工，承致多福无疆。于女（通汝，下同）孝孙，来女孝孙。使女受禄于天，宜稼于田。眉寿万年，勿替引之。

5. 乡饮酒礼

乡饮酒礼是古代汉族宴饮风俗。古时若有贤者荐升，由乡大夫作主人设宴为之送行，后演变为地方官设宴招待应举之士，此宴为“乡饮酒”。

乡饮酒约可分为四类：第一类，古时候“乡大夫”、地方官每三年向朝廷举荐贤能之士，“在乡学中与之会饮，待以宾礼”。第二类，“乡大夫”、地方官以宾礼宴饮地方上的贤者。这两者后来发展成为“乡饮宾礼”。第三类，地方长官于春、秋“会民习射”，射前饮酒。第四类，地方乡老在冬季举行蜡祭（年终祭祀）饮酒。

据嘉靖《衢州府志》载，每年正月十五、十月初一，由各地方长官在府学及县学举行“乡饮酒礼”。西安县因为是附郭县，西安县官随衢州知府行礼“如制”。

6. 乡射礼

射礼是古代考核人才的重要方式，也是六艺中“射”的最高体现。《礼记·射义》云：“射者，进退周还必中礼。内志正，外体直，然后持弓矢审固。持弓矢审固，然后可以言中，此可以观德行矣。”射礼倡导人格塑造和人的精神的文明：射礼讲究谦和、礼让、庄重，提倡“发而不中、反求诸己”，重视人的道德自省。射礼本质上是一种健康道德的巧妙导引方式，是华夏先民寓德于射、寓礼于射、寓教于射的珍贵的人文实践成果。

洪武初年，依据礼部的相关规定，“令生员（秀才）日讲毕习射”。府和县地方官在公事完毕后，与学官一起“习射”。每月朔望，“行射礼如式”。洪武八年（1375年）改令，每月上旬习射三日，下旬亦如此。永乐三年（1405年），根据礼部公文，再次重申射礼“如式”。当时衢州府学有配套射器94件，包括弓14张、箭矢61件，筹、觯、壶、篚、勺、洗、尊等器具各1件；配套乐器有琴、瑟、笙、箫、磬、钟、鼗等。

（六）岁时节气风俗

嘉靖《衢州府志·岁时节序》记载了明代衢州人是如何度过各主要佳节的：

元旦，农历正月初一：提前整洁屋宇厅堂，设置“设斋果”。清晨起来，“燃香烛”，祭拜“天地、神祇及祖先”；其后三天，给尊长拜年，亲朋之间相互拜访、庆贺新年。其间，择日上墓，摆上水果、酒水，祭拜墓穴，悬挂纸钱。

元宵节，从正月十三起至正月十七日止，衢州府各大寺观神庙“张灯鼓乐以娱神”。市井之中，不少家庭以“竹为棚”，用纸“剪走马诸品灯”悬挂于街上，吸引百姓竞相观看。

正月立春后，正是“阳气始发”之时。百姓纷纷到“里社”举行“祈年”活动，保佑新的一年五谷丰登、万事如意。这也是古人遗留下来的“春祈”风俗。

农历二月，收集街坊上应学儿童的姓名，选择吉日开学，“集社学以教子弟”。

清明节，这一天要到先人墓前祭扫，陈设“牲醴”（肉食和甜酒），在墓前挂纸钱，与族人一同食“馂余”，即吃剩菜剩饭。同一天，人们纷纷在门前插柳枝、柳条，表示春天钻榆、柳木取火种之意，所谓“取榆火之意，顺阳气也”。

寒食节，农历四月初八日，家家户户制作“青精饭”（即乌饭）。

端午节，家家户户要插艾草、挂香符，饮蒲酒、雄黄酒，吃“角黍”（粽子）；并用彩丝系在年幼者的脖子、手臂上，称为“百岁索”，保佑小孩子长命百岁。亲属之间还要相互馈送粽子。

中元节，每年的七月十五，俗称“七月半”，又名“鬼节”。每家每户都设素斋，以食素的方式纪念先人。

中秋节，家家户户邀请亲属宾朋，具酒馔赏月。秋社报成如春礼。

重阳节，登高，喝（菊花）酒。

冬至日，在“季冬二十四日”，每家每户都制作米制品，或是汤圆，或做饺子。

除夕，百姓常守岁到天明，“爆竹之声达旦”。

八、明代对孔氏南宗的打压与南宗再获袭封

孔氏南宗失爵后，免差（免服劳役）的特权被取消了。到明初，朱元璋打击地方豪强地主，连祭田也被剥夺了。孔氏南宗的政治、经济地位大为下降。明沿袭元制，最初也给予南宗族人以恩授官职的待遇。但到了永乐年间，这项优待政策被科举取士所取代。作为孔子嫡系后裔，他们的社会地位却与普通老百姓一样，这样的现状与朝廷尊儒尊孔的政策极其不相称。自明代中叶以来，不少官员纷纷为孔氏南宗进言。正统年间，因为一些官员的申请，朝廷恢复了孔氏南宗的免差特权和五顷祭田，并给予其税收的优惠。在此基础上，恩授孔氏南宗嫡长以官职也被提上议事日程。正德元年（1506年），孔氏南宗嫡长再获袭封，成为世袭翰林院五经博士。正德十五年（1520年），孔氏南宗家庙选址先义坊原西安县学旧址（今衢州市新桥街）重建，此后家庙的位置再也没有改变。

（一）明政府对南宗的打压与南宗祭田的丧失

孔氏南宗的祭田始于南宋高宗的赐予。自南宋以来，孔氏南宗家庙作为一个机构而单独立户，五顷祭田一直在孔氏南宗家庙名下。宋元时期，官府在赋税上给予祭田以极其优惠的待遇，目的就是以祭田的产出用于孔氏家庙的祭祀活动。自孔洙让爵后，孔氏正支嫡派丧失封爵，同时也丧失了主祭的地位，于是家庙以孔氏南宗族长主祭。祭田的管理权也相应地由衍圣公转至族长名下。

洪武十四年（1381年），明政府重造赋役黄册，不允许以家庙单独立户，因此五顷祭田只能归于私人名下。当时，孔氏南宗的族长为孔子第五十五世孙孔克昌（字禹夫，孔传长子孔端问的嫡系后代），其子孔希达。关于祭田归属的纷争史载不详，但最后孔希达利用其族长父亲的势力，将祭田归于自己名下。这也是导致祭田一度丧失的主因。明朝建立以后，朱元璋严厉地执行对地方豪门的压制政策。据《孔氏南宗考略》记载，洪武十九年（1386年），孔希达暴横不法，全户流放云南大理卫；祭田也被抄没入官，佃户郑马经等人不再为孔氏南宗的家奴，被收入西安县户籍，成为编户齐民；祭田不再享受赋税的优惠政

策，与一般田地一样"升科纳粮"，承担劳役赋税。朱元璋对孔希达这样的豪强地主的打压，无疑对明初统治的稳定是有积极意义的，但祭田的丧失使孔氏南宗家族失去了固定的经济来源，南宗嫡派的地位一落千丈。

关于孔希达，《孔氏南宗考略·明代名贤事迹考》中记载为孔克昌后妻所携养子。其实这只是避讳的说法，孔希达为孔克昌后妻所生，大致不差，至于"养子"的说法则未必。孔氏南宗大理支始祖孔希政也被遣戍云南大理卫，后定居那里，子孙繁衍。孔希政应该也是因孔希达一案被流放的，两人应是兄弟，同属一户。

（二）明初孔氏南宗授官恩例

明代初年，为褒崇圣裔，朝廷一度不通过科举，直接恩授孔氏南宗嫡派族人以一定的官职，主要是学官。据《孔氏南宗考略》记载，明朝初兴，"孔氏恩例"自孔克忠始。孔克忠，字信夫，以孔子第五十五世孙恩授福建福清州（今福清）学正，其后又历任福建建宁路巡检、宪司书吏，永乐年间，官至正七品太常博士。孔克忠之后还有孔克安（字诚夫）恩授白水书院山长，后任浏阳州教授、湖北宪司书吏。孔克原（字道夫）恩授屏山书院山长。孔克谦（字吉夫）恩授祁庵书院山长。孔希路（字士正，克忠子）恩授福州岳山书院山长，等等。[1]

虽然恩授的仅仅是学官，而且品级较低，但给予了孔氏南宗族人直接出仕的机会，是科举之外的另一条道路。而且这是一项惠及广大孔氏南宗族众的政策。永乐年以后，这种特权也被废止，科举成为出仕的唯一途径，孔氏南宗也不例外。永乐四年（1406年），孔克进（字献夫）贡入太学，后任兵部武选司主事。同年，孔克准（字则夫）也由府学贡入太学，选授工部都水司主事。

（三）衢州孔氏差役的免除

孔洙的让爵使得孔氏南宗丧失了大宗的政治地位，而祭田的丧失又导致孔氏南宗优势经济地位的丧失，孔氏南宗子孙由此也丧失了优免差役的特权。这些与孔氏南宗为孔子后裔的地位是极不相称的，也是与当时崇儒的社会风

〔1〕徐映璞：《孔氏南宗考略》，《两浙史事丛稿》，浙江古籍出版社1988年，第1—53页。

气不相适应的。为此，不断有官员为孔氏南宗的遭遇而鸣不平。

正统元年（1436年），直隶顺天府推官徐郁上《乞免衢州孔氏子孙差役疏》，打破了僵局：

> 直隶顺天府推官臣徐郁谨奏：褒崇道学事。伏睹圣朝崇尚圣贤之道，推及其子孙。孔氏宗子承袭封爵，其余子孙皆免差役。与颜、孟二氏之后，专设教授，以司训诲。传习仁义道德，无坠先辈。此实希世之盛典也。宋时，衍圣公孔端友父子，扈从高宗南渡，虽是去远宗国，君臣大义所在，亦未为失。今其子孙流寓浙江衢州府居住，未得均沾恩泽，与民一体当差，有司不加优容，甚至将夫作贱役一概差遣。及照先贤有道国公周敦颐、豫国公程颢、洛国公程颐、温国公司马光、徽国公朱熹，上继往圣，下开来学，虽已从祀庙学，子孙亦皆沦杂编氓，祠墓不免夷圮。伏惟皇上大兴文治，将于变斯民。如蒙唯言，乞敕该部，转行各处。将先贤子孙体访上闻，照例优免差役。令于所在儒学习业，择其才质可用者，量加甄录。应有祠墓，官为修葺置守。庶使人知君子之泽，悠久不替。感发兴起，有称世教。则比屋可封之，美可以驯之至矣。

顺天府是明代一个特殊的行政区划，其管辖的是今北京核心地区。顺天府府尹为正三品，推官为从六品。推官徐郁上书言事，依靠的就是当时的社会舆论、官场清议。同年八月，圣旨下“钦遵施行”，衢州孔氏的差役得以免除。

（四）南宗祭田的恢复

孔氏南宗的祭田始于南宋，一直以来在税赋上就有优待。明太祖打击地方豪强势力，收回了祭田，孔氏南宗由此丧失了很大一块利益。为此，也有不少官员不断地为祭田的恢复而努力。当孔氏南宗优免差役的特权得到了恢复后，恢复祭田也被提上了议事日程。

正统十年（1445年），浙江等处提刑按察司佥事彭贯上《乞复衢州孔氏旧赐祭田疏》。彭贯言道：

> 普天之下莫不有庙，莫不有祀，皆蒙朝廷颁发官钱买办祭物。曲阜家庙亦蒙赐祭田三十顷。今孔克显等告系曲阜嫡派，每年自办祭仪，实切艰难。今勘得前田原系其家世守之业。洪武年间偶被外姓冒籍，遭犯刑宪。彼时想未招出孔氏祭田原由，有司又失于奏请，分豁其田，混作民田竟至入官。臣恐历年久远，无田供祭，子孙必至废坠，家庙必至沦落，有玷儒风未便。伏望皇上怜悯，念其宣圣嫡派，仍将前田五顷赐之。俾南北子孙均沾圣泽于无穷，永主祭祀于不已，实为万万年斯文之庆幸也。

随后，朝廷批准发还，孔氏南宗重获祭田。[1]

衢州孔氏差役的免除与南宗祭田的恢复，是对衢州孔氏南宗圣裔地位的重新确认，对于孔氏南宗的发展具有重大意义，也是对过去压制政策的一种拨正。这一切为孔氏南宗嫡长重获袭封奠定了基础。

（五）孔氏南宗嫡长世袭翰林院五经博士

孔氏南宗失爵后，其作为孔子嫡系后裔的地位与其“形同氓庶”的现状是极不相称。自明代中叶以来，不少官员纷纷为孔氏南宗进言。随着南宗祭田的发还和劳役的优免，恩授孔氏南宗嫡长以官职被提上了议事日程，但是由于北宗衍圣公的阻挠与压制，迟迟没有实现。

弘治十八年（1505年），衢州知府沈杰向朝廷上《乞添授衢州孔氏官职及处置祀田疏》[2]。沈杰认为为了褒崇正道，培植元气，使所有孔子子孙及结为一体，应该让南北孔氏均沾恩典。因此，请求朝廷在考虑“南渡”“让爵”等史实的基础上，根据旧例恢复孔氏南宗的爵位，授予衢州孔端友嫡派子孙一人以翰林院五经博士一职，以主持南宗家庙的祭祀；同时减免祭田赋税，按照明初原有赋税数缴纳，每年纳入衢州府官仓，按月支给，以供洒扫祭奠。次年，正德改

---

〔1〕沈杰：《三衢孔氏家庙志》，《衢州市政协文史资料》（第24辑）。

〔2〕沈杰这份奏章后来收入他自己所编《衢州三衢家庙志》中，其抄件现仍保存在山东曲阜孔氏明清档案中。

元（1506年），朝廷诏授孔子五十九世宗子孔彦绳为世袭翰林院五经博士，秩正八品，享受衍圣公次子待遇，孔氏南宗又重获袭封。

《明史》对此事也有相应的记载：

> 孔彦绳，字朝武，衢州西安人，先圣五十九代孙也。宋建炎中，衍圣公端友扈跸南渡，因家衢州。高宗命以州学为家庙，赐田五顷，以奉祭祀。五传至洙。元至元间，命归曲阜袭封。洙让爵曲阜之弟治。弘治十八年，衢州知府沈杰奏言："衢州圣庙，自孔洙让爵之后，衣冠礼仪，猥同氓庶。今访得洙之六世孙彦绳，请授以官，俾主祀事。"又言："其先世祭田，洪武初，轻则起科，后改征重税，请仍改轻，以供祀费。"帝可之。正德元年授彦绳翰林院五经博士，子孙世袭，并减其祭田之税。

正德皇帝同意了沈杰的奏请，授孔彦绳翰林院五经博士，子孙世袭，并减其祭田之税。孔彦绳死后，其子孙孔承美、孔弘章、孔闻音、孔贞运等先后承袭。当时就把在曲阜的称为孔氏北宗，在西安的称为孔氏南宗。

孔彦绳的承袭是孔氏南宗历史上的一件大事，也是衢州历史上值得关注的重要一页。尽管明朝只授予南宗嫡长正八品的小官，但其意义非同一般。这标志着对孔氏南宗地位的重新认识，是对"南渡""让爵"历史的肯定。

（六）孔氏南宗家规的颁行

正德元年（1506年），孔氏南宗复爵后，为进一步规范对孔氏南宗家族的管理，衢州知府沈杰制定了《钦定孔氏家规》，并上奏朝廷钦准刊行。[1]整个家规虽然只有短短的七条，但详细规定了孔氏南宗嫡长以及族众的权利和义务。家规虽然是由衢州知府沈杰制定的，但也是经过衍圣公府审议通过的。这其中经过了多少次反复，我们今天已无从考证。我们今天所能见到的最早的明代孔氏南宗家规版本是由孔彦绳抄录的，现存山东曲阜孔氏明清档案中。

---

〔1〕《南宗孔府档案》第1635号，山东曲阜孔庙档案馆藏。

第一条，遵典制。要求孔氏南宗子孙"永遵制典，恪守祖风"，不得窥伺北宗衍圣公之职。如有违背，以不忠不孝论处，罚以重罪，永不录用。这一条应该是与孔氏北宗妥协之后的产物。孔氏北宗一直担心作为孔氏大宗的衢州南宗支派想要夺回衍圣公职位，因此在家规首条中将南宗子孙永不得出任衍圣公作为制度确定下来。

第二条，端教源。在这一条款里，一方面规定了翰林院五经博士的职权，对于家庙祭祀，事无巨细，全部归其所管，悉以主之，但是其不得倚仗官威欺凌族众；另一方面也赋予五经博士一定的权利，如果族人"倚众恃长"，欺凌博士，就以"悖旨灭祖"论罪，允许博士移文浙江巡按监察御史，直接予以处置。以家规形式明确了五经博士的权利和义务，保证了博士的宗子地位。

第三条，示劝惩。此条对于家规的权威性作出了规定：如果有子孙胆敢不守家规，轻则博士可以以家规教育，重则可以将之送往官府问罪，消除其家谱姓名，不许享受朝廷的诸多恩惠，如免差、入庙祭祀等，死后也不许归葬历代衍圣公所在的家族墓地。其他诸如"结交恶党，三五成群，赌钱饮酒，为非为恶，生事害人，行凶撒泼，倚强欺弱，教唆词讼，败伦伤化"等，均在禁止之列。

第四条，防冒姓。由于孔氏族人的免差特权，使得一些异姓之人利用改姓孔氏，以逃避差徭，这就是"冒姓"。对于冒姓者，允许孔姓邻里向官府告发，将其治以重罪，对于知情不报的，"一体连坐"，同罪论处。

第五条，严诡寄。严禁将他人田产"冒作孔氏"产业，以逃避差徭。为防止"诡寄"，要求孔氏各户买卖田地随时报告给官府，以备登记和查验。

第六条，守祭田。祭田作为孔氏南宗祭祀活动的主要经费来源，受到严格的保护，子孙严禁盗卖祭田。同时还有有关"恤族"的规定：以每年祭田的收益设立义仓，周济本族贫苦无倚的族众。

第七条，责报本。规定孔氏南宗子孙每十年赴阙里一次，谒拜圣祖家庙，祭扫山林，目的是为了加强南北两宗的联络，加强双方的感情，让南宗子孙体会到"木本水源"的情谊。

这七条家规，从内容上来看十分简单，却是孔氏南宗家族的纲领性族规，也是现存孔氏南宗的最重要的文献之一。清代孔氏南宗仍然沿用此家规，并颁布至南方各地南宗支派遵照执行。

（七）孔氏南宗家庙的迁建

菱湖家庙毁于兵灾之后，衍圣公孔洙将家庙迁至城南。元至正十九年（1359年），常遇春攻取衢州后，知军民事王恺亲自谒拜家庙，见家庙简陋，于是修缮孔氏南宗家庙。儒学教授胡翰记有《孔氏家庙碑》。明永乐五年（1407年），礼部尚书胡濙过衢，命有关部门重为修葺。

弘治（1488—1505年）初年，吏部郎中周木（字近仁）出使蜀地路过衢州，见家庙残破，嘱咐同知萧显捐修拓建。萧同知于是捐献了自己的部分俸禄为倡导，着手准备修复。适逢知府张俊（字世英）到任，遂共同完成了对城南家庙的修复。建大成之门与大殿相对应；在大殿前东厢，设有宾馆，以接待来谒拜家庙的宾客；在西厢设有讲堂，以教育孔子子孙。罗璟记有《重修家庙记》。

正德十四年（1519年），孔子第六十世孙孔承美承袭翰林院五经博士，主持家庙祠事，决心重振孔氏南宗的家声。次年，浙江巡按监察御史唐凤仪到衢，孔承美以宋建菱湖家庙毁于战火，城南家庙浅狭卑陋，日久颓敝为由，请求迁建新址，重修家庙。唐凤仪与浙江布政使何天衢等疏请于朝，朝廷同意拨给库银，诏许重建。由同知陆钟、通判曾伦、推官杨文升及所属五县知县共同督造，选址先义坊原西安县学旧址（今衢州市新桥街）。正德十五年十一月开工，正德十六年四月建成。从此“展奠有地，博士有居”，斋堂、宾舍、厨房等附属建筑一应俱全。整座建筑面积崇广，规制庄严，完全可以与当时的阙里家庙相辉映。同时，在外建有两座大门，以区别家庙与公署衙门。武英殿大学士谢迁、开化人刑部主事方豪各为碑记。这次迁建最终形成了东为家庙，西为翰林院五经博士署，庙署合一的格局。此后，孔氏南宗家庙虽屡有修复，但再未迁建，至今已有近500年的历史了。

明代新桥街家庙的盛况可以透过《诏建衢州孔氏家庙碑》图管窥一二：

龟峰之下，内城河畔是直面新桥街的大照壁，两侧为“德配天地，道贯古今”两座跨街大牌坊。牌坊内侧各有一块下马石。

主轴线上首为先圣庙门，其上方“万世瞻仰”匾。进为大城门，悬“东南阙里”匾，体现衢州作为孔氏南宗族人故乡的应有地位。再进为大成殿，悬“泗浙同源”匾，殿前两侧为东、西庑。最后是思鲁阁，悬“燕居”匾。考先圣庙制，后殿原本是郓国夫人亓官氏殿，过去是先圣孔子燕居之堂，里面收藏有孔子衣冠琴瑟书籍等。思鲁阁的设立继承了“燕居堂”的遗风，一改宋阙里庙祭祀亓官氏的传统，而陈设有关先圣孔子的东西。正是从这时起，思鲁阁上供奉孔子亓官夫人楷木像，阁下供奉《先圣遗像碑》。

东轴线上首为恩官祠，位于大成门东侧，祠祀历代有功于孔氏南宗的官绅。祠后建筑，悬“圣泽同长”匾。再进为启圣祠，祠前有启圣门，门前有照壁，祠内祀孔子父母。西轴线为一局部短轴线，大成门西侧为袭封祠，祠祀历代袭封翰林院五经博士者。祠后为六代公爵祠，祭祀南宗六代衍圣公。

西轴线西侧为翰林公署，即南宗孔府。首为大门，位于家庙西轴线与孔府主轴线之间，上悬“孔圣先宗”匾额。进门偏西侧纵向排列有三幢建筑，为南宗孔府主轴线。其一为南宗孔府二门，悬“翰林公署”匾；其二悬“尼山嫡派”匾，为南宗孔府大堂；其三是圣泽楼，为翰林院五经博士存放御赐诏书，赏赐之物的地方，也是翰林博士私人收藏之地。南宗孔府内宅未见于图。[1]

---

〔1〕《衢州孔氏南宗家庙志》，第27、170—172页。

第八章　军事重镇的强化
——清朝时期的衢州（1646—1840年）

中国经济中心南移后，伴随着朝代更迭以及清初镇压军民反抗、平定三藩的战争，衢州作为军事重镇的地位日益得到重视。乾隆年间，衢州是全国六十六镇之一。就在这一时期，大批徽商、闽商纷纷来到这里，为衢州的发展作出了贡献，保存至今的众多会馆建筑就是明证。但总体说来，在军事重镇压力下，衢州的经济增长幅度缓慢，民生凋敝，发展滞后于明代。与此相适应的，清代衢州民风日趋强悍，文风则稍逊于明代，江山一县的武进士就多于全府的文进士，还出了两位武状元。这种风尚一直影响到民国时期。清代沿袭明制，对孔氏南宗嫡长、世袭翰林院五经博士更是礼遇有加。

一、清王朝对衢州的统治

清在衢州设立府级行政区划，统属大小五县之地。明代衢州的人口始终在50万上下徘徊，直到康乾时期才发展到80万，到嘉庆年间才发展到115万。人口增长的缓慢始终是困扰衢州进一步发展的大问题。明末清初，农民起义与反清斗争此起彼伏，特别是三藩之乱，给衢州百姓带来了长期的血火洗礼。接连不断的战乱是造成衢州人口大量损失的罪魁祸首。当然，清代的衢州依然在发展，这其中离不开以陈鹏年为首的大批衢州官员的功劳。

（一）清初的战乱

1. 博洛攻入衢州

据《东华录》记载，顺治二年（1645年）十月，清军克徽州，十二月进攻婺源，逼至开化境内。次年，开化士民率先“薙发投顺”。同年八月，征南大将军博洛由金华入衢州，擒蜀王朱盛浓、乐安王朱谊石及总兵项鸣斯，唐王闻警救不及。又据《通鉴辑览》记载，时任兵部侍郎兼右佥都御史、提督军务的杨文骢在处州（今浙江丽水）闻知衢州危险，于是与诚意伯刘孔昭共同出兵援衢，却被清军大败，杨文骢战败退走，为清军追骑所俘，不降被杀。据《清一统志》载，当时在衢州死难的还有伍经正、邓岩忠、王景亮、张鹏翼等官员。伍经正，江西安福人，崇祯时为西安知县，不久升为知府，城陷赴井自溺。邓岩忠，湖北江陵人，为衢州推官，城破自缢。苏州吴江人、巡按御史王景亮和镇将张鹏翼等均战死。同年九月，博洛占领江山，知县方召自尽。十一月，博洛率军于仙霞关击败南明唐王军黄鸣骏所部，进军福建。自此，衢州全境归入清朝统治。

2. 衢州军民的反抗

衢州军民的反清斗争并没有停止。据康熙《西安县志》记载，顺治三年（1646年）鼎革时，魏福贤、李遂、汪长寿、方世法、郑三七等明军所部盘踞在西安县南之黄潭、翁源、硚源诸处，坚持抗清斗争。当时的清军副将王定国颇知兵，每次出兵一定要歼灭部分反清队伍，力图消灭明军的有生力量。这样经过数年的激战，衢州才最终平定。这期间，衢州百姓受难不少，很多人无辜死于战乱。

顺治四年（1647年）十二月初一，江西玉山李能七起事反清，曾率军攻常山球川，后被守将赵有才击败，伤亡百余人。次年四月二十八日，李能七、张百二再攻常山球川，虽击毙守将正七品把总项某，但最终退回江西。

又据《东华录》载，顺治五年（1648年），衢州人赵之超（一说孟之超）起兵，声势一度蔓延至杭州，浙江巡抚萧元起平之。[1]当时天下群雄纷纷以“反清复明”为号，号召党徒，赵之超起事虽不成，但其志气不可抹杀。为进一步强化对衢州这座四省边界军事重镇的统治，同年五月，浙江总督移驻衢州。

---

〔1〕民国《衢县志》卷九《防卫志・历代兵事记》。

（二）清朝衢州的行政与人口

1. 一府五县的行政体制

清沿明制，府为行省下一级行政机构。衢州府署驻衢城紫金坊，府署首官称知府，从四品衔，是管理全府民刑财政、统率所辖州县的最高长官，一般不直接与地方百姓打交道。知府的佐贰官有同知、通判等，分别负责粮饷、水利、缉捕、抚边、江防等。衢州同知驻府署清军厅，康熙六年（1667年）一度裁撤，雍正三年（1725年）复设，雍正十三年（1735年）移居江山县峡口镇。通判驻府督粮厅，后移衢城道贯巷，道光十二年（1832年）裁撤。

知府衙门办事机构有察院、经历司、司狱司、照磨所等；主管民政、人事的吏房，主管土地、户籍的户房，主管教育、典礼、科举的礼房，主管武备的兵房，主管刑法、狱讼的刑房，主管工程营造、屯田水利、工商贸易的工房等六房，设置典吏承办。经历司，驻府理刑厅，掌管出纳文移、知府差遣、官吏犯罪看管等事务，设有经历一员，雍正十三年（1735年）由衢城移驻江山峡口。巡检司，各县都有设立，每司有弓兵30名左右，负责边远地方治安。顺治四年（1647年），衢州府学设正七品教授一名，从八品训导两名，沿用明代生员制，分廪膳生（提供膳食的公费生）、增广生（不提供膳食的公费生）、附生（自费生）；府学学官经考试合格方能充任，任职者大多为举人贡生，在任时以科举成绩评定优劣而升降。

县是清代行政系统中最重要的基层政权单位，衢州府下设西安、龙游、江山、常山、开化五县。县的正印官叫知县或县令，正七品。凡所辖行政、司法、赋税、教化以及防灾、救荒、劝课农桑、兴修水利等有关事宜，都是知县所管范围。县令因直接与百姓打交道，故称“亲民之官”或“父母官”。知县的佐贰官有县丞、主簿，各分管钱粮、户籍、税收、巡捕、河防等。县里有县学，设正八品教谕一名以负责。

西安县设严剥巡检司，康熙三十九年（1700年）裁；龙游县设有湖镇巡检司、水北巡检司、灵山巡检司；江山县设小竿岭巡检司、仙霞关东山巡检司；常山县设有常山镇巡检司、下坑巡检司、镇平巡检司；开化县设有马金巡检司、云台巡检司、华埠巡检司、低坂巡检司。

2. 守道、巡道的设立

为加强对地方的统治，清初省级政府还有一种派出行政机构，称为道。当时，主管省财政、民政的布政使下设有左右参政、参议等，驻守在某一地方，称守道；又在掌省内刑名案件和督察官员风纪的按察使下设副使、佥事等，可去分巡某一地方，称巡道。乾隆年间，裁撤上述参政、副使等官，专设分守道、分巡道，带兵备衔，管辖府州，成为省和府州之间一级机构，其官员称道员。顺治三年（1646年），设金衢巡道于衢州府山，后迁往校士馆，辖衢州、金华2府13县。顺治六年（1649年）秋，浙江提督学政李际期奉命巡金衢，置守道于衢州。康熙九年（1670年），设金衢严守道于衢州，辖衢州、金华、严州3府19县。雍正十二年（1734年），改设金衢严巡道于衢州，属浙江布政使，辖衢州、金华、严州3府19县。

3. 清代的衢州人口

清代人口统计以丁口（成年男丁）为准。康熙二十年（1681年），实征丁口126 477；康熙四十年（1701年）为149 176；康熙四十六年（1707年）为151 116；康熙六十年（1721年）为156 608；雍正四年（1726年）为158 435；雍正九年（1731年）为158 609。以丁推算人口，一般按照1：5折算，那么从康熙二十年至雍正九年，四十五年间衢州人口增加16万，总人口接近80万。

4. 陈鹏年治理西安县（1696—1699年）

陈鹏年（1663—1723年），字北溟，又字沧州，湖南湘潭人，是康熙年间著名的清官。康熙三十年（1691年），陈鹏年中进士，五年后出任衢州府西安知县。

三藩乱后的西安县，百姓流亡，土地荒芜，豪族相率占田扩产，一般民户却为交纳虚粮所累。陈鹏年丈量查实田亩之主，另造清册，按实有田产数目课粮纳税，豁免绝户的田产，以这些余粮补从前的缺额，从而使数千农户安于生产；同时兴修水利，筑砌堰坝，疏通城壕。他下令在柯山门外引水渠上建分水闸，旱时开闸放水灌溉东郊农田，乡民称之为“陈公闸”。

他还平反了郑徐氏的冤狱。康熙二十六年（1687年），浙江西安县生员郑荣祖之父受族弟郑邦璧击打，郑荣祖往救，被殴致死，其父于这年冬亦死。第二年，郑荣祖之子郑五元、郑七元为报祖父、父亲之仇，在路上遇见郑邦璧时咬掉其鼻，双方遂赴县打官司。审案时，县令曹若铬贪贿而袒护郑邦璧，而对郑五元、郑七元严加责罚。郑荣祖之妻徐氏在公堂为冤愤所激，触阶而死，棺柩露置于城西铁塔下。康熙三十四年（1695年），陈鹏年到任西安县令，力翻旧案，备礼营葬徐氏，建孝烈祠予以旌表。此事见于《西安县志》《衢县志》《衢州府志》及陈康祺《燕下乡脞录》等。此事曾被编成戏剧《铁塔冤》。

陈鹏年还十分重视教育，重建了文庙文昌阁；为解民困，执行放粜缓征政策；禁止乡民停丧、溺女等恶习。陈鹏年在衢的善政不可胜数，百姓受益颇多。为纪念陈鹏年，每逢他生日，百姓常常凑钱聚会，称“陈公会”。[1]

因在衢政绩卓著，陈鹏年升任江宁知府，因不忍追加田赋，声言官职可以罢免，税赋不可加，终被罢官下狱。康熙南巡时获平反，提升陈鹏年为河道总督。马营口黄河决堤，他亲临督修。次年，陈鹏年又兼任漕运总督。雍正元年（1723年），陈鹏年病逝于河道工地。陈鹏年死后雍正称其为“鞠躬尽瘁，死而后已”之臣，赏赐甚厚，谥号“恪勤”。陈鹏年一生秉性刚直，敢于任事，不畏权贵，民间有“陈青天”之称。[2]

（三）耿精忠叛乱围衢（1674—1676年）

清朝的建立离不开大批“从龙入关”的汉族官僚，其中最著名的就是“三藩”：镇守云南的平西王吴三桂、镇守广东的平南王尚可喜和镇守福建的靖南王耿精忠。三藩形成割据势力，被清廷视为心腹大患。康熙十二年（1673年），清政府下令削藩，废除封爵。吴三桂串通尚、耿两家，发起叛乱，领兵进攻四川、湖南；尚可喜进攻广西、贵州；耿精忠在福建改王府为皇廷，自封皇帝，年号“裕民”，发兵攻入浙江、江西。

进攻浙江的叛军分为两路，一路由曾养性率万人连陷温州、台州、处州，占

---

〔1〕高翔：《陈鹏年传》，王思治等主编：《清代人物传稿》上编，中华书局1995年，第252—257页。

〔2〕《清史稿》卷二百七十七《陈鹏年传》。

领金华、汤溪、龙游，陈兵衢州东南面；一路由马九玉、朱顺德率数万人入仙霞关，占领江山、常山、开化和皖南的祁门，在衢州西北方布防。两路互为犄角，步步为营，其战略目标是占领军事重镇衢州。经过明末清初多年动乱的衢州人民饱尝过战乱之苦，对这突如其来的兵灾惊恐不已，争相逃命，城市为之一空。措手不及的衢州守军只得紧闭城门，向朝廷飞报告急，不敢与叛军激战。因此，叛军从两面长驱直入，短时间内，花园岗、鹿鸣山等城郊有利地形均被叛军占领，形成包围局面，衢城危在旦夕。

同年五月，兵部侍郎、浙江总督李之芳和平南将军赖塔率清兵入衢，分路堵截两路叛军，并在衢州召集巡抚以下官员商议。李之芳指出双方所争夺的关键在衢州，"衢踞上游，无衢，是无浙也"，若衢州失手则整个长江以南，乃至淮河以南都不能"安枕"。七月，叛军急于求成，无视清军和地方驻军，不断发起攻击。李之芳为鼓舞士气，在水亭门举行阅兵，并当众处斩临战怯阵的衢州守备程龙。阅兵后，清军就与叛军激战于城西丘陵地区，斩敌数千，并击退杜泽、峡口、大洲之敌。叛军攻城不成，就在龙游、江山、常山、开化四县城和广大农村大肆掳掠。康熙十四年（1675年）初，叛军又蜂拥入衢，在江山港、常山港下游和衢县西北连营五十里。双方多次激战，但叛军仍然没有攻入衢州城。康熙十五年（1676年）八月，清廷派康亲王杰书率援军到衢州指挥，采取抄其后路，断其粮道的战略，才击退叛军；马九玉等弃营逃离仙霞关，曾养性等战败投降，清军直捣耿精忠叛乱巢穴，衢州才得以安宁。十月，耿精忠投降，用槛车解送北京，后被杀。[1]

"三藩之乱"几乎动摇了清廷的半壁江山，历经四年才得以平定。虽然最终没有乱了朝纲，却苦了百姓。耿精忠数万叛军乱衢三年多，始终未破衢城，但在四乡烧杀抢掠，十室九空；而部分清军以剿叛为名，也横行乡里，无恶不作。战乱之后，西安县城乡人口约减五分之三。衢州百姓以自己的牺牲，维护了国家的统一。后来，百姓在愤恨之余，编了一则传说：耿精忠被抓到衢州，在城

〔1〕刘凤云：《清代三藩研究》，中国人民大学出版社1994年，第201—203、266—271页。

西德平坝的一个埠头杀了头，因此该埠头叫作“杀耿埠头”，也叫“杀狗埠头”。事实上，耿精忠被杀于北京，与此埠头无关，那只是传说而已。

雍正元年（1723年）五月，衢州府推行垦荒令，规定新垦水田免税五年，新垦旱田免税九年。在《清实录》中，迟至在乾隆年间，仍有衢州垦田的记录，可见衢州当时荒芜的田地还是比较多的。这也说明三藩之乱对衢州经济的破坏直至雍正、乾隆年间仍然没有完全恢复。康乾时期是中国封建社会最后一个大发展时期，但是有一半的时间，衢州仍然在医治战争创伤。

二、衢州军事重镇的进一步强化

“争两浙而不争衢州，是以浙与敌也；守两浙而不守衢州，是以命与敌也。”意思是说，与敌人争夺两浙地区却没有攻下衢州，是把整个两浙地区交给了敌人；守卫两浙地区却没有能够守住衢州，是把自己的性命交给了敌人。这两句话是对衢州军事地位的最好诠释，后来三藩之乱中平定闽藩的战事发展就以事实证明了这一点。到了清代，中央政府不仅沿袭明代在衢州推行里甲制，还在各县城乡实行以调查流动人口、维持治安秩序、防止人民反抗为目的的保甲制。到乾隆初年，里甲制彻底瓦解，而保甲制成为集治安和赋役于一体的地方基层组织。清初枫岭营的设立和浙江总督的长期驻守，加上衢州镇的设立，更使衢州这种强化军事的趋势发展到顶峰。清代衢州众多的军事设施则是军事重镇的直接体现。

（一）衢州浙闽枫岭营的设立（1654年）

据《浙江通志》记载，浙江为东南地区的屏障，衢州又为浙江的重镇，而仙霞岭又是衢州一府的要隘。仙霞岭在江山县南百里，岭上有石阶路，有台阶360级，弯道26处，前后长达二十里。整条山路依山堑成驿道，依势设立雄关，四周重崖峭壁，十分险要，堪称东南险要之地。连接仙霞山的山岭有座个，分别是窑岭、茶岭、大竿岭、小竿岭、梨岭和枫岭，其中枫岭是浙闽两省的分界。连接仙霞山路的雄关有五座，分别为安民关、六石关、青坞关、木城关和二渡关。过了二渡关，就是江西永丰县的地界。六岭五关，都在这方圆百里范围内。可以说，这“六岭五关”形成了浙闽赣三省相交之处的交通要隘。

枫岭关位于江山廿八都浙闽分界处，以岭中多唐枫（即乌桕树）而得名，地势极为险要，与仙霞岭连接，成为浙闽三要冲之一，被誉为浙江五大名关之一。枫岭关原径道是唐末黄巢起义军所辟，现存关门一道。南端门高2.8米、宽2.1米、深1.9米，北端门高3.1米、宽2.8米、深1.9米。残存关墙全长21米，上方已塌。

衢州虽已纳入清政府的版图，但是明将郑成功在福建的势力仍然相当强大，数次大败清军，其水军还一度威胁南京。为加强福建、浙江边界的军力，防止明军入浙，顺治十一年（1654年），清政府下令组建枫岭营，驻江山县廿八都，隶属处州镇管辖。该营设从三品游击一员、正五品守备一员、正七品把总二员，计有兵丁1 000名。康熙十三年（1674年），正值三藩之乱，清政府又下令将枫岭营扩编，主将游击下辖左、右二营，每营设守备、千总各一员，把总二员，兵丁750人。雍正十三年（1735年），枫岭营改属衢州镇，设游击一员、千总一员、把总一员，马步战守兵500人。至同治七年（1868年），浙闽枫岭营仍有马战兵276人，百子炮4门。又据《白云山志》记载，光绪年间，又设提督一员，兼管浙江衢严枫岭、水师巡江营。[1]

（二）浙江总督的兴废（1658—1738年）

顺治二年（1645年），清朝设福建总督，驻福州府，兼辖浙江。顺治五年（1648年），浙江巡抚萧元起平定衢州赵之超反清起义。鉴于浙西局势严重，同年五月，清廷将福建总督更名为浙闽总督，移驻衢州府，兼辖福建，总理两省军政要事，下辖督标三营。由于名将郑成功在福建势力大增，其水师北上舟山，南下广东，为应对危局，顺治十五年（1658年），朝廷分置福建、浙江总督，分驻漳州府与温州府。浙闽总督在衢驻守前后十年。

康熙十一年（1672年），移福建总督驻福州府。次年，三藩之乱爆发；康熙十三年至康熙十五年（1674—1676年），浙江总督李之芳驻衢平叛。康熙

[1] 雍正《浙江通志》卷一《图说·仙霞关图》、卷九十三《兵制四》。

二十三年(1684年),裁浙江总督,以福建总督兼辖;康熙二十六年(1687年),更名福建浙江总督,俗称闽浙总督。雍正、乾隆年间虽有短暂的反复,又分置福建、浙江两总督,但时间都不长。

清初浙江总督的反复设置,并两度驻衢,对稳定战乱中的浙江,乃至福建局面,是有积极意义的。

(三)衢镇总兵的设立(1735年)

据康熙《衢州府志》记载,为了镇压衢州军民的抗清斗争,早在顺治三年(1646年),衢州府城设总兵官一员,统兵三千,总兵驻府山。后来,衢州局势平稳,总兵的设置撤销。顺治六年(1649年,一说在顺治五年),衢州驻军改为协镇副将,统左右二营。每营设都司佥书、守备各一员,千总二员,把总四员,马步战守兵共1 600人,隶属温州镇管辖。康熙二十三年(1684年),衢州协城守营扩编,增设中营,有中、左、右三营,兵员共2 600人。康熙四十九年(1710年),衢州协城守营改隶处州镇管辖。

雍正十三年(1735年),工部尚书徐本、浙江总督程元章等联名上奏:衢州地处三省交界,为江西、福建的咽喉门户,为紧要地方,副将不足弹压,请求朝廷将衢协改为镇。闰四月,朝廷下诏,改衢州驻军协副将为衢州镇总兵。设总兵官一人,辖镇标中、左、右三营,有游击、都司、守备、千总、把总等官,马步战守兵丁共2 057人。除辖镇标外,衢州镇总兵还兼辖严州(今建德)协左、右两营,枫岭营、衢州城守营等。[1]

雍正《浙江通志·兵志二》记载了衢州镇的编制:衢州城守营,驻衢州府城966人;分防龙游县、常山县、开化县及江山县城690人,分防樟树潭、大洲、西安、溪口、杜泽、凤林各汛共计269人,分防龙游溪口汛55人,分防华埠、七都球、草萍各汛196人。严协城守营,下辖左、右2营,每营设都司、守备、千总、把总等官,分防建德县、淳安县、分水县、遂安县、寿昌县及桐庐县各汛414人,分防淳安威平汛23人,西路安设路一处2人,南路安设路六处22人,巡缉东港、西

---

〔1〕《清史稿》卷一百三十一《兵志二》。

港江洋往来、稽查墩台14人。浙闽枫岭营，营设游击、千总、把总各1人，驻廿八都500人，廿八都兼溪口汛169人，分防仙霞关118人，分防峡口102人，分防清湖88人。金华协兰溪营，分防兰溪县汛92人，分防汤溪县汛。以上合计3 720人。[1]清代浙江水陆提督节制五镇，即定海镇、海门镇、温州镇、处州镇、衢州镇。乾隆年间，全国共设有六十六镇，衢州镇是其中之一。

（四）衢州府城及内河的修缮

明代以来，衢州的军事地位日重，城里城外乃至各县均建有不少军事设施，如营寨、校场、炮台，等等。而衢州最大的军事建筑，无疑就是衢州府城了。从顺治年间开始，康熙、雍正、乾隆、嘉庆、道光、咸丰、同治、光绪年间均有大规模修缮。当时的百姓纷纷乐捐，如嘉庆年间的巨商郑安邦等，衢属各县也有相应的任务。民国四年至民国五年（1915—1916年），西安县知事铸桂西还曾进行过局部修缮。现存衢州府城基本上是明清时期遗留下来的，2006年被国务院公布为国家重点文物保护单位。

康熙三十七年（1698年），西安县令陈公鹏年开浚内河。因濠平水浅，不能入城，于是在通仙门外"供桥下筑建石闸"，根据水的深浅不定期蓄泄，"内河始得通筏"。但因为内河"屡有坍陷浅塞"，没过几年又淤塞。康熙四十六年（1707年），知府杨廷望重新疏浚内河，使周公源水从堰沟入城，四时不竭，水深达到五六尺一丈不等。又设立水门栅栏，派专人看守，"昼启夜闭"，以便竹木簰筏，直抵城西北隅，方便了老百姓。

（五）清代的军事设施

清康熙年间，协镇署设在化龙巷。左、右营守备署均设在府治龟峰下止马湾。雍正年间，设衢州城守营，下辖中、左、右三营。城守营都司署设在止马湾，有屋30间；中营守备署设在三桥头；左营守备设在塘田弄；右营守备署设在讲舍街。三营军械局设在东门大街，有屋17间；三营火药局设在北门讲舍街；配药局设在止马湾，有屋5间；左营火药局设在鼓楼底，有屋3间；城守营军需局

〔1〕雍正《浙江通志》卷九十一《兵志二》。

设在东门口大街，有屋12间。

清康熙年间，衢城大教场设在城东七里街，周围四里余，中有演武厅；小教场设在城内城隍山下。明代，龙游县演武教场在县北5里，灵山教场在灵山市。江山县教民场（演武）原在县南东岳冈，后移九龙滩。开化县演武教场原设在县北，后移县东北一里。常山县演武场建于县东三里滩，至清嘉庆年间，迁县城大南门外。

衢州城区有古炮台遗址10处，计配铁炮15尊。东门炮台、城隍山炮台、小南门城亭上炮台、大南门铁塔基炮台、北门左边炮台、闹市巷江宅园内炮台、大南门东岳庙前炮台各配铁炮1尊，小西门铜塔基炮台配铁炮2尊，旧县政府门前和西隅炮台各配铁炮3尊。以上炮台大多于抗日战争时被毁。[1]

三、经济的进一步发展

在明末清初战乱以及“三藩之乱”后，江西、福建、安徽的移民大量涌入龙游、常山、开化等县，其数量在一些地区甚至超过了当地的原住居民。这些移民广泛种植靛、麻、玉米等作物，有的还经营纸、瓷、铁等，推动了衢州经济的发展。这一时期，造纸业继续着强劲的发展势头，龙游溪口因纸而繁荣；而衢州的制瓷业已经相对衰落，唯有江山三卿口古瓷村仍保存着传统的制瓷工艺，对今天来说显得尤为珍贵。清代以后，入闽客商改道江山，衢州繁盛依然不改。大批徽商、闽商、宁（波）绍（兴）商人云集衢州，衢城众多会馆建筑及其遗迹，就是这段历史的证明。

（一）清代的农业与手工业发展

1. 清代衢州的种养殖业

伴随着玉米、甘薯、花生的引进，清代衢州以种植水稻和饲养猪禽为主体，适量种植各种经济作物的自给性综合农区得到了进一步发展。

康熙年间的水稻品种：“稻曰粳（饭不粘，食米也），稌曰糯（饭粘，酒米

---

〔1〕《衢州市志》，第921—922页。

也)。”粳有白禾、红禾、龙泉禾、建阳早、天公早、江西早、六十日禾(俱六月熟);金裹银、太平早(七八月熟);晚稻(十月收)。康熙《衢州府志》称这些水稻品种为“尖米”;衢州本地没有所谓“团米”类的稻种。糯有白壳糯、红壳糯、重阳糯、湖州糯、处州糯、麻子糯、草鞋糯、胭脂糯、铁浆糯、白芒糯、乌嘴糯(俱同晚稻收)。

豆类,即菽。六月收为黄豆,九月收为青豆;又有白豆、紫豆、绿豆(可为粉作羹)、赤豆、黑豆、茶豆、扁豆、佛豆(种成后就犁去,用其茎壅水渚之,用来肥田)、豇豆、刀豆以及溪肾、虎斑、羊眼、虎爪诸豆;又有蚕豆(即北方莞豆)、田塍豆等品种。

麦种分大小。大麦粒饭,小麦面饭,又有荞麦可作饼。黍有红白二种,其中苗高颗粒长的品种与稷相似;而颗粒稍短的品种,干叶片可用于烧火,衢州百姓一般不吃,多用于做饲料,“即北人所谓薯黍也”。

粟也有粳、糯二种;又有淮粟、芦粟,“皆可食,亦作酒”。

蔬菜有白菜、青菜、芥菜、油菜、辣菜、蒿菜、菘菜、甜菜、苦菜、菠菜、芹菜(一名水英)、冬菜、莱菔(即萝卜,又名蔓青。其中小而赤色的即胡萝卜)、苋(叶片有红白紫三色,红色的名叫马齿苋)、芋(一名蹲鸱,一名土芝,有水旱二种)、薯蓣(味类芋,紫色,小而白者曰“山药”)、苦荬、莙达(即叶用甜菜)、莴苣、芫荽、葱、蒜(有大小二种)、韭(一名草钟乳)、薤(一名藠头,其叶似细葱,中空而有棱,其根如蒜)。与明代相比,少了香菜、蕨菜等菜的记载,多了菘菜、苦菜、芫荽、冬菜、薤等。

瓜类有黄瓜、冬瓜、菜瓜、金瓜、丝瓜、稍瓜、甜瓜、南瓜、北瓜、兔头瓜、瓠瓜、笋(以冬笋、猫头笋、湖山小笋为佳)、姜、茄(一名“落苏”)、薇(一名“苦益”,野生)、葛(根可作粉)、蒟蒻(俗名“鬼芋”)、茭葫萝(即茭白)、莳萝(根不可食)。

果类有甘蔗(有紫、白二种,紫色的产于龙游,白色的从福建引种,可碾汁炼糖)、桃、李、梅、枣、杏、柿(有红有绿,果实小个的名叫“牛乳柿”)、栗、梨、林檎(一名“花红”)、杨梅、枇杷(一名“卢橘”)、金橘、银杏、石榴(一名“天浆”,

白者味酸）、葡萄、核桃、胡桃、羊桃、山楂、榧子、樱桃、橡子、苦珠、甜珠、皙珠、西瓜、芡（俗呼“鸡头”）、藕、菱角（一名“菱芰”）、莲蓬、落花生（从福建引种，即花生）、无花果、猫栗、针栗等。

清初已有流民垦山种植玉米的记载。玉米因耐旱易种，很快成为山区穷苦农民的主粮，继而又扩大到山地和沿溪两岸的旱地。明万历年间从福建引进甘薯，并迅速在贫瘠旱地和山地上推广开来。糖蔗在清乾隆年间已有种植。烟叶的种植历史最早可追溯到明末，清代龙游的江西移民曾将烟叶与甘薯轮作，收获颇丰。

2. 清代衢州的柑橘生产

据康熙《衢州府志》记载，橘有朱橘、绿橘、狮橘、荳橘、漆碟红、金扁、抚州等品种；柑（又名“密罗”）、柚、橙、香橼。明代时，西安县西航埠二十里沿江至常山是衢州传统橘区，到了清代，柑橘种植已遍及衢州府各地。

清代朱彝尊（1629—1709年）有描写航埠桔区的《篁步》诗一首：

江阜有篁步，地似果园坊。
渐远鱼虾市，真成橘柚乡。
株株当属绿，颗颗入秋黄。
输与村夫子，经冬自在尝。

诗中的“篁步”可能就是今天的“航埠”。航埠人利用沿江近水的优势发展经济作物和养鱼业，因此这里不仅有橘园、橘林，还有鱼虾市。当时人已经掌握了一定的柑橘储藏技术，因此柑橘放到冬天仍然可以吃。

3. 清代衢州的山货

康熙《衢州府志》卷二十三《物产》记载清代衢州的一些特产：

文房用品：砚、纸（有藤纸、棉纸、竹纸三种）、墨；

丝麻织品：丝、绢、绵、绸、纱、麻、苎、本棉、麻布；

竹木制品：竹扇、香簟、纸帐、龙须席、漆木器皿、棕、席；

植物油：桕油、桐油、香油、麻油、菜油；

矿产品：炭、煤、土硃、石灰、松香、锦川石、蜡（有黄、白二种）、锁；

土特产：茶、蜜、漆、柿漆、靛、桕烛、肥皂、白硝麂皮。

4. 清代衢州的林业

衢州营林生产的历史久远，明清时期以插杉点桐为主。油茶生产也达到了一定的规模：油茶籽、油桐籽、乌桕籽是衢州主要的木本油料作物，统称“三籽”，均有较长的生产历史。清康熙年间，衢州湖南、岭头等少数地方还种植过漆树。清康熙《衢州府志》又新增棕榈种植的记录。

清康熙《衢州府志》记载当时的木本植物品种有松、柏、杉、桑、樟、枫、槐[1]、桐、橡、榆、柳、檀、楮（有苦、甜二种）、椿、柘、梓、桂、榉（一名“柽”）、槠、桧、榧、乌桕、榔、槎、榛、杨、栲、株、栎、梨、栗、冬青、水杨、黄杨、棕榈、皂荚、石楠、罗汉松、山水竹等。

竹林也是衢州森林资源的重要组成部分。据康熙《衢州府志》记载，衢州的毛竹主要品种有慈竹、紫竹、苦竹、斑竹、筋竹、水竹、金竹、石竹、箬竹、雷竹、笙竹、方竹、天竹、棕竹、猫竹、实竹、凤尾竹、合尕竹、黄莺竹、黄竹、孝顺竹、江南竹、公孙竹，等等。

5. 清代衢州的封山育林习俗

为保护林木，百姓常常采用封山育林的方式，通过树禁碑、立禁规、挂稻草、吃封山饭、演禁山戏等民俗，世代相传。衢州全旺毛家后山的一片松林，至元代严加封护以来，至今已有700多年。开化县龙山底乡青山底村还有一块立于清嘉庆二十三年（1818年）的禁山碑。从碑文看，禁山碑的议定是因人们偷砍山林而起的。经过村民的集体民主商议后，青山庄（即今青山底村）的人们订立了石碑上的环保习惯法，并附有相当严厉的罚则。“如有犯者，公议罚款一千文”，直至送官惩处；必要时，违约者还将被罚杀猪请全村人“吃封山饭”。[2]

---

〔1〕槐有几个品种：“叶大而黑者，名让槐；昼合夜开者，名守宫槐；叶细而青绿者，俗谓之木槐。”

〔2〕齐忠伟：《百年古碑蕴含的生态故事》，《浙江日报》，2004年11月12日。

6. 清代衢州的矿冶业

“有采就有冶。”嘉庆《西安县志》载，黄坛口和龚家埠各有冶炼场一所。其法传自粤师，鼓铸耕犁、食锅，大宗销往外部，钟、磬、炉、鼎或定制新范而冶之。孔氏南宗家庙现存雍正十一年(1733年)西安县礼房、工房监制的先圣庙钟，重约150余公斤，至今文字图案光洁细腻。

7. 清代衢州的造纸业

衢州多山，造纸原料丰富，历史上纸槽业极盛。衢州商界曾有“纸盛商盛，纸衰商衰”之说。至清末，衢县最盛时槽户多达670余家，从业者达1.1万人，年产土纸4.55万吨，仅次于富阳、萧山两县，居全浙第三位。

闻名遐迩的“开化纸”质地细腻，纸薄洁白，柔软韧性强；康熙、雍正、乾隆三代，清廷内府武英殿刻印的书籍多用此纸，美观漂亮，美誉度极高。

龙游“多烧纸，纸胜于别县”，尤以南屏、花笺质佳量丰。龙游溪口村是清代浙江重要的纸类贸易中心，该村的繁盛倍于城市。龙游南乡民间全赖造纸为生，可见造纸在当地经济生活中的重要性。由于腌竹造纸的高利润，为确保毛竹产量，当时的龙游知县曾多次下令禁止外地人流入境内砍伐竹笋。据推算，12株毛竹可以做成纸料1担，每担2银元，扣除做纸的成本可获净利润1元，而挖笋12株仅值三四十文钱，两者相差太大。

8. 江山三卿口古窑村落

江山三卿口古窑村落位于今浙江省江山市峡口镇窑村，古称紫灵庵，又称碗厂，距县城40千米。全村40多户绝大多数姓黄，以制瓷为业。据考证，黄姓宗族原籍福建汀州连城县；清乾隆十一年(1746年)，黄姓叔侄正中、大远二人迁入江山，定居于此地，以制瓷、烧窑为生。据《须江窑村黄氏宗谱》记载：“学赵公于乾隆年间由闽省连城南坂迁浙衢邑廿九都紫灵庵，与福昌公裔孙同居住。”如今三卿口古窑村落黄姓同族之间仍讲福建土话。[1]

当地的居民占有少量土地，经济以制瓷为主，农业为辅。其经营方式以家

〔1〕巫少飞等:《漫说衢州古窑址》,《衢州日报》,2004年2月3日。

庭为单位进行生产和销售，生产资料属私人所有；宗族共有的生产资料仅见由窑户集资投工建造的烧瓷龙窑和矿山一处，还有一幢宗族祠堂为窑户所共有。窑户一般以户为单位，建有水碓房、淘洗池、拉坯房。整个生产工艺流程，如开矿、粉碎、淘洗、沉腐、练泥、拉坯、晾坯、修坯、画花、上釉、出窑及产品销售等全部由窑户独自完成，唯有叠窑、煅烧过程由有经验的窑工在龙窑中统一把关、装烧。其中，粉碎无疑是一个最具生命力的工序。它是靠水碓来进行的，每座水碓设有一个木制转轮、4个石质石臼；水自流，碓自舂，溪水不断，水碓不息。在各道工序中，家庭成员中劳力使用比较合理。开矿取泥、拉坯晾坯、进窑煅烧、运输出售等一般由家庭中的主要男劳力承担，而淘洗、画花、上釉及做垫饼等工作则由妇女、老人、孩童承担。这种以家庭为单位的生产方式一直保存至2000年。

江山三卿口古瓷村落保存了中国古代传统的制瓷设施和工艺流程，对研究古代制瓷的过程以及制瓷业的兴衰有很高的价值。可以说，三卿口古窑村落是古代制瓷的“活标本”。从1979年至今，已有北京、上海等十多个城市和日本等国的文物考古专家前来此地考察。中国社会科学院考古所、复旦大学、上海博物馆、浙江考古研究所、杭州南宋官窑博物馆等单位先后拍摄了纪录片和电视录像。衢州博物馆古陶瓷展厅就有三卿口制瓷的模型。2006年三卿口制瓷作坊被国务院批准为国家重点文物保护单位。[1]

（二）交通的变化与商贸的继续发展

“府居浙右之上游，控鄱阳之肘腋，制闽越之喉吭，通宣歙之声势。”从晚明开始，衢州至福建的道路从过去的走常玉古道改走仙霞古道。这是衢州交通运输史上一项重大的改变，由此引发衢州集市镇不同的发展，引发闽浙赣周边不同的发展态势。清代以后，衢州本土的商人势力衰弱，以徽州、宁绍、福建商人为主，占据了衢州商业文化的主体。衢州城内的徽州会馆、宁绍会馆、福建会馆乃至兰溪会馆就是最好的证明。

---

〔1〕姜江来：《谈江山三卿口古窑村落的价值及其保护与开发》，《历史文化研究》第4辑，第63—67页。

1. 浦城小关地开辟与赴闽道路的改变

据光绪《常山县志》载《参政西安王畿记》："常山两浙上游，水陆之会。江（赣）、闽、楚（湘）、粤、滇、黔、川蜀之运，上达京师，与夫自上而下者，无不道经于此。"草萍（常山境）及太平桥（玉山境）各立有"八省通衢要隘""两浙雄镇"牌坊。

据《浦城县志》载，明天启三年（1623年），因为福建布政使葛寅亮的建议，关闭崇安分水关，议开浦城小关（今庙湾），从此经浦城的官差剧增。清顺治八年（1651年），闽浙总督驻衢州，将自衢入闽的道路由原来的常山至玉山一路改取道江山、经仙霞岭路至浦城。至此，由浙入闽以官方明文方式改为从仙霞岭路而入，仙霞岭路遂成为京城至福州的官马南路——福州官路的一段。

顺治十二年（1655年），将原设在常山的广济渡水马驿迁置江山县城南十五里之清湖。自此，由浙入闽，皆自清湖渡登陆入仙霞古道；由闽入浙，自清湖渡舍陆而舟。清湖遂成浙闽交通线上的水陆要会。随着福州、泉州口岸的开放，仙霞古道遂成连接"海上丝绸之路"的纽带，使衢州成为"八省（赣、闽、粤、桂、滇、黔、蜀、湘）通衢重镇"。[1]

2. 清代的衢州集市

明清时期，衢州及各县城和主要集镇均有商市，各县街市镇均有不同程度的发展。据康熙《衢州府志》记载，清代衢州各县共有街、市、镇44处：

西安县：城内有南市街、县西街、水亭街、长街、下街等5街；乡村有安仁市、五坪市、沙埠市、上坦市、云溪市、章戴市、西湖坛、莲花市、湖溜市、航埠市等10市镇。

龙游县：城内有石板街、河西街、西门街、大街、市后街等5街；乡村有灵山市、溪口市、泥湾市、盐仓市、尹家埠市、白鹤桥市、湖头镇等7市镇。

江山县：城内有上街、下街、中街、大街等4街；乡村有祝丰店市、长台市、镇安市、凤林市、峡口市、清湖镇、礼贤镇、石门镇等8市镇。

〔1〕徐江都：《衢州古道纵横》，《历史文化研究》第5辑，第16—18页。

常山县：城内有县前大街、新街等2街；乡村有甘露镇1市镇。

开化县：城内街未见记载，乡村有华埠市、马金镇等2市镇。

以清湖古镇为例，清顾祖禹《读史方舆纪要》云："清湖镇为闽浙要会，闽行者自此舍舟而陆，浙行者自此舍陆而舟矣。"清代，这个镇上有钱庄10余家之多，有转塘行10多家，有船300余艘，竹筏100余号，有轿行3家，轿33杠。清湖镇从一个小村，发展成为一个大镇，不仅仅是一个交通运输上的要冲，而且也成为一个商品贸易、集散市场。

3. 清代的衢州四省边界贸易

衢州作为四省通衢的要地，自南宋以来边界贸易就很活跃，民间经济往来频繁。雍正《浙江通志》记载："江西广信府七县俱分销常山县引盐。"当时浙产海盐行销四省，江西上饶地区七县食盐均通过钱塘江、衢江、常山港水运至常山起岸，转陆路运至玉山县分销。江西的大米、烟叶、药材、桐油、茶叶、瓷器、夏布乃至爆竹，以及福建、广东、广西、湖南的大批物资经江山、常山转运到浙江、江苏以及天津、北京等地销售；同时，江苏、浙江、山东、河北的大批商品又从衢州、常山、江山分别由水路转运到江西、福建、两广及西南地区。[1]

4. 清代衢州的驿站和急递铺

清代衢州驿站主要是西安县上航驿，在光远门外一里，旧名和风，为水驿；明弘治八年，"省信安马驿并入"，为水马驿。龙游县设亭步水马驿，明初在瀔水南建，名瀔波驿；弘治六年（1493年），徙水北，今徙县北泥湾。江山县设广济水马驿，旧在常山东门内；顺治十二年（1655年），徙置江山县城隍庙侧。

清代衢州府沿袭明制，在交通要道设有急递铺以方便驿传。据康熙《衢州府志》记载，最多时衢州府设有急递总铺1个，各县急递铺56个。

西安县：衢州府城内设有府总铺1个，位置在府治东班春亭故址。急递铺8个，其中往东方向有东迹铺、牌门铺、安仁铺（即龙游界）；往西有压潮铺、石塘铺、新店铺（即常山界）；往南有常乐铺、百灵铺（即江山界）。

---

〔1〕《衢州市志》，第577、624页。

龙游县设有急递铺17个：县城有县前铺；往东有永安铺、仁和铺、湖头铺（即兰溪界）；往西有澳头铺、高敬铺、乌头铺（即西安界）；往南东观铺、举岭铺、白石铺、庙下铺、升田铺即（遂昌界）；往北门有下倪铺、下方铺、前村铺、白鹤铺、梅岭铺（即寿昌界）。

江山县设有急递铺14个：县城有县前铺；往东门有湖村铺、平坦铺、后溪铺（即西安界）；往北有界牌铺（即常山界）；往南有清湖铺、照明铺、江郎铺、峡口铺、三卿口铺、保安桥铺、龙溪铺、廿八都铺、枫岭铺（即浦城界）。以上九铺都是在康熙二十二年（1683年）新设。

常山设有急递铺12个：县城有县前铺；往东门有长埂铺、栟楮铺、浦口铺、渔湖铺（即西安界）；往西门有太平铺、蒋莲铺、白石铺（即玉山界）；往北门有團邨铺、湖澄铺、湖潭铺（即开化界）；往南有长亭铺（即江山界）

开化设有急递铺5个：县城有县前铺；往南有溪盘铺、后苔铺、孔埠铺、玉头铺（即常山界）。

5. 清代衢州的会馆建筑

明清以降，“徽商富甲江南”。徽商的足迹遍布天下，素有“无徽不成商，无徽不成镇”之称。衢州地处浙、闽、赣、皖之要冲，地理环境独特，资源条件丰富，自然成为徽商经营活动的重要辐射地区之一。众多徽商云集衢州，自然需要一处活动场所，徽州会馆应运而建。清代徽州会馆位于今衢州市柯城区县学街。据《嘉庆县志》载，会馆称“徽国文公祠”，又名“文公书院”。乾隆二十一年（1756年），由徽州商贾合建；乾隆六十年（1721年）重建；光绪初大修新花厅三间；光绪二十三年（1897年）筹设小学校；中华人民共和国成立前称皖江小学。中华人民共和国成立后，徽州会馆是县政府和市政协办公用房，现为衢州市文联用房，为衢州市文物重点保护单位。徽州会馆坐北朝南，占地约612平方米，现面呈纵长方形，其格局为三进三明堂，正厅用材粗大讲究，后进为高台建筑。最值得一提的是前厅天棚上的藻井，为传统的徽式建筑的代表作。

天妃为宋时莆田林氏之女，卒后显应于海上，为海上女神，元至元间封天妃神号，清康熙间加封为“天后”，台湾、澎湖等地称为“妈祖”。天后一直为历代船工、海员、旅客、商人和渔民所祭祀。衢城原本有两座天妃宫，今仅存天皇巷的一座。衢州天妃宫亦称“福建会馆”，原有面积2 052.9平方米，现存665.3平方米，三进二明堂，有南北二台门，门券顶有石匾额“天妃宫”三字。前殿面阔五间，进深三间，二米高处布置为戏台，十一檩硬山顶前后无廊，梢间屋顶稍矮，另起两个小层顶，贴附于次间屋顶之侧，外表看去，呈三个屋顶。前殿为院，院南北为厢房，二屋厢房为看戏的包厢。院内石板铺地，院中有甬道通往正殿，正殿中供奉天妃神像。殿内斗拱、雀替托脚等均采用雕花工艺，细碎繁缛，涂金描彩，明显为清代末期格调。该殿梁架上终年无蜘蛛丝网，实为一奇。衢州天妃宫现为衢州市文物重点保护单位，也是衢州市内表演传统戏剧的场所。

在县西街通向江边有一条长长的小巷，名叫“宁绍巷”，清时是宁波绍兴商人在衢州的聚居地。原有宁绍会馆一座，可惜今仅存一座大照壁，在向人们述说过去的繁华。

（三）清代衢州的田产赋税

据康熙《衢州府志》记载，康熙四十六年（1707年），衢州合府有田15 811顷31亩余，其中西安县有田4 767顷余，每亩征银8分5厘4毫，征米7合9勺，孔氏祭田5顷，每亩征银1分5厘余；龙游县有田3 732顷58亩余，每亩征银9分2厘4毫，征米7合5勺；江山县3 195顷76亩余，每亩征银9分6厘5毫5丝，征米6合2勺6抄；常山县1 727顷余，每亩征银9分2毫，征米3合1勺。开化县2 383顷95亩余，每亩征银征米分三等，一等征银6分9厘4毫，征米2合8勺，二等每亩征银6分7厘7毫，征米3合7勺，三等每亩征银6分3厘8毫，征米2合7勺。以上衢州府共征银137 421两1钱7分余，征米9 752石4斗9升余。对比明天启年间衢州府田产，此时期的田产面积不足明代的91.1%，而承担的税赋（不计征米）则是明代的133.9%。

衢州府地5 338顷47亩余，每亩征银最高的常山县达到8分6厘9毫，最低的开化县是3分3厘2毫，每亩征米最高的龙游县是5合5勺，最低的开化县为1

合3勺4抄。全府共征银26 608两1分4厘余，征米1 711石7斗2升余。对比明天启年间衢州府旱地，面积不足明代的87.7%，而承担的税赋（不计征米）则是明代的122.86%。

衢州府山林6 368顷57亩余。每亩征银最高的龙游县为9厘9毫，最低的开化县为7厘3毫；每亩征米最高的是西安县和龙游县，都是8勺，最低的常山县和开化县，都是3勺。全府共征银4 628两8钱9厘余，征米345石3斗2升余。对比明天启年间衢州府山林，面积不足明代的96.1%，而承担的税赋（不计征米）则是明代的141.79%。

衢州府塘、湖、荡、坎等水域面积638顷61亩余。每亩征银最高的开化县1钱2分4厘5毫，最低的龙游县仅6厘2毫；每亩征米最高的江山县为6合4勺，最低的常山县为2合8勺。全府共征银3 590两7钱9分余，征米247石6斗余。对比明天启年间衢州府水域，面积为明代的105.97%，而承担的税赋（不计征米）则是明代的150.34%。

桑柘木3 451株，征税银19两3钱3分余，与明代天启年间基本一致。

衢州府人丁151 116，“丁口五分”。其中最高的常山县“市民”（县城居民）每丁征银4钱6分，最低的开化县为每丁征银1钱3分7厘；“乡民”（农村居民）最高的也是常山县为每丁口征银5钱4厘，最低的开化县每丁征银1钱6分2厘；“市民女口”最高的江山县女口每口征银2分9毫，最低的开化县每口征银4厘5毫；“乡民女口”最高的龙游县每口征银2分7厘1毫，最低的开化县1分9厘3毫；还有未成丁的“食盐钞”，最高的开化县7分3厘，最低的江山县1分4厘5毫。全府人丁税共征税银18 155两7厘余，与明代天启年间比较，为明代的91.5%。这也是唯一低于明代的数据。应该看到，明代基本都是针对成年丁口的税赋，而康熙年间居然还收取未成年人的“食盐钞”。

以上六项共征银191 258两6钱6分余，对比明代天启年间数据，占明代六项实征总额的130.32%。从以上这些数据，我们可以清楚地看到康熙盛世之年，衢州的税赋负担远比明代晚期沉重。这也是清代衢州府积贫积弱的根本原因之所在。

（四）乾隆初年累赔的解除

从明代嘉靖年间以后，由于“矿寇”之乱，加上农村土地兼并等因素，农村大批自耕农逃亡，造成国家编户齐民的实际户口数巨量锐减。但是朝廷为维护其统治，加上万历年间的战争以及镇压明末农民起义和平定北方满族八旗的“辽饷”，对于国家编户内农民的压制更重了。虽然土地荒废、实际编户数大幅锐减，但是国家税赋依然依照嘉靖年间的数据征收。这种状况一直持续到清代。

清初，虽然诸位皇帝对衢州的税赋屡有赦免，但因为清初的抗清斗争以及平定三藩等战乱，尽管其后有福建、江西等大批移民迁入，但衢州府土地荒废、实际编户数大幅锐减的现象仍然没有得到改观，反而有愈演愈烈之势。特别是龙游、江山、开化三县，“向有荒缺田地，虚加摊赔”，田产已经荒芜了，但国家税银、税粮没有减少。据统计，到康熙年间（1662—1722年），三县因为原有户籍黄册上的土地荒芜却依然被征收的“浮征银”共计8 044两9钱8分2厘9毫，“浮征米”333石8斗9升1合。从明万历初年开始算起，这种状况已经持续了160多年，给衢州百姓造成了极大的负担，“实为民累”。

雍正八年（1730年），开化县贡生杨廷瑶毅然首先倡议，把明代以来“加派虚粮重累事”，写成专门的申述书，呈送给府县地方长官，申请依据衢州府当地实际田产数缴纳国家税赋，对“加派虚粮”核实后全部予以革除。但申诉书到了地方就没有下文了。杨廷瑶的儿子杨弘俊，时任山东盐运使，仰承父志，又嘱咐自己的儿子（时任江南徐州府睢宁县知县杨曾敏）于乾隆元年（1736年）把衢州府“赔累苦情”原原本本地详细细禀告给浙江总督嵇曾筠。嵇曾筠是清代著名的水利专家、治河专家，这位认真的技术官员于乾隆元年五月二十九日把这份公文又上报给朝廷。七月十三日，奉旨由户部察核后回奏。乾隆二年（1737年）十月十九日，户部回复，对嵇总督所题请之事，“照数豁免可也”。本月二十一日，奉旨依议，“一豁免龙游县虚粮银七百二两五钱五分，米五十一石二斗九升九合；一豁免江山县虚粮银六百三十二两七钱三分九毫，米四十石九斗二升六合；一豁免开化县虚粮银六千七百九两七钱二厘，米二百四十一石六斗六升六合。”至此，三县“加派虚粮”之事得到了较为圆满的解决。在这基础上，衢州府也获得了难得的发展机会。

四、教育、科举与能臣干吏

清代衢州同样重视教育，他们办书院，兴教育。可惜由于经济实力的衰退，其规模和影响稍逊于宋代，甚至不及明代。清代衢州文进士更远逊于明代，反而在武举上有所成就，江山还出了林天滮、黄瑞两位武状元；但坚持己见的方元启、博闻强记的戴敦元、大学士费淳、抗缅英雄毛大经以及守台有功的柴大纪仍然是衢州的骄傲。

（一）清代的衢州义塾与书院

清代西安县有园林义塾等8所，龙游县有城北、明经、湖镇义塾等5所，江山县有礼贤、同善、萃文义塾等，常山县有鲁家坞、芙蓉崇本堂义塾等。

清代衢州府，除衢麓讲舍外，为发展地方文教，“务使三衢多士，笃志力学，人文复盛”，地方政府先后建有青霞、正谊、鹿鸣、毓秀四大书院。

衢麓讲舍，别称“克斋讲舍”，地址在城东北菱湖。明嘉靖十三年（1534年）创建，民国初年尚存。

青霞书院，旧址在城北浮石潭，建于清康熙廿一年（1682年），废于清嘉庆前后。

正谊书院，旧址在今府山东。始建于康熙四十七年（1708年），当时的衢州知府杨廷望改普润庵为书院，因院内有白莲池，取名“爱莲书院”。乾隆十年（1745年）重修时，知府胡文溥易名为“正谊书院”。乾隆二十一年（1756年），甘士瑞（辽宁襄平人）出任衢州知府，以重修府学经费之余再次重修书院；整个工程由叶斌、周廷选等具体负责，建有外大门、前厅、讲堂、后堂及左右楼、魁星阁等，还有东西学舍共二十四区，内外厨房各一。整个工程数月告竣；甘士瑞亲撰《重修正谊书院碑记》。为保证书院经费，在原有基础上，甘士瑞又加拨书院学田九十六亩，年租一百五十余石。光绪末，书院改立衢郡中学堂。

鹿鸣书院，旧址即原县学街衢州一中。乾隆五十三年（1788年）创建，后毁于咸丰年间；光绪五年（1879年）重建；光绪二十四年（1898年），易名“求益书院”；光绪末，书院改名“求益学堂”。

毓秀书院，旧址在今九华乡外宅鲁班殿。光绪十六年（1890年）创建，废于民国初。

今小西门街38号还有一座占地约800平方米的书院建筑。从南而北依次为大门、前厅、后厅、楼阁。前厅和后厅就是课堂，梁柱间使用了悬柱法，这是在衢州市其他古建筑中不多见的。这种柱又称垂花柱，柱端雕刻莲花座图案。这种减柱法腾出了更多空间，亦增加美学感觉。此建筑原为吴氏家宅，考《上街吴氏宗谱》:“吴士纪，号砚堂，雍正元年举人，郡守杨廷望聘任为修文书院主讲，事在康熙四十七年（1708年）。”修文书院也是衢州城内唯一现存的书院建筑。2002年，衢州市文物部门予以修缮，现为衢州市级文物保护单位。

（二）清代衢州的文科科举

1. 文风偏弱的清代衢州进士

根据对清《进士题名碑录》的检索，整个清代衢州府共考中进士34人。其中，西安县（含衢州府城）进士19人，占总数的55.9%；龙游县7人，占20.6%；常山县2人，占5.9%，开化县6人，占17.6%。

这34人，涉及陈、程、戴、方、龚、江、刘、陆、王、吴、徐、杨、叶、余、张、郑、周等17姓。其中，徐姓、余姓各中进士4人；方姓、杨姓、叶姓、郑姓各中进士3人；龚姓、张姓各有2人。特别是涌现出一批科举世家，如开化方姓、西安龚姓、西安徐姓、西安叶姓、龙游余姓、西安余姓、西安郑姓、西安张姓等，这些世族成员占据了科举名额的一半以上。

从时间跨度上来看，大致可以分为三个阶段：

第一阶段，清初至平三藩之前的康熙九年（1644—1670年），总计26年，出进士10人，约占总数的29.4%。这一阶段可以说沿袭了明末的优势，最多一次在顺治十八年（1661年），一科四进士。其后进入长达三十年的空白期，这一时期的衢州在愈合平三藩之乱的战争创伤。

第二阶段，康熙三十九年至乾隆四年（1700—1739年），这40年共出进士8

人，占总数的23.5%。这一阶段的衢州的文风已经大大衰落，进士陆陆续续地出现。其后又进入一个长达33年的空白期。这个空白期很古怪，至今没有学者对此进行详细研究，估计与乾隆初年以后科举改革有关。乾隆丁丑年（1757年），科举考试执行“减判增诗”政策，将会试二场的表文改考五言八韵的律诗。这一政策推动了清代又一次诗坛高峰，却给衢州人带来了挫折。

第三阶段，乾隆三十七年至咸丰六年（1772—1856年），这84年间出了进士15人，占清代总数的44.1%。咸丰年间，太平天国起义波及衢州，衢州再遭战乱。咸丰六年（1856年）之后十八年，即同治十三年（1874年），衢州再次迎来一位进士。此后，文科进士与衢州彻底绝缘。

2.“拗南乐”方元启（?—1678年）

方元启，字运开，号“竹友”，出身于明末开化县一个普通的书香之家。清顺治十四年（1657年），方元启中举人。顺治十八年（1661年），方元启赴京参加会试、殿试，高中丁酉科马世俊榜，列三甲一百四十四名。

经过吏部考选，方元启外放出任直隶大名府南乐县（今属河南）知县。方元启在南乐县任知县七年，筑城、建学，为政清简，“政声洋溢”。南乐贩私盐的土豪宣尚拒不纳税，且屡次向检查部门都察院、分巡道诬告别人，受害入狱达二十多人。上司要求提审这些入狱者，方元启深明案情，拒不解送，并屡次请求销去诬案。方元启最终查明了真相，严惩了宣尚，上司因此称其为“拗南乐”。南乐地处中原，盗寇蹂躏，百姓逃亡甚多。方元启编审户口时，免去了流民丁壮的税银690余两。同时，方元启对流民尽心招揽，还向流民提供农具、耕畜、种子。南乐县荒地很快被开垦出来，该县户口数也增加了16 000余。饥荒时，方元启设粥厂，建义仓，捐谷千石，供百姓周转度荒。当地民谣：“南乐南乐，公来始乐，出作而乐，入息而乐，公乐民乐，民乐公乐。”大意是说，南乐南乐，自从方知县来了才真正有欢乐，百姓们是出门耕作也乐，进门休息也乐。方知县快乐了，百姓们就快乐；百姓们快乐了，方知县更快乐。短短24个字的民谣将百姓的感激之情溢于言表。康熙九年（1670年），方元启还主修《南乐县志》，并修缮祭祀了仓颉庙，并手书“史皇圣庙”四字刻于大门正中石匾上，至今仍存。

因政绩卓著，方元启奉调入京，特荐授户部福建司主事。时值三藩之乱，方元启负责整理军需，户部尚书梁清标对他十分倚重，视为左右手。由于军情紧急，方元启昼夜操劳致积劳成疾。康熙十七年（1678年），方元启奉命主持河南乡试，每天只吃薄粥一小碗，仍然在手校举子的等级，最终病卒于锁院（试院）之内，弥留之时没有一句话提及家事。朝廷恩赐方元启归乡安葬。大学士、相国冯溥亲笔为之题写挽词："誓保国恩，死勤王事。一官清白，空留身后之名；几卷丹青，痛绝闱中之笔。"[1]

南乐县民为方元启立石建祠，以志不忘其对南乐作出的贡献。家乡开化县亦将方元启列入乡贤祠，春秋致祭。乾隆十三年（1748年），方元启还被诏封为"天挺英豪"。方元启在文学和易学方面也有一定建树，著有《繁水敷言》和《易学正宗》两书。

3. 体仁阁大学士费淳

费淳（?—1811年），字筠浦，祖籍钱塘，随祖父（衢州府学教授费士桂）来衢，就读于三衢学舍，定居西安县城区（今市区）。三衢大地养育了费淳这位大学士，衢州城费家巷12号至今还有费淳故居。

乾隆二十八年（1763年），费淳中进士，经过四年的见习期，出任刑部主事，后升任郎中、军机处章京、江苏常州知府等职。后因父亲去世，费淳丁忧离职。费淳期满后任山西太原知府。当地民间因争水利引起的诉讼多年未决，费淳带领百姓按旧河道开渠，以合理分流，使各方民田均得灌溉。渠道筑成，百姓于其上建桥，名曰"费公桥"。费淳升云南布政使，有惠政。费淳又以母亲年老，辞官为母养老送终；守孝期满后，恢复原官。乾隆六十年（1795年），费淳升任安徽巡抚，不久调任江苏巡抚，主持一省大政。

费淳为官清廉谨慎，深得嘉庆帝重用。嘉庆三年（1798年），淮徐水患，费淳请准以当地所征漕米散赈，公私两便。次年，费淳擢升两江总督，主管江苏、江西、安徽三省军政大事。当时主管两淮盐务专卖的盐政使征瑞与费淳

---

〔1〕陈剑勇等：《文林郎方元启》，《衢州名人》，第252—256页。

是亲家，嘉庆皇帝信任费淳，免其回避。在两江总督任内，嘉庆帝曾下谕示告诫费淳：

> 安民首在任贤，除弊必先去贪。汝操守虽优，察吏过宽。去一贪吏，万姓蒙福；进一贤臣，一方受惠。其悉心访闻，慎勿迎合朕意，颠倒是非。[1]

于是，费淳秉承旨意，严惩徇私枉法、奢侈浪费之官吏，盐巡道彭翼蒙、漕运总督富纲等不法官员先后被革职。费淳还与河道总督吴璥区划河务，兴修邵家坝，抢护贾家楼大堤。嘉庆五年（1800年），工程竣工，加授费淳太子太保的荣誉衔。嘉庆七年（1802年），安徽宿州人王潮名等纠众杀官，费淳下令镇将剿捕。事情平定后，费淳又请求朝廷批准在宿州南平集设立同知一员，以安抚百姓，裁撤宁国府同知，移驻其他地方。

嘉庆八年（1803年），费淳升任兵部尚书。同年，黄河在河南衡家楼决堤，河水横溢张秋以南，夺盐河入海，漕运受阻，费淳奉命往山东查勘。他上书清廷在张秋两岸培堤筑坝，在南面泄汶水入黄河，在北面分导余流；还仿效刷沙法，复制混江龙、铁蓖船以疏通淤积。次年，漕运畅通无阻，嘉庆下诏对费淳褒奖。其后，费淳调任吏部尚书、协办大学士，前往直隶惩治侵占国家钱粮的官吏。嘉庆十二年（1807年），授费淳体仁阁大学士，管理工部，兼管户部三库。费淳七十岁时，御书“赞纶锡祉”匾额赐赠。翌年，费淳因库银失窃受牵连被停职留任，其后又因工部官员冒领库银一案被削夺大学士的荣誉衔。不久，费淳被贬为兵部侍郎；嘉庆十五年（1810年），费淳补授工部尚书。嘉庆十六年（1811年）二月，费淳逝世，赏还大学士，谥“文恪”，祀云南名宦。[2]

费淳一生为官清正，严于律己，因而深受嘉庆帝的信任。费淳也没有辜

---

〔1〕安抚百姓最重要的是任用贤才，革除弊病一定要先除去贪官。费淳你的操守虽优，但对于手下官吏要求过宽。除去一名贪官，能使万民得福；任用一名贤臣，可以使一方受惠。此次出任两江总督，一定要悉心访闻，不要一味迎合朕意，颠倒是非。

〔2〕《清史稿》卷三百四十三《费淳传》。

负这种信任，恪尽职守，在地方官任上政绩卓著。但是，他因御下不严，结果被牵连贬官。虽说皇帝恩典其官复原职，费淳死后恩荣依旧，但也算是晚节有亏。

4. 刑部尚书戴敦元（1767—1834年）

戴敦元，字金溪，开化县华埠镇孔埠人。幼有异禀，过外祖家，一月尽读其室中书。十岁举神童，浙江学政彭元瑞以文章试之，其文功底扎实，如老宿所作；又问及深奥的经义问题，依然对答如流。彭元瑞感叹地说："子异日必为国器！"乾隆五十八年（1793年），二十六岁的戴敦元高中进士，被选任为翰林院庶吉士。

嘉庆初年，戴敦元任刑部主事，总办秋审处。戴敦元秉公处理太史杨某等冤案，从轻发落，所审无纵无滥。嘉庆三年（1798年），戴敦元出任山西主考，主持山西省的乡试。嘉庆六年（1801年），戴敦元参加续修《清会典》，任副总纂官；同年，兼任恩科会试同考官。嘉庆二十三年（1818年），嘉庆《清会典》成书，共计八十卷，其间戴敦元作为副总纂官，功不可没。嘉庆二十四年（1819年），戴敦元出任广东高廉兵备道，主掌查核官吏，整肃风纪，监察吏治，亦有奖励农桑，兴贤举能，按复刑狱之责。戴敦元轻车微服上任，与粤商交往，暗中查访粤地风情和官吏、盗匪情况。

道光元年（1821年），戴敦元升任江西按察使，延请深谙刑名的属吏协助，数月清理积案4 000余件。戴敦元回京述职途中，仅以六个面饼充食三餐，谢绝地方的宴请。次年，戴敦元升任山西布政使，单车赴任，轿夫、驿卒均不知其是高官。在任上，戴敦元废除厘头银（纳税的零头银子），减轻百姓的负担。道光三年（1823年），戴敦元受命署理湖南巡抚，年底回京任刑部侍郎。道光十一年（1831年），六十四岁的戴敦元擢升为刑部尚书，掌管清朝的刑名政令。在任期间，戴敦元所治狱案均合乎情理法令；每日公事完毕，归坐一室，谢绝宾客。戴敦元对于所阅案牍过目不忘，属下有引用律条错误或枉法徇私，当即予以纠正。道光帝有所询问："常援引律例，百无一误，上下叹服"。道光十四年（1834年），戴敦元卒于任上，终年六十七岁，优诏赐恤，称其清介自持，恪尽职守，赠太子太保，谥简恪，葬杭州西湖之滨。[1]

戴敦元为官四十年，历仕乾隆、嘉庆、道光三帝，以清廉爱民著称。戴敦元爱好天文历法，还是当时知名的数学家，撰述甚多，但多未成书。戴敦元在前人的基础上著有《九章算术方程新式》，清代数学家罗士琳的《勾股容三事拾遗》及《演元九式》两部数学专著均由他审定并作序。[2]

（三）衢州的武举成就

清代衢州人，特别是江山人，民风彪悍，习武之人众多，不少人为谋正途出身而参加武举考试。清代的武举承袭明制，依文榜程式，规定了完备的考试制度。整个清代，江山县共出了41名武进士，甚至比清代整个衢州府的文科进士还多，而江山的武举人、武秀才就更多了。清代军制重行伍出身，不像文科进士那样，高中状元并不一定官运亨通。乾隆晚年战事很多，原本正是武进士建功立业的好时机，但是柴大纪被屈杀，黄瑞被贬黜，衢州武举进士失去了前后两个领军人物，此后再难有大作为。

1. 武状元林天滮、黄瑞

乾隆年间江山县出了两位武状元林天滮、黄瑞，一位武探花林天洛。整个清代共进行了112次武举，产生了112名武状元，其中浙江籍8名，而江山籍就占了四分之一。[3]

林天滮，江山县人，生平不详。乾隆三十六年（1771年），会试会元、殿试状元，可谓是二元及第，这种情况在武举中也是不多见的。林天滮依例被授御前一等侍卫衔，其后历任江西抚标右营游击、左中军参将（正三品）等职。他的兄长林天洛在乾隆三十三年（1768年）为会试会元、殿试探花。一门之中，一位状元、一位探花可谓难得。

黄瑞（1753—1810年），字锡符，号辑堂，江山县人，出身军人世家。其叔

---

〔1〕《清史稿》卷三百七十四《戴敦元传》。

〔2〕《戴敦元传》，《浙江人物简志·中》，浙江人民出版社1984年，第357页。

〔3〕许友根：《有关清代武举制度的两个问题》，《历史档案》，2003年3期。

父黄大谋是乾隆十七年（1752年）武进士，曾任御前侍卫、永平协副将（从二品）等职，死时诰封“武显将军”。黄瑞幼承家学，乾隆四十二年（1777年）中武举人，乾隆四十五年（1780年）中状元，授一等侍卫乾清门行走。乾隆五十四年（1789年），黄瑞出任乌鲁木齐中营参将，后任长沙协副将。嘉庆元年（1796年），爆发了以王聪儿为首的白莲教起义，黄瑞奉命署理湖北宜昌镇总兵。在镇压白莲教起义中，黄瑞曾力保被俘白莲教徒的生命。白莲教起义在明清两代屡次爆发，朝廷视之如毒蛇猛兽，唯恐斩杀不尽，黄瑞却要力保，在那些视百姓生命如草芥的皇亲贵胄眼里，黄瑞无疑是一个立场不坚定的异类，其结果可想而知。清廷以“剿匪”不力，黄瑞降四级调任陕西。嘉庆十五年（1810年），黄瑞卒于潼关协副将任上。[1]

2. 抗缅英雄毛大经

乾隆中叶以前，缅甸作为中国以南一个较大的非臣属国，与清朝始终维持着一种相对和平的关系。当时，中缅之间存在很多土司，在很长时期内起到了一种缓冲两国直接冲突的作用。但这种土司及其地域的宗属关系却并非固定不变。缅甸雍籍牙王朝（1752—1885年）建立后，企图恢复以往缅甸与各处土司之间的宗属关系。而与此同时，清朝也通过“改土归流”的方式，将原本处于中缅之间的部分土司及其地域转化为由清廷直接控制的区域。清政府这种向南推进的努力与缅甸雍籍牙王朝向北扩张的势头无疑是相抵触的。于是，中缅之间的冲突也就在所难免。[2]

乾隆二十九年九月（1764年10月），缅王孟驳派遣以召播为首的130余人的庞大使节团来到九龙江，要求车里宣慰司前往阿瓦会盟。这一举动为云贵总督刘藻下令阻止。于是，缅甸当局开始对中国云南边境进行军事骚扰。次年春，少数缅军侵入西双版纳地区，大肆抢掠一番而去。同年十二月，当缅军再次逼进云南思茅地区时，乾隆帝下诏：“（缅甸）敢于扰害边境，非大加惩创，

〔1〕王鸿鹏等：《中国历代武状元》，解放军出版社2002年，第351—352、357页。

〔2〕何瑜、张波：《清代中缅宗藩关系述论》，见“中华文史网”。

无以警凶顽而申国法。”从此，拉开了清缅双方持续四年的拉锯战。衢州人毛大经也参与了这场卫国战争。

毛大经（1734—1767年），西安县人，乾隆二十六年（1761年）武进士，后以侍卫任从三品云南游击。乾隆三十一年（1766年）八月，毛大经率军抗击缅甸军的入侵，调守今云南陇川县西边界外的虎踞关；十一月，又赴援今云南陇川县西的铁壁关（为腾越八关之一）。次年，进军孟卯江，毛大经手擒敌酋，斩杀千余人，其后又率军乘胜追击，缅甸军沿河逃散。正在这时，军中突发炮，士卒惊溃，敌军乘机聚众反扑。毛大经一马当先，坚持率部阻击。突围后，毛大经又误陷泥泞。敌军飞箭如雨，毛大经的坐骑脚部受伤，将他摔至地上。敌军蜂拥而上，以标枪刺胁，毛大经重伤之下仍跃起格杀数人，最终肠裂而死。毛大经为维护国家领土完整而捐躯，直到今天仍值得人们的肯定和纪念。[1]

3. 台湾总兵柴大纪

柴大纪（1730—1788年），字肇修，号东山，江山市长台人。长台柴氏向来是名门望族，宋元以来，中进士、举人的人很多。柴大纪外貌魁梧，器宇不凡，自幼习文，据说很会写文章，后弃文从武。乾隆二十二年（1757年），柴大纪参加秀才考试，浙江提督学政窦光见其一副好身材，于是劝其改习武举。[2]乾隆二十五年（1760年），柴大纪参加乡试，一举考中武举人。乾隆二十八年（1763年），柴大纪赴京，殿试考中三甲第十七名，时年三十四岁。乾隆三十一年（1766年），柴大纪分发福建，总督见其谙晓风云，能观天色，又熟悉水军、岛屿事务，于是就提补他为水师提标左营守备。乾隆四十年（1775年），柴大纪升为水师提标右游击，次年调任福建澎湖水师游击。乾隆四十三年（1778年），柴大纪再提升为水师参将。乾隆四十六年（1781年），柴大纪升为正二品福建海坛镇总兵。签了四十八年（1783年）八月，柴大纪奉旨补调台湾镇总兵。

---

〔1〕衢州市政协文史委编：《中国历史文化名城——衢州》，浙江人民出版社1995年，第94页。

〔2〕姜裕智：《台湾镇总兵柴大纪》，《衢州名人》，第257—265页。

当时的台湾还是一个府的建制，隶属福建，府治设台南，下辖三个县：诸罗、彰化、凤山（均在台湾西南沿海今台南、高雄一带），军事上设总兵一员，驻兵八千，在澎湖设副将一员，驻兵三千，所以柴大纪是台湾地区最高军事长官。乾隆五十一年（1786年），台湾天地会首领林爽文在彰化县发动起义，很快就攻占县城，席卷诸罗、凤山两县。柴大纪受命征剿，并于次年二月收复彰化县城。其后，柴大纪被义军围困在诸罗县城中达十个月之久。据《清史稿》记载，到了最后，城中已经没有粮食了，只能挖树根、煮豆粕为食。就是在这样险恶的处境，柴大纪依然率军坚持下来。因为坚守诸罗，柴大纪战功卓著，封"巴图鲁"（满语中勇士的意思）名号，升任从一品福建陆路提督，兼领台湾总兵事，后改授水师提督。十二月，加授柴大纪太子少保的荣誉衔，封一等义勇伯，同时改诸罗县为嘉义县。[1]同月，协办大学士福康安所率的援军赶到，嘉义解围，不料柴大纪的厄运也跟着到来。柴大纪出迎援军统帅，因自恃功高，礼节欠周，惹恼了福康安。福康安是乾隆孝贤皇后的侄儿、大学士傅恒之子，满洲镶黄旗的贵胄。福康安以"为人诡诈、深染绿林习气、不可倚重"等罪名弹劾柴大纪；后又勾结侍郎德成，诬告柴大纪纵兵激民才引起台湾这场变乱，而且柴大纪对台湾乱民既不能在平时严加看管，又不能及时扑灭于乱发之处，都是军纪不明所造成的，要求把柴大纪以贻误军机的罪名"解京正法"。乾隆五十三年（1788年），柴大纪被夺职押送进京，虽力诉冤情，仍被斩首示众，时年五十九岁，其子女发配新疆伊犁为奴。[2]

柴大纪镇压林爽文起义，自然在历史上留下了不光彩一面，但他维护了国家的统一和领土的完整，为祖国作出了巨大贡献。

五、清代衢州的名人名著

总体说来，清代衢州的名人名著偏少，流传至今的影响力不高。康熙年间

〔1〕《柴大纪传》，蔡冠洛：《清代七百名人传》下册，中国书店1984年，第825—828页。

〔2〕《清史稿》卷三百二十九《柴大纪传》。

周召的《双桥随笔》体现了清代早期衢州的家训成就。清初，衢州曾编演为民妇徐氏雪冤的戏剧“铁塔寺”；乾隆年间，青霞寓客创作了杂剧《北孝烈》。众多衢州方志的编撰，是清代方志兴盛的直接结果，保存至今的版本为今天我们研究考察衢州的历史和文化提供了最为宝贵的直接资料。而衢州从南宋以来南戏的发展，为戏剧大师李渔的创作提供了直接的素材：从小说《连城璧》到昆曲《比目鱼》，李渔的每一次创作和修改都离不开衢州带给他的灵感。蒲松龄在名著《聊斋志异》中所描绘的“衢州三怪”，虽然只有短短的近百个字，至今仍给衢州人留下无尽的遐想。

（一）衢州籍的创作

1. 青霞寓客与杂剧《北孝烈》

《北孝烈》，一名《铁塔冤》，清青霞寓客撰，四折杂剧。作者真实姓名不详，浙江西安县人，康熙年间在世。[1]此剧采自康熙年间浙江西安发生的一起冤案。余廷灿《陈恪勤公鹏年行状》：“初知西安（今浙江衢县）事……烈妇徐氏暴棺埋冤，十年不雪。公案法收元凶，而礼褒烈妇，浙人演成《铁塔寺》戏曲，即其事也。”[2]此剧将事件中物改用假名，发生时间由清康熙年间改为明崇祯年间，地点改为北方的荥阳，故名《北孝烈》。剧中，书生段华因族弟白木砍伐祖坟树木前去劝阻，被段白木活活打死，其父赴官府告理，又被白木遣人于途中害死。段华妻余氏刺血写状纸，携儿子段虢至县衙告状，在衙门口与白木相遇，段虢与白木厮打，咬伤其耳鼻。县令郎涯因接受白木贿赂，以打叔父罪将段虢重杖二十。余氏骂他“是非颠倒，坐公堂没邪正，昧心机枉人命”；郎涯命差役掌嘴，余氏义不受辱，撞死公堂。前来看审案的民众见逼死烈妇，打进县衙，郎涯狼狈而奔，通城罢市。在民众压力下，郎涯命人买棺木收敛余氏，权厝城西铁塔下周王庙后。十年后，姚镜任荥阳县令，重审此

---

〔1〕“青霞寓客”条作：“清浙江西安人，康熙年间在世。”详见邓绍基主编《中国古代戏典文学辞典》，人民文学出版社2004年，第558页。而《中国书名释义大辞典》作：“为乾隆年间人，真实姓名不详，籍贯不详。”今从《中国古代戏典文学辞典》《清代杂剧选》等。

〔2〕此事亦见《衢州府志》《燕下乡脞录》。

案，因事久年深，饶段白木、县吏钱可通一死，各杖四十；罚银安葬余氏；一面申详上表，旌表余氏孝烈。[1]《北孝烈》流传甚广，今有清姚燮编《今乐府选》（稿本）本，藏杭州图书馆；另有《清代杂剧选》本。

虽然修改了时间、地点和人物，但剧中所描写的是康熙年间的社会现实。当时，西安县一带刚遭耿精忠之乱，民多流亡，豪强乘机霸占土地，阶级矛盾非常尖锐。徐氏一案虽起于家族纷争，但却暴露了豪强凶横和官府的黑暗。清代杂剧大都取材于历史事件或传说，《北孝烈》是难得反映当代社会现实的作品。[2]邓绍基先生认为，《今乐府选》（稿本）本《北孝烈》揭露社会黑暗之深刻，反抗精神之强烈，皆属罕见。

特别值得注意的是，剧中的周王庙中供奉的"周王"就是南宋死于衢江的孝子周雄，后来被奉为周宣灵王，成为钱塘江水神，江上行商、船民的庇护神；到了剧中第三折《魂诉》，周王又演变成能通鬼神的神灵，可以指挥判官、鬼族，与烈妇余氏鬼魂沟通。可见当时周王信仰的影响力。

2. 周召与家训著作《双桥随笔》

周召，字公右，号拙庵，西安县人，生平不详。县志、府志没有他中进士的记录，估计其是举人出身。康熙初年，曾任陕西凤县知县。周召著有《双桥随笔》十二卷，为《四库全书》子部儒家类著录，是当时浙江巡抚采进的抄本。

此书是周召于康熙甲寅、乙卯间（1674—1675年）耿精忠叛乱之时，避兵乱隐居山中所作，"双桥"即其山中所居地。书卷端标题为《受书堂集》，又以《双桥随笔》为子目，可能仅仅是其中的一种。全书内容丰富，涉及读书、作文、修身、居家、为官、处世、时俗、学风、论佛等诸多方面，还引用了不少前人有关家训的史实、言行。书中绝大部分内容是有鉴于当时颓废的世风，为针砭儿辈所发，中间不乏精当之论。周召在自序也称"老生常谈，诚不足采"，然而俗话说

〔1〕"北孝烈"条，赵传仁、鲍延毅、葛增福主编：《中国书名释义大辞典》，山东友谊出版社2007年，第285页。

〔2〕《北孝烈》，王永宽、杨海中等选注：《清代杂剧选》，中州古籍出版社1991年，第199—215页。

“良药苦口利于病”，这些内容都是苦口的“药石之言”，目的是为了对儿孙辈有所“针砭”，有所教育。纵览全书，其立意在于“信道而不信邪，事人而不事鬼，言理而不言数，崇实而不崇虚”。因此，全书所说的都是崇尚礼教，排斥异端的内容。为使儿孙认清明末学风的堕落和危害，周召在书中对明末士大夫阶层阳儒阴佛、空谈性命的不实学风予以猛烈抨击。由于本书是随笔，周召凭记忆记录，“意到即书”，因此此书不免有些重复冗长；而且，又因适逢战乱，周召处于流离奔走的境地，书中也不免有些愤激之词。尽管有些许不足，但《双桥随笔》仍不失为清代早期一部重要的家训著作，对于人心风俗的教化，颇有裨益。[1]就是在今天来看，对于如何教育子女、构建和谐社会，此书仍有不少参考价值。

3. 清代衢州府县志的编撰

清代是我国方志发展的全盛时期。不少清代学者从事古方志的辑佚工作，为探索方志的源流提供了材料。由于一些著名学者参加修志工作，围绕修志进行的理论研究得到深入开展，从顾炎武到章学诚等一批学者提出了比较系统、全面的方志学理论，使方志学在清代逐渐发展成为一门专门学科。衢州的方志在这一时期也获得了很大的发展。

清代衢州府官修府志共编修两次。康熙二十三年（1684年），知府姜承基召集周召等人撰修康熙《再续衢州府志》一卷，可惜今已失传。康熙末年，知府杨庭望等编纂《衢州府志》四十卷首一卷，康熙五十年（1711年）由继任知府金玉衡刊行；因原版残缺，光绪八年（1882年），知府刘国光重刊。

清代衢县志编修三次。其中，康熙三十八年（1699年）知县陈鹏年修、县人徐之凯等纂《西安县志》十二卷首一卷，以及嘉庆十六年（1811年）知县姚宝奎等修，县人范崇楷等纂《西安县志》四十八卷首一卷两种刊本流传较广。

龙游县志编修六次，主要有康熙十九年（1680年）知县卢灿等修、县人余恂等纂《龙游县志》十二卷首一卷，乾隆六年（1741年）知县徐起岩续修《龙游县志续编》等。

---

〔1〕陆林：《中华家训大观》，安徽人民出版社1994年，第160—161页。

江山县志清代编修五次，现均有传本。主要有康熙四十年（1701年）知县朱彩修、朱长吟纂《江山县志》十卷；康熙五十二年（1713年）知县汪浩修、宋俊等纂《江山县志》十四卷首一卷末一卷；同治十二年（1873年）知县王彬等修，朱宝慈等纂《江山县志》十二卷首一卷末一卷等。

常山县志清代编修五次，现均有传本。流传较广的有雍正二年（1723年）知县孔毓玑纂修《常山县志》十二卷首一卷；嘉庆十八年（1813年）知县陈珄等修，张巽等纂《常山县志》十二卷首一卷；光绪十二年（1886年）成书，知县李瑞钟修、朱昌泰等纂《常山县志》六十八卷首一卷等。

开化县志清代编修五次，现均有传本。其中雍正七年（1729年）知县孙锦修，县人方严翼等纂《开化县志》十卷首一卷；乾隆六十年（1795年）知县范玉衡修、吴淦等纂《开化县志》十二卷首一卷；光绪二十四年（1898年）知县徐名立等修、潘树棠纂《开化县志》十四卷首一卷等。[1]

4. 翁复、詹文焕与《四书合讲》

《四书合讲》，即《四书遵注合讲》，又名《四书体注合讲》，简称《合讲》，十九卷，清翁复编。翁复，字克夫，太末人。[2]又据民国《重修浙江通志稿》记载："《酌雅斋四书合讲》无卷数清，翁复、詹文焕合撰。翁复，字克夫，衢县人。好读书，敦善行，与詹文焕友善。文焕，字维韬，号不浮，雍正壬子举人，官工部屯田清吏司主事。《衢县志・人物》均有传。此书据《衢志・艺文》作六卷，即所谓'高头讲章'也，为科举时必备之书，风行海内，署名太末翁复克夫著，而文焕参订。"姚宝奎《西安县志・义行传》记载，翁克夫与詹文焕友善，因为文焕书写成后，无力刊行，于是翁"倾赀代刊，故署翁名"。[3]

该书属于对经典著作《四书》的注释本、节选本，是当时典型的科举类考试用书，流传相当广泛，版本较多。传世的不仅有雍正年间立让堂刊本、福建四

---

〔1〕洪焕春：《浙江方志考》，浙江人民出版社1984年，第354—376页。

〔2〕张之词撰、司马朝军点校：《𬨎轩语详注》，华东师范大学出版社2010年，第233—234页。

〔3〕《著述考・艺术考》，浙江省通志馆编，浙江省地方志编纂委员会整理：《重修浙江通志稿》（标点本）第八册，方志出版社2010年，第4999—5000页。

堡巾箱本、福建泉州立言堂刻本、光绪黟县宝文堂刻本等，还有与《四书章句集注》合刻的，上半页为《四书合讲》，下半页为《四书章句集注》。在晚清甚至民国，不少乡村私塾，一本《四书合讲》，一本《诗韵》是必备的。《四书合讲》之所以风靡科场，为士子所青睐，和清代科举制度有极大关系。清初“国家鼎兴以后，崇正道以黜异说。凡为制举艺，以阐发四子书之精意者，功令一以朱子为主”(《四书合讲·自序》)。清廷规定：乡、会试科举要考三场，第一场经义，专考《大学》《中庸》《孟子》《论语》四书，做八股文章，代圣贤立言；第二场考论；第三场考策。三场之中以第一场最为重要。能不能考中，关键就看八股文作得好不好。若第一场不中选，即便第二、三场经文、策问间有可取，亦不准复为呈荐。因此，士子拼命地钻研八股文的作法，《四书合讲》正在这种背景下应运而生。

张之洞认为：“忌墨守高头讲章：《四书》朱注，最精最显。澄怀观之，何语不憭?《合讲》《体注》之属，腐陋可恶，令人汩没性灵。”因此，读《四书》就要看朱熹集注，最精辟，最能体现《四书》的经义；而《四书合讲》、《四书体注》(清范紫登参订)等书最为丑陋，看了之后“令人汩没性灵”。

（二）客籍诗文戏曲的创作

1. 戏曲大师李渔与《比目鱼》剧本

李渔(1610—1680年)，号笠翁，浙江兰溪人，明末清初著名的戏曲家、小说家、诗人，代表作有《比目鱼》《风筝误》等十种，合称《笠翁十种曲》，被誉为“东方的莎士比亚”。

明崇祯元年至清顺治八年(1628—1651年)是李渔与金华、衢州关系密切的时期。这期间，他考入金华府学，在金华同知许檄彩处做幕僚。他家居兰溪夏李村，舟行数里就可到游埠镇码头。李渔经常在此坐船去衢州、龙游、常山、开化等浙西一带，游山玩水，体验民俗风情，留下了许多咏物状景的诗词和别出心裁的楹联。衢州城距游埠水路约百里，是闽、浙、赣、皖四省的交通枢纽，高腔、昆腔、乱弹、徽戏等各种戏曲剧种、唱腔纷纷流入，在此交汇杂陈。明末清初，衢州已成为昆腔的大本营，班社众多，名伶似云，庙台棋布，草台星罗。据咸淳《临安志》载，“衢州风俗信鬼神，喜好祭祀”。因此，衢州的酬神演戏活动极为兴旺。正是衢州戏曲的繁盛把李渔深深地吸引了。他在衢州了解了不少戏曲班社活动，搜集了丰富的创作素材，为日后的创作打下了坚实的基础。

顺治八年，李渔举家东迁杭州，过着以挥毫“卖赋糊口”的生活。这期间他创作了小说《无声戏一集》（又名《连城璧》）。其中第一回《谭玉楚戏里传情·刘藐姑曲终死节》的素材就来源于衢州府。书中写道，衢州府西安县杨村坞有个唱戏的女旦叫刘绛仙，她的女儿刘藐姑如花似玉，戏艺出众。落魄士子谭玉楚为追求藐姑，不惜投笔从艺，入班专事小生。生旦情投意合，私订终身。谁知本地一个年近五旬的富翁看上了藐姑，以重金收买其母，欲纳之为妾。藐姑坚决不从，一日和玉楚在晏公庙水台演出昆剧《荆钗记》时，双双投江殉情，被桐庐县的莫渔翁张网救起。玉楚发愤苦读，得中高魁，偕妻走马上任，从桐庐、衢州经过，又在原投江的水台上点看《荆钗记》。刘绛仙扮演王十朋，演至《投江》一幕时，绛仙触景生情，悲痛万分。藐姑失声喊母，绛仙吓得魂不附体，后方知原委，一家人和睦如初。绛仙过不惯官家生活，又重归梨园。谭、刘也抛却官场，隐居桐庐县七里溪边。后来李渔将这回小说改编为昆曲《比目鱼》。

作品中的杨村坞，就是现今衢州廿里镇六都杨。此村紧邻江山港，是个“日里千人朝拜，夜里万盏明灯，笙歌锣鼓不绝，名伶花旦头等”的“戏窝”。李渔所写的晏公庙又称“晏公祠”，据嘉庆县志记载，旧址在衢州府前东水巷。晏公即晏敦复，江西临川人，南宋绍兴初年因反对秦桧被贬衢州任知府，为民做了许多好事，后人立祠祀之。刘绛仙所办的大班“舞霓班”和小班“玉笋班”则是明末清初衢州昆班的缩影。李渔《比目鱼》中描写的许多内容均是衢州一带戏曲活动的真实写照。[1]

2.“衢州三怪”的传说（乾隆年间）

“衢州三怪”，即钟楼独角怪、县学塘白布怪、蛟池塘鸭怪。它们的故事在衢州一带可以说是妇孺皆知。城乡版本虽各不相同，但大同小异，是人们茶余

〔1〕洪波、周樟华：《戏曲大师古城缘》，《衢州掌故》，第153—156页。

饭后的谈资。清代文学家蒲松龄《聊斋志异》第十一卷中的记载，更使其声名远播。现录全文如下：

> 张握仲从戎衢州，言："衢州夜静时，人莫敢独行。钟楼上有鬼，头上一角，象貌狞恶，闻人行声即下。人驰而奔，鬼亦遂去。然见之辄病，且多死者。又城中一塘，夜出白布一匹，如匹练横地。过者拾之，即卷入水。又有鸭鬼，夜既静，塘边并寂无一物，若闻鸭声，人即病。"

大意是说：有个叫张握仲的武官在衢州任职，他述说了三怪的故事。在衢州，夜深人静的时候，没有谁敢独自行走。城北钟楼上有一个头上长角的鬼，面貌狰狞。听到行人的脚步声，鬼就会从钟楼上下来。如果行人飞快地逃跑，这鬼也会自己离开。但是一旦看见了这个鬼，往往就会得病，而且死亡率很高。城西县学塘，到了夜晚就会出现一匹白布，老长老长地横放在地上。遇到贪小便宜的过路人去拾，白布就会将其卷入水中淹死。城南蛟池塘有鸭鬼，夜晚静悄悄的时候，塘边上是寂静地没有一个活物。如果有人听到鸭叫声，就会得病。[1]

现实世界是不可能有这样的三怪，蒲松龄写下这个故事是有深刻寓意的。1959年秋，毛泽东从庐山返京途经衢州，问及"衢州三怪"，在场者无人应答。他就讲述了《聊斋志异》中记载的故事，而后语重心长地说："我们要降妖灭怪，为民除害，才能国泰民安，国殷民富。"毛泽东还勉励大家多读些书，为官一任，造福一方。

衢州民间还有唐代名将尉迟恭收服三怪的传说。传说尉迟恭曾督造衢城，十分眷恋衢地衢民，于是誓除三怪。起初，尉迟恭恳求盈川城隍杨炯，后又恳求其祖二郎神杨戬。杨戬以额上火眼远观，又上天入地求索，方知独角鬼是天上魁星的朱笔，白布怪是观音菩萨的腰带，鸭鬼是西王母瑶池中的老鸭。于是尉迟恭奏求玉帝降伏妖怪。玉帝赐以三宝，魁星笔筒、观音拂尘和西王母的发

〔1〕王学莉：《〈聊斋志异〉记三怪》，《衢州掌故》，第32—33页。

罩。尉迟恭祭起三宝勇斗三怪，三怪俯首归降。独角鬼恢复成朱笔，由魁星笔筒罩住；白布怪变回腰巾，被观音拂尘缠住；鸭鬼还原为老鸭，由西王母发罩网牢，于是各还其主，衢州终无鬼魅作祟。县城隍杨炯托梦告知知府。百姓闻知三怪绝迹之缘由，纷纷悬尉迟恭戎装神像于大门以驱妖怪。

六、清代衢州的宗教信仰与礼仪

（一）清代衢州的佛教

据康熙《衢州府志》记载，西安县共有佛教寺庙、庵堂45座，就数量而言不及明代。其中如天宁万寿禅寺、明教寺、资忠显亲禅寺、南禅显圣寺等在康熙年间均重建或大修过。

当时府城内有祥符禅寺、天宁万寿禅寺、宝坊寺、显报寺、瀫宁寺、弥陀寺等6座寺庙。城外共有30座寺庙，其中城东、城东南有三藏寺、光严寺、开元寺；城西有上地藏寺、下地藏寺、药师寺、西山寺；城南有南禅显圣寺、回龙寺、乾明寺、故城寺、崇寿寺、宝岩寺、九龙寺、能仁寺、乌石山寺；城北、城西北有明教寺、资忠显亲禅寺、涌泉寺、莲花寺、明果禅寺、法光寺、国宁寺、福民寺、太平寺、崇胜寺、长潭永光寺、桐溪寺、大乘寺、咸通寺古刹等。另有吕祖庵、白云庵、妙高庵、玉泉庵、华严庵、回龙庵、五福庵、镇龙庵、灵鹫庵等9座庵堂。

龙游县共有寺庙、庵堂等20座，绝大多数是前代流传下来的，唯有清梵庵等是清代新建的。其中县城内有灵耀寺；城外有回澜寺（即铜佛寺）、证果寺、圣寿寺、双岩寺、龙邱寺、国宁寺、招庆寺、法安寺、舍利寺、资福寺、延和寺、瀫水寺等12寺，以及天堂庵、石舟庵、龙洲庵、鸡鸣庵、清梵庵、玉虹庵、发祥庵等7座庵堂。

江山县共有寺庙等20座。县城内有施水寺，城外有海会禅寺、石门罗汉寺、宝成寺、南安寺、太平寺、保福寺、真岩寺、普明寺、西禅寺、仙居寺、白岩寺、法藏寺、璩源寺、资福寺、报恩寺、国泰寺、松山寺、龙泉寺、江郎寺等。

常山县共有寺庙、庵堂等17座。主要有昭庆寺、钦教寺、湖山寺、护国寺、灵峰寺、茗源寺、圆通寺、福山寺、福林寺、保安寺、永平寺、净岩寺、石崆寺、报恩寺、古白云寺等15寺，其中湖山寺、茗源寺、古白云寺等为清代初年重建。另有振唐山洞山庵、县东莲花庵2座庵堂。

开化县共有寺庙、禅院、庵、堂等39座。其中有灵山寺、东皋寺、法楼寺、洪田寺、青峰寺等寺庙6座；招福院、云门院、太平院、龙华院、双林院、兴福院、灵台院、龟宁院、梅林院、宝积院、余庆院、普鉴院、天福院、临河院等禅院14座；天圣堂、慈恩堂、施水堂、菩提庵、地藏庵、钵龙庵、露春庵、宝纶庵、广慈庵等庵堂9座。特别是龙华院、慈恩堂、施水堂、菩提庵等清代都曾兴修过，也有地藏庵这样的新建庵堂。总体说来开化县佛堂很多很散，规模较小，但数量还是远不及明代。

（二）清代衢州的道教和地方神系统

西安县道教和地方神庙宇总计8座，其中城内5座，城外3座。城内主要有玄妙观（含域真宫）、真武庙（旧名清真道院）、玉皇堂（旧名清微道院）、东岳庙等道教观宇以及周宣灵王神祠。城外有城东佑圣观、城西庄辉殿、城北三十六都铜山庙。可以看出，到康熙年间为止，衢州府城内的道教传统并没有削弱，甚至比明代晚期更兴盛。

龙游县有道教和地方神庙宇总计6座。其中，县城里有集善宫，也是道会司所在地；城外有玄真宫、含辉宫、崇仙宫、豸屏道院等，以及名为实际院，今改为晏公庙的地方神庙。比起明代，龙游道教的发展已经衰弱很多了，还有的道观转变成祭祀地方神的庙宇。

江山县仅有道教观宇2座，一是县西三里的紫微观，一是县南五里的东岳行祠。

常山县仅记载县南集真观1座道教观宇。

开化县有道教宫观庙阁等9座。其中，灵霄宫、颐真宫2宫，崇真观、清源观、永福观3观，玉皇殿1殿，利泽庙、显祐庙2庙，文昌阁1阁。康熙年间开化县道教发展总体与明末相差不大，但还是呈衰落的趋势，一些原本属于道教管辖的庙宇变成佛教禅院，如慈恩堂。

整个清代，衢州地方神体系也衰落了，过去为官员设立的遗爱祠、德政祠、生祠都已经淹没了；即使是城隍庙也不再纳入官方的祭祀体系，而是转变为纯民间的信仰。清代唯一受重视的是周宣灵王庙。为了确保京杭大运河漕运的安全，包括周宣灵王周雄、妈祖林默等在内的不少地方神被雍正册封，成为保障漕运之神，周雄还被列入海宁龙王庙陪祭。

（三）清代麻蓬的天主教

浙西衢州地区有一批天主教村，它们是麻蓬、桥头山、花坟前、直坞、赤山、石桊上。天主教徒占大比例的村庄尚有斋堂、大洲、航埠、五源、花溪边、培源、芦岭、杜泽、夏叶、峡口、赖家、西坑、坑西板、板桥、球垆、全旺、灵山、庙下、横山、叶古岭等。其中麻蓬村是浙江西部天主教村的代表，与东部海宁县硖石镇车辐浜齐名。天主教在衢州的传播始于清康熙年间。从康熙四十年至四十二年（1701—1703年），外国传教士先后在金华、宁波、严州等地建造教堂，并到衢州、常山等地传教。衢州最早的天主教堂即由王姓教徒于康熙间创建于衢城小西门泰安宫前。雍正元年（1723年），朝廷下令禁止天主教传播。雍正八年（1730年），耶稣会士德玛诺被驱逐出境，杭州天主教堂被改为天后宫。此后，传教士转入隐蔽活动达百年之久，但在不少边远地方仍有教徒继续活动。麻蓬就是在这一时期发展起来的。[1]

麻蓬村位于衢州石梁镇石梁溪边，雍正（1723—1735年）末年，江西南丰天主教徒傅佑我、傅佑仁兄弟六人，为躲避教难，逃到石梁，后在溪边建村。因他们在此种麻住蓬，故名麻蓬。不久，从浙江金华逃避教难到衢州的王姓一支也在衢州落户。其中，王沛然这一支脉于道光元年（1821年）也迁到了麻蓬村，另一支迁桥豆山（现名桥头山）。他们两姓以此为根据地互相婚配，并向外传教。最初的教务归福建穆阳（今邵武）的多明我会[2]管辖，从雍正八年（1730年）至道光十八年（1838年），共108年。道光十八年（1838年）至1949年111年间，多

〔1〕陈村富等：《浙江麻蓬天主教村270年变迁史》，《宗教与文化早期基督教与教父哲学研究》，东方出版社2001年，第352—363页。

〔2〕多明我会为天主教托钵修会之一，又译“多米尼克会”或“道明会”，1215年由西班牙人多明我获教皇洪诺留三世批准创立于法国图卢兹。会规注重布道，多在中上层传教，故又称“布道兄弟会”。会士均披黑色斗篷，因此称为“黑衣修士”。1631年1月，多明我会的高奇神甫（Ange Cocchi）从菲律宾抵达中国福建北部的福安，正式开始对华传教，但范围一直局限于福建以及台湾地区。

明我会由法国遣使会[1]管辖，但教区的归属在1865、1876—1903年有所变化。在这111年间，六位傅姓、五位王姓神父，如傅道安、傅青山、王光跃、王克谦等就生于麻蓬。[2]

（四）清代衢州的"六礼"

冠礼、婚礼、丧礼、祭礼、乡饮酒礼、相见礼就是我们通常所谓的"六礼"。康熙年间，乡饮酒礼盛行于儒学，而婚、丧诸礼则各地有各地自己的"土风"。根据康熙《衢州府志》的记载，我们来描绘距今200年前衢州地区的六礼：

1. 冠礼

"凡男子年十五以上始冠，父兄择日以冠之。"清代冠礼相对简单得很多，冠礼日是由父兄长辈选的，而不是由专人选择，冠礼年龄也从二十岁提前到十五岁，甚至更早。加冠日到了清代又有了新的变化，清中期以后，多移至娶妇前夕。有钱的豪门大户多在娶妇前三日举行加冠礼；贫户则多在娶妇前一日举行。与明代不同的是，清代加冠不行自古流传的"三加"（即先加缁布冠，次加皮弁，再加爵弁）之礼，但依然只有行完加冠礼的男子成年人才能用字、号，才有权进祠堂。

2. 婚礼

清康熙年间，"品官婚娶，或为子聘妇"，先派人向女方送"姓氏通书"，然后派人及媒婆行"婚六礼"。这六礼是指："一曰纳采，纳雁以为采择之礼；二曰问名，问女家之母名氏；三曰纳吉，得吉卜而纳之；四曰纳征，纳币以为婚姻之证；五曰请期，请婚姻之期日；六曰亲迎。"这六礼与明代大同小异，但清代的更简洁。当时的平民百姓（庶人）一般只用纳采、纳征、亲迎等三礼，简省了婚礼仪式。

新娘通过"亲迎"到婆家，主人家要宴请送嫁过来的亲家家属。第二天，新

---

〔1〕法国遣使会是由法国人圣文生（Vincent de Paul）于1625年创立的一个教派。清道光十九年（1839年），浙江与江西教区合二为一后，改由法国遣使会控制。道光二十五年，罗马教廷将浙江与江西又划分为两个教区，浙江教区首任主教是法籍遣使会石主教。此后，历任主教都是遣使会委派。

〔2〕陈村富：《浙江地区天主教和新教调查研究》，《鼎》2004年春季号，第24卷，总第32期。

娘与新郎首先要谒拜“祖祢”，就是到祠堂或家中正堂叩拜祖先灵位。其次拜见“舅姑”，即公公婆婆，还要行“盥馈之礼”，就是侍奉公婆盥洗及进膳食。最初，这种礼仪要求新娘亲手做羹汤菜肴等吃食招待家里人，后来这种礼仪演变为敬公婆茶水。

3. 丧礼

逝者死后第二天，举行“小敛”仪式，给逝者换上新衣衾。又第二天，举行“大敛”，逝者入棺，亲人要“成服”，即根据与逝者的远近亲属关系穿不同等级的丧服。

第一等称为“斩衰”。一般用最粗的生麻布制作，断处外露不缉边，表示毫不修饰以尽哀痛。这是“五服”中最高等级的丧服，需要三年才能“除服”，就是三年后才能脱丧服。一般是子女为父母，妻子为丈夫，嫡孙为祖父母、高祖父母守孝才执行。

第二等称为“齐衰”。其服以粗疏的麻布制成，衣、裳分制，缘边部分缝缉整齐。根据不同情况有期杖和不杖期之分，有五月、三月之分。一般说来，父在为母、夫为妻，服丧时手中执杖（哭丧棒），又称“杖期”；男子为伯叔父母、兄弟，已嫁女子为父母，孙、孙女为祖父母，不执杖，亦称“不杖期”；为曾祖父母，服期三月。

第三等称为“大功”。其服用熟麻布做成，较齐衰稍细，较小功为粗，故称大功。男子为堂兄弟、未婚的堂姊妹、已婚的姑、姊妹、侄女及众孙、众子妇、侄妇等丧礼，都服大功；已婚女为伯父、叔父、兄弟、侄、未婚姑、姊妹、侄女等服丧，也服大功。服期九月。

第四等称为“小功”。其服以熟麻布制成，视大功为细，较缌麻为粗。凡本宗为曾祖父母、伯叔祖父母、堂伯叔祖父母，未嫁祖姑、堂姑，已嫁堂姊妹，兄弟之妻，从堂兄弟及未嫁从堂姊妹；外亲为外祖父母、母舅、母姨等，均服“小功”。《仪礼·丧服》：“小功者，兄弟之服也。”服期五月。

最后一等称为“缌麻”。这是“五服”中最轻的一种。用较细熟麻布制成，做功也较“小功”为细。清代，凡男子为本宗之族曾祖父母、族祖父母、族父母、族兄弟，以及为外孙、外甥、婿、妻之父母、表兄、姨兄弟等，均服缌麻。服期三月。

停灵三个月后下葬。下葬当天举行虞祭，再遇“柔日”（即乙丁已辛癸日）再次虞祭；遇“刚日”（甲丙戊庚壬）第三次虞祭。“三虞后，卒哭。”人死满周年，谓之忌日，到了忌日这天，亲属要到坟前祭礼。死后一周年忌日，举行“小祥”礼，丧主“易练服”。死后二周年忌日，举行“大祥”礼。死后三周年忌日，“陈禫服”，行释服礼。亲属解除丧服，将灵位告迁于祠堂。这个程序主要还是根据《明史》卷六十《礼十四·凶礼三》中的有关规制执行的。

4. 祭礼

清代规定只有有品级的官员才可以建立祠堂，“奉高、曾、祖、祢四世之主”，在春夏秋冬四季的仲月（第二个月）祭祀四代先祖。一般的平民百姓只能祭祀其祖父母，对于父母的祭祀，其礼仪与“品官略同”。此外，还有腊日忌辰和扫墓的祭礼以及岁时节俗的祭祀活动。

5. 乡饮酒礼

据康熙《衢州府志》记载，每年正月十五日、十月初一日，地方官府在儒学举行“乡饮酒礼”。酒菜在一定的官府公务支出中开支，每年府、县共支钱粮银五十两，要求是“丰俭得宜”。

前一天，执事们在儒学的讲堂陈设“坐次”。主位在东南，大宾位于西北，僎宾于东北，介宾位于西南，三宾位于宾、主、介、僎之后。大宾用衢州籍致仕官担任，僎宾选择乡里年高有德之人，介宾年龄则稍次，三宾由再次者担任。凡普通百姓中年事高有德行、没有公私犯罪经历的，“自为一席，坐于上等”。有偷税逃税，及轻微犯罪者，又成一席，坐于中门之外。那些犯过重罪的，又成一席，坐于东门之外。司正（即总执事，一般由儒学教官担任）率执事们学习相应礼仪程序。

当天黎明，执事们“宰牲具馔”。主席（府知府、县知县，如无正官，以佐官代）及僚属司正，先诣学府。派人速请诸位宾客。执事先报：“宾至。”主席首先率僚属出迎大宾，从庠门之外进入。主席居东，大宾居西，双方三让三揖后升堂，东西相向立，赞两拜，大宾坐。执事又报："僎至。"主席又率僚属出迎，"揖让升堂，拜坐如前仪"。大宾、僎宾、介宾先后，就位，执事唱"司正扬觯"。执事引司正，从西阶升诣堂中，面向北站立。执事唱，宾僎以下皆站立；唱揖，司正作揖，僎宾以下皆报揖。执事用"觯酌酒授司正"。司正举酒说：

恭惟朝廷，率由旧章。敦崇礼教，举行乡饮，非为饮食。凡我长幼，各相劝勉。为臣尽忠，为子尽孝。长幼有序，兄友弟恭。内睦宗族，外和乡里。无或废坠，以忝所生。

读毕，执事唱"司正饮酒"。饮毕，把觯还给执事。执事又唱揖，司正作揖，僎宾以下皆报揖。司正复位，宾僎以下皆坐，唱读律令。执事举律令，在堂南面设几案。引礼引读律令者，诣案前，面向北站立。唱，宾僎以下皆拱立。后读律令，有过之人俱赴正席，立听赞曰："乡饮酒礼，已有定式。违者，笞五十。"唱读诰，读诰者赞曰：

乡饮酒礼，朕不过申明古先哲王教令而已。所以乡饮酒礼序长幼，论贤良，别奸顽，异罪人。其坐席间，年高有德者居于上，年高淳笃者次之。其次以齿而列，其有曾违律犯法之人，列于外座。同类者成席，不许干于善良之席。坐者若不分别，致使贵贱混淆，察知或坐中人发觉主者，罪以违制。奸顽不由其主，紊乱正席，全家移出。化外的不虚示，呜呼斯礼，殆古先哲王之制。妥良民于宇内，亘古至今。兴者乡里安，邻里和，长幼序。无穷之乐，又何言哉。朕今特申明之，从者兴，否者亡。

读毕，复位。执事唱"供馔案"。执事们举馔案至大宾前，依次是僎、介、主。三宾以下，各依次举讫。执事者唱"献宾"，主席起，北面立。执事斟酒给主席。主席受爵诣宾前，置于席，稍退，赞两拜，大宾答拜完毕。执事者又斟酒给主席。主席受爵诣僎宾前，置于席，交拜如前仪。完毕后，主席退回原位。

执事唱“宾酬酒”，大宾起，僎宾跟从。执事斟酒给大宾。大宾受酒诣主席前，置于席，稍退，赞两拜，大宾、僎宾、主席互相交拜，完毕后，各就位坐。执事们分左右立，介、三宾、众宾以下，依次斟酒于席。执事者唱“饮酒”。酒行歌童歌《鹿鸣》之首章，再行歌《南山》之首章，三行歌《湛露》之首章（每酒一行，供汤一次）。执事唱“撤馔”。等候撤馔案完毕唱，宾僎以下皆行礼。僎、主、僚属居东，宾、介、三宾、众宾居西，赞两拜。唱“送宾”，依次下堂，分东西行，仍三揖出庠门而退。

6. 相见礼

康熙年间，民间老乡之间交往一般以年龄序长幼，士农工商各界人均平等相见。及岁时宴会中行揖拜之礼，往往由年幼者先施行；座次上，长者居上。譬如佃户见田主，则不论“序齿”，以年少事长辈之理；若彼此之间是亲族，则不拘主人、佃客，只行亲属礼，按照辈分、年龄排序。

致仕官员定居乡间，与宗族只“序尊卑”，“如家人礼”；对于外祖及妻家，也序尊卑；但如果是在筵宴中，则应该另外设席，不许坐在无官身的亲属下手。如果与同致仕官员相会则“序爵”，爵同序齿。与异姓无官身者相见，不许“答礼”，平民百姓应以官礼谒见。

7. 官方“鞭春”习俗

鞭牛又称“鞭春牛”或“鞭春”，吴越地区的汉族传统民俗。立春日或春节开年，造土牛以劝农耕，州县及农民鞭打土牛，象征春耕开始，以示丰兆，鼓励农耕。康熙年间，衢州地方政府每年都要举行“鞭春”活动。

鞭春前，有关机构预先塑造春牛和“芒神”（春神）。立春前一天，各官员穿常服，迎接做好的春牛和芒神到府、县门外。土牛面朝南，芒神在东，面朝西。当天清晨，“陈设香烛、酒果”。各官员全部穿上朝服，按照官员品级顺序站好班，齐赞鞠躬，四拜后起身。排在最前面的“班首”趋前跪下，众官员皆跪下。主持赞“奠酒”三次，又赞“俯伏”，大家起身复位。接着众人又四拜，完毕。然后，各官员执彩杖，排立在土牛两旁。主持人赞“长官击鼓”，三声，擂鼓。主持人赞“鞭春”，各官员一起击打土牛三次。最后“礼毕”。

七、清代孔氏南宗的袭封与优待

清代沿袭明制，孔氏南宗嫡长继续担任世袭翰林院五经博士。清政府还给予孔氏南宗种种特权，并由政府拨款，官绅集资多次重修、扩建家庙。目前南宗家庙的基本格局就是1821—1823年重修的结果。明清孔氏南宗再获袭封是朝野上下对孔氏南宗地位再次确认的结果，是对孔氏南宗南渡、让爵以及在儒学传播中的历史作用予以肯定的结果。

（一）清代孔氏南宗的承袭

明末，孔子第六十四世孙、南宗嫡长孔尚乾未承袭就过早地去世，只留下年仅十九岁的遗孀叶氏，独自抚养孔衍桢。清顺治年间，因为改朝换代，相关文献无从考证，衢州孔氏南宗嫡长袭爵几废。孔子第六十五世孙孔衍桢援引旧例，陈请金衢守道李际期，再转请于浙江总督陈锦联名上题。经过反复四次核实，孔衍桢于顺治九年（1652年）承袭翰林院五经博士之职。孔衍桢时年十七岁。此后直至清末，孔氏南宗又有孔兴燫、孔毓垣、孔传锦、孔广杓、孔昭烜、孔宪坤、孔庆仪等七人承袭，其中第六十九世嫡长孔继涛因早逝未能承袭。[1]

（二）清廷对孔氏南宗的优待

顺治九年（1652年），改翰林院五经博士仪仗，由明代皂色舆导改为黄色舆导。舆导是一种类似长柄伞一样的仪仗，一般用于为官员出行开路。黄色是皇家御用颜色，给孔氏南宗使用黄色舆导的特权，可见对其重视。同时，孔氏南宗又请得三年入觐之例，即每隔三年皇帝生日的时候赴京贺万寿圣节。孔氏南宗世袭翰林院五经博士入觐的典仪就是从这一时期开始的。每次入京朝贺，均有封赠。嘉庆十四年（1809年），五经博士孔广杓入贺万寿节，献《圣德颂》一篇，皇帝赏大缎两匹。宣统元年（1909年），孔子七十三世孙孔庆仪入觐，钦加从四品国子监祭酒衔。

康熙年间，在曲阜设有专门招收孔子、孟子、颜子、曾子等四姓后裔的四氏

〔1〕徐映璞：《孔氏南宗考略》，《两浙史事丛稿》，浙江古籍出版社1988年，第9—10页。

学，每回秀才考试，在正额之外，“耳”字号考房均多录取一位孔氏弟子，号称“无孔不开榜”。康熙五十九年（1720年）[1]，以曲阜四氏学乡试耳字号例，朝廷批准，每次学政来衢录取秀才，可以在正额外多录取浙江衢州西安县孔氏南宗后裔两名。清制，秀才考试每三年一次，孔氏南宗每三年就多出两位秀才，这对于提高孔氏南宗的地位是有极大的好处的。

孔氏家庙里有不少礼生和乐舞生，每次祭祀，礼生负责擦拭祭器、祭品、赞礼、捧爵献帛，乐舞生负责演奏、表演乐舞。乾隆五十四年（1789年），经过礼部批准，衢州孔氏南宗家庙的40名礼生无须经过考试，就可获得童生资格，可以直接参加学政主持的秀才考试。同时，将礼生、乐舞生列入儒户，与官学中公费的廪膳生待遇一样，除本身优免劳役外，允许在本户中再优免二位成年男丁的一切差徭。[2]

（三）道光重修衢郡至圣家庙（1823—1825年）

道光元年（1821年），知府周镐和继任先后倡捐修葺孔氏家庙，全城官佐及五县士民纷纷踊跃捐献银粮、木材、砖瓦等，其中左营守备刘龙标出银580两，又于深山大谷采得巨木20余根。这次重修，将大成殿后倾圮多年的思鲁阁移至西北隅；大成殿北移，殿基抬高五尺，柱子大多换成石柱；崇圣、报功诸祠均修缮一新，无论是进深还是高广都相应增加了百分之一二十。整个修复工程由府学训导姚梦石、贡生徐世镌等具体负责，同年十月开工，道光三年（1823年）四月完工。浙江巡抚帅承瀛、学政杜堮、知府谭瑞东各为之记。

道光这次重修，最终确立了孔氏南宗家庙现存基本格局。主轴线，首为先圣庙门，进入庙门为第一进院落，六株古银杏挺拔参天，为家庙频添几分肃穆安静气氛。进为大成门又称仪门，硬山式建筑，三开间加两挟屋，恰同于金代曲阜北宗孔庙大成门规制，保留了宋金时代的风格。进门为第二进院落，是家庙建筑群的主要空间，院内古柏盘虬缠结。两侧为东西庑，三三九开间，向院内设

---

〔1〕一说康熙五十七年（1718年）。

〔2〕《衢州孔氏南宗家庙志》，第10—12、46—51页。

廊。清末东庑祀中兴祖孔仁玉及孔传，西庑祀南渡祖孔端友。院中是由细卵石及石板铺成的甬道，尽端是高高的佾台，是祭祀孔子时表演佾舞的地方。拾级而进，便是家庙的中心建筑大成殿。大成殿建在五尺高台上，重檐歇山顶式建筑。由于殿基和佾台形成一个二层台结构，使大成殿巍峨庄严且等级较高，突出了孔子的历史地位。大成殿平面近方形，保留了江南地区宋元时期大殿作纵向长方形和方形的风格。殿内梁架结构特殊，使得内部空间高敞。整座建筑简洁无华，未用斗拱，亦少用雕饰，风格庄严、简朴，殿内塑孔子及其子孔鲤（伯鱼）、孙孔伋（子思）三像。

东轴线上首为孔塾，分前后两进，为南宗私塾教育场所。二进孔塾西侧为报功祠，又名“恩官祠”，祀历代有功于孔氏南宗的官绅，如宋代孙子秀、明代沈杰、清代左宗棠等人。再进为崇圣祠，祠前有崇圣门，均为三开间硬山式建筑，祀孔子五世先祖。最后为圣泽楼，作陈放朝廷谕文、诏书、赏赐物品之用。

西轴线上首为“孔氏先宗”门，单檐硬山式建筑，两侧为八字形墙垣。穿过甬道，进为五支祠，祀孔氏南宗仁、义、礼、智、信五房支祖。再进为袭封祠，祀孔氏南宗十五世翰林院五经博士。再进为六代公爵祠，祀孔氏南宗六代衍圣公。最后为思鲁阁，是家庙最有特色的建筑。阁上供奉孔子及亓官夫人楷木像，阁下立孔端友勒石据吴道子稿本摹刻的《先圣遗像碑》。[1]

---

〔1〕《衢州孔氏南宗家庙志》，第28—36页。